Alpes de Provence
Bge.de Castillon
Entrevaux
Var
Castellane
Bge.de Chaudanne
Grand Canyon du Verdon
Verdon
Lac de Ste. Croix
St.-Martin-Vésubie
Tende
Vallée des Merveilles
Roquebillière
Breil
sur-Roya
Touët
Levens
Sospel
Italien
Tourrette-Levens
la Turbie
Menton
Vence
Monte-Carlo
St.-Paul
Nizza
Èze
Monaco
Grasse
Cagnes-s-M.
Lac de St.-Cassien
Antibes
Draguignan
Cannes
Juan-les-Pins
Argens
Massif de l'Estérel
le Trayas
le Luc
Fréjus
St.-Raphaël
St.-Aygulf
les Issambres
Grimaud
Ste. Maxime
Port Grimaud
Cogolin
St.-Tropez
la Môle
Ramatuelle
Hyères
le Lavandou
Cavalaire-sur-Mer
Mittelmeer
1
2
3
4
5

Unterwegs mit

Ralf Nestmeyer

Ist Schriftsteller und Gründungsmitglied von PEN Berlin. Er lebt in Nürnberg und ist Autor von zahlreichen Reiseführern; zudem hat er ein Buch über „Französische Dichter und ihre Häuser", das Sachbuch „Alles Mythos! 16 Populäre Irrtümer über Frankreich" und vier Krimis, die in der Provence spielen, geschrieben. Im Michael Müller Verlag sind von ihm folgende Titel erschienen: London, Cornwall, Südengland, Paris, Marseille, Normandie, Languedoc-Roussillon, Provence, Haute-Provence, Côte d'Azur, Nürnberg sowie Franken.

Auf den warnenden Fußtritt reagierte ich zu spät. Noch während ich benommen in die aufgehende Sonne blinzelte, klatschte mir ein Wasserschwall ins Gesicht und spülte die letzten Traumfetzen hinweg. Schlagartig war ich nicht nur hellwach, sondern stand geradezu senkrecht in meinem Schlafsack: „Allez, allez, vite, vite!" Mit diesen unmissverständlichen Worten weckte mich ein Gendarm, als ich 1981 als 17-Jähriger am Strand von Nizza übernachtet hatte. Wie so viele junge Reisende war ich mit dem Rucksack und der Bahn quer durch Europa unterwegs und schon damals wollte ich unbedingt an die Côte d'Azur, obwohl dies definitiv die falsche Region war, wenn man in der Hochsaison mit einem sehr beschränkten Budget unterwegs ist. Eine Woche lang nächtigte ich auf dem harten Kiesstrand der Engelsbucht und pendelte zwischen Meer und Bahnhof, wo ich mein Gepäck in einem Schließfach verstaut hatte. Nur ein Mal habe ich in dieser Zeit in einem Restaurant gegessen, als mir jemand am Strand ein Lokal in der Altstadt empfahl, in dem es zwar nur ein einziges, dafür aber günstiges Menü geben sollte. Das Restaurant hieß Chez Palmyre und ich habe es gewissermaßen wiederentdeckt, als ich 15 Jahre später in Nizza für einen Reiseführer recherchierte. Seither kehre ich dort bei jeder Recherche ein und bin noch nie enttäuscht worden ...

Bon voyage!

Was haben Sie entdeckt?

Haben Sie ein besonderes Restaurant, ein neues Museum oder ein nettes Hotel entdeckt? Wenn Sie Ergänzungen, Verbesserungen oder Tipps zum Buch haben, lassen Sie es uns bitte wissen!

Schreiben Sie an: Ralf Nestmeyer, Stichwort „Côte d'Azur"
c/o Michael Müller Verlag GmbH | Gerberei 19 | D – 91054 Erlangen
ralf.nestmeyer@michael-mueller-verlag.de

Côte d'Azur

Alpes-Maritimes

Ralf Nestmeyer

11. komplett überarbeitete und aktualisierte Auflage 2025

Inhalt

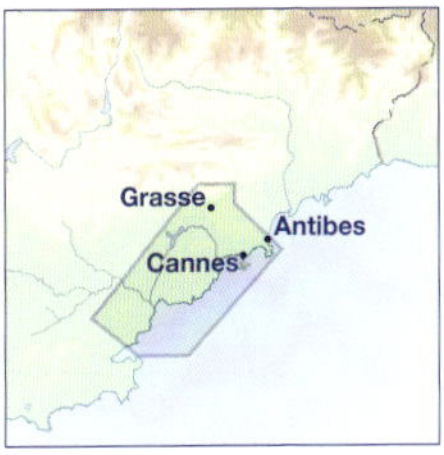

Im Wettstreit um die Touristengunst lockt die Parfümstadt Grasse mit ihren Düften, Kunstliebhaber pilgern nach Antibes, Cannes setzt auf seine Filmfestspiele und Juan-Les-Pins verweist auf sein renommiertes Jazzfestival.

Saint-Tropez und Umgebung ▪ 170

Saint-Tropez ist zweifellos der Glanzpunkt des westlichen Teils der Côte d'Azur. Ein Hafenbummel gehört zum Pflichtprogramm. Auf der Halbinsel von Saint-Tropez gibt es die schönsten Sandstrände, aber auch kleine Bergdörfer wie Ramatuelle und Gassin.

Alpes-Maritimes ▪ 204

Die französischen Seealpen stellen einen reizvollen Gegensatz zu den Palmen und Strandpromenaden der Côte d'Azur dar. Einsame, enge Täler mit alpiner Vegetation bestimmen das Bild, bis weit in den Frühsommer hinein sind die Gipfel mit einer Schneedecke überzogen.

Nachlesen & Nachschlagen ▪ 234

Preise Übernachten
(DZ inkl. Frühstück in der Hauptsaison)

€	bis 80 Euro
€€	80–140 Euro
€€€	140–200 Euro
€€€€	über 200 Euro

nachhaltig, ökologisch, regional

meinTipp Die besondere Empfehlung unseres Autors

Wandern an der Côte d'Azur und in den Alpes-Maritimes ▪ 284

14 Wanderungen | Übersicht ab Seite 285

GPS-kartierte Touren sind mit dem Symbol GPS gekennzeichnet. Download der GPS-Tracks inkl. Waypoints unter mmv.me/53934

Verzeichnisse ▪ 318

Was haben Sie entdeckt?

Haben Sie ein besonderes Restaurant, ein neues Museum oder ein nettes Hotel entdeckt? Wenn Sie Ergänzungen, Verbesserungen oder Tipps zum Buch haben, lassen Sie es uns bitte wissen!

Schreiben Sie an:

Ralf Nestmeyer, Stichwort „Côte d'Azur"
c/o Michael Müller Verlag GmbH | Gerberei 19, D – 91054 Erlangen
ralf.nestmeyer@michael-mueller-verlag.de

Die Fondation Ephrussi de Rothschild

Orientiert

an der Côte d'Azur

Die Region im Profil

Die Côte d'Azur ist ...

... ein vom Klima verwöhntes irdisches Paradies, das Sehnsüchte erfüllt.

... reich an Kunst und Kultur

Wer sich für moderne Kunst interessiert, der kann an der Côte d'Azur in einen wahren Kunstrausch verfallen. Die Küstenregion zwischen Saint-Tropez und Menton stand seit der Jahrhundertwende hoch in der Gunst der Maler. Zum Wegbereiter dieser Bewegung wurde Paul Signac, der „Erfinder" des Pointillismus. Im Jahre 1892 ließ er sich in Saint-Tropez nieder, Camoin, Manguin und van Rysselberghe folgten nach, später schlossen sich noch Matisse und Bonnard an; manche ihrer Werke sind heute im Musée de l'Annonciade in Saint-Tropez zu bewundern. Fast zwangsweise gaben sich die Künstler an der Côte d'Azur ein Stelldichein, denn die Küste „spritzt vor lauter Licht", wie Kurt Tucholsky schrieb. Noch immer ist die Kunst hier zu Hause: Abgesehen von Paris besitzt keine andere französische Stadt mehr Museen als Nizza; die von Pablo Picasso in Vallauris, von Henri Matisse in Vence und von Jean Cocteau in Villefranche-sur-Mer ausgemalten Kapellen zählen ohne Zweifel zu den schönsten Sakralräumen der Moderne. Nicht zu vergessen: die Fondation Maeght in Saint-Paul-de-Vence, eine der faszinierendsten Kulturstiftungen der Welt.

... ein Gartenparadies

Wenn von der Kunst die Rede ist, darf die Gartenbaukunst nicht fehlen. Trotz der üppig gedeihenden mediterranen Flora, die im Frühjahr in den kräftigsten Farben leuchtet, hat der Mensch hier und da ein wenig nachgeholfen und die Côte d'Azur nach seinen Vorstellungen gestaltet. Gemeint sind nicht nur die Palmen, die den Uferpromenaden ihren exotischen Touch verleihen, sondern vor allem die traumhaften Gartenanlagen. Dabei sticht besonders der Jardin Serre de la Madone in Menton hervor. Dieser von Sir

Lawrence Johnston angelegte Garten begeistert mit seiner subtropischen Pflanzenvielfalt, die auf traumhafte Weise in das vorhandene Areal unterhalb einer viktorianischen Villa integriert wurde. Ein anderes imponierendes Beispiel ist der Garten der Fondation Ephrussi de Rothschild auf Cap Ferrat. Dort sind auf einem weitläufig terrassierten Gelände alle Stilrichtungen der Gartenbaukunst wie in einem Museum vereint. Gartenarchitektur in höchster Vollendung!

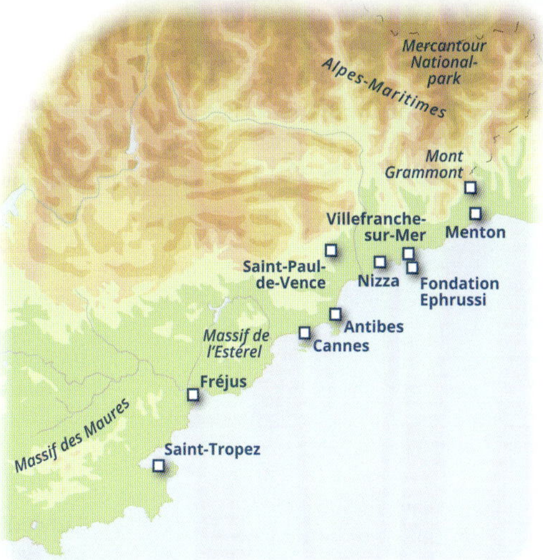

… eine einzigartige Landschaft

In den bis ans Meer heranreichenden Alpes-Maritimes (Seealpen) kommen die Liebhaber einsamer Bergwelten voll auf ihre Kosten. Obwohl nur 7 km vom Meer entfernt, erreicht der Mont Grammont bereits eine imposante Höhe von 1378 m; ein Stück weiter in Richtung italienische Grenze ragen die Gipfel bis über 3000 m empor. Diese hochalpine Gebirgslandschaft genießt als Kernzone des Mercantour-Nationalparks einen besonderen Schutz. Der Gegensatz zwischen den Alpes-Maritimes und dem lieblichen Küstenabschnitt zwischen Nizza und Menton könnte wohl kaum größer sein, auch wenn durch den Abfall der Seealpen lediglich Platz für einen relativ schmalen Küstenstreifen bleibt, der sich nur links und rechts der Mündung des Var verbreitert. Weiter im Westen schließen sich mit dem Massif de l'Estérel und dem benachbarten Massif des Maures zwei 300 Millionen Jahre alte Gebirgszüge an, die jedoch durch Erosion weitgehend abgetragen wurden; es handelt sich bei beiden um ein Eruptivgestein aus Porphyr, das teilweise stark zerklüftet ist und durch seine rote Farbgebung begeistert. Bei einer Wanderung durch das Massif des Maures zur Chartreuse de la Verne oder einer Fahrt durch die Gorges du Loup lässt sich eine faszinierende Natur jenseits von Hektik und Menschenmassen entdecken, aber selbst an der Küste gibt es noch verborgene Ecken!

… reich an Tafelfreuden

Eine Reise nach Frankreich, ins Land der Haute Cuisine, ist immer auch ein kulinarisches Erlebnis, das schon mit einem morgendlichen Marktbummel beginnen kann. Auf den Ständen türmen sich Obst und Gemüse zu bunten Bergen, und selbstverständlich fehlen auch die Stände mit dem fangfrischen Fisch nicht. Das Spektrum der angebotenen Fischgerichte ist daher noch immer sehr vielfältig: Es reicht von Edelfischen, die vorzugsweise gegrillt werden, über Stockfisch bis hin zu Seeigeln; Letztere werden mit Vorliebe im Dutzend verspeist. Gewürzt wird traditionell viel mit Thymian, Rosmarin, Lorbeer, Lavendel, Oregano, Bohnenkraut und Majoran – den berühmten Kräutern der Provence.

Sightseeing und mehr

Erlebnis Kultur

Die Orte der Côte d'Azur besitzen zahlreiche bedeutende kulturelle Sehenswürdigkeiten. Angefangen von antiken Bauwerken über Kirchen bis hin zu Dutzenden von interessanten Museen. Vor allem die moderne Kunst steht im Fokus, so beim Picasso-Museum in Antibes, dem Musée Matisse in Nizza oder der nicht weit davon entfernten weltberühmten Fondation Maeght.

Spektakuläre Aussichten am Cap Ferrat

Antike Bauwerke

Trophée des Alpes: Das römische Siegesmonument ist eine mächtige Rotunde mit 24 dorischen Säulen. → S. 52

Villa Kérylos: Eine Villa wie im klassischen Griechenland! Alle Einrichtungsgegenstände wurden nach originalen Abbildungen gefertigt. → S. 56

L'Amphithéâtre: Auch in Fréjus zeugt ein römisches Amphitheater von der antiken Vergangenheit der Stadt. → S. 163

Klöster und Kirchen

Cathédrale Orthodoxe Russe St.-Nicolas: Ein Hauch von Moskau an der Côte d'Azur: Mit ihren sechs Zwiebelkuppeln zählt St.-Nicolas zu den schönsten orthodoxen Kirchen der Welt. → S. 78

Monastère Fortifié de Saint-Honorat: Die imposante, direkt am Meeresstrand emporragende Mönchsburg ist ein wehrhafter Bau. → S. 150

Cathédrale de Fréjus: Mit Baptisterium, Kreuzgang und Bischofspalast bildet die Kathedrale einen markanten Gebäudekomplex. → S. 163

Chartreuse de la Verne: Ein Kartäuserkloster inmitten der weltentrückten Einsamkeit des Massif des Maures. → S. 196

Notre-Dame des Fontaines: Der Freskenzyklus in der Wallfahrtskapelle ist die mit Abstand kunstgeschichtlich bedeutendste Sehenswürdigkeit in den Seealpen. → S. 213

Notre-Dame de la Menour: Moosbewachsene Treppen führen zu der auf einem kleinen Bergkegel thronenden Kapelle. → S. 219

Madone de Fenestre: Einsame Wallfahrtskapelle im Hochgebirge. → S. 226

Kulturmuseen

Musée International de la Parfumerie: Alles zur Geschichte des Parfüms, sehr interessant, sogar mit Duftgarten. → S. 118

Musée Louis de Funès: Für alle Fans des cholerischen Gendarms von Saint-Tropez ein Muss. → S. 159

Musée de la Gendarmerie et du Cinéma: Das Kinomuseum ist ein Muss für Verehrer von Louis de Funès, Brigitte Bardot und Romy Schneider. → S. 178

Musée des Merveilles: Das Museum informiert über die rätselhaften Felszeichnungen der ligurischen „Urbevölkerung". → S. 211

Kunstmuseen

Musée Jean Cocteau: Mentons futuristisches Museum ist dem Universalkünstler Jean Cocteau gewidmet. → S. 27

Musée des Beaux-Arts du Palais Carnolès: Das städtische Museum von Menton beherbergt ältere Meister, aber auch moderne Kunst von Raoul Dufy. → S. 27

Musée d'Art Moderne et d'Art Contemporain: Zeitgenössische Kunst und viele große Namen: Andy Warhol, Roy Lichtenstein, Robert Rauschenberg, Richard Serra, Niki de Saint Phalle, Tinguely und Yves Klein. → S. 75

Musée Matisse: In diesem Museum sind zahlreiche Bilder aus allen Schaffensperioden vereint. → S. 80

La Maison de Renoir: Das ehemalige Wohnhaus von Auguste Renoir besitzt noch seine ursprüngliche Aura, da es im Originalzustand belassen wurde. → S. 96

Fondation Maeght: Ein absolutes Highlight für Liebhaber moderner Kunst! Faszinierend sind vor allem der Giacometti-Hof sowie Mirós verspieltes Labyrinth. → S. 98

Musée National Fernand Léger: 350 Kunstwerke geben einen guten Einblick in die verschiedenen Schaffensperioden des Künstlers. → S. 109

Musée National Message Biblique Marc Chagall: Das Chagall-Museum ist das beliebteste Kunstmuseum an der Côte d'Azur. → S. 80

Musée Picasso Château Grimaldi: Ein absolutes Highlight für alle Kunstfreunde ist das im Schloss von Antibes untergebrachte Picasso-Museum. → S. 125

Musée National de Picasso: Picasso hat für die Krypta der romanischen Kapelle in Vallauris sein Wandgemälde „Krieg und Frieden" geschaffen. → S. 135

L'Espace de l'Art Concret: Das Zentrum für konkrete Kunst in Mouans-Sartoux beherbergt eine umfassende Sammlung zu dieser Spielart der zeitgenössischen Kunst. → S. 137

Musée Bonnard: Das Museum widmet sich dem Werk von Pierre Bonnard. → S. 138

Musée de l'Annonciade: Ein Kunstmuseum in einer Kapelle am Hafen von Saint-Tropez mit Werken von Signac, Matisse, Seurat, Camoin, de Vlaminck, Bonnard und Dufy. → S. 178

Ziele im Grünen und am Meer

Natur und Strände

Die Côte d'Azur besitzt aufgrund des milden Klimas eine einzigartige Vegetation sowie wundervoll exotisch anmutende Gartenanlagen. An der Küste erstrecken sich herrliche Strände, vor allem rund um die berühmte Halbinsel von Saint-Tropez. Und im Hinterland erheben sich mehrere Bergzüge sowie die Alpes-Maritimes, die größtenteils zum Mercantour-Nationalpark gehören.

Unberührte Küsten findet man am Estérel-Gebirge.

Nationalparks und Berge

Parc National du Mercantour: Der Nationalpark erstreckt sich entlang der französisch-italienischen Grenze von den Seealpen (Alpes-Maritimes) bis hin zu den Alpes de Haute-Provence. Seine unbesiedelte Kernzone ist eine hochalpine Gebirgslandschaft mit tief eingeschnittenen Talkesseln, lieblichen Almen, Gletscherseen und Moränen. → S. 215

Massif des Maures: Ein durch seine Kargheit faszinierender Gebirgszug, die immer wieder von dichten Kastanienwäldern aufgelockert wird, die sich mit Korkeichen und Aleppokiefern abwechseln. → S. 192

Massif de l'Estérel: Ein uraltes Gebirgsmassiv vulkanischen Ursprungs mit auffälligen roten Porphyrfelsen, die einen herrlichen Kontrast zum Blau des Meeres bilden. → S. 152

Gärten und Parks

La Serre de la Madone: Ein wunderschöner Park mit seltenen subtropischen Pflanzen. → S. 28

Jardin botanique du Val Rahmeh: Die Gartenanlage fasziniert mit ihren tropischen und subtropischen Pflanzen, die zum großen Teil essbare Früchte tragen. → S. 28

Giardini Hanbury: Der verspielte, sich bis zum Meer erstreckende Park gehört zu den schönsten am Mittelmeer. → S. 34

Jardin Exotique: Der Exotische Garten von Monaco beherbergt mehrere tausend Kakteenarten. → S. 45

Fondation Ephrussi de Rothschild: Auf dem höchsten Punkt von Cap-Ferrat befindet sich die wohl schönste Gartenanlage der Côte d'Azur samt einer palastartigen Villa. → S. 58

Parc Exflora: Fünf Hektar großer, öffentlicher Garten in Juan-les-Pins. → S. 132

Domaine du Rayol: Eine traumhafte Parkanlage, die sich bis hinunter zum Meer erstreckt. Pflanzen aus allen Teilen der Welt wurden hier angepflanzt. → S. 199

Naturkundemuseen

Musée Océanographique: Das Museum bietet einen interessanten Blick in die Unterwasserwelt. Die Hauptattraktion sind die Aquarien mit kleinen Haien, Stören, Muränen, Piranhas und Kugelfischen. → S. 43

Maison des Papillons: Mehr als 20.000 bunte Schmetterlinge faszinieren. → S. 179

Badefreuden

Stadtstrand von Menton: Sandiger Stadtstrand vor herrlicher Kulisse. → S. 30

Plage Mala: Die kleine unterhalb von Cap d'Ail gelegene Bucht bietet sich mit ihrem glasklaren Wasser für einen Badestopp an. → S. 51

Stadtstrand von Nizza: Der Kiesstrand, der sich vor der Promenade des Anglais erstreckt, ist bei Einheimischen und Touristen gleichermaßen beliebt. → S. 68

Plage de la Gravette: Der Hausstrand von Antibes. → S. 128

Stadtstrand von Cannes: Direkt vor der Croisette erstreckt sich ein schöner, gut besuchter Strand. → S. 143

Etangs de Villepey: Ein besonders schöner Sandstrand (auch FKK) lockt westlich von Fréjus, direkt im Naturschutzgebiet. → S. 165

Cascades du Saut du Loup: Der unterhalb von Courmes gelegene Wasserfall lohnt einen Abstecher. → S. 105

Agay: Hübsche sichelförmige Bucht, in deren Umgebung es sich auch schön von den Felsen aus baden lässt. → S. 155

Plage de Pampelonne: Der goldgelbe Hauptstrand von Saint-Tropez ist legendär. → S. 180

Plage des Canebiers: Der Lieblingsstrand aller Fans von Brigitte Bardot. → S. 180

Plage de l'Escalet: Angenehme, von Felsen eingerahmte kleine Bucht im Südosten von Ramatuelle. → S. 181

Plage de Gigaro: Relativ schmaler Strand mit klarem Wasser, unweit von La Croix-Valmer. → S. 197

Cavalière: Schöne, leicht erreichbare Sandbucht. → S. 199

Plage du Layet: An der kleinen Plage du Layet kann man auch hüllenlos baden. → S. 201

Plage de l'Eléphant: Kleine versteckte Bucht östlich von Le Lavandou. → S. 201

Bain du Sémite: Baden im Felsbecken im glasklaren Bedola-Wasser. → S. 209

Tipps für den Familienurlaub

Die Côte d'Azur mit Kindern

Sandburgen bauen und im Meer planschen gehört im Sommer zu den Lieblingsbeschäftigungen von Kindern, wird mit der Zeit aber doch etwas langweilig; Kinder sind bekanntlich sehr kritische Urlauber. Nachdem sie ein paar Tage im Sand gebuddelt haben, verlangen sie nach Abwechslung.

Gut besucht: der Stadtstrand von Antibes

Bootsausflüge, Wandern und Canyoning

Ein Abstecher zum Kinderspielplatz oder eine Runde Minigolf sind zwar ganz nett, doch hält sich die Begeisterung auf Dauer in Grenzen. Besser auf den kindlichen Aktionsdrang zugeschnitten ist ein Bootsausflug zu den vor Cannes gelegenen Iles de Lérins (→ S. 148) oder eine Küstenwanderung auf der Halbinsel von Saint-Tropez (→ S. 300), die auch Bademöglichkeiten bietet. Interessant, aber anstrengend ist natürlich auch eine Wanderung im Vallée des Merveilles (→ S. 211), wo man prähistorische Felszeichnungen entdecken kann, oder die Teilnahme an einer geführten Canyoning-Tour (→ S. 209) durch eine der Schluchten in den Seitentälern des Royatals. Und wer die Côte d'Azur im Frühjahr besucht, kann in den Seealpen sogar Ski fahren gehen.

Strand- und Wasservergnügen

Als Urlaubsgebiet eignet sich die Côte d'Azur für Kinder und Jugendliche natürlich ganz besonders wegen ihrer zahlreichen Strände. Wer Sandburgen bauen will, findet vor allem im westlichen Teil der Küste ausgedehnte feinsandige Abschnitte und glasklare Buchten, in denen man herrlich schnorcheln oder tauchen kann, so an der Plage de l'Escalet (→ S. 181) auf der Halbinsel von Saint-Tropez. Selbstverständlich kann man auch surfen oder kitesurfen, und in Nizza kann man sich an einem Fallschirm hinter einem Boot herziehen lassen. Dort sollte man mit seinem Nachwuchs außerdem unbedingt den riesigen Wasserspiegel auf der Promenade du Paillon (→ S. 75) besuchen. In regelmäßigen Abständen werden zur sommerlichen Freude Wasserfontänen hoch in die Luft gestoßen, durch die die Kinder jauchzend hindurchlaufen. Für jugendliche Wasserratten empfiehlt sich zudem das Aqualand (→ S. 165) bei Fréjus, eine ausgedehnte Wasserlandschaft mit Riesenrutschen, einem Wildwasserbach und vielen anderen Attraktionen.

Meerestiere und Wölfe

Für das Meer begeistern sich Kinder nicht nur wegen der Badefreuden, sondern natürlich auch wegen seiner Bewohner. Da man weder vom Strand noch vom Boot aus viele Fische zu Gesicht bekommt, darf ein Besuch des Ozeanographischen Museums (→ S. 43) von Monaco nicht fehlen. Kleine wie große Kinder sind von dem farbenfrohen Meeresgetier derart angetan, dass sie gar Stunden im stummen Dialog vor den Glasscheiben verbringen. Und ein riesiges Walskelett kann man obendrein bestaunen. Ein Highlight ist sicherlich auch das Marineland (→ S. 111) bei Biot. Im größten europäischen Meerwasserzoo sind neben Eisbären, Seelöwen und Pinguinen auch Schwertwale, Haie und Delphine zu bewundern. Und in dem in den Alpes-Maritimes gelegenen Wolfspark Alpha (→ S. 227) haben Kinder die Möglichkeit, Wölfe in freier Wildbahn zu erleben: Ein halbes Dutzend Tiere leben hier in zwei umzäunten Arealen, die von besonderen Beobachtungspunkten aus eingesehen werden können.

Gärten und Parks

Nicht nur die Tierwelt, auch die vielfältige Flora der Côte d'Azur begeistert Groß und Klein. Zahlreiche Gartenanlagen bieten sich als abwechslungsreiche Ausflugsziele an, darunter auch herrliche Kakteengärten wie etwa rund um die Burgruine von Èze oder im Jardin Exotique (→ S. 54) in Monaco. Ebenfalls sehenswert ist der Parc Floral Phoenix (→ S. 78) in Nizza mit seinem riesigen Gewächshaus, das dank modernster Technologien gleichzeitig sieben verschiedene Klimazonen simulieren kann.

Mit der Eisenbahn hoch hinaus

Attraktiv für die ganze Familie ist eine Fahrt mit der Tendabahn (→ S. 207) durch das Royatal, die auf ihrem Weg von Nizza nach Italien über 1000 Höhenmeter überwindet und dabei eine Vielzahl an Viadukten passiert. Ebenso reizvoll ist eine Fahrt mit dem Train des Pignes (→ S. 262). Der „Pinienzapfenzug“ tuckert von Nizza aus durch das Hinterland bis nach Digne-les-Bains. Zwischen Mai und Oktober wird sonntags das Teilstück zwischen Puget-Théniers und Annot sogar mit einer alten Dampflok befahren!

Wandern durch die Gorges du Loup

Unterwegs

an der Côte d'Azur

Von Menton bis Nizza

Der Küstenabschnitt zwischen Menton und Nizza gehört zu den nobelsten Ecken der Côte d'Azur. Nicht nur an den Spieltischen von Monaco ist ein wenig „Kleingeld" hilfreich. Drei verschiedene Aussichtsstraßen *(Corniches)* erschließen die Highlights der Region, vom Bergdorf Èze bis hin zu den traumhaften Gärten der Fondation Ephrussi de Rothschild auf Cap Ferrat.

Der Name Côte d'Azur wurde von Stéphen Liégeard geprägt, der ein ganzes Buch über seine Reise von Marseille nach Genua schrieb, das er 1887 unter dem Titel „La Côte d'Azur" veröffentlichte.

Der Küstenabschnitt zwischen Menton und Nizza gehört zu den am dichtesten bebauten und teuersten Ecken der Côte d'Azur. Im Zwergstaat Monaco herrscht sogar permanente Raumnot, dicht gedrängt stehen die Hochhäuser nebeneinander, zudem versucht man immer wieder dem Meer Raum abzutrotzen, um neue Gebäude zu errichten. In touristischer Hinsicht locken nicht nur Formel 1 und der Fürstenpalast, sondern auch der Jardin Exotique.

Ganz im Osten liegt Menton, dessen italienisches Flair sich dem Umstand verdankt, dass dieser Teil der Küste bis 1861 noch zu Italien gehörte. Vom Klima verwöhnt, besitzt die für ihr Zitronenfest berühmte Stadt wunderschöne botanische Gartenanlagen. Wesentlich nobler präsentiert sich Cap Martin, dessen Villen wie auch die auf dem nahen Cap Ferrat zu den teuersten Immobilien der Welt gehören. Der öffentliche Zugang zur felsigen Küste ist daher nicht überall möglich. Schöne Strände findet man beispielsweise in Menton oder in Villefranche-sur-Mer, zudem gibt es versteckte Buchten wie die Plage Mala oder bei Èze-sur-Mer. Nicht versäumen sollte man einen Ausflug ins Hinterland, dort sind Bergdörfer wie Sainte-Agnès, Gorbio oder Castellar zu entdecken, die trotz ihrer Nähe zur Küste seltsam weltentrückt wirken.

Kein anderer Künstler hat diesen Küstenabschnitt mehr geprägt als Jean Cocteau. In Menton gibt es zwei faszinierende Cocteau-Museen sowie einen von Cocteau ausgemalten Hochzeitssaal, in Villefranche-sur-Mer hat das Universalgenie die Fischerkapelle Saint-Pierre ausgemalt und auf dem Cap Ferrat hat er die Villa Santo Sospir mit seinen Wandgemälden „tätowiert".

Was anschauen?

Musée Jean Cocteau: Mentons futuristisches Museum ist dem Universalkünstler Jean Cocteau gewidmet. **→ S. 26**

Vieux Cimetière: Der alte Friedhof von Menton liegt in exponierter Lage über der Stadt und dem Meer. **→ S. 26**

La Serre de la Madone: Ein wunderschöner Garten mit seltenen subtropischen Pflanzen. **→ S. 28**

VILLA E1027: Ein faszinierend modernes Haus der Designerin Eileen Grey. **→ S. 36**

Palais Princier: Der fürstliche Palast von Monaco ist nicht nur bei Lesern der Regenbogenpresse beliebt. **→ S. 42**

Musée Océanographique: Das Museum bietet einen interessanten Blick in die Unterwasserwelt. Die Hauptattraktion sind die Aquarien mit kleinen Haien, Stören, Muränen, Piranhas und Kugelfischen. **→ S. 43**

Jardin Exotique: Der exotische Garten von Monaco beherbergt mehrere tausend Kakteenarten. **→ S. 45**

Trophée des Alpes: Das römische Siegesmonument ist eine mächtige Rotunde mit 24 dorischen Säulen. **→ S. 52**

Villa Kérylos: Eine Villa wie im klassischen Griechenland! Alle Einrichtungsgegenstände wurden nach originalen Abbildungen gefertigt. **→ S. 56**

Fondation Ephrussi de Rothschild: Auf dem höchsten Punkt von Cap-Ferrat befindet sich die wohl schönste Gartenanlage der Côte d'Azur samt einer palastartigen Villa. **→ S. 58**

Chapelle Saint-Pierre: Die kleine Fischerkapelle wurde von Jean Cocteau prachtvoll ausgemalt. **→ S. 61**

Was unternehmen?

Wanderung von Monaco nach La Turbie: Halbtageswanderung durch das Häusermeer von Monaco hinauf zur Trophée des Alpes. **→ S. 288**

Wanderung zum Fort de La Revère: Einfache Kurzwanderung zu einem Militärfort mit schönen Panoramablicke auf Èze-Village und Cap Ferrat. **→ S. 290**

Auf dem Chemin Frédéric Nietzsche wandern: Schon der berühmte Philosoph ging auf dem steilen Weg von Èze nach Èze-sur-Mer und dichtete an seinem Zarathustra. **→ S. 54**

Was sonst noch?

Promenade Le Corbusier: Auf der gut ausgeschilderten Uferpromenade lässt sich herrlich um das Cap-Martin spazieren. **→ S. 37**

Plage Mala: Die kleine unterhalb von Cap d'Ail gelegene Bucht bietet sich mit ihrem glasklaren Wasser für einen Badestopp an. **→ S. 51**

Rue Obscure: In Villefranche-sur-Mer gibt es eine dunkle mittelalterliche Gasse, die fast vollständig überdacht ist. **→ S. 61**

Italienisches Flair: Menton

Menton

30.400 Einw.

Menton ist die vom Klima am meisten verwöhnte Stadt an der Côte d'Azur. Neben einer verspielten Altstadt besitzt Menton zahlreiche wunderschöne botanische Gärten aus der Zeit der Jahrhundertwende.

Von Menton wird behauptet, sie sei die italienischste Stadt Frankreichs. Dies trifft allerdings nur zu, wenn man sich der Stadt von Westen her nähert. Von Ventimiglia kommend, wirkt Menton indes ungemein französisch. Ihr besonderes Flair verdankt die Stadt den pastellfarbenen Häuserfassaden im italienischen Stil. Eigenartigerweise wurden die Häuser erst im 19. Jahrhundert bunt angestrichen, also zu einem Zeitpunkt, da Menton sich politisch Frankreich zuzuwenden begann. Ein paar Jahrzehnte später hatte Menton bereits einen guten Ruf als Winterdomizil vermögender Aristokraten und Gelehrter. Die Liste prominenter Namen, die in Menton für kurze oder längere Zeit Station machten, ist schier endlos: Die englische Königin Victoria und Edward VII. waren hier, Friedrich Nietzsche, Guy de Maupassant und Gustave Flaubert hingen an der Strandpromenade ihren Gedanken nach, *Franz Liszt* fühlte sich „an keinem anderen Ort so vollkommen glücklich", die an Tuberkulose erkrankte Schriftstellerin *Katherine Mansfield* suchte letztlich vergeblich Heilung und *Jean Cocteau* kam aus dem nahen Villefranche herüber, um den Hochzeitssaal im Rathaus auszumalen. Die Häuser der Altstadt rühmte Cocteau als „erlesene kleine Festungen in Pastellfarben, deren asymmetrisches

Äußeres an dasjenige eines menschlichen Gesichtes erinnert". Fast alle Besucher fanden wohlwollende Worte über Menton, aber es gab auch einige kritische Stimmen. So schrieben die Geschwister Klaus und Erika Mann 1931: „Wir also sind der Ansicht, dass es gar nicht einmal so herrlich ist in Mentone. Altertümlich, wie Monte, aber ohne die Großstiligkeit, die für dieses immer noch bezeichnend ist. Eine verblühte Schöne, die freilich ihrer freundlichen Charaktereigenschaften wegen sich eines ziemlich regen Zuspruchs erfreut."

Die zweite Glanzzeit Mentons begann in den Fünfzigerjahren des 20. Jahrhunderts, als der sich ankündigende moderne Massentourismus neue Konzepte erforderte. Die Stadtväter bewältigten diese Aufgabe mit Bravour: Ein neuer Jachthafen wurde angelegt, ein internationales Festival für Kammermusik ins Leben gerufen, die junge Tradition des Zitronenfestes touristisch geschickt vermarktet und dank Jean Cocteau wurde Menton auch für die Liebhaber moderner Kunst interessant. Lobenswerterweise gelang es, die Stadt weitgehend vor den negativen Auswirkungen des Massentourismus zu schützen und die Einheit des Stadtbildes zu bewahren; Betonsilos blieben Menton erspart. Menton ist eine ruhige und gemächliche Stadt. Nicht zuletzt spiegelt sich im relativ beschaulichen Alltagsleben die Tatsache wider, dass nirgendwo an der Côte d'Azur oder in der Provence so viele Rentner ihr Altersdomizil aufgeschlagen haben sollen wie hier. Dies bedeutet aber nicht, dass unter den knapp 30.000 Einwohnern keine Jugendlichen zu finden wären, Highlife à la Saint-Tropez darf man allerdings nicht erwarten. Menton ist sicher auch nicht der Ort, um einen mehrwöchigen Badeurlaub zu verbringen, doch eignen sich die kiesigen Strandabschnitte und ein kleiner Sandstrand allemal für ein Sonnenbad oder einen Sprung ins Wasser. Wer abends oder tagsüber am Strand entlang spazieren möchte, dem steht mit der palmengesäumten Promenade du Soleil eine schöne Flaniermeile zur Verfügung. Die stimmungsvolle Silhouette der Stadt lässt sich am besten von der äußersten Spitze des ins Meer hineinragenden Quai Napoléon III in Augenschein nehmen. In den engen Straßen und Gassen rund um die Rue Longue und die Place Saint-Michel sind die historischen Wurzeln von Menton noch recht gut zu erkennen. Nicht auslassen sollte man einen Besuch des Vororts Garavan, der sich zwischen dem Zentrum und der italienischen Grenze erstreckt. In Garavan sind die meisten Gärten Mentons, aber auch zahlreiche repräsentative Villen aus der Belle Époque zu finden. Zuletzt wurde im Jahr 2017 die Uferpromenade an der Plage des Sablettes umgebaut, wobei auch neue Restaurants eröffnet wurden.

French Riviera Pass: Der Pass bietet kostenlose Eintritte und Vergünstigungen für 60 Orte, beispielsweise für die Villa Kerylos oder das Musée Chagall. 1 Tag 28 €, 2 Tage 40 €, 3 Tage 59 €. frenchrivierapass.com.

Geschichte

Mentons geographisch geschützte Lage, die der Stadt ihren klimatischen Vorteil

Menton, Stadt der Zitronen

Für seine Zitronen und sein Zitronenfest ist Menton weithin berühmt. Es wird zwar behauptet, Marco Polo habe die Zitrone gegen Ende des 13. Jahrhunderts nach Menton gebracht, nicht unwahrscheinlich ist allerdings, dass sie im Zuge der Sarazeneneinfälle im 9. Jahrhundert heimisch wurde. Wie auch immer die Zitrone nach Menton gelangt sein mag, der Zitronenanbau wurde jedenfalls im 19. Jahrhundert zum Haupterwerbszweig der Stadt. Die Zitronen können in Menton dank eines einzigartigen Mikroklimas leicht heranreifen. Keine andere Stadt an der französischen und italienischen Riviera wird vom Klima mehr verwöhnt als das von den Ausläufern der Seealpen vor Kälte und Wind geschützte Menton. Daher gedeihen in den rund zwei Dutzend botanischen Gärten der Stadt auch zahllose exotische Pflanzen. Heute ist der Zitronenanbau angesichts der weltweiten Konkurrenz unbedeutend, er wird hauptsächlich zur Zierde und aus traditionellen Gründen gepflegt. Beim Zitronenfest *(La Fête du Citron)* im Februar ist die ganze Stadt auf den Beinen: Eine halbe Million Zuschauer reist alljährlich an, um die mit prachtvollen „Zitrusgebilden" bestückten Festwagen zu bewundern. Jedes Jahr steht das 1930 begründete Fest unter einem anderen Motto („Zauberwelt des Meeres", „Europa feiert", „Asterix" etc.), ein eigens hierzu verpflichteter Designer sorgt dafür, dass die Figuren den hohen Erwartungen gerecht werden. Zusätzlich werden die Früchte an markanten Punkten der Stadt zu dekorativen Figurengruppen gestaltet. Der Bedarf an Zitrusfrüchten ist enorm: Eine halbe Million Früchte, das entspricht rund 145 Tonnen, wird alljährlich benötigt. Da die Zitronen und Orangen aus der Umgebung von zu hoher Qualität sind, greift man aus finanziellen Erwägungen auf italienische und spanische Billigimporte zurück.

beschert, bewirkte andererseits, dass der nur schwer zugängliche Ort keine große wirtschaftliche Bedeutung erlangen konnte. Die Römer nannten die Bucht von Menton *Pacis Sinus,* Golf des Friedens, von einer Besiedlung ist allerdings nichts bekannt. Daher trat Menton – der Name leitet sich von *Mont d'Othon* ab – erst relativ spät ins Licht der Geschichte: 1157 wurde der Ort von den Grafen von Ventimiglia an die aus Genua stammende Familie Vento abgetreten, die wiederum Menton zusammen mit dem benachbarten Roquebrune 1346 an die Grimaldi von Monaco verkaufte. Von mehr oder weniger kurzen Zwischenspielen abgesehen, als die Stadt unter spanischem, französischem und sardischem Einfluss stand, verblieb Menton bis 1848 beim monegassischen Fürstenhaus. Das Wappen der Grimaldi ziert noch heute als Mosaik den Platz vor der Eglise Saint-Michel. Wegen einer als unerträglich hoch empfundenen Steuerlast begehrten die Stadtväter von Menton und Roquebrune 1848 gegen die Grimaldi auf und erklärten sich zur unabhängigen Republik. Napoléon III. regelte die Streitigkeiten angesichts der finanziellen Probleme des Fürsten auf diplomatischem Weg und kaufte ihm Menton einfach ab. Als dann am 2. Februar 1861 auch die Bürger für den Anschluss stimmten, gehörte Menton fortan endgültig zu Frankreich.

Im letzten Drittel des 19. Jahrhunderts setzte sich bei englischen Ärzten die Ansicht durch, dass das ausgesprochen milde Klima von Menton nicht nur für Zitronen- und Orangenbäume geeignet sei, sondern auch die unter dem Londoner Nebel leidenden jungen Damen zum „Blühen bringe“. Doch unterschied sich der Tourismus in Menton deutlich von den anderen Metropolen der Côte d'Azur: Da Menton erst 1884 einen Anschluss an das Eisenbahnnetz erhielt, wurde die Stadt relativ spät zu einem Refugium der Reichen, doch

Die Kathedrale von Menton

handelte es sich genau gesehen zumeist um diejenigen, die nicht wohlhabend genug waren, sich ein repräsentatives Leben in Cannes oder Monaco zu leisten. Während des Ersten Weltkrieges wurde das für die Heilung Kranker bekannte Menton zu einem überdimensionalen Erholungszentrum für kriegsverwundete Soldaten; allerdings nur für die oberen Ränge, denn Menton galt als *Station élégante.* Bei einfachen Soldaten hingegen, die sogar aus Menton stammten, lehnte man den Wunsch nach einem Genesungsaufenthalt in ihrer Heimatstadt mit der Begründung ab, sie könnten sich ja anderswo in Frankreich erholen.

Sehenswertes

Eglise Saint-Michel: Die ockerfarbene Kirche steht an einem weiten Platz, hoch über der Stadt. Bei dem 1675 geweihten, dreischiffigen Barockbau sind deutlich italienische Einflüsse auszumachen. Der mit Stuck und Fresken geschmückte Innenraum entspricht dem Zeitgeist, vom mittelalterlichen Vorgängerbau zeugt nur noch der kleinere der beiden Glockentürme. Vor der Kirche erinnert ein als Wappen gestalteter Mosaikboden aus weißen und schwarzen Kieselsteinen an die einstigen Herren von Menton, die Fürsten von Grimaldi.

▪ Juli und Aug. Mo–Fr 10–12 und 16–18 Uhr, Mo–Fr 10–12 und 15–17 Uhr.

Chapelle de la Conception: Die wenige Jahre später errichtete Kapelle der Weißen Büßer *(Pénitents Blancs)*, einer Laienbruderschaft, befindet sich schräg gegenüber in etwas erhöhter Lage. Hinter der prachtvollen Fassade verbirgt sich ein unlängst restaurierter Innenraum in üppiger barocker Pracht; die Kirche ist jedoch leider meist verschlossen.

Monastère L'Annonciade: Auf einem mächtigen Felssockel oberhalb der Stadt thront das von Zypressen und Olivenhainen eingerahmte Kapuzinerkloster 225 m hoch über dem Meer. Das Kloster wurde erst relativ spät, im 18. Jahrhundert, gegründet.

Vieux Cimetière: Der alte Friedhof von Menton liegt in exponierter Lage über der Stadt und dem Meer. Über vier Terrassen verteilt – für jede Konfession eine –, ruhen zahllose ausländische Dauergäste, die Menton so über ihren Tod hinaus verbunden blieben.

Hôtel de Ville: Das Rathaus von Menton, ein an sich nicht erwähnenswerter Bau, erhielt 1957 quasi über Nacht die höheren Weihen der Kunst verliehen. Kein Geringerer als *Jean Cocteau* malte nach Absprache mit seinem Freund, dem Bürgermeister Francis Palmero, den Hochzeitssaal *(Salle des Mariages)* aus. Cocteau wollte eine Alternative zu den üblichen langweiligen französischen Standesämtern schaffen, die ihm schon seit langem zu karg und trist erschienen. Als Motive wählte Cocteau eine allegorische Hochzeit (Stirnseite) sowie die Geschichte von Orpheus und Eurydike. An der Decke kämpft Pegasus (mit den zukünftigen Eheproblemen?).

▪ Rue de la République. Mo–Fr 8.30–12.30 und 14–16.30 Uhr. Eintritt 2 €, erm. 1 €.

Musée Jean Cocteau (Collection Séverin Wunderman): Als spektakulärer futuristischer Neubau eröffnete im Novem-

Kunstproduktionen am Musée Jean Cocteau

ber 2011 das Musée Jean Cocteau der Collection Séverin Wunderman. Der Sammler und Mäzen Séverin Wunderman hat der Stadt Menton mehr als 1500 Objekte in Form von Zeichnungen, Fotografien, Manuskripten, Grafiken, Ölgemälden und Skulpturen geschenkt. Die Sammlung Wunderman gewährt auf einer Fläche von 2700 m^2 nicht nur einen Überblick über das Werk von Jean Cocteau (im Untergeschoss), sondern ordnet dieses in einen kunstgeschichtlichen Kontext ein, da zu der Stiftung auch Gemälde von Amedeo Modigliani, Giorgio de Chirico und Joan Miró gehören. Die Ausstellung im Erdgeschoss wird jährlich neu konzeptioniert.

▪ Promenade du Soleil. Nach einem Wasserschaden steht die Wiedereröffnung in den Sternen. museecocteaumenton.fr.

Musée Jean Cocteau au Bastion: Die alte Hafenbastion aus dem 17. Jahrhundert bildet einen würdigen Rahmen für das Museum, das sich mit dem mediterranen Œuvre Cocteaus auseinandersetzt. Ungewöhnlich ist, dass dem Universalgenie (Dichter, Schriftsteller, Zeichner, Maler und Regisseur) hier nicht etwa nur postum gedacht wird; *Jean Cocteau* hat die Ausstellungsräume noch zu seinen Lebzeiten konzipiert und mit eigenen Mosaiken, Keramiken, Zeichnungen und Bildteppichen ausgestattet. Sehr spannungsreich ist der Kontrast zwischen dem unverputzten Mauerwerk und den Gemälden.

▪ Quai Napoléon III. Tägl. außer Di 10–12.30 und 14–18 Uhr, im Sommer bis 19 Uhr. Eintritt 5 €, erm. 3,75 €. museecocteaumenton.fr.

Musée des Beaux-Arts du Palais Carnolès: Das städtische Museum ist im Palais Carnolès, einer ehemaligen Sommerresidenz der Fürsten von Monaco, untergebracht. Der Schwerpunkt der Gemäldegalerie liegt auf italienischen, französischen und flämischen Meistern aus dem 14. bis 17. Jahrhundert, wobei die ausgestellten Werke weitgehend aus der Sammlung Wakefield-Mori stammen; aber auch die moderne Malerei kommt mit Dufy, Camoin, Manguin und Picabia nicht zu kurz. Das Erdgeschoss bleibt wechselnden Ausstellungen zeitgenössischer Kunst vorbehalten.

▪ 3, avenue de la Madone. Wegen Renovierungsarbeiten auf unbestimmte Zeit geschlossen.

Musée de Préhistoire Régionale: Städtische Sammlung zur Ur- und Frühgeschichte, ergänzt durch eine stadtgeschichtliche Abteilung im Untergeschoss. Das wertvollste Ausstellungsstück ist der berühmte Schädel des sogenannten Grimaldi-Menschen, der in den Grotten östlich von Menton gefunden wurde. Im ersten Stock werden Wechselausstellungen gezeigt.

▪ Rue Loréan-Larchey. Tägl. außer Di 10–12.30 und 14–18 Uhr, im Sommer bis 19 Uhr. Eintritt frei!

Parks und Gärten

Die meisten der berühmten Gartenanlagen Mentons sind der Öffentlichkeit nicht ständig zugänglich. Das Office de Tourisme veranstaltet aber regelmäßig kommentierte Führungen (pro Person ab 5 €) durch die Gartenanlagen; die jeweiligen Termine werden in einer monatlich erscheinenden Broschüre bekanntgegeben. Wenn möglich, sollte man die Gärten im Mai oder Juni besichtigen, denn dann zeigen sie sich von ihrer schönsten Seite. jardinmenton.fr.

Jardin du Palais Carnolès: Der Garten der ehemaligen Sommerresidenz der Fürsten von Monaco, heute Musée Municipal, ist die älteste Gartenanlage der Stadt. Kein anderer Garten in Europa besitzt mehr Zitrusbäume.

▪ 3, avenue de la Madone. Tägl. außer Di 10–12 und 14–18 Uhr.

Jardin Biovès: Die zentrumsnahe Parkanlage entstand wie im nahen Nizza durch die Überdachung eines kleinen

Von Menton bis Nizza → Karte S. 23

Flusses. Während des Zitronenfestes ist der Jardin Biovès feierlich geschmückt. Gleich nebenan steht das Palais d'Europe; das ehemalige Casino aus dem Jahre 1909 wird heute als Kulturzentrum und Bibliothek genutzt.

La Serre de la Madone: Das milde Mentoner Klima erlaubte es *Sir Lawrence Johnston*, einem leidenschaftlichen Gartenliebhaber, auf seinem im Gorbio-Tal gelegenen sechs Hektar großen Grundstück seltene subtropische Pflanzen zu akklimatisieren und sie nach Pflanzengruppen geordnet zu präsentieren. Pittoresk ist auch der Wassergarten, von dem aus symmetrisch verlaufende Treppen zu der den Garten überragenden Villa, die im viktorianischen Stil errichtet wurde, hinaufführen.

▪ 74, route de Gorbio. Tägl. außer Mo 10–18 Uhr, im Winter bis 17 Uhr. Im Nov. geschlossen. Führungen tägl. um 15 Uhr. Eintritt 8 €, erm. 4 €.

Serre de la Madone

Jardin de la Villa Maria Serena: Die prächtige Villa mit ihren schönen Panoramaterrassen wurde um 1880 von Charles Garnier, dem Architekten der Pariser Oper, entworfen. Im Garten lassen sich zahlreiche Palmen und subtropische Pflanzen bewundern, von denen einige einzigartig in Europa sind.

▪ 21, promenade Reine Astrid. Führungen Di um 10 Uhr. Eintritt 6 €.

Villa Fontana Rosa: Im Vorort Garavan, wo die meisten Gärten zu finden sind, ließ sich der spanische Schriftsteller *Vicente Blasco Ibáñez* (1867–1928), der sich 1923 auf der Flucht vor der spanischen Militärdiktatur in Menton niederließ, eine eigene poetische Welt in Gartenform errichten, die sich heute leider in einem desolaten Zustand befindet. Die zugehörige Villa musste beispielsweise 1985 wegen Baufälligkeit abgerissen werden, der erhaltene Rest gewährt aber noch einen recht guten Eindruck vom einstigen Erscheinungsbild. Man könnte fast meinen, Ibáñez schuf den Garten nur, um seinen Lieblingsschriftstellern zu huldigen. Bereits über der Eingangspforte prangen Keramikportraits von Dickens, Balzac und Cervantes; Letzterem ist im Garten auch eine Szenerie in Form eines Halbkreises gewidmet. Zu den von Ibáñez verehrten und im Garten verewigten Autoren gehörten zudem Zola, Flaubert, Hugo, Tolstoi, Dostojewski und Poe.

▪ Avenue Blasco Ibáñez. Führungen Mo und Fr um 10 Uhr. Eintritt 6 €.

Jardin botanique du Val Rahmeh: Der von *Lord Percy Radcliffe*, dem englischen Gouverneur von Malta, 1925 angelegte Garten fasziniert mit seinen tropischen und subtropischen Pflanzen, die zum großen Teil essbare Früchte tragen (Kiwis, Avocados, Bananen etc.). Zudem gibt es über 1400 Eibengewächse und zahlreiche Gewürzpflanzen (Pfefferstrauch, Kardamom etc.). Die Villa Val Rahmeh dient als Außenstelle des in Paris beheimateten *Musée national d'Histoire naturelle.*

▪ Avenue Saint-Jacques. April bis Okt. tägl. 9.30–18 Uhr, Nov. bis März 9.30–17 Uhr. Eintritt 8 €, erm. 6 €. jardinbotaniquevalrahmehmenton.fr.

Jardin des Colombières: Die Gärten der Villa wurden zwischen 1918 und 1927 von dem Schriftsteller und Maler Ferdinand Bac entworfen. Bac entwarf auch modernistische Möbel für das Haus und malte persönlich alle Fresken und Gemälde der Villa.

▪ 312, route de Super Garavan. Mi 14–16 Uhr. Eintritt 20 €. lescolombieres.com.

Parc du Pian: Der östlich der Stadt gelegene Olivenhain ist der einzige Park Mentons, der von dem für die Vegetation des Mittelmeerraums typischen Olivenbaum geprägt ist und daher im Vergleich zu den anderen Gärten in seiner archaischen Ursprünglichkeit fast exotisch wirkt. Mehr als 10 m hohe, uralte verknöcherte Exemplare können in dem drei Hektar großen Areal bewundert werden. Hier lässt sich leicht nachvollziehen, dass sich für den englischen Romancier Lawrence Durrell die Schönheit der ganzen Mittelmeerwelt im Glanz einer einzigen schwarzen Olive spiegelte. Im Sommer dient der Parc du Pian zudem häufig als stimmungsvolle Kulisse für musikalische Abendveranstaltungen.

Parc Saint-Michel: Öffentlicher Garten mit Kinderspielplatz auf dem Plateau Saint-Michel.

Von Menton bis Nizza → Karte S. 23

Basis-Infos

→ Karte S. 30/31

Information **Office du Tourisme,** Palais de l'Europe, 8, avenue Boyer, 06500 Menton, ✆ 0483937020, menton-riviera-merveilles.fr.

Verbindungen Von Menton – **Bahnhof** an der Place de la Gare – fahren häufig Züge nach Italien sowie zu anderen Orten an der Côte d'Azur. Im Stadtteil Garavan, rue Webb Ellis, befindet sich ein weiterer Bahnhof. Gleich nebenan, an der Straße nach Sospel, stößt man auf den **Busbahnhof.** Von hier zahlreiche Verbindungen nach Nizza (75 Min.) – auch Nizza-Flughafen – über Monaco, dreimal tägl. über Ventimiglia nach San Remo sowie in die Umgebung: Gorbio (sechsmal), Sainte-Agnès (dreimal) und Sospel (zumeist dreimal tägl.). Promenade Mal Leclerc, ✆ 0493359360.

Parken Im Hochsommer kann die Parkplatzsuche zum Nerven strapazierenden Geduldsspiel ausarten.

Markt Tägl. in der stilvollen historischen Markthalle am Hafen, unweit des Musée Jean Cocteau. Jeden Fr findet gleich nebenan auf der Place aux Herbes ein Trödelmarkt statt.

Stadtführungen Stadtführung nach Anmeldung beim Office de Tourisme, ✆ 089815 270. Teilnahmegebühr: ab 4 €. menton-riviera-merveilles.fr.

Feste Die farbenprächtigen Umzüge beim **Zitronenfest** (Fête du Citron) finden an drei aufeinanderfolgenden Sonntagen während des Karnevals um jeweils 14 Uhr entlang der Uferstraßen statt. Empfehlenswert: Der Nachtkorso am Faschingsdienstag um 20.30 Uhr. feteducitron.com. **Internationales Kammermusikfestival** (Festival de Musique) in der ersten Augusthälfte mit stimmungsvollen Abendkonzerten vor der Eglise Saint-Michel und an anderen Spielorten. musique-menton.fr. **Journées Méditerranéennes du Jardin** meist am zweiten Septemberwochenende mit Führungen durch die berühmten Gärten.

Palais de l'Europe In dem repräsentativen Gebäude ist das Office de Tourisme untergebracht, häufig finden Ausstellungen und Kulturveranstaltungen statt. 8, avenue de Boyer.

Casino In Strandnähe, diverse Glücksspiele. Tägl. ab 11 Uhr, avenue Félix Faure. casinosbarriere.com.

Theater **Théâtre Francis Palmero,** Saison von Mitte Okt. bis April. Programm: ✆ 049 2417676.

Minigolf Parc de la Madone sowie Parc du Pian.

Kinderspielplätze **Parc Gorre** (Avenue Guillaume 1er de Provence), **Parc de la Madone** und **Parc Saint-Michel.** Kinder und Jugendliche können sich zudem im **Koaland,** einem kleinen Erlebnispark mit diversen

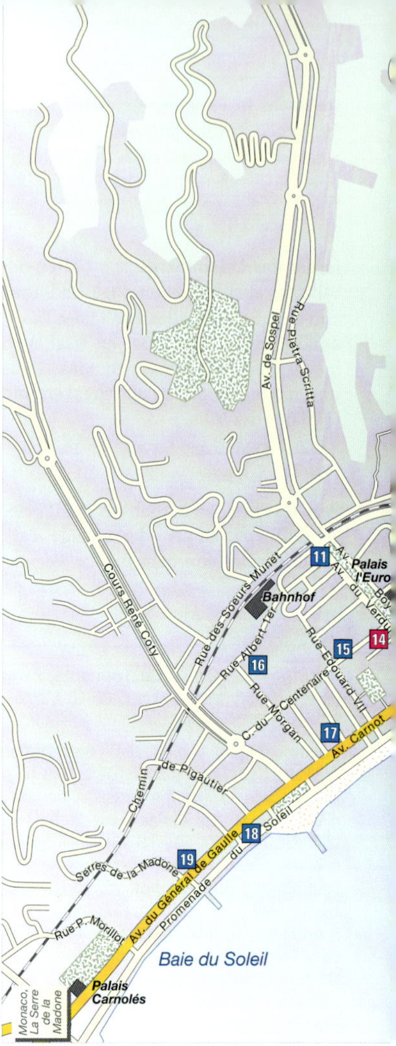

Attraktionen, vergnügen. Adresse: 5, avenue de la Madone. koaland.fr.

Petit Train Touristique In den Sommermonaten tuckert ein Bummelzug durch Menton. Abfahrt: Promenade du Soleil. Fahrtdauer: 35 Minuten.

Strände Die zentrumsnahen Strände an der Promenade du Soleil sowie am Quai Bonaparte werden gut gepflegt, sind allerdings im Hochsommer überfüllt.

Schwimmen **Piscine Municipal,** Hallenbad, Alex Jany, 8, route de Sospel, ✆ 0493358740.

Konfitüre **L'Arche des Confitures,** selbst gemachte Marmelade in allen möglichen Variationen sowie andere lokale Spezialitäten. Tägl. außer So 9.15–13 und 15–19 Uhr. 2, rue du Vieux Collège. confitures-herbin.com.

Olivenöl **L'Huilerie Saint-Michel,** seit 1896 produziert, wird das erlesene Olivenöl mitten in der Altstadt verkauft. Mo–Fr 8–12 und 15–19, Sa 9–12 Uhr. 5, rue de Bréa. huilerie-saint-michel.com.

Übernachten

***** Royal Westminster 12,** ansehnliches 92-Zimmer-Hotel mit Tradition, Flair und Blick aufs Meer. Die meisten Zimmer (modern eingerichtet) besitzen einen schönen Balkon. Die Zimmerpreise schwanken je nach Lage sehr stark. 28, avenue Félix Faure, ✆ 0493286969, hotel-royal-westminster.com. **€€€–€€€€**

***** Riva 18,** modernes, komfortables Drei-Sterne-Hotel direkt an der Strandpromenade. Sehr umsichtig geführt, alle Zimmer mit Balkon. Auf der Dachterrasse im siebten Stock gibt es einen Whirlpool und eine Sauna. Das gute Frühstück wird im Sommer auf der Terrasse vor dem Haus serviert. Die Zimmer mit Meerblick sind wie immer teurer. 600, promenade du Soleil, ✆ 0492109210, rivahotel.com. **€€€**

mein Tipp ***** Palm Garavan 2,** dieses 2012 komplett renovierte Hotel in sehr zentraler Lage (nur durch eine Straße vom Strand getrennt, aber trotzdem ruhig) gefällt durch sein ansprechendes, zeitlos-modernes Design und die schönen Bäder. Viel Wohlfühlatmosphäre, selbst die Nachttischlampen spenden ein perfektes Leselicht, was in vielen Hotels sonst nicht der Fall ist. Die etwas teureren Zimmer verfügen über eine Terrasse oder einen Balkon mit (schrägem) Meerblick. Nettes Besitzerpaar. Zimmerpreise je nach Lage und Ausstattung schwankend; Parkplatz gegen Gebühr. 3, porte de France, ✆ 0493788067, hotelpalm.fr. **€€–€€€**

***** Chambord 13,** optisch langweilig, aber in guter Lage. Die Zimmer sind sehr geräumig, und viele haben einen Balkon. Das Frühstück wird im Zimmer serviert. Garage gegen Gebühr. 6, avenue Boyer, ✆ 0493359419, hotelchambord.com. **€€€**

mein Tipp ***** Résidence Chambord 15,** der Besitzer des Chambord betreibt noch eine Dépendance mit Appartements und Hotelzim-

mern. Schönes blaues Foyer, in dem auch das Frühstück serviert wird. Moderne Zimmer, alle mit Balkon. Parken gegen Gebühr. 1, cr. Georges V., ✆ 0493572002, residence-hoteliere-chambord.com. **€€€**

***** Londres 17**, eine schöne altertümliche Villa, die Zimmer mit floralem Dekor. Schön auch die Gartenterrasse, wo auch das Frühstück serviert wird. 15, avenue Carnot, ✆ 049 3357462, hotel-de-londres.com. **€€–€€€**

***** Ibis Styles 7**, ein modernes Kettenhotel im Stadtzentrum mit schönen Zimmern, die meisten mit Balkon oder Terrasse. Garage vorhanden. 10, rue Vilarey, ✆ 0492109525, all.accor.com/hotel. **€€€**

**** Pavillon Impérial 19**, eine zweigeschossige Villa an der Durchgangsstraße. Doch die Zimmer sind sauber, und manche verfügen über eine Terrasse mit Meerblick, allerdings ziehen wir die rückwärtigen (ruhigen) Zimmer zum Innenhof vor, die fast alle über einen Balkon oder einen Terrassenzugang verfügen. Und der Strand ist nur einen Katzensprung entfernt! Parken gegen Gebühr. 9, avenue de la Madonne, ✆ 0493357569, hotel-pavillon-imperial.com. **€€**

Mein Tipp **** Lemon Beauregard 16**, die alleinstehende, südl. des Bahnhofs gelegene Villa hat seit ihrer Renovierung an Charme gewonnen. Unser Tipp in der günstigen Preisklasse. Die Zimmer sind in zwei verschiedenen Stilen eingerichtet (einmal mit gelben, einmal mit roten Bädern), teilweise mit Balkon. Es gibt einen netten, kleinen Garten, in dem im Sommer das Frühstück serviert wird. 10, rue Albert 1er, ✆ 0493286363, hotel-lemon.com. **€€**

*** Belgique 11**, einfache Unterkunft gleich beim Bahnhof. Im Dez. geschlossen. Die 18 Zimmer sind für Menton sehr günstig. 1, avenue de la Gare, ✆ 0493357266, hotel-de-belgique-menton.fr. **€**

Camping ** Saint Michel 4, hoch auf dem Plateau Saint-Michel, mit herrlichem Blick auf die Stadt und das Meer. Terrassiertes Gelände. Ganzjährig geöffnet. Von Mai bis Mitte Sept. 3 Tage Mindestaufenthalt. Route des Ciappes (Bus Nr. 6), ✆ 0493358123, campingscotedazur.com.

Essen & Trinken

→ Karte S. 30/31

Essen & Trinken Petit Port 10, ein gehobenes Restaurant mit großer Terrasse. Vorspeisen 27 €, lecker der Tintenfisch mit Steinpilzen. Dorade oder Loup vom Grill kosten 37 €. Di und Mi Ruhetag. 4, rue Jonquier, ✆ 0493358262.

Carnival 6, eine Adresse für alle Liebhaber der „Fleischeslust“. Der Koch Riccardo Rinaldi stammt aus der Lombardei und versteht sich auf gute Steaks, aber auch Nudelgerichte. Lecker ist die *Bavette à l'echalotte* oder das Entrecôte (300 g kosten 25 €). Das Rindfleisch, das Gemüse und die meisten Zutaten stammen aus biologischem Anbau bzw. biologischer Produktion, außerdem werden ausschließlich Bioweine serviert. Straßenterrasse. Montagmittag und Do geschlossen. 29, quai Monléon, ✆ 0493359995, restaurantcarnival.com.

Le 31 5, gutes Restaurant an der Hafenpromenade. Große Fleischportionen, so bei der Entenbrust mit grünem Curry für 32 €. Leider ist der Service nachlässig. Straßenterrasse mit schönem Holzmobiliar. Mittagsmenü 35 €. Mo–Do mittags geschlossen. 31, quai Bonaparte, ✆ 0640650792, le31menton.fr.

Vom Vorplatz der Kathedrale hat man einen herrlichen Blick

Mein Tipp **Leone 3**, ein ausgezeichnetes italienisches Restaurant. Sehr lecker war der lauwarme Tintenfischsalat mit Kartoffeln (17,50 €) sowie die gegrillte Dorade (32 €). Große Straßenterrasse. Mittwochmittag geschlossen. 14, square Victoria, ✆ 0422161330, leonerestaurant.com.

La Trattoria 14, ein bei Einheimischen sehr beliebtes Lokal, das bis spät in den Abend hinein gut besucht ist. Nudelgerichte, Salate oder Risotto mit Steinpilzen 25 €. Straßenterrasse. Sonntagabend und Mo geschlossen. 15, avenue de Verdun, ✆ 0983616091, latrattoria-menton.fr.

JR Bistronomique 9, eine Adresse mit guter saisonaler Bistroküche, von Michelin und Gault Millau (eine Haube) empfohlen. Lecker ist der *Pavé de Loup grillée* für 28 €. Nur abends geöffnet, keine Terrasse, So und Mo Ruhetag. 11, rue Trenca, ✆ 0607548950, jr-bistronomie-restaurant-menton.com.

La Dolce Vita 1, in Menton kann man auch direkt am Strand einkehren und fast mit den Füßen im Wasser sitzen. Das Dolce Vita ist eines der letzten Strandrestaurants in Richtung Italien. Signore Battaglione ist Italiener und versteht sich auf die Küche seines Heimatlandes, vor allem Pasta und Pizza (10–15 €). Die Pasta ist wirklich sehr zu empfehlen, für die Kinder gibt es einen kleinen Spielplatz. 15, promenade de la Mer, ✆ 0493354450, ladolcevitaplage.com.

L'Ulivo 8, gutes italienisches Restaurant, mitten in der Altstadt gelegen. In diesem Fall mit einem deutlichen sardischen Akzent. Menüs rund 60 € à la carte. 21, place du Cap, ✆ 049 3354565, Facebook.

Von Menton bis Nizza → Karte S. 23

Umgebung von Menton

Sainte-Agnès 1350 Einw.

Bis 1933 musste man noch zu Fuß gehen oder sich eines Maultiers bedienen, um zu dem 754 m hoch gelegenen Bergdorf zu gelangen. Heute bewältigen motorisierte Touristen die 11 km lange Anfahrt in einer guten Viertelstunde, Wanderer schwitzen von Menton aus zwei Stunden lang. Oben angekommen, erwartet den Besucher ein pittoreskes, etwas zu aufgeräumt wirkendes Dorf sowie die darüber emporragenden Ruinen einer angeblichen Sarazenenburg mit einem mittelalterlichen Garten. Der schöne Rundblick – bei guten Wetterbedingungen sogar bis Korsika – lässt vergessen, dass Sainte-Agnès offensichtlich nur noch vom Tourismus lebt. Entlang der Rue Longue reiht sich Schmuckladen an Souvenirladen, dazu noch drei Restaurants (eine herrliche Aussicht bietet das Le Righi). Am Ende des Dorfes ragen die mächtigen Geschützbastionen eines zur Maginot-Linie gehörenden Forts aus dem Fels.

Information Mairie, 06500 Sainte-Agnès, ✆ 0493358458, sainteagnes.fr.

Bus Tägl. drei Busverbindungen nach Menton.

Fort Führungen von Juni bis Sept. tägl. 10.30, 14.30 und 16.30 Uhr, sonst nur Sa/So 14.30 und 16 Uhr. Eintritt 7 €, erm. 5 €.

Essen & Trinken **Le Righi**, das Lokal ist bekannt für seine selbstgemachten Ravioli, dazu genießt man eine herrliche Aussicht. Nur mittags geöffnet, Mi Ruhetag. ✆ 0492109088, restaurant-lerighi.fr.

Gorbio 1525 Einw.

Gorbio zieht sich ebenfalls recht malerisch einen Hügel hinauf, manche Häuser sind durch Arkaden miteinander verbunden. Das Dorf gefällt aber vor allem durch das ungezwungene, nicht zu geleckt wirkende Erscheinungsbild. Gorbio lebt, die Gassen sind nicht klinisch rein, Katzen schleichen herum und im Waschhaus wird noch geschrubbt wie in alten Zeiten. Die Nähe zu den Stränden macht Gorbio zu einem beliebten Ausflugsziel. Interessant ist ein Besuch während der Schneckenprozession *(Procession aux escargots)* an Fronleichnam. Überall auf den Straßen und Fensterbänken leuchten dann kleine, mit Öl gefüllte Schneckenhäuser.

Information Mairie, 30, rue Grimaldi, 06500 Gorbio, ✆ 0492106650, gorbio.fr.

Bus sechsmal täglich nach Menton.

Markt Freitagvormittag.

Wandern Von Gorbio aus kann man in einer bis zwei Stunden zu den umliegenden Dörfern wie Sainte-Agnès, Peille oder Roquebrune wandern, der Beginn des jeweiligen Weges ist ausgeschildert. Vorschlag für eine schöne Tagestour: Am Morgen mit dem Bus von Menton nach Gorbio, um anschließend nach Sainte-Agnès zu wandern; von dort aus wieder mit dem Bus zurück nach Menton.

Essen & Trinken **Beau Séjour**, beliebtes Lokal im Herzen des Dorfes. Serviert wird eine ansprechende regionale Küche. Menü 31 €. Straßenterrasse. Nur mittags geöffnet, Mi Ruhetag. 15, place de la République, ✆ 0493414615, Facebook.

Castellar 1000 Einw.

Ein weiteres schmuckes Bergdorf im Hinterland von Menton, das allerdings im 15. Jahrhundert planmäßig errichtet wurde, weshalb der 800-Seelen-Ort von drei parallel verlaufenden Straßen durchzogen wird, die wiederum mit Laubengängen verbunden sind. Die Anfahrt lohnt sich auch wegen der herrlichen Fernsicht auf die Küste. Am Sonntagvormittag ist Markt.

Castillon 350 Einw.

Das auf halbem Weg zwischen Menton und Sospel an der D 2566 gelegene

Künstlerdorf bezeichnet sich als „Castillon Village d'Art". Angesichts der schmuck herausgeputzten Häuser ist es heute nur schwer vorstellbar, dass Castillon 1887 durch ein Erdbeben und 1944 durch Bombardements im Zweiten Weltkrieg schwer verwüstet wurde. Erst als sich mehrere Kunsthandwerker in den Ruinen niederließen und diese restaurierten, ging es wieder bergauf. Wer nach Süden fährt und in Richtung Castellar abbiegt, kommt direkt an einem kleinen Wasserfall mit „Pool" vorbei.

La Bergerie de Castillon, von einer Leserin empfohlenes kleines, an den Fels gebautes Hotel am Dorfrand. Überdachter Pool. Im Restaurant gibt es regionale Kost. 68, chemin de Saint Antonin, ✆ 0493040039, bergerie-castillon.com. ▪ **Lesertipp €€**

Grimaldi-Grotten (Balzi Rossi)

Die direkt hinter der französisch-italienischen Grenze unterhalb des Dorfes Grimaldi gelegenen Grotten gehören zu den bedeutendsten prähistorischen Fundstätten Europas. Die Ausgrabungen förderten neben rund 15.000 bis 20.000 Jahre alten menschlichen Skeletten auch bemerkenswerte Grabbeigaben zu Tage. Spektakulär war aber vor allem der Fund in der *Grotte des Enfants* (Grotta dei Fanculli). Die beiden dort gefundenen Skelette – es handelt sich um einen Jüngling und eine alte Frau – unterscheiden sich deutlich von dem bis dato bekannten Cromagnon-Typus; sie weisen deutlich negroide Merkmale auf. Der Fund bewirkte ein Umdenken in der Forschung, da seither von einem weiteren, in Europa verbreiteten Menschentypus ausgegangen wird. Die Grabbeigaben und der Schmuck lassen darauf schließen, dass sich beide Menschentypen auf der gleichen Kulturstufe befunden haben. Ungewöhnlich war allerdings die Beerdigung in Hockstellung.

Ein Teil der Funde ist auf dem Gelände in dem kleinen, 1898 von Thomas Hanbury gegründeten **Museo Nazionale Preistorico dei Balzi Rossi** ausgestellt. Eine Besichtigung der Grotten, die hinter dem Museum liegen, ist eher enttäuschend. Interessierte sollten sich zu einem Besuch der prähistorischen Museen von Menton und Monaco entschließen, da dort die bedeutendsten Fundstücke der Grimaldi-Grotten ausgestellt sind.

▪ Di–So 8.30–19.30 Uhr. Eintritt 5 €.

Giardini Hanbury

Zwischen der französisch-italienischen Grenze und Ventimiglia liegt bei dem kleinen Dorf Mortola Inferiore der berühmte Hanbury-Park, eine fantastische Gartenanlage, die *Sir Thomas Hanbury* von 1867 an zur Akklimatisierung tropischer Pflanzen anlegte. Hoch über dem Meer ließ er sich zudem eine Villa, halb im florentinischen, halb im maurischen Stil, errichten. Schon wenige Jahrzehnte später galt der exotische Park des im Orienthandel reich gewordenen Botanikliebhabers als der schönste in ganz Europa. Kriegszerstörungen und ein anschließend jahrzehntelanger Niedergang haben der Anlage schweren Schaden zugefügt. Obwohl der seit 1960 dem italienischen Staat gehörende Garten seine einstige Pracht bisher noch nicht wieder erreicht hat, faszinieren die außerordentliche Artenvielfalt und der üppige Pflanzenwuchs.

▪ Tägl. 9.30–18 Uhr, im Winterhalbjahr tägl. außer Mo 9.30–17 Uhr. Eintritt 10 €, erm. 8 €. giardinihanbury.com.

Ventimiglia 23.000 Einw.

Das von der Roya geteilte Grenzstädtchen Ventimiglia ist das Tor zu Ligurien. Ursprünglich war Ventimiglia die Hauptstadt der Intemelier, ein 180 v. Chr. von den Römern unterworfener Ligurerstamm. Die siegreichen Römer ließen sich am östlichen Ufer der Roya nieder und gründeten eine neue Stadt, der sie den Namen Albium Intemelium gaben. Verkehrsgünstig an der nach Gallien führenden Via Aurelia gelegen, entwickelte sich die Stadt schnell zu einem lebendigen Provinzzentrum. Ventimiglia besitzt noch mehrere Zeugnisse seiner reichen Vergangenheit, wenngleich das direkt neben einer Bahnlinie ausgegrabene römische Theater in seinem jetzigen Zustand nicht zu den schönsten seiner Art zählt – nur noch sechs Sitzreihen sind vollständig erhalten. Seine zweite Glanzzeit erlebte Ventimiglia im Mittelalter, als die gleichnamigen Grafen weite Teile der ligurischen Küste beherrschten und auf einer Anhöhe am rechten Ufer der Roya residierten. Stattliche Patrizierhäuser, der ehrwürdige Dom und das mit diesem verbundene Baptisterium sowie Reste der Stadtbefestigung und eine Burgruine erinnern noch an jene bedeutende Epoche. Damals wie heute fungiert die von zahlreichen Geschäften gesäumte Via Garibaldi als Hauptachse der Altstadt. Das Einkaufs- und Geschäftsleben spielt sich seit langem aber in der am linken Ufer gelegenen Neustadt ab. Besonders lohnenswert ist ein Abstecher am Freitag: Der Freitagsmarkt von Ventimiglia ist weit über die Stadtgrenzen hinaus für seine Vielfalt bekannt, begleitet wird er von einem allwöchentlich stattfindenden Verkehrschaos. Wer nach einem Stadtbummel noch mehr von Italien sehen will, kann dem Küstenverlauf bis in das elegante San Remo folgen.

▪ Zahlreiche Zug- und Busverbindungen nach Menton und zu den anderen Städten entlang der Côte d'Azur.

Aussichtsreich von Menton bis Nizza fahren

Wer mit dem eigenen Fahrzeug von Menton nach Nizza bzw. von Nizza nach Menton fahren will, hat die Wahl zwischen drei verschiedenen Aussichtsstraßen, den sogenannten *Corniches.* Die **Corniche Inférieure** (N 98), die in ihrem Verlauf weitgehend der Küste folgt, ist stark frequentiert und führt durch das Fürstentum Monaco, Beaulieu und Villefranche. Die mittlere Straße (N 7), die sogenannte **Moyenne Corniche,** wurde 1927 hauptsächlich aus touristischen Gründen erbaut und besitzt daher viele Aussichtsparkplätze, die man am leichtesten ansteuern kann, wenn man von West nach Ost fährt. Ein Besuch des mittelalterlichen Èze (→ S. 53), das auf dem Weg liegt, gehört zum Pflichtprogramm. Die höher am Berg entlangführende **Grande Corniche** (D 2564) ist die älteste Verbindung. Sie entspricht größtenteils der römischen *Via Aurelia,* wurde später aber von Napoléon erneuert. Die zu Ehren des Kaisers Augustus in La Turbie (→ S. 51) errichtete Trophée des Alpes ist neben Roquebrune (s. u.) der interessanteste Zwischenstopp entlang der *Grande Corniche.*

Roquebrune-Cap-Martin

11.700 Einw.

Kontrastreiche Doppelgemeinde – oben am Berg das verschachtelte mittelalterliche Roquebrune, unten an der Küste das mondäne Cap-Martin. Cap-Martin war seit jeher eine der vornehmsten Adressen an der Côte d'Azur, daran hat sich bis heute nichts geändert.

Der Name Roquebrune leitet sich von den Farbnuancen des Felsens *(Rocca Bruna)* ab, auf dem die Grafen von Ventimiglia eine Burg errichteten. Ähnlich wie das benachbarte Menton hat auch das Bergdorf eine bewegte Geschichte hinter sich, bis schließlich 1861 aus dem monegassisch-italienischen *Roccabrune* das französische Roquebrune wurde. Noch vor mehr als 150 Jahren war Roquebrune ein weitgehend verlassenes Dorf, auf dem bewaldeten Cap-Martin stand kein einziges Haus. Als um die Wende zum 20. Jahrhundert an der Küste exklusive Hotels und Villen entstanden, erwachte auch

Roquebrune zu neuem Leben. Der Tourismus hat das Dorf vollkommen verändert: Roquebrune präsentiert sich als renoviertes Bilderbuchdorf; in den mittelalterlichen, um einen Felsen gewundenen Gassen schmiegen sich die Häuser an den Stein, der von der Burgruine gekrönt wird. Der tausendjährige Ölbaum von Roquebrune ist mehr als 10 m breit und wird als der älteste der Welt gerühmt. Er befindet sich rund 150 m hinter dem Dorf.

Ganz im Gegensatz hierzu: Cap-Martin. Nach wie vor geht es auf der Landzunge sehr vornehm zu, vom Massentourismus abgeschottet, konnte das exklusive Flair erfolgreich bewahrt werden. Keine der feudalen Villen ist für Besucher zugänglich – warum auch, schließlich will man unter seinesgleichen bleiben. Schon vor hundert Jahren gaben sich hier gekrönte Häupter und die Highsociety ein Stelldichein: So verabredete sich die französische Kaiserin Eugénie regelmäßig mit Kaiserin Elisabeth von Österreich („Sissy") zum Teetrinken und Spazierengehen. Wer will, kann bei einem kurzen Bummel durch das Villenviertel einen plastischen Eindruck vom Reichtum dieser Welt gewinnen.

Blick auf Cap-Martin

Sehenswertes

Château: Die Burg von Roquebrune ist wahrscheinlich eine Gründung aus dem 10. Jahrhundert, jedoch entspricht ihr Bauzustand am ehesten dem des Spätmittelalters. Das Zentrum der Anlage besteht aus einem Hof, flankiert von zwei quadratischen Türmen; der ältere und größere von beiden misst knappe 30 m (schöne Aussicht auf das Meer und die rote Dächerlandschaft!). Einst war die Burg von einem imposanten Mauerring umgeben. Innerhalb dieser Außenmauern entstand im 15. Jahrhundert das alte Roquebrune mit seinen kleinen, verschachtelten Häusern und den schmalen, teilweise überwölbten Gassen.

▪ Tägl. 10–18.30 Uhr, im Winter bis 17 Uhr; Mitte Nov. bis Mitte Dez. geschlossen. Eintritt 5 €, erm. 3 €.

VILLA E1027: Dieses ungewöhnliche moderne Haus der Designerin Eileen Grey wurde zwischen 1926 und 1929 unmittelbar am Meer errichtet und gilt mit seinem Terrassendach, dem Pfahlwerk und den Langfenstern als ein Musterbeispiel moderner Architektur. Es steht seit dem Jahr 2000 unter Denkmalschutz und wurde unlängst komplett renoviert. Im Rahmen einer Führung wird auch der *Cabanon* von Le Corbusier besichtigt.

▪ Führungen (2 Std.) von April bis Okt. Di–So um 10 und um 14 Uhr. Anmeldung unter capmoderne.monuments-nationaux.fr. Kosten 19 €, erm. 10 €. capmoderne.com.

Monument de Lumone: Schräg gegenüber dem Rathaus stehen die wenigen Reste einer römischen Poststation. Ein Stückchen Mauerwerk mit drei Arkaden und Wandmosaiken – nicht viel, aber immerhin ein mehr als 2000 Jahre altes Zeugnis aus der Vergangenheit von Cap-Martin.

La Tombe de Le Corbusier: Auf dem Friedhof von Roquebrune liegt der berühmte Architekt und Städteplaner *Le Corbusier* (1887–1965) begraben (Carré H, Nr. 3). Wie es sich für einen Künstler seines Ranges gehört, hat er das Grabmal selbst entworfen. Übrigens starb Le Corbusier unweit von Cap-Martin beim Tauchen an einem Herzschlag. Auch der deutsche Maler und Exilant *Jean Leppien* (1910–1991) wurde auf dem Friedhof beigesetzt.

Wandern

Promenade Le Corbusier: Vom Ende der Avenue Winston Churchill verbindet diese gut ausgeschilderte Uferpromenade das Cap-Martin mit dem Bahnhof Cap-Martin-Roquebrune; dabei kommt man zum Schluss auch am selbst entworfenen, hölzernen Wohnhaus von Le Corbusier vorbei. Wer will, kann – begleitet von einer typischen Mittelmeervegetation mit Ginster, Myrten, Pistazien und Mastixbäumen – weiter am Meer entlang bis Monte-Carlo oder nach Menton wandern. Entfernung: 3 km.

Nach Roquebrune: Es gibt zwei Möglichkeiten, von der Küste nach Roquebrune zu wandern (200 Höhenmeter). Entweder steigt man vom Bahnhof Cap-Martin-Roquebrune in einer Stunde über zahlreiche Stufen hinauf oder man startet vom Bahnhof Carnolès (1:30 Stunden). Hierzu geht es anfangs entlang der Avenue de Belgique, dann über den Chemin du Vallonnet und den Chemin de Menton an der Chapelle La Pausa vorbei nach Roquebrune. Der Weg ist auch mit der Hinweistafel „Les Balcons de la Côte d'Azur" ausgeschildert.

Information **Office Municipal de Tourisme,** 218, avenue Aristide-Briand, 06190 Roquebrune-Cap-Martin, ✆0493356287, roquebrune-cap-martin.fr.

Verbindungen Sehr häufig Verbindungen nach Menton und Nizza. Die Gemeinde Roquebrune-Cap-Martin besitzt zwei Bahnhöfe, die beide an der Küste liegen. Der Bahnhof Roquebrune-Cap-Martin liegt unterhalb des Dorfes, der Bahnhof Carnolès im Osten von Cap Martin. Beachten sollte man noch, dass der Aufstieg von Cap Martin nach Roquebrune durchaus schweißtreibend ist.

Markt Donnerstagvormittag.

Führungen April bis Okt. Di–So um 10 und 14 Uhr beginnt am Office de Tourisme (vorherige Anmeldung) eine Führung zum Cabanon von Le Corbusier. Kosten 19 €, erm. 10 €. capmoderne.monuments-nationaux.fr.

Literaturtipp Paris, Gilles: Der Glühwürmchensommer. Berlin Verlag. Geschichte eines magischen Sommers am Cap-Martin.

Veranstaltungen **Procession de la Passion in Roquebrune:** Am Nachmittag des 5. August wird mit einer Passionsprozession der Rettung des Dorfes vor einer Pestepidemie gedacht. **Karfreitagsprozession:** Die in historische Gewänder gehüllten Dorfbewohner spielen in den festlich erleuchteten Straßen die Grablegung Christi nach.

Kinderspielplatz Schöne Anlage im Parc de Cap-Martin.

Übernachten/Essen **** Regency,** kleines, durchaus ansprechendes Hotel an der etwas zu lauten unteren Corniche. Ganz nett ist der Garten. Die teureren Zimmer mit Meerblick. 98, avenue Jean-Jaurès, ✆0493350091, hotelregency monaco.com. **€€–€€€**

La Roquebrunoise, das kurz vor dem Dorfeingang gelegene Restaurant (auffällige rosa Fassade) mit seiner Aussichtsterrasse bietet eine regionale Küche mit gutem Preis-Leistungs-Verhältnis. *Salade niçoise* 18 €. Günstiger speist man mittags im zugehörigen Bistro. Mo und Do Ruhetag. 12, avenue Raymond-Poincaré, ✆0493350219, laroquebrunoise.com.

Au Grand Inquisiteur, angenehmes Restaurant in einem alten Kellergewölbe. Der „Großinquisitor" wartet mit einer relativ klassischen provenzalischen Küche auf, etwa mit einer gegrillten Wachtel *(Caille)*. Da das Lokal nur wenige Tische besitzt, ist es nicht immer einfach, einen Platz zu ergattern. Drei-Gang-Menü 45 €. Nur abends geöffnet, Mi Ruhetag. 18, rue du Château, ✆0493350537, augrandinquisiteur.com.

La Grotte & L'Olivier, uriges Höhlenbistro mit lauschiger Terrasse. Zum Essen gibt es diverse Kleinigkeiten, Pizza ab 13 € bzw. Plat du Jour für 15 €. Dienstag und Mittwochmittag geschlossen. Place des Deux Frères, ✆049335 0004, lagrotte-lolivier.fr.

Von Menton bis Nizza → Karte S. 23

Monaco: Felsen, Jachten und Hochhäuser

Monaco

39.500 Einw.

Monaco, ein mediterraner „Zwergstaat" der Superlative: Steuer- und Spielerparadies, quasi-feudales Regiment neben Hightech, Hautevolee, Formel 1 und zu guter Letzt: permanente Raumnot.

Wer zum ersten Mal das Fürstentum Monaco *(Principauté de Monaco)* besucht, wird wahrscheinlich enttäuscht sein. Von romantischen Vorstellungen wird der Neuankömmling angesichts der langweiligen Hochhauskulisse von Monte-Carlo rasch ernüchtert; Wanne-Eickel besitzt mehr Grünanlagen. Zudem gibt es enge Häuserschluchten, viel Verkehr und viel Stau, schließlich pendeln jeden Tag 40.000 Menschen zur Arbeit nach Monaco. Zu lange darf man sich aber nicht über einen Zwischenstopp Gedanken machen, sonst ist man schon wieder auf französischem Boden. Auch wenn das Fürstentum nur 1,95 km² groß – vor den Landaufschüttungen waren es sogar nur 1,6 km² – und somit nach der Vatikanstadt der zweitkleinste europäische Staat ist, lassen sich deutlich vier urbane Bereiche ausmachen: Da ist einmal das alte Monaco mit dem fürstlichen Palais auf dem malerischen Felsen Le Rocher, 1 km weiter östlich lockt Monte-Carlo mit seinem berühmten Spielcasino, dazwischen liegt am Hafen die Gemeinde La Condamine mit dem Schwimmbad „Stade Nautique Rainier III"; zuletzt entstand auf einem, dem Meer abgetrotzten Stück Land das supermoderne Fontvieille mit dem Sportpalast „Stade Louis II". Die Raumnot ist groß, muss doch jeder Ausländer, der in den Genuss der Steuerfreiheit kommen will, entweder eine

Wohnung im Fürstentum besitzen oder gemietet haben. Leider wurden auch schon zahlreiche alte Villen dem Bauboom geopfert; ihr Platz wurde von gesichtslosen Neubauten mit kleinen Appartements zu horrenden Preisen eingenommen. Der Übergang zum französischen Territorium ist nahtlos, nur die weißen monegassischen Briefkästen erleichtern die Orientierung. Apropos Raumnot: Im Jahr 2004 wurde eine 300 Millionen Euro teure Landungsbrücke im Meer verankert. Mit dieser 352 m langen künstlichen Mole wurden 700 neue Liegeplätze für Luxusjachten geschaffen, zudem können endlich große Kreuzfahrtschiffe direkt in Monaco anlegen. Zudem plant man, bis zum Jahr 2030 dem Meer weitere sechs Hektar zur Bebauung abzutrotzen.

Noch heute erscheint die 1887 von Guy de Maupassant getroffene Charakterisierung aktuell: „Dieser erstaunliche Staat, kleiner als ein französisches Dorf, in dem es aber einen absolutistischen Herrscher gibt, Bischöfe, ein Heer von Jesuiten und Seminaristen, welches größer ist als das des Fürsten, eine Artillerie mit einer verrosteten Kanone, ein Protokoll, das strenger ist als einst unter Ludwig XIV., autoritäre Prinzipien, die despotischer sind als die des Preußenkönigs – und all das verbunden mit einer großartigen Toleranz gegenüber den menschlichen Schwächen, die das Leben des Souveräns, der Bischöfe, der Jesuiten, der Seminaristen, des Heeres und der Richter beherrschen." Die Fürstenfamilie von Monaco ist natürlich ein Lieblingsthema der Regenbogenpresse. Seit Jahr und Tag informieren „Frau mit Herz", „Das Neue Blatt", „Die Aktuelle" und wie sie alle heißen über die kleinen Skandale und großen Affären von Caroline, Stéphanie und Anhang. Früher hielt sich der Adel Hofnarren, um sich zu unterhalten, heute könnte man glauben, das Volk halte sich aus dem gleichen Grund Adelige. Zu der Fürstenfamilie gesellen sich neben den zahllosen Touristen noch rund 32.000 Einwohner, von denen allerdings nur 7000 die monegassische Staatsbürgerschaft besitzen, ein paar Tausend „Steuerflüchtlinge", darunter 1000 Schweizer und 750 Deutsche sowie diejenigen, die alles am Laufen halten. Wenn alljährlich im Mai die Erben von Michael Schumacher beim traditionsreichen Grand Prix von Monaco (seit 1929) auf dem Innenstadtkurs durch die Häuserschluchten und Tunnel des Fürstentums donnern, dann entscheidet man sich am besten für die Grande Corniche und umfährt das Spektakel weiträumig. Eine Woche lang ist Monaco vom Dröhnen der Motoren erfüllt, statt sich an edlen Gerüchen zu erfreuen, kämpft die Nase mit beißendem Benzingestank. Apropos Veranstaltungen: Ein souveräner Staat hat natürlich seinen Nationalfeiertag: Am 19. November ist das ganze Fürstentum mit Fahnen geschmückt, Paraden werden abgehalten.

Böse Zungen behaupten, die Polizei des Fürstentums habe George Orwells „1984" ihren Dienstvorschriften zugrunde gelegt. So besitzt Monaco ein nahezu perfektes Sicherheitssystem, innerhalb von Minuten können die Grenzen geschlossen werden. Mehr als 500 Kameras an allen zentralen Plätzen und ein ganzes Bataillon Polizisten sorgen für eine unkomplizierte und wirksame Überwachung des öffentlichen Lebens. Auf 65 Einwohner kommt ein Polizist! Personen, die unangenehm auffallen, werden kurzerhand des Landes verwiesen. Das millionenschwere Publikum weiß es zu schätzen, dass sich hier der eigene Reichtum unbesorgt zur Schau stellen lässt und niemand Anstalten machen wird, der Gattin das Diamantenkollier vom Hals zu reißen. Übrigens profitiert auch der Durchschnittstourist vom fürstlichen Polizeistaat: So sicher wie in Monaco kann er nirgendwo sonst an der Côte d'Azur sein Auto abstellen.

Wo die Liebe hinfällt

Bei ihrer Herzenswahl setzten sich die monegassischen Fürsten zweimal deutlich über gesellschaftliche Konventionen hinweg. Während die 1956 erfolgte Eheschließung von Fürst Rainier III. mit der amerikanischen Filmschauspielerin Grace Kelly noch gut in Erinnerung ist, kennt kaum mehr jemand Alice Heine, die Fürst Albert I. 1889 geheiratet hatte. Die Verbindung sorgte nicht nur für Schlagzeilen, weil die Auserwählte eine Bürgerliche, sondern zudem jung verwitwet und jüdischer Herkunft war (entfernt mit dem Dichter Heinrich Heine verwandt)! Die aus New Orleans stammende Alice Heine mauserte sich aber schnell zu einer angesehenen Landesmutter mit einem ausgeprägten sozialen und künstlerischen Engagement. Allerdings bewegten sie die Kompositionen eines Herrn namens Isidor Cohen so sehr, dass sie darüber ihre Ehe vergaß. Albert I. zog die Konsequenzen und ließ sich 1902 heimlich scheiden und richtete seine Aufmerksamkeit fortan fast ausschließlich auf seine geliebten Meeresstudien.

Geschichte

Dank des strategisch günstigen Felsens war Monaco schon in frühester Zeit besiedelt. Die Phönizier betrieben hier eine Handelsniederlassung, wurden aber alsbald von den Griechen verdrängt, die ein paar Jahrhunderte später wiederum den Römern weichen mussten: Aus dem griechischen *Monoikos* wurde das römische *Monoeci*. Bei den Bauarbeiten im Hafenviertel La Condamine kamen zahlreiche Fundstücke aus der römischen Vergangenheit ans Tageslicht. Über die Zeitspanne zwischen Spätantike und Hochmittelalter schweigen die Quellen. Im 12. Jahrhundert wurde der Küstenabschnitt zum Zankapfel zwischen den Grafen der Provence und der mächtigen Republik Genua. Kaiser Friedrich Barbarossa griff 1162 ein und regelte den Streit zugunsten der Stadtrepublik. Damit hatten die Querelen aber noch lange kein Ende gefunden, mehr als hundert Jahre lag man sich immer wieder in den Haaren, bevor *Francesco Grimaldi*, der einer der angesehensten genuesischen Adelsfamilien entstammte, das Heft kurzerhand selbst in die Hand nahm. Die Legende besagt, dass er als Mönch verkleidet in die Festung der Genueser eingedrungen sein soll. Mit Geschick und Ausdauer gelang es den Grimaldis, sich in der folgenden Zeit ein beachtliches Territorium entlang der Küste zu schaffen. Nichtsdestotrotz wurde das Fürstentum wiederholt zum Spielball französischer, spanischer und sardischer Interessen, wurde belagert, verwüstet, wiederaufgebaut und erneut zerstört. Erstaunlicherweise behaupteten sich die Fürsten von Monaco immer wieder und retteten ihre Dynastie mehrfach vor dem Untergang. Als 1731 die Grimaldis im Mannesstamm ausstarben, ging die Herrschaft auf das normannische Adelsgeschlecht der Goyon Matignon über, die Namen und Wappen der Familie Grimaldi übernahmen. Im Zeitalter der Französischen Revolution war für ein souveränes

Fürstentum kein Platz: Fürst Honorius IV. musste sein Schloss räumen, Verwundete wurden einquartiert; 1792 stimmten die monegassischen Bürger für die Vereinigung mit Frankreich, die 1815 allerdings wieder rückgängig gemacht wurde.

Mitte des 19. Jahrhunderts war es alles andere als erfreulich, ein Monegasse zu sein. Der Fürst und seine Untertanen lebten in bitterer Armut, der steinige Boden gab nicht viel her und auch der Fischfang, die Zollrechte und der Salzabbau füllten die Kassen nicht. Da noch keine Küstenstraße nach Nizza oder Menton existierte, war man auf Maultierpfade und Schiffe angewiesen. Auch der Trick mit der Steuerschraube schlug fehl: Menton und Roquebrune sagten sich aufgrund der hohen Abgaben 1848 unter sardischem Schutz von Monaco los. Damit verlor das Fürstentum seine Haupteinnahmequelle und 94 Prozent seines Territoriums. Zwölf Jahre später verkaufte Fürst Charles III die beiden Städte, die ihm faktisch schon lange nicht mehr gehörten, für vier Millionen Franken an Frankreich. Die wirtschaftlichen Nöte blieben dennoch weiterhin akut, der Versuch, mit einem Spielcasino die Glückssuchenden ins Land zu holen, war bereits 1856 wegen der nicht vorhandenen Verkehrsanbindung fehlgeschlagen. Erst als 1863 der in Sachen Glücksspiel versierte Franzose *François Blanc* die Konzession für ein Spielcasino erhielt, begann der kometenhafte Aufstieg Monte-Carlos. Blanc gründete eine Aktiengesellschaft *(Société des Bains de Mer)* – zu deren Hauptaktionären neben Fürst Charles III auch Kardinal Pecci, der spätere Papst Leo XIII., gehörte –, ließ Hotels errichten und Gärten anlegen, die Oper wurde mit einem Auftritt von *Sarah Bernhardt* eröffnet. Zudem fädelte Blanc den 1868 erfolgten Anschluss an das französische Eisenbahnnetz ein. Dem Erfolg stand nichts mehr entgegen! Hinzu kam der glückliche Umstand, dass das Glücksspiel zum damaligen Zeitpunkt weder in Frankreich noch in Italien erlaubt war und zudem 1873 auch noch

Vorbereitungen für den Grand-Prix von Monaco

Von Menton bis Nizza → Karte S. 23

im Deutschen Kaiserreich verboten wurde, und so strömten die Glückssuchenden aus aller Herren Länder in das Fürstentum, darunter zahllose gekrönte Häupter und anderweitig prominente Persönlichkeiten. Das schrille Treiben war aber nicht jedermanns Sache, so rümpfte Anton Tschechow die Nase: „Mein Gott wie verächtlich und ekelhaft dieses Leben ist mit seinen Artischocken, Palmen und dem Duft von Orangenblüten! ... Ich liebe Luxus und Reichtum, aber dieser Roulette-Luxus wirkt auf mich wie ein unersättliches Klosett." Und Katherine Mansfield, die sich in Menton erheblich wohler fühlte, fällte ein paar Jahre später noch ein härteres Urteil. Sie zeigte sich sichtlich angewidert von den „Zuhältern, Gouvernanten mit abgetragenen Handschuhen, ... alten Weibern, ergrauten, klapprigen Greisen, reichen, fetten Kapitalisten und jungen Mädchen, die versuchen, wie Babys auszusehen".

Von 1949 bis 2005 stand der aus einer Nebenlinie (Polignac) stammende *Rainier III.* an der Spitze des Fürstentums. Ihm gelang es während seiner langen Regentschaft, aus dem feudalen Zwergstaat ein modernes, streng wirtschaftlich ausgerichtetes „Unternehmen" zu formen; Spötter sprechen von der Grimaldi AG. Konsequenterweise ist auch von offizieller Seite vom Umsatz statt vom Bruttosozialprodukt des Fürstentums die Rede. Allerdings hat Monaco 1963 einen großen Teil seiner Unabhängigkeit verloren: Auf massiven Druck des französischen Präsidenten Charles de Gaulle hin, der sich auf einen Staatsvertrag aus dem Jahre 1910 berief, musste sich Fürst Rainier III. verpflichten, französische Staatsbürger nach französischen Steuergesetzen zu belangen und eine Wirtschafts- und Zollunion mit dem mächtigen Nachbarn einzugehen. Außenpolitisch wird das Fürstentum seither von einem von Frankreich bestimmten Staatsminister vertreten; in wirtschaftlicher Hinsicht hat sich das Fürstentum zu einem Industriestaat modernsten Zuschnitts gewandelt, Hightech ist angesagt. Der Staatshaushalt ist schon seit langem von den Einnahmen des Spielcasinos unabhängig, nur noch zwischen drei und vier Prozent werden am Spieltisch „verdient". Der größte Teil des 750-Milliarden-Umsatzes stammt aus dem Tourismus (Kongresse) und Steuereinnahmen – ja, so etwas gibt es auch in Monaco. Monegassen sowie nicht-französische Privatpersonen sind zwar von den direkten Steuern befreit, aber es wird nichtsdestotrotz Mehrwertsteuer erhoben, die mehr als drei Viertel der Staatseinnahmen ausmacht. Ausländische Firmen haben zudem Gewerbesteuer zu entrichten.

Sehenswertes

Monaco-Stadt

Palais Princier: Der fürstliche Palast – wenn die Fahne weht, ist der Fürst anwesend – entspricht bis auf einige spätere Anbauten und leichten Veränderungen (z. B. die historisierenden Zinnen der mittelalterlichen Türme) dem Bauzustand des 16. Jahrhunderts. Architektonisch dominieren in dem bunten Stilgemisch die Renaissanceanklänge. Das Zentrum des Schlosses bildet ein von Arkaden gesäumter Ehrenhof mit einer Doppeltreppe aus Carrara-Marmor. Die Familie Grimaldi bewohnt den Südwestflügel, der in den Sommermonaten während der Abwesenheit der fürstlichen Familie im Rahmen einer Führung teilweise zugänglich ist. Täglich um genau 11.55 Uhr wird vor dem Hauptportal die Wachablösung vollzogen. Ein klangvolles, besonders bei Lesern der Regenbogenpresse beliebtes Spektakel.

▪ Im Juli und Aug. bei Abwesenheit der Fürstenfamilie 10–18 Uhr, sonst zwischen April und Mitte Okt. 10–17 Uhr. Eintritt 10 €, erm. 5 €. palais.mc.

Musée Napoléonien: Das 1970 in einem Flügel des Schlosses eingerichtete Museum birgt Erinnerungsstücke an Napoléon Bonaparte und Dokumente zur Geschichte des Fürstentums, darunter die Unabhängigkeitsurkunde und eine vollständige Sammlung der Briefmarken des Fürstentums.

▪ Von Juni bis Sept. tägl. 10–18 Uhr, sonst 10.30–17.30 Uhr. Eintritt 4 €, erm. 2 €. palais.mc.

Altstadt: Die malerischen Gassen zwischen dem Fürstenpalast und dem Ozeanographischen Museum vermitteln noch einen Eindruck vom alten Monaco, wenngleich das Fürstentum sich auch hier von seiner besten Seite zeigt. Bei einem Spaziergang um den Felsen bieten sich immer wieder schöne Ausblicke auf das Meer und Monte-Carlo.

Kathedrale: Jahrhundertelang unterstand die Kirche von Monaco dem Bischof von Nizza, die 1868 erfolgte Erhebung zum Bistum machte den Bau einer Kathedrale erforderlich, wofür die aus dem 13. Jahrhundert stammende Kirche Saint-Nicolas abgerissen werden musste. Die neue Kathedrale wurde im neoromanischen Stil errichtet. Der Umstand, dass das Casino bereits fünf Jahre vor der Einweihung der Kathedrale (1884) seine Pforten öffnete, lässt Rückschlüsse auf die Bedeutung von Geld und Religion im Fürstentum zu. Das wertvollste Stück des Inventars ist ein Altar (um 1500) von *Louis Bréa;* der Altar ist dem heiligen Nikolaus geweiht und steht im rechten Querschiff. Im Chor der Kathedrale finden die verstorbenen Mitglieder der Fürstenfamilie ihre letzte Ruhestätte; an die 1982 tödlich verunglückte Fürstin Gracia Patricia erinnert eine schlichte Grabplatte, die zumeist mit Blumensträußen bedeckt ist. An ihrer Seite ruht seit April 2005 auch ihr Gatte Rainier III.

Der Palast des Fürsten

▪ 4, rue Colonel Bellando de Castro.

Musée Océanographique: An einem kleinen gelben Tauchboot vorbei gelangt man zum Eingang des Ozeanographischen Museums, das in exponierter Lage oberhalb einer steilen Felswand über dem Meer thront. *Fürst Albert I.*, ein passionierter Meeresliebhaber, erfüllte sich mit dem 1910 fertiggestellten Bau einen Traum. Ausgestellt sind zahlreiche Meerestiere, darunter auch der berühmte, bei einer Expedition aus 6035 m Tiefe zu Tage geförderte Grimaldifisch *(Grimaldichthys profundissimus)* und das Skelett eines 20 m langen Wales, der an die Küste Liguriens geschwemmt worden war, nachdem ihn Albert I. zuvor harpuniert hatte, um genaue Erkenntnisse über die Ernährungsgewohnheiten des Meeresriesen zu gewinnen. Die Hauptattraktion sind ohne Zweifel die Aquarien im Untergeschoss: Manch einer verbringt vor den Glasscheiben gar Stunden im stummen Dialog mit kleinen Haien, Stören, Muränen, Piranhas, Kugelfischen und anderen Meeresbewohnern (lobenswert sind die dreisprachigen Erläuterungen). Filme von Jacques Cousteau laufen im zugehörigen Vorführsaal, des Weiteren werden mehrere altertümliche Tauchgerätschaften gezeigt und eine allgemeine Einführung in das Leben unter Wasser gegeben. Oben auf dem Dach kann man die herrliche Aussicht genießen oder das dort befindliche Restaurant aufsuchen. Mit jährlich mehr als 780.000 Besuchern ist das Ozeanographische Museum übrigens die größte Sehenswürdigkeit an der Côte d'Azur.

▪ Avenue Saint-Martin. Juli und Aug. tägl. 9.30–20 Uhr, April, Mai, Juni und Sept. tägl. 10–19 Uhr, Okt. bis März tägl. 10–18 Uhr. Eintritt 19 €, erm. 12 €. oceano.mc.

Monte-Carlo

Casino: Kein Geringerer als Charles Garnier, der Architekt der Pariser Oper, konnte 1878 für den Umbau des Casinos gewonnen werden. Die Kugeln klackern und rollen seit mehr als hundert Jahren in dem pompös-verschwenderischen Belle-Époque-Bau, nur unterbrochen vom *Rien-ne-va-plus* mehrerer Croupier-Generationen. Ursprünglich stand das Casino in leicht erhöhter Lage direkt am Meer; nachdem man dem Meer ein Stück Land abgetrotzt hatte, haben sich die „Bienenwaben" des 1978 eröffneten Kongresszentrums dazwischengeschoben. Zum Casino gehört auch eine Oper, die allerdings nicht mehr an den Glanz früherer Tage heranreicht, als hier das Diagilew-Ballett tanzte und andere Showgrößen sich ein Stelldichein gaben. Einen Großteil seiner früheren Anziehungskraft verdankte das Casino von Monte-Carlo dem Umstand, dass in Frankreich das Roulettespiel verboten war. Als die Einnahmen des Casinos nach dem Ersten Weltkrieg zurückgingen, scheute sich

Beeindruckend: ein riesiges Walskelett

Fürst Albert I. angesichts seiner Geldsorgen nicht, die Spielbank an den berüchtigten griechischen Waffenhändler *Basil Zaharoff* zu übereignen.

Wer erwartungsvoll die Stufen zum Glückstempel emporsteigt, wird angesichts der lärmenden Spielautomaten ernüchtert sein, da helfen auch die Kronleuchter nicht darüber hinweg. Distinguiert geht es hingegen in den *salons privés* zu; diese sind zwar keineswegs einem kleinen, privaten Kreis vorbehalten, doch erfüllen der Eintrittspreis und die strenge Kleiderordnung ihren Zweck. Mindesteinsatz: eine Krawatte. Wer nichts mit Glücksspiel am Hut hat, kann sich gegenüber dem Casino in einer kleinen Gartenanlage ausruhen und den prachtvollen Bau eingehend studieren. Zutritt haben übrigens nur Personen, die das 21. Lebensjahr vollendet haben.

▪ Place du Casino. Tägl. ab 14 Uhr, am Wochenende ab 12 Uhr. Eintritt 10 € bzw. 20 €.

Villa Sauber: Die Villa, in der sich die Dependance des Kunstmuseums befindet, geht ebenfalls auf Charles Garnier zurück. Sie wird für hochkarätige Wechselausstellungen genutzt.

▪ 17, avenue Princesse-Grace. Juli und Aug. tägl. 11–19 Uhr, sonst 10–18 Uhr. Eintritt 6 €, erm. 4 € (Kombiticket mit Villa Paloma). nmnm.mc.

Fontvieille-Viertel

Collection des Voitures Anciennes: Rainier III. war ein begeisterter Autofan – sonst hätte er wohl kaum das entsetzlich laute Formel-1-Rennen in seinem Fürstentum geduldet. Mehr als 30 Jahre lang sammelte er alte Automobile und brachte es zu einer beachtlichen Sammlung. Neben Edelkarossen wie Maserati, Jaguar und Rolls Royce besaß der Fürst auch den legendären Ford Modell T (1924), einen De Dion Bouton (1903) sowie einen Renault 12 CV 4 aus dem Jahre 1911.

▪ Les Terrasses de Fontvieille. Tägl. 10–18 Uhr, Juli und Aug. 10–19 Uhr. Eintritt 10 €, erm. 5 €. palais.mc.

Stade Louis II: Sportfreaks pilgern zu dem 1985 eröffneten Stadionkomplex, in dem schon Jürgen Klinsmann seine Tore für den AS Monaco geschossen hat. Das Stade Louis II ist eines der modernsten Sportstadien der Welt.

▪ 7, avenue des Castelans. Französische und englische Führungen Mo–Fr um 10.30, 11.45, 14.30, 15.45 und 17 Uhr. Eintritt 5,60 €, erm. 2,80 €. stadelouis2.mc.

Musée Naval: Mehr als 180 Modellschiffe aus aller Welt sind hier ausgestellt; das Museum besitzt die vollständigste und vielseitigste Schiffsmodell-Sammlung Europas. Angefangen bei der Titanic über verschiedene Forschungsschiffe wie die Antartica bis hin zu Kriegsschiffen wie den Flugzeugträger Nimitz – allein das Modell ist 5 m lang – bietet das Museum einen umfassenden Einblick in das Wesen der Schifffahrt.

▪ Terrasses du Centre Commercial de Fontvieille. Tägl. 10–18 Uhr. Eintritt 4 €, erm. 2,50 €.

Princess Grace Rose Garden: Zwei Jahre nach dem tragischen Tod von Gracia Patricia wurde in Fontvieille zu Füßen des Altstadtfelsens ein Rosengarten mit rund 150 verschiedenen Züchtungen angelegt. Eintritt frei!

Jardin Animalier: Kein Tiergarten im eigentlichen Sinne, sondern ein Freigehege mit verschiedenen Affenpopulationen und ein paar spektakuläreren Tierarten (Löwe, Tiger, Gepard, Nilpferd etc.). Aufgrund der viel zu kleinräumigen, trostlos wirkenden Gehege sind sicherlich Zweifel an der fürstlichen Tierliebe berechtigt.

▪ Les Terrasses de Fontvieille. Von Okt. bis Feb. 10–12 und 14–17 Uhr, von März bis Mai 10–12 und 14–18 Uhr, von Juni bis Sept. 9–12 und 14–19 Uhr. Eintritt 6 €, erm. 3 €. palais.mc.

Jardin Exotique

Der oberhalb von Monaco-Stadt 1933 angelegte **Jardin Exotique** ist einer der meistbesuchten Orte des Fürstentums.

Von Menton bis Nizza → Karte S. 23

Von der Aussichtsplattform hat man einen grandiosen Blick auf Monaco. Die geschützte, sonnenreiche Lage bietet zwar ausgezeichnete Voraussetzungen für den tropischen Kakteengarten mit mehreren tausend Arten; damit aber die exotischen Pflanzen auch kühlere Tage und Nächte unbeschadet überstehen, hat man vorsorglich eine unterirdische Heizanlage installiert. Abkühlung bietet die unterhalb des Gartens gelegene **Prähistorische Grotte** *(Grotte de l'Observatoire)* mit ihren Stalaktiten und Stalagmiten; in der Höhle wurden auch steinzeitliche Werkzeuge gefunden.

▪ Wie uns erboste Leser schrieben, wird Besuchern mit einem Kinderwagen (!) der Zutritt zum Jardin Exotique verwehrt! Aber vielleicht darf man ja im Formel-1-Paradies mit einem Bobby-Car durch den Garten brausen …?

Musée d'Anthropologie préhistorique: Gleich neben dem Jardin Exotique informiert das Anthropologische Museum für Ur- und Frühgeschichte über die ältesten menschlichen Spuren an der Côte d'Azur. Das spektakulärste „Ausstellungsstück" ist das in den Grimaldi-Grotten (östlich von Menton) entdeckte Grab der „Negroiden von Grimaldi" (→ Grimaldi-Grotten).

▪ Boulevard du Jardin-Exotique. Öffnungszeiten: Von Mai bis Mitte Sept. 9–19 Uhr, sonst bis 18 Uhr, Nov.–Jan. bis 17 Uhr. Eintritt 7,40 €, erm. 3,90 €. Das Ticket gilt auch für das Musée d'Anthropologie préhistorique, gleiche Öffnungszeiten. Man erreicht den Jardin Exotique mit der Buslinie 2 von Monaco-Stadt oder Condamine aus. map-mc.org bzw. jardin-exotique.mc.

Villa Paloma: Die in unmittelbarer Nähe des Exotischen Gartens gelegene Villa Paloma wurde für neun Millionen Euro zum modernen Kunstmuseum umgebaut. Auf rund 1500 m² wird zeitgenössische und moderne Kunst in Form von Wechselausstellungen gezeigt.

▪ 56, boulevard du Jardin Exotique. Juli und Aug. 11–19 Uhr, sonst 10–18 Uhr. Eintritt 6 €, erm. 4 € (Kombiticket mit Villa Paloma). nmnm.mc.

Menton
Bd. Guynemer
Bd. d'Italie
Bd. Larvotto
Av. Verdun
Plages du Larvotto
Larvotto
Av. Princesse-Grace
Grimaldi Forum
Av. Anciens Combattants de l'Afrique de Nord
Av. Prince Rainier III Monaco
Bd. Turbie
Av. Carnier
Foch
Bd. de la République
Bd. France
Bd. des Moulins
Bd. Larvotto
Maréchal
Av. Prof. Langevin
Av. Villaine
Bretelle du Centre
Av. Villaine
R. Bellevue
Bd. Princesse Charlotte
Av. de la Costa
Place du Casino
Salle Garnier
Casino
Monte-Carlo
Centre de Congrès, Auditorium
Gare SNCF (Eingang)
Bd. Suisse
Av. d'Ostende
Av. J. F. Kennedy
Bd. Louis II
Bd. Rainier III
Bd. Larvotto
Rue Grimaldi
Bd. Albert I
La Condamine
Port de Monaco
Jardin Exotique
Bd. Belgique
Gare SNCF (Eingang)
R. Grimaldi
Fort Antoine
Bd. Rainier III
Av. Port
Av. La Quarantaine
Av. Porte Neuve
Palais Princier
Musée du Vieux Monaco
Av. Saint-Martin
Musée Océanographique
Monaco-Ville
Cathédrale
Port de Fontvieille
Stade Louis II
Freizeitpark
Fontvieille
Übernachten
4 Hôtel de Paris
5 Hermitage
6 Hôtel de France
Essen & Trinken
1 Polpetta
2 Buddha Bar
3 Le Café de Paris
7 Castelroc
Nachtleben
2 Buddha Bar
150 m
Monaco

Basis-Infos

→ Karte S. 46/47

Information **Direction du Tourisme et des Congrès,** 2a, boulevard des Moulins, Monte Carlo, 98030 Monaco Cédex, ✆ 921661 16, visitmonaco.com. Zahlreiche Broschüren und ein ausführlicher Veranstaltungskalender in deutscher Sprache liegen bereit.

Telefonieren Monaco besitzt eine eigene Vorwahl, die 377; das heißt, wer von Frankreich oder aus dem übrigen Ausland nach Monaco telefonieren will, muss die 00377 vor der in diesem Reiseführer angegebenen achtstelligen Nummer wählen.

Verbindungen Autoreisende sehen sich im Fürstentum mit einer erheblichen **Parkplatznot** konfrontiert. Vom Falschparken wird dringend abgeraten: Ruckzuck ist die Kralle am Reifen, die erst wieder nach entrichteter Gebühr gelöst wird. Es gibt aber mehrere große Parkhäuser, so beim Casino oder unterhalb des Fürstenpalastes. Monaco ist mit dem Zug von Nizza oder Menton sehr gut und günstig zu erreichen (mehr als 20 Verbindungen tägl.). Der **SNCF-Bahnhof,** ✆ 3635, ist nur 300 m vom Fürstenpalast entfernt und liegt seit 1999 unter der Erde. Ganz Eilige starten vom Héliport de Fontvieille mit dem Hubschrauber und sind ein paar Minuten später in Nizza, monacomania.com. Taxiruf: ✆ 93150101. Das städtische, nein staatliche! **Busnetz** ist bestens ausgebaut. Regelmäßig werden die wichtigsten Punkte angefahren. Die Linie 2 fährt z. B. für 2 € in 14 Minuten zum Jardin Exotique, die Linie 4 zum gleichen Preis zum Larvotto-Strand (Tageskarte kostet 5,50 €). Am Ozeanographischen Museum starten von Feb. bis Okt. zwischen 10.30 und 12 Uhr sowie 14 und 18 Uhr kleine Touristenzüge zur Rundfahrt durch die Altstadt und zur Place du Casino. Fahrpreis: 10 €, erm. 6 €. Es gibt auch einen solarbetriebenen Bateau Bus, der tägl. von 8 bis 20 Uhr am Hafen hin- und herpendelt. Ticket 2 €. Eine wichtige Verbindung zwischen den einzelnen Stadtteilen stellen die zahlreichen öffentlichen **Aufzüge** und **Rolltreppen** dar, die helfen, die Höhenunterschiede im Fürstentum bequem zu meistern.

Wer will, kann auch in Monaco seine Bahnen ziehen

Markt Tägl. auf der Place d'Armes im Stadtteil Condamine.

Veranstaltungen **Tennis-Grand-Prix-Turnier** (Ende April), **Formel-1-Grand-Prix** von Monaco (Ende Mai), **Zauberfestival** (Oktober), **Nationalfeiertag** (19. November) und **Zirkus-Festival** (Dezember). montecarlofestival.mc.

Musée des Timbres et des Monnaies Bei Philatelisten stehen die Briefmarken des Fürstentums hoch im Kurs. Daneben hat der jeweilige Fürst auch das Recht, Münzen prägen zu lassen, wenngleich der Euro das allgemeingültige Zahlungsmittel ist. Adresse: Les Terrasses de Fontvieille. Öffnungszeiten: Tägl. 9.30–17 Uhr, im Sommer bis 18 Uhr. Eintritt 3 €, erm. 1,50 €. mtm-monaco.mc.

Musée de la Chapelle de la Visitation Eine ehemalige Kapelle unweit des Ozeanographischen Museums wird als Ausstellungsraum für die sakrale Kunst aus der Sammlung von

Hotel Hermitage: Luxus pur

Barbara Piasecka Johnson genutzt. Zu sehen ist barocke Kunst von Rubens, Ribera etc. Tägl. außer Mo 10–16 Uhr. Eintritt 3 €, erm. 1,50 €.

Baden Strände sind rar in Monaco, aber man kommt ja auch nicht zum Schwimmen ins Fürstentum. Der traditionsreiche Monte-Carlo-Beach (Eintritt!) liegt schon auf französischem Staatsgebiet. Ein Besuch des künstlich mit Sand aufgeschütteten Strandes von Larvotto im Osten von Monte-Carlo hat einen großen Nachteil: Am späten Nachmittag verschwindet die Sonne hinter den Hochhäusern, zudem werden auch hier stattliche Eintrittspreise verlangt. Wer nicht unbedingt einen Strand braucht, kann es direkt am Hafen mit dem beheizten Meerwasserpool (Stade Nautique Rainier III., günstiger Eintritt, von Ende April bis Mitte Okt. geöffnet) oder weiteren komfortablen Schwimmbädern versuchen. Unterhalb der Altstadt kann man auch an einem kleinen Strand beim Parkhaus La Digue baden. Eine Leserin empfiehlt: „Schwimmzeug im Auto haben und am Ende des Tages an einem dort gelegenen Mini-Strand (ganz offiziell, nicht voll, aber mit Dusche) noch mal ins Wasser springen. Der Strand befindet sich direkt unterhalb der Digue, knapp hinter der Parkhausausfahrt."

Minigolf Parc Princesse Antoinette.

Übernachten/Essen & Trinken/Nachtleben

→ Karte S. 46/47

Übernachten Übernachten im Fürstentum ist nicht gerade billig: Es gibt über 2000 Zimmer in Luxusherbergen, aber kein einziges Ein-Stern-Hotel.

***** **Hôtel de Paris** **4**, der nach dem Vorbild eines Pariser Grandhotels 1864 errichtete Prachtbau zählt zu den feinsten Adressen an der Côte d'Azur. Bereits die Lobby erinnert an eine Kathedrale. Wer ins Casino will, muss das Hotel nicht einmal verlassen, der Weg führt durch unterirdische Gänge. Das zugehörige Restaurant Louis XV – hier schwang einst Escoffier den Kochlöffel – steht dem Hotel weder im Preis noch in der Leistung nach. Alain Ducasse besitzt nicht grundlos drei Michelin-Sterne. Place du Casino, ✆ 92163000, hoteldeparismontecarlo.com. **€€€€**

***** **Hermitage** **5**, hier absteigen heißt in einem lebendigen Museum der Belle Époque wohnen. Namhafte Künstler – darunter Gustave Eiffel – haben bei der Ausstattung mitgewirkt. Schmiedeeiserne Balkone und üppige Farne zieren die verspielte Fassade, besonders schön ist die dem Meer zugewandte Seite des

Wanderung 1: Von Monaco nach La Turbie → S. 288
Halbtageswanderung durch das Häusermeer von Monaco hinauf zur Trophée des Alpes

Hotels; die Glaskuppel des Wintergartens ist ein Meisterwerk des Jugendstils. Square Beaumarchais, ✆ 92164000, fr.montecarlosbm.com/hotel-monaco/hotel-hermitage. **€€€€**

**** Hôtel de France 6**, in Bahnhofsnähe befindet sich das günstigste Hotel von Monaco. Unlängst in einem modernen Stil renoviert. 6, rue de La Turbie, ✆ 93302464, hoteldefrance.mc. **€€€**

Essen & Trinken In Monaco lässt es sich geradezu fürstlich tafeln – wenn man das nötige Kleingeld besitzt oder zuvor im Casino gewonnen hat. Falls ja, dann sollte man entweder im Hotel de Paris bei Alain Ducasse oder im Hotel Métropole bei Joël Robuchon reservieren. Für alle anderen gibt es aber noch ein paar weitere lohnende Adressen:

Feste Adresse im Nachtleben: Jimmy'z

Le Café de Paris 3, bei Preisen ab 30 € für ein Hauptgericht kann man direkt beim Casino tafeln und das Flair von Monaco „hautnah" genießen. Tägl. 8–2 Uhr. Place du Casino, ✆ 93254698.

Buddha Bar 2, vor einigen Jahren wurde auch in Monte Carlo gleich beim Casino eine Filiale der berühmten Buddha Bar eröffnet. Die Mischung aus Bar, Lounge und Restaurant ist nicht nur für ihre jährlichen Alben der Lounge- und Weltmusik bekannt, sondern auch für ansprechende asiatische Küche auf hohem Niveau, allerdings mit Menüpreisen von 90 und 150 € nicht gerade billig (aber was ist schon billig in Monaco?). Terrasse. So Ruhetag, nur abends geöffnet. Place du Casino, ✆ 98061919, montecarlosbm.com.

Polpetta 1, ausgezeichnetes italienisches Restaurant in der Nähe des Bahnhofs. Besonders lecker sind die Nudelgerichte oder das Steinpilzrisotto. Mittagsmenü zu 18 €. Im Juni drei Wochen Betriebsferien. 2, rue Paradis, ✆ 93506784, restaurantpolpetta.com.

Castelroc 7, die Lage direkt gegenüber dem Fürstenpalast lässt auf eine Touristenfalle schließen, doch das kreative Speisenangebot weckt Interesse. Mit den monegassischen Spezialitäten wird der Lokalpatriotismus hochgehalten, den auch die zahlreichen Einheimischen unter den Gästen zu schätzen wissen. Sehr empfehlenswert ist der Stockfisch. Ein weiteres Plus ist die schöne Terrasse. Hauptgerichte 30 bis 40 €. Von Mitte Okt. bis April nur mittags geöffnet. Sonntagabend und Mo geschlossen. Place du Palais, ✆ 93303668, castelrocmonaco.com.

Nachtleben **Jimmy'z**, Diskothek im Monte Carlo Sporting Club. Wer nicht zufällig aussieht wie Boris Becker, wird den Türsteher wohl nicht passieren können. Avenue Princesse Grace. Im Winterhalbjahr sowie Mo und Di geschlossen, sonst ab 23 Uhr geöffnet. jimmyzmontecarlo.com.

Zebra Square, schöne Lounge mit DJ und Terrasse, tägl. ab 22 Uhr geöffnet. 10, avenue Princesse Grace. Grimaldi Forum.

Von Monaco nach Nizza

Cap d'Ail

4500 Einw.

Die Küstenstraße durchquert unmittelbar hinter dem Fürstentum das kleine Straßendorf Cap d'Ail, wo auch die Gebrüder Lumière, Greta Garbo und Winston Churchill eine Zeit lang lebten.

Unterhalb des westlichen Teils des Dorfes befindet sich ein schöner, kleiner Badestrand, die **Plage Mala.** Lohnend ist auch ein Spaziergang durch den Jardin Sacha Guitry, der durch seine üppige Flora begeistert. Im Centre Mediterranéen oberhalb von Cap d'Ail hat Jean Cocteau ein an griechische Vorbilder erinnerndes Freilichttheater entworfen und mit Mosaiken verziert; leider ist eine Besichtigung nicht möglich.

Information **Office de Tourisme,** 87, avenue du 3 Septembre, 06320 Cap d'Ail, ✆ 0493780233, cap-dail.com.

Verbindungen Der **SNCF-Bahnhof** sorgt für schnelle Anschlüsse nach Nizza und ins benachbarte Monaco. Zusätzlich zahlreiche **Busverbindungen** nach Nizza sowie Monaco und Menton.

Übernachten ****** Pierre & Vacances Costa Plana,** an einem Felshang in traumhafter Lage über dem Meer errichtete Ferienanlage mit herrlichem Swimmingpool. Preise je nach Appartementgröße (4–7 Pers.). Avenue Général de Gaulle, ✆ 0493417300, pierreetvacances.com. **€€€**

***** Miramar,** eine weitere, günstigere Möglichkeit, in der Nähe von Monaco zu nächtigen. Allerdings direkt an der lauten Küstenstraße gelegen, daher sind die Zimmer nach hinten vorzuziehen. Gutes Preis-Leistungs-Verhältnis. Im Feb. Betriebsferien. 24 Zimmer von spartanisch bis mit Terrasse und Meerblick. 126, avenue du 3 Septembre, ✆ 0493780660, miramarhotel.fr. **€€€**

**** Normandy,** kleines Hotel mit verspielter Lobby. Sehr ruhig gelegen, die teureren Zimmer haben einen schönen Blick zum Meer, ebenso die Frühstücksterrasse. Das Mobiliar ist etwas abgewohnt. Die Zimmerpreise variieren stark je nach Ausstattung. 6, allée des Orangers, ✆ 049 3787777, hotelnormandy.no. **€€€–€€€€**

La Turbie

3100 Einw.

Der Ort wird zwar vielfach nur mit seiner monumentalen Siegestrophäe gleichgesetzt, doch besitzt La Turbie zudem eine ansprechende Altstadt mit vielen alten Häusern, den Resten der mittelalterlichen Stadtbefestigung und zwei gut erhaltenen Stadttoren.

Sieben Jahre nach der endgültigen Unterwerfung der Ligurer durch Augustus ließ der römische Senat im Jahre 7 oder 6 vor unserer Zeitrechnung zu Ehren des Kaisers ein gigantisches Siegesmonument errichten. Als Standort wurde eine 480 m hohe Passhöhe der Via Aurelia auserkoren, die nach der Reichsreform von Diocletian die Grenze zwischen dem römischen Italien und Gallien markieren sollte. Der Dank galt Augustus für die Unterwerfung der Alpenvölker zwischen dem Adriatischen und Tyrrhenischen Meer, wie die lateinische Inschrift lobend bekundet. An sich war die Unterwerfung aber nur zweitrangig, vordergründig ging es den Römern um die Sicherung der wichtigen Landverbindung zwischen Italien und der Provinz Gallia Narbonensis sowie Spanien; die in den schwer zugänglichen Alpentälern lebenden Ligurer hatten den Römern seit langem das Leben schwer gemacht. La Turbie hat gegenüber dem benachbarten Èze den Vorteil, dass es touristisch weniger erschlossen ist und man keine Souvenirshops findet.

Sehenswertes

Trophée des Alpes: Schon von Weitem lässt sich das 35 m hohe, von der Zeit stark mitgenommene Denkmal ausmachen. Wie imposant muss das Siegesmonument einst gewesen sein, als es noch knapp 50 m emporragte! Im Laufe der Jahrhunderte bröckelte das Bauwerk langsam vor sich hin, bis es im Mittelalter kurzerhand zu einer wehrhaften Burganlage umfunktioniert wurde; später diente es nur noch als Steinbruch. Der Sonnenkönig Ludwig XIV. befahl im Spanischen Erbfolgekrieg sogar die Sprengung der Siegestrophäe, doch erwies sich das Mauerwerk als zu robust. Erst 1905 wurden Grabungen durchgeführt, aber es sollten noch einmal mehr als zwei Jahrzehnte ins Land gehen, bevor unter Leitung des Altertumsforschers Jules Formigué Maßnahmen in die Wege geleitet wurden, um das einmalige Bauwerk der Nachwelt zu erhalten und den ursprünglichen Bauzustand weitgehend herzustellen; dabei konnte auch die Inschrift rekonstruiert werden. Auf einem quadratischen Sockel mit etwas mehr als 38 m Seitenlänge erhebt sich eine Rotunde mit 24 dorischen Säulen. Einst war der Rundbau von einem Pyramidendach gekrönt, auf dessen Spitze ein Denkmal des Augustus, flankiert von zwei angeketteten Gefangenen, thronte. Wie andere Monumentalbauten gründete sich auch die Trophée des Alpes auf einem politischen Sendungsbewusstsein, das seine Träger der profanen Welt entrückt. In den Eckstein eines Turms hat man den Vers aus Dantes „Göttlicher Komödie" eingemeißelt, in dem der Ort Erwähnung fand.

Einst 50 Meter hoch: Trophée des Alpes in La Turbie

Das Monument kann bestiegen werden, am Fuße wurde ein sehr informatives Besucherzentrum eröffnet, das neben Grabungsfunden auch einen maßstabsgetreuen Nachbau der Siegestrophäe birgt. Das römische Monument ist von einer Parkanlage umgeben, mehrere alte Stühle und Bänke laden zum Verweilen und Picknicken ein.

▪ Von April bis Sept. tägl. außer Mo 9.30–13 und 14.30–18.30 Uhr, von Okt. bis März tägl. außer Mo 10–13.30 und 14.30–17 Uhr. Eintritt 7 €, erm. 5 €. Für EU-Bürger unter 26 Jahren ist der Eintritt frei! trophee-auguste.fr.

Eglise Saint-Michel-Archange: Die Kirche ist ein typisches Beispiel für barocke Sakralbauten im Südosten Frankreichs. Charakteristisch ist das reich gegliederte Innere, spannungsreich, aber nicht überladen. Wie bei anderen Häusern in La Turbie fanden auch beim Bau der Kirche Steine des zuvor durch Sprengung geschädigten Siegesdenkmals Verwendung.

Praktische Infos

Information **Tourist Information,** 2, place Detras, ✆ 04923412115. ville-la-turbie.fr.

Verbindungen Regelmäßig Busverbindungen nach Nizza und Menton.

Parken Parkplätze können in der Hochsaison knapp werden.

Markt Donnerstagvormittag (klein).

Schwimmen Piscine Municipale, von Anfang Juli bis Ende Aug. Di–So 10.30–18 Uhr. Eintritt 7 €, erm. 3,50 €.

Übernachten/Essen ***** Napoléon,** das Hotel mit dem auffällig roten Teppich bietet ein annehmbares Preis-Leistungs-Verhältnis. Vorzuziehen sind die Zimmer, die nach hinten gehen. Die Zimmer im zweiten Stock haben sogar einen Balkon. 7, avenue de la Victoire, ✆ 049 3516266, hotel-napoleon.com. **€€€–€€€€**

Hostellerie Jérôme, das am Rande der Altstadt gelegene Restaurant von Bruno Cirino gehört zu den besten der Region und besitzt zwei Michelin-Sterne! Bereits am frühen Morgen ist der Chefkoch persönlich auf den Märkten unterwegs, um in Ventimiglia frisches Gemüse und den besten Fisch auf dem Fischmarkt in San Remo einzukaufen. Fazit: Ein kulinarisches Erlebnis, das sein Geld wert ist. Menüs zu 139 und 185 € (zehn Gänge!). Nur abends geöffnet, außer im Juli und Aug. ist Mo und Di Ruhetag. Es werden auch fünf Zimmer vermietet, die teureren mit Blick zur Küste; das Frühstück wird auf der schönen Terrasse hinter dem Haus serviert. Aus Krankheitsgründen war das Restaurant 2024 geschlossen – wir hoffen auf eine baldige Wiedereröffnung. 20, rue Comte de Cessole, ✆ 049 2415151, hostellerie-jerome.com. **€€€€**

Mein Tipp **Café de la Fontaine,** der Ableger der Hostellerie Jérôme präsentiert sich an der Durchgangsstraße im nostalgischen Bistrostil. Kreative mediterrane Küche zu einem ausgezeichneten Preis-Leistungs-Verhältnis. Ein selbst zusammengestelltes Menü kostet rund 50 €. Sehr lecker der Spargelsalat sowie der Kabeljau mit Marktgemüse und Aioli. Auf der Straßenterrasse kann man aber auch nur einen Kaffee trinken. Mo in der NS Ruhetag. 4, avenue Général de Gaulle, ✆ 0493285279.

La Cave Turbiasque, schöne Straßenterrasse mit modernem Mobiliar am Dorfplatz. Neben einfachen Menüs kann man aber auch nur einen Crêpe essen, einen Kaffee trinken oder frühstücken. Dienstagabend und Mi Ruhetag. ✆ 0493411502.

Von Menton bis Nizza → Karte S. 23

Èze

2700 Einw.

Kein anderer Ort bietet eine schönere Aussicht auf die Côte d'Azur als das mittelalterliche Felsennest Èze mit seinen steilen Treppen und Schwibbögen. So viel Schönheit hat leider fast immer den leidigen Nebeneffekt, dass die Touristen in Scharen durch die Gassen promenieren.

Dennoch sollte man sich nicht von einem Besuch Èzes abhalten lassen. Zu Èze gehört noch ein nicht sonderlich attraktiver Badeort (Èze-sur-Mer) unterhalb des Dorfes mit einem schmalen Strand. Nizza und Monaco sind auch nur einen Katzensprung entfernt; kein Wunder also, dass sich in der Sommersaison die Besucher in den Gassen regelrecht stauen. Einigen ist Èze zu geleckt, zu sauber; andere hingegen können sich an dem Ort und seinem atemberaubenden Panorama nicht satt sehen. Eines ist sicher: So viele Restaurants, Kunsthandwerker und Boutiquen drängen sich in keinem anderen Bergdorf an der Côte d'Azur so dicht auf engstem Raum. Ursprüngliches Dorfleben wird man hingegen vergeblich suchen. Dies überrascht allerdings nicht sonderlich, denn bevor die Touristen kamen, war der Ort so gut wie ausgestorben; erst seit 1952 gibt es fließendes Wasser in Èze.

Der Felssporn von Èze war wahrscheinlich schon in ligurischer Zeit besiedelt, sogar von einem der Göttin Isis geweihten Tempel der Phönizier wird erzählt, ohne dass es überzeugende Belege für diese These gäbe. Im Mittelalter errichtete man eine Fluchtburg, der darunter liegende Ort wurde befestigt; diese Maßnahmen konnten allerdings nicht verhindern, dass Èze mehrfach erobert und verwüstet wurde. Reste der Befestigung muss man heute mit Argusaugen suchen, da Ludwig XIV. die Mauern 1706 aus strategischen Gründen schleifen ließ. Der altertümliche Charakter des Städtchens ist trotzdem erhalten geblieben.

Sehenswertes

Jardin exotique: Die Ruinen der mittelalterlichen Burg dienen als stilvolle Kulisse für den terrassenförmig angelegten Tropengarten mit Kakteen und anderen Sukkulenten. Die meisten der angepflanzten Kakteen stammen übrigens aus Südamerika. Eine Besichtigung lohnt auch wegen des fantastischen Panoramablickes auf die Küste.

▪ Rue du Château. Im Sommer tägl. 9–19.30 Uhr, im Winter 9–16.30 Uhr. Eintritt 8 €, erm. 4 €. jardinexotique-eze.fr.

Chapelle des Pénitents Blancs: Die spätmittelalterliche Kapelle der Weißen Büßer birgt ein ungewöhnliches katalanisches Kruzifix aus dem Jahr 1258: Der Gekreuzigte erträgt seine Schmerzen lächelnd. Der Laienorden war hauptsächlich für Totengebete und kostenlose Begräbnisse zuständig.

Chemin Frédéric Nietzsche: Der steile Weg zwischen Èze und Èze-sur-Mer (rund 3 km) war nicht nur ein Lieblingsweg von *Friedrich Nietzsche*, mehr noch, ein Teil des berühmten *Also sprach Zarathustra* „wurde im beschwerlichsten Aufsteigen von der Station zu dem wunderbaren maurischen Felsenneste Eza gedichtet" (Nietzsche). In Èze beginnt der Chemin gleich links

Traumhafte Lage: Jardin exotique

Von Menton bis Nizza → Karte S. 23

So still ist es in Èze nur am frühen Morgen

vom Hotel Château de la Chèvre d'Or. Wer vom Meer aus nach Èze hinaufwandern will, findet den Weg für den Aufstieg am östlichen Ortsende.

Information **Office de Tourisme,** Place du Général de Gaulle, 06360 Èze, ✆ 0493412600, eze-tourisme.com.

Verbindungen Häufig Busverbindungen nach Nizza (Bus 602, zou.maregionsud.fr) und Menton (Bus 112, ligneazur.com). Die SNCF-Züge halten nur in Èze-sur-Mer (✆ 3635). Mehrere Verbindungen stündlich in Richtung Menton oder Nizza.

Parken Gebührenpflichtige Tiefgarage am Ortseingang.

Übernachten/Essen ******* Château de la Chèvre d'Or,** zwei traumhafte Swimmingpools, traumhafte Panoramalage, traumhaftes Flair, und auch von den Preisen können die meisten nur träumen. Das Restaurant war den Michelin-Testern zwei Sterne wert. Menüs ab 140 € (mittags), abends ab 320 €. Dez. bis Feb. geschlossen. Die 31 Zimmer in dem Relais-&-Châteaux-Hotel kosten ab 500 € pro Nacht (inkl. Frühstück) ... Rue du Barri, ✆ 0492106666, chevredor.com. **€€€€**

***** L'Hermitage,** direkt an der Grande Corniche, 2 km oberhalb von Èze. Absolut empfehlenswertes Hotel (Logis) mit Swimmingpool und Seealpenpanorama, daher oft ausgebucht. Sehr geschmackvoll eingerichtete Zimmer, sehr schöne Bäder! Gutes, aber etwas teures Restaurant, wenngleich ohne besonderes Flair. Die Preise variieren je nach Ausstattung. Die teureren Zimmer haben Balkon bzw. eine große Terrasse. ✆ 0493410068, ezehermitage.com. **€€€**

**** La Villa d'Eze,** passables, unlängst renoviertes Hotel mit rosafarbener Fassade, direkt an der Moyenne Corniche. 151, avenue de Verdun, ✆ 0493411850, lavilladeze.fr. **€€€**

Le Nid d'Aigle, unmittelbar vor dem Eingang des Jardin exotique. Es gibt Omelettes, Panacotta und Nudeln. Hauptgerichte ab 13 €, Menü 32 €. Juli und Aug. tägl. geöffnet, sonst Mi und abends geschlossen. 1, rue du Château, ✆ 0493411908, leniddaigle-eze.fr.

Wanderung 2: Zum Fort de La Revère → S. 290

Einfache Kurzwanderung zu einem Militärfort mit schönen Ausblicken auf Èze-Village und Cap Ferrat

Beaulieu-sur-Mer

3800 Einw.

Der traditionsreiche Badeort liegt an einer lang gestreckten, geschützten Bucht (Baie des Fourmis). Zwei imposante Grandhotels sowie ein kleines Casino sorgen dafür, dass die mondäne Belle-Époque-Atmosphäre noch in Bruchstücken erhalten bleibt.

Die Keimzelle des heutigen Ortes war ein kleines Kloster, das die von der Landschaft begeisterten Mönche „Santa Maria de bello loco" nannten; aus dem *bello loco* wurde später Beaulieu. In der Nähe des Fischerhafens steht noch die kleine, romanische Klosterkirche. Die Nähe zu Nizza und das nach Menton angenehmste Klima der Küste begünstigten den frühen Aufstieg des Fischerdorfes zu einem Lieblingsort gekrönter Häupter und wohlhabender Unternehmer. Die Grandhotels Réserve und Métropole, zwei von ausgedehnten Gartenanlagen umgebene „Riviera-Paläste", galten als erste Adresse für einen Winteraufenthalt an der Côte d'Azur. Das Réserve besitzt noch immer seinen ungewöhnlich prachtvollen Wintergarten aus der Zeit der Jahrhundertwende. Für den Geschmack von Klaus und Erika Mann war Beaulieu-sur-Mer ein „zu sehr konventioneller Badeort, ohne den Hintergrund einer alten Stadt"; mehr als ein halbes Jahrhundert später ist diese Charakterisierung noch sehr aktuell, wenngleich der Platz im Zentrum durchaus Atmosphäre ausstrahlt. Die bedeutendste Sehenswürdigkeit von Beaulieu ist die im griechischen Stil erbaute Villa Kérylos.

Sehenswertes

Villa Kérylos: Mit der Villa Kérylos erfüllte sich Baron *Théodore Reinach* – Archäologe und enthusiastischer Hellenist – seinen Lebenstraum: Eine Villa wie im klassischen Griechenland! In dem Architekten Emmanuel Pontremoli fand der mit den Rothschilds verwandte Reinach den geeigneten Mann, der sich dieser Herausforderung mit Begeisterung widmete. Von 1902 bis 1910 entstand auf einer Fläche von 2500 m² ein kleiner Palast, der der antiken Tradition gemäß um einen Innenhof gruppiert ist. Die Wände und Fußböden sind mit Fresken und Mosaiken verziert, die Wohnräume mit Edelholzmöbeln bestückt, die nach originalen Abbildungen gefertigt wurden. Geld spielte anscheinend keine Rolle: Für das Badezimmer griff man beispielsweise auf Carrara-Marmor zurück.

▪ Avenue Gustave Eiffel. Mai bis Aug. tägl. 10–18 Uhr, sonst tägl. 10–17 Uhr. 11. Nov. bis 25. Dez. geschl. Eintritt 13 €, unter 25 Jahren frei. Kombiticket mit Villa Ephrussi in Saint-Jean-Cap-Ferrat 24 €. Empfehlenswerte Führungen mit Audioguide. villakerylos.fr.

Wandern

Promenade Maurice Rouvier: Vorbei an eleganten Villen und großzügigen Gärten führt der Weg vom Westende der *Baie des Fourmis* (Ameisenbucht) in Beaulieu entlang der Küste bis nach Saint-Jean-Cap-Ferrat. Ein gemütlicher Spaziergang, der in einer Stunde zu bewältigen ist.

Plateau Saint-Michel: Wer meint, die *Promenade Maurice Rouvier* sei nur etwas für betagte Damen und Herren, dem sei zur Befriedigung seiner sportlichen Ambitionen der *Sentier du plateau Saint-Michel* empfohlen. Der Wanderweg beginnt am nördlichen Ende des Boulevard Edouard VII und führt stetig bergan; nach einer knappen Stunde wird man für die Anstrengung mit einem schönen Panoramablick auf die Küste (Orientierungstafel) belohnt.

Information **Office de Tourisme,** Place Clémenceau, 06310 Beaulieu-sur-Mer, ✆ 049 3010221, beaulieusurmer.fr.

Verbindungen Häufig Zug- und Busverbindungen nach Nizza sowie Monaco und Menton. Der Bahnhof liegt nur wenige hundert Meter vom Stand entfernt, gegenüber befindet sich die Post.

Markt Tägl. außer Sonntag im Winter.

Übernachten/Essen ******* Réserve de Beaulieu,** das wohl letzte „Grand Hôtel" an der Côte, das diesen Namen verdient, distinguiertes Flair wie anno dazumal. Maurice Utrillo, der ja eigentlich mit seinen Bildern über die trostlosen Pariser Vororte bekannt wurde, mietete in den 1950-er-Jahren alljährlich die oberste Etage des Réserve, wobei er das Badezimmer zum Atelier umfunktionierte. Was das gesamte oberste Stockwerk heute kosten würde, war nicht zu erfahren. PS: Malutensilien nicht vergessen! Das **Restaurant des Rois** genießt in Gourmetkreisen einen ausgezeichneten Ruf (Menüs ab 145 €, abends ab 175 €). Ein ganzjährig beheizter Meerwasserpool, eigener Schiffsanlegekai und Hubschrauberlandeplatz vervollkommnen das Luxusambiente. Der Preis für eines der 40 Zimmer fängt bei 500 € an. 5, boulevard Général Leclerc, ✆ 0493010001, reservebeaulieu.com. **€€€€**

****** Carlton Beaulieu,** lobende Worte von einem Leser für dieses schmucke Hotel: „Trotz des großen Namens sicherlich keines der ‚richtigen' großen Grand Hotels der Jahrhundertwende, doch bietet es immer noch einiges vom Flair und dem leicht angestaubten Charme dieser Zeit – und vor allem schöne, helle und große (!) Zimmer sowie ein (qualitativ wie quantitativ) exzellentes Frühstücksbuffet." Ruhige Lage, schöner Swimmingpool. Die günstigen Zimmer liegen nach hinten hinaus, die teureren haben einen Balkon. 7, avenue Edith Cavell, ✆ 049 3014470, carlton-beaulieu.com. ▪ **Lesertipp €€€–€€€€**

**** Le Havre Bleu,** das kleine, sehr persönlich und engagiert geführte Hotel ist der Tipp einer Leserin: „Die ältere Villa mit den schönen blauen Fensterläden verfügt über 20 Zimmer, teilweise mit Balkon, die geschmackvoll renoviert und sehr sauber sind." Gutes Preis-Leistungs-Verhältnis. Die teureren Zimmer haben eine Terrasse. 29, boulevard Maréchal Joffre, ✆ 049 3010140, lehavrebleu.com. ▪ **Lesertipp €€**

**** Select,** älteres, aber charmantes Logis-Hotel im Zentrum. Saubere, renovierte Zimmer in verschiedenen Farben. Schöner Frühstücksraum im ersten Stock. 1, place Général de Gaulle, ✆ 0493010642, hotelselect-beaulieu.com. **€€**

Le Beaulieu Café, eine ideale Adresse, nicht nur nach einem Marktbesuch. Wechselnde Tagesgerichte. Straßenterrasse. 45, boulevard Mariononi, ✆ 0493010336.

La Table, der Bistroableger des Hotels La Réserve bietet eine ausgezeichnete Küche. Plat du Jour 22 €, Mittagsmenü 26 €, abends à la carte (*Magret de Canard* 28 €). Schattige Straßenterrasse. Mi Ruhetag. 5, boulevard Général Leclerc, ✆ 0493010001.

Aristée, beliebtes Lokal mit Retroflair. Gebratener Thunfisch 24 €. Große Straßenterrasse. 48, boulevard Maréchal Leclerc, ✆ 0493622009, restaurantaristee.com.

So'Mets, schräg gegenüber bietet dieses moderne Bistro eine ausgezeichnete Küche, die auch von Michelin empfohlen wird. Mittagsmenü 19 €, Hauptgerichte ab 30 €. Straßenterrasse. Mo und Di Ruhetag. 5, rue du Lieutenant Colonell, ✆ 0988338245, somets-restaurant.fr.

African Queen, eine maritime Brasserie direkt am Hafen. Qualitativ gut, vor allem die Meeresfrüchte – es gibt aber auch Pizza. Port de Plaisance, ✆ 0493011085, africanqueen.fr.

Saint-Jean-Cap-Ferrat

2100 Einw.

Saint-Jean-Cap-Ferrat streitet sich mit Cap-Martin um die Ehre, der exklusivste Ort an der Côte d'Azur zu sein. Den Rücken der wie eine Zunge ins Meer ragenden Halbinsel verzieren luxuriöse Villen, die von ausgedehnten Gärten umgeben sind. Nicht auslassen sollte man einen Besuch der Fondation Ephrussi de Rothschild.

Vor hundert Jahren, bevor Cap-Ferrat bei der Hautevolee in Mode kam, stand auf der Halbinsel gerade mal eine Handvoll Villen. Bald darauf entdeckten jedoch der belgische König, die Tänzerin Isadora Duncan, Madame Ephrussi de

Von Menton bis Nizza → Karte S. 23

Rothschild und andere Persönlichkeiten ihre Liebe zu dem bis dato vergessenen Landstrich an der Côte d'Azur. Später waren es dann Somerset Maugham, Charlie Chaplin, Edith Piaf und Curd Jürgens, die in ihre Spuren – oder besser Villen – traten. Vom hektischen Durchgangsverkehr entrückt, ist die Halbinsel Cap-Ferrat auch heute noch ein Hort der Stille und ein Refugium der oberen Zehntausend, die hier in *splendid isolation* ihren Reichtum genießen. So verwundert es nicht, dass sich in dem an der Ostküste gelegenen Saint-Jean noch ein wenig die Atmosphäre eines Fischerdorfes erhalten hat. Im Jachthafen wiegen sich die Segelschiffe majestätisch im Takt der Wellen hin und her. Sehr empfehlenswert sind kleine Wanderungen über die Halbinsel, bei denen sich neben edlen Villen auch die große Vielfalt der mediterranen Vegetation entdecken lässt. Schatten spenden Pinienwälder und Eukalyptusbäume, in den Gärten blühen Myrte, Stechapfel, Ginster, Orangen- und Zitronenbäume.

Vollendete Gartenkunst

Sehenswertes

Villa et Jardins Ephrussi de Rothschild (Musée Ile-de-France): Mit Kennerblick hatte Madame *Béatrice Ephrussi de Rothschild* kurz vor dem Ersten Weltkrieg auf dem schmalen, nur wenige hundert Meter breiten Isthmus ein Grundstück erworben, um hier einen der schönsten Gärten der Côte d'Azur anlegen zu lassen. Am Rand der sieben Hektar großen Gartenanlage steht eine in rot-weiß gehaltene Villa – Palast wäre wohl die treffendere Charakterisierung – im venezianischen Stil, die scheinbar schon von Anfang an weniger zum Wohnen denn als Museum konzipiert wurde. Mehr als ein Dutzend Architekten stand bereit, um den Wünschen der Auftraggeberin gerecht zu werden. Die mit erlesenen Einzelstücken angefüllten Räumlichkeiten lassen den Wohlstand der Familie Rothschild erahnen; eine Vorliebe für das 18. Jahrhundert ist dabei nicht zu übersehen. Neben Möbeln, Teppichen und Gemälden (z. B. Fragonard, Boucher, Lancret, aber auch Renoir, Sisley und Monet) ist es vor allem die einzigartige Porzellansammlung, die zu beeindrucken weiß. Den Mittelpunkt der Villa bildet ein überdachter Patio, gesäumt von Gewölben im spanisch-maurischen Stil. Von hier aus gelangt man zu den Salons Ludwigs XV. und Ludwigs XVI. sowie in das Speisezimmer und die persönlichen Gemächer von Madame Rothschild. Ein Café mit Wintergarten sorgt für das leibliche Wohl.

Rund um das Haus wurden auf einem weitläufig terrassierten Areal mehrere Stilrichtungen der Gartenbaukunst wie in einem Museum vereint: Neben einem größeren französischen Garten reihen sich provenzalische, spanische, italienische, japanische und exotische Gärten aneinander. An jeder Seite der Terrasse öffnen sich raffiniert gesetzte Ausblicke auf das Meer, ein Tempel spendet Schatten und dazwischen träumt ein Ephebe im reflektierenden Wasser. Ein fürwahr traumhafter Ort!

▪ Von Mitte Feb. bis Okt. tägl. 10–18 Uhr, im Juli und Aug. bis 19 Uhr, im Winter am Wochenende von 10–18 Uhr, Mo–Fr nur 14–18 Uhr. Eintritt 17 €, erm. 12 €. Kombiticket mit Villa Kérylos in Beaulieu-sur-Mer 24 €. villa-ephrussi.com.

Villa Santo Sospir: Die Mäzenatin Francine Weisweiller lud Jean Cocteau im Mai 1950 in ihre Villa am südwestlichen Rand von Cap Ferrat ein, damit er sich von den anstrengenden Dreharbeiten für „Die schrecklichen Kinder" erholen könne. Man genoss einen unbeschwerten Sommer, Cocteaus Liebhaber Jean Marais kam vorbei und bei schönem Wetter segelten die drei die Küste entlang. Um seine Dankbarkeit zu bekunden, begann Cocteau die Wand über dem Kamin zu bemalen. Durch die Begeisterung seiner Gastgeberin angespornt, ließ er seiner Mallust freien Lauf und gestaltete fast sämtliche Wände der Villa mit einem Potpourri aus Fresken, Mosaiken und erotisch aufgeladenen Interieurs. Sichtlich zufrieden befand Cocteau: „Santo Sospir ist eine tätowierte Villa." Bis zu seinem Tod im Jahre 1963 verbrachte Jean Cocteau nicht nur die Sommermonate auf Cap Ferrat, er drehte hier auch den Film „La Villa Santo Sospir" sowie Szenen für „Le Testament d'Orphée". Die Villa Santo Sospir wurde längst unter Denkmalschutz gestellt und zum Monument historique erklärt, aber erst seit dem Sommer 2010 ist das Anwesen, das sich noch immer im Besitz der Familie Weisweiller befindet, zu besichtigen. Im Rahmen einer Führung kann man in das Cocteausche Universum eintauchen: eine mediterrane Fantasiewelt mit mythologischen Szenen und

Ein traumhafter Ort: Fondation Rothschild

Figuren, deren Reiz man sich schwerlich entziehen kann.

▪ 14, avenue Jean Cocteau. Tägl., aber nur nach Anmeldung. ✆ 0493760016. Kosten 15 €. villasantosospir.fr.

Wandern

Rund um Cap-Ferrat: Eine Umrundung der Halbinsel lohnt wegen der schönen Ausblicke auf das Meer und der prachtvollen Villen, die den Weg säumen. Man startet an der Plage de Passable und folgt dem „Chemin de Roy" nach Süden. An der südlichen Spitze *(Pointe Malalongue)* von Cap-Ferrat steht ein 33 m hoher Leuchtturm, dessen Aussichtsplattform bestiegen werden kann. Nach einem Abstecher zur Landspitze Saint-Hospice erreicht man über Saint-Jean wieder den Ausgangspunkt. Entfernung: 9 km. Dauer: 2:30 Std.

Promenade Maurice Rouvier: Der schon bei Beaulieu-sur-Mer beschriebene Weg lässt sich natürlich auch in umgekehrter Richtung von Saint-Jean-Cap-Ferrat hinüber zur Bucht von Beaulieu (Baie des Fourmis) begehen.

Information **Office de Tourisme,** 5, avenue Denis Séméria, 06230 Saint-Jean-Cap-Ferrat, ✆ 0493760890, saintjeancapferrat-tourisme.fr.

Verbindungen Häufig Busverbindungen zwischen Nizza, Villefranche sowie Beaulieu nach Saint-Jean. Der erste Bus fährt von Saint-Jean um 7 Uhr, dann ab 8.30 Uhr bis 19.35 Uhr ungefähr halbstündlich. Abfahrt in Nizza am Busbahnhof ab 6.50 Uhr ebenfalls fast halbstündlich.

Strände Cap-Ferrat ist ein Refugium der Reichen, in dem der gewöhnliche Badetourist nicht erwünscht ist. Nur an zwei Stellen können sich Normalsterbliche abkühlen: **Plage Paloma,** 500 m östl. des Hafens von Saint-Jean-Cap-Ferrat; **Plage de Passable,** schöner Sandstrand an der Westseite mit Blick auf Villefranche.

Übernachten/Essen **** Oursin,** ausgesprochen günstige Unterkunft mit Stil, direkt am Hafen von Saint-Jean gelegen. Bereits der Empfangsbereich gefällt mit seinen alten Möbeln. Da das Oursin nur 14 Zimmer besitzt, ist es entsprechend oft ausgebucht. Besonders schön sind die Eckzimmer mit Blick auf den Hafen. 1, avenue Denis Séméria, ✆ 0493760465, hoteloursin.com. **€€**

*** La Frégate,** kleines, sympathisches Haus. Die teureren Zimmer haben Balkon und Meerblick. Avenue Denis Séméria, ✆ 0493760451, hotellafregate.jimdo.com. **€€**

Plage de Passable, ein Restaurant mit Privatstrand (Liege ab 50 €) an der Westküste. Viele Fischgerichte (gegrillte Kalamari 36 €), aber auch Pasta. Chemin de Passable, ✆ 049 3760617, plage-de-passable.fr.

Königliche Leidenschaften und Verbrechen

Der berühmteste Gast von Cap-Ferrat war *Leopold II.*, seines Zeichens König von Belgien; er weilte nicht nur wegen der schönen Landschaft hier, sondern auch wegen der Nähe zu den Spieltischen von Monte Carlo, an denen er die hart verdienten Steuern seiner Untertanen leichtfertig verspielte. Entspannung suchte Leopold II. beim Schwimmen im Meer, wobei seine königliche Hoheit stets darum bemüht war, seinen weißen Bart durch ein Gummifutteral vor dem Wasser zu schützen. Der liebe Herr hatte aber noch andere Hobbys, die er mit Leidenschaft pflegte: Rund um seine prächtige Villa im Park von Les Cèdres stellte er für jede seiner drei Mätressen ein eigenes Haus bereit. In die Geschichtsbücher ist *Leopold II.* hingegen durch zahllose Verbrechen eingegangen, die unter seiner Herrschaft im Kongo verübt wurden. Von 1885 bis 1908 gehörte der Kongo zum „Privateigentum" des belgischen Königs, der seine „Untertanen" bis aufs Blut ausbeutete, sie grausam foltern, verstümmeln und ermorden ließ. Seriöse historische Schätzungen gehen davon aus, dass unter Leopolds Kolonialherrschaft rund zehn Millionen Menschen starben und die Bevölkerung des Kongos sich in dieser Zeit halbierte.

Angesichts der verbrecherischen Greuel, die der Kongoschlächter zu verantworten hatte, überrascht es nicht, dass sich das Gewissen von *Leopold II.* zu Wort meldete: Um sein Seelenheil besorgt, ließ er 1906 auch für seinen Beichtvater ein Haus im maurischen Stil errichten, das später der Schriftsteller *Somerset Maugham* bis zu seinem Tod im Jahre 1965 bewohnte.

Von Menton bis Nizza → Karte S. 23

Villefranche-sur-Mer

5000 Einw.

Wegen der relativen Nähe zu Nizza mag es zwar überraschen, doch ist Villefranche ein charmanter, kleiner Ort geblieben. Einem Amphitheater ähnlich ziehen sich die Häuser vom alten Ortskern zum Mont Alban hinauf, die Straßen steigen steil an. Der italienisch anmutende Hafen verdient noch immer das Prädikat „pittoresk".

Villefranche wurde gegen Ende des 13. Jahrhunderts von Karl II. von Anjou als Freihandelshafen („Villafranca") gegründet. Später diente der Ort als savoyisches Bollwerk gegen Frankreich, in der zweiten Hälfte des 16. Jahrhunderts erfolgte der festungsartige Ausbau mit der Citadelle Saint-Elme. Zusammen mit der Grafschaft Nizza kam der Fischerort 1860 zu Frankreich. In den Zwanzigerjahren galt Villefranche als „der" Treffpunkt für Homosexuelle an der Côte d'Azur. *Jean Cocteau* verbrachte damals mehrere Sommer im Hotel Welcome, schrieb an seinem „Orpheus" und vergnügte sich mit jungen Matrosen. Im Gegensatz zu Nizza besitzt Villefranche ein sehr tiefes (bis zu 700 m!) Hafenbecken, das häufig von Kriegsschiffen angelaufen wird. Deshalb hatten auch die amerikanischen Marinestreitkräfte von 1945 bis 1962 ihren Mittelmeer-Flottenstützpunkt in Villefranche.

Die verwinkelte Altstadt von Villefranche mit ihren hübschen Plätzen ist wie geschaffen für einen kurzen Streifzug. Bei der Place Conseil beginnt die berühmte **Rue Obscure**, eine dunkle, mittelalterliche Gasse, die fast vollständig überdacht ist.

Sehenswertes

Chapelle Saint-Pierre: Die kleine, lange Zeit nur zur Aufbewahrung von Fischernetzen genutzte Kapelle ist die große Attraktion von Villefranche. Sie wurde 1957 von Jean Cocteau neu gestaltet und mit Szenen aus dem Leben des Saint-Pierre ausgemalt. Nach seiner eigenen Gläubigkeit befragt, antwortete Cocteau kokett: „Ich glaube an den Gott, der an meine Kapelle glaubt …" Zudem habe er „die Poesie betreten wie man in eine Religion eintritt. Daher ist die Kapelle von Villefranche religiös." Pablo Picasso, der zu den ersten Betrachtern der Fresken zählte und zuvor schon in Vallauris selbst eine Kirche ausgemalt hatte, hegte gewisse Zweifel an den Beweggründen des malenden Dichters: „Jean ist dermaßen versessen darauf, dass über ihn geredet wird, dass er sogar imstande wäre, den Bahnhof Saint Lazare auszumalen."

▪ Quai de l'Amiral Courbet. Tägl. außer Mo 9.30–12 und 15–19 Uhr, im Winter tägl. außer Mo 9.30–12 und 14–18 Uhr. Im Nov. geschlossen. Eintritt 4 €.

Citadelle Saint-Elme: Die imposante Zitadelle beherrscht noch heute die Bucht von Villefranche. Herzog Emanuel-Philippe von Savoyen zog 1557 italienische Festungsbaumeister zu Rate, um den strategisch wichtigen Hafen vor französischen Einfällen zu schützen. Manche Gebäude sind in satten gelben und roten Tönen angestrichen, die Erinnerungen an Mackes Tunisbilder aufkommen lassen. Die Zitadelle beherbergt heute auch mehrere Kunstsammlungen (Fondation Musée Volti, Musée Goetz-Boumeester, Collection Roux), die zwar nicht herausragend, aber doch einen Besuch wert sind. Im Sommer werden Kinofilme unter freiem Himmel gezeigt.

Fondation Musée Volti: Umfangreiche Skulpturensammlung mit Bronze-, Kupfer- und Töpferarbeiten des einheimi-

Einladend bunt: der Hafen von Villefranche-sur-Mer

schen Bildhauers Volti (1915–1989), der unverkennbar ein Faible für nackte Frauen hatte. Die modernen Kunstwerke setzen in den historischen Gemäuern spannungsreiche Akzente, ein paar Skulpturen verschönern auch das angegliederte Freigelände. Sicherlich das eindrucksvollste Museum auf der Zitadelle.

Musée Goetz-Boumeester: Das Museum ist eine Stiftung des eng mit Villefranche verbundenen Künstlers Henri Goetz und seiner ebenfalls künstlerisch tätigen Frau Christine Boumeester. Neben Arbeiten des Stifters besitzt das Museum zudem eine kleine Sammlung mit Werken von Picasso, Miró, Picabia und Hartung.

Collection Roux: Eine außergewöhnliche Sammlung historischer Keramikfiguren vom Mittelalter bis zur Renaissance.

▪ Von Okt. bis Mai 10–12 und 14–17.30 Uhr, im Juni und Sept. 9–12 und 14.30–18 Uhr, Juli und Aug. bis 19 Uhr. Sonntagvormittag und Di sowie im Nov. geschlossen. Eintritt frei!

Mont Alban: Eine Wanderung auf den 222 m hohen Mont Alban wird mit einem herrlichen Blick auf Nizza und seine Engelsbucht belohnt. Man läuft hierzu ein paar hundert Meter auf der Basse Corniche (RN 98) in Richtung Nizza und geht dann bei der Villa Lucioles auf der Treppe *Escalier de Veyre* bergauf durch den Wald bis zum Aussichtspunkt.

Information **Office de Tourisme,** Jardin François-Binon, 06230 Villefranche-sur-Mer, ✆ 0493017368, villefranche-sur-mer.com.

Verbindungen Die An- und Abreise mit der Eisenbahn ist einfach und unkompliziert, häufig Zugverbindungen nach Nizza und Menton. Der Bahnhof liegt nur fünf Fußminuten von der Altstadt entfernt. Zusätzlich bestehen Busverbindungen im 20-Minuten-Takt nach Nizza sowie Monaco und Menton.

Stadtführungen Jeden Fr um 10 Uhr. Teilnahmegebühr 5 €. Anmeldung im Office de Tourisme.

Kino Cinéma de Plein Air. Freiluftkino in der Citadelle von Mitte Juni bis Mitte Sept. um 21.30 Uhr. Eintritt 6 €.

Strand **Plage des Marinières,** 1 km östl. der Altstadt. Am westl. Ende der Bucht finden sich ein paar Steinbuchten mit klarem Wasser.

Veranstaltungen An einem Montag Ende Feb. oder Anfang März findet in der Bucht von Villefranche die berühmte Blumenschlacht

Combat Naval Fleuri statt. Über fünfzig mit Blumen geschmückte Boote kreuzen in der Bucht.

Übernachten ***** Pierre & Vacances,** komfortable Ferienanlage mit Swimmingpool. Appartements für 4–7 Pers. Avenue de L'Ange Gardien, ✆ 0892702180, pierreetvacances.com. **€€€**

MeinTipp ****** Welcome,** ein schönes Hotel mit bewegter Geschichte. Die Zeiten, als hier noch Jean Cocteau logierte, der Geruch von Opium durch die Hotelflure strömte und das berühmte Künstlermodell Kiki de Montparnasse in der Bar verhaftet wurde, sind aber schon lange vorbei. In das imaginäre Gästebuch des Hotels haben sich auch Oscar Wilde, Charles Baudelaire, Albert Einstein, André Gide und Klaus Mann eingetragen. Noch heute gilt: Die Lage des Hotels ist herrlich. Zimmerpreise variieren, wer Schiffskabinenflair bevorzugt, muss mehr als 400 € investieren. Quai de l'Amiral Courbet, ✆ 0493762762, welcomehotel.com. **€€€€**

***** La Fiancée du Pirate,** modernes Hotel oberhalb des Ortes. Nur 15 Zimmer, relaxen kann man am aussichtsreichen Pool. 8, boulevard de la Corne d'Or, ✆ 0493766740, fianceedupirate.com. **€€€–€€€€**

***** Les Versailles,** sehr modern gestyltes Hotel unterhalb der Basse Corniche, alle Zimmer haben Balkon mit Meerblick. Eine schöne Restaurantterrasse und einen beheizten Swimmingpool gibt es auch noch. Von Nov. bis Ende April Betriebsferien. 7, avenue Princesse Grace de Monaco, ✆ 0493765252, hotelversailles.com. **€€€€**

***** Le Provençal,** ein Logis-Hotel, etwa 150 m vom Hafen entfernt. Schöne, großzügige Zimmer mit großen Fenstern, die in den oberen Stockwerken einen herrlichen Blick über die Bucht bieten. Sehr ordentlich geführt, wenngleich die Einrichtung schon einige Jahre auf dem Buckel hat. Ausgezeichnet ist das Frühstücksangebot: Es gibt sogar Eier, Wurst und Käse. Von Nov. bis Ende April Betriebsferien. 4, avenue Maréchal Joffre, ✆ 0493765353, hotelleprovencal.fr. **€€€**

MeinTipp **** Darse,** preiswerte, ruhige Unterkunft mit ältlichem Charme, 100 m hinter der Zitadelle. Seit über 90 Jahren in Familienbesitz! Von den meisten der 21 Zimmer bietet sich eine schöne Aussicht auf die Bucht und den kleinen Jachthafen. Die Zimmer sind renoviert, geräumig und besitzen zum Meer hin einen netten Balkon. Die günstigen Zimmer gehen allerdings zur Landseite hinaus. Das Frühstück wird auf der Terrasse mit Hafenblick serviert. Im Jan. geschlossen. Avenue du Général de Gaulle, ✆ 0493017254, hoteldeladarse.com. **€€–€€€**

**** Saint-Michel,** dieses ruhige, oberhalb von Villefranche auf dem Plateau Saint-Michel gelegene Hotel wird von einer Leserin wegen des traumhaften Ausblicks und der großzügigen Zimmer (meist mit Balkon) gelobt. Ein schöner Swimmingpool ist vorhanden. Direkt neben dem Hotel befindet sich die Bushaltestelle nach Nizza. Es werden auch Appartements für bis zu 4 Pers. vermietet. 2000, avenue Olivula, ✆ 0493018042, hotel-saint-michel.com. ▪ **Lesertipp €€€**

Essen & Trinken **La Mère Germaine,** eines der besten Fischrestaurants in der Region, selbst aus Monaco kommen die Gäste mit dem Taxi angereist. Das Restaurant existiert seit 1938 und war nach dem Krieg lange Zeit die „Kantine" der amerikanischen Marineoffiziere. Große Terrasse. Menüs zu 38 € (mittags) und 56 €. In der Nebensaison Mo und Di geschlossen. 9, quai de l'Amiral Courbet, ✆ 0493017139, meregermaine.com.

La Grignotière, kleines, einladendes Restaurant, ein paar Schritte oberhalb des Hôtel Welcome (von Lesern gelobt!). Tipp: *Osso buco* oder *Filet de Dorade*. Bouillabaisse 25 €. Sa Ruhetag. 3, rue de Poilu, ✆ 0493767983, la grignotiere-restaurant-villefranche-sur-mer.com.

Dry, lockere Cocktailbar mit schönem Holzmobiliar. Man sitzt direkt am Meer. 17, quai de l'Amiral Courbet, ✆ 0493017131, dryrestaurant.com.

La Belle Étoile, hervorragendes Restaurant ein Stück oberhalb im Ort. Als Vorspeise beispielsweise Artischockensalat mit Oliven, dann ein *Filet de Thon* für 25 €. Nur abends geöffnet, Mi geschlossen, im Juli und Aug. kein Ruhetag. 1, rue Baron du Brés, ✆ 0497080941, labelleetoile-villefranche.com.

Cave Nature, eine ansprechende Weinbar, in der nur Bioweine ausgeschenkt werden. Nette Terrasse mit Hochstühlen. Zum Essen gibt es Schinken- und Käseplatten. Mittagsmenü 13,90 €. 17, rue du Poilu, ✆ 0984381509.

Wine Pier, die Lounge des Hôtel Welcome ist eine ideale Adresse, um den Abend auf der Terrasse mit einem Aperitif einzuläuten. Tägl. außer Mo geöffnet. 1, quai de l'Amiral Courbet, ✆ 0493762740, welcomehotel.com.

Von Menton bis Nizza → Karte S. 23

Nizza und Umland

Nizza ist die unumstrittene Hauptstadt der Côte d'Azur. Zwischen Kultur und Shopping bietet der lang gezogene Kiesstrand an der Engelsbucht die nötige Erholung. Im Hinterland gibt es beschauliche Dörfer wie Peillon oder Coaraze zu entdecken.

Postkartenträume

Nizza, die ungekrönte Königin der Côte d'Azur, ist die größte Stadt an der französischen Riviera und eine der Wiegen des europäischen Tourismus. Die vielen Reisenden und Künstler, die seit über 250 Jahren an die Baie des Anges kommen, haben den Küstenabschnitt geprägt. Die von Palmen gesäumte Promenade des Anglais gilt als der Inbegriff einer Uferpromenade. Nizza besitzt viele Reize: Wo sonst gibt es eine Großstadt mit Strand und einer wunderschönen italienisch anmutenden Altstadt samt üppigen Marktständen? Und entlang der Avenue Jean Médecin finden sich in den Boutiquen hervorragende Möglichkeiten zum Shoppen. Zahlreiche Museen legen ein beredtes Zeugnis vom Schaffen so renommierter Maler wie Henri Matisse, Marc Chagal, Auguste Renoir oder Fernand Léger ab. Und auch die moderne Kunst ist mit dem Musée d'Art Moderne et d'Art Contemporain sowie der Fondation Maeght gut vertreten.

Im hügeligen Hinterland finden sich zahlreiche wunderschöne Dörfer wie Peilon, Tourrettes-sur-Loup, Tourrette-Levens oder das weltentrückt über dem Tal des Loup gelegene Gourdon, in dessen Umgebung sich zahlreiche Wandermöglichkeiten bieten. Entlang der Küste reihen sich weitere attraktive Orte wie etwa Cagnes-sur-Mer mit dem zugehörigen Haut-de-Cagnes, einem mittelalterlich anmutenden Dorf mit Château. Nicht zu vergessen: das für seine Töpferei bekannte Biot.

Was anschauen?

Musée d'Art Moderne et d'Art Contemporain: Zeitgenössische Kunst und viele große Namen: Andy Warhol, Roy Lichtenstein, Robert Rauschenberg, Richard Serra, Frank Stella, Niki de Sainte

Phalle, Tinguely und Yves Klein. → S. 75

Cathédrale Orthodoxe Russe St.-Nicolas: Ein Hauch von Moskau an der Côte d'Azur: Mit ihren sechs Zwiebelkuppeln zählt St.-Nicolas zu den schönsten orthodoxen Kirchen der Welt. → S. 78

Musée Matisse: In diesem Museum sind zahlreiche Bilder aus allen Schaffensperioden vereint. → S. 80

Musée d'Archéologie et Site Archéologique: Zu den oberhalb von Nizza gelegenen römischen Ruinen gehört auch ein Amphitheater. → S. 79

Musée National Message Biblique Marc Chagall: Das Chagall-Museum gehört zu den beliebtesten Kunstmuseum an der Côte d'Azur. → S. 80

La Maison de Renoir: Das ehemalige Wohnhaus von Renoir wurde im Originalzustand belassen. → S. 96

Fondation Maeght: Ein absolutes Highlight für Liebhaber moderner Kunst! Faszinierend sind vor allem der Giacometti-Hof sowie Mirós verspieltes Labyrinth. → S. 98

Musée de l'Art Culinaire: Georges Auguste Escoffier war ein Vorreiter der modernen Kochkunst und wird in seinem Geburtsort mit einem eigenen Museum geehrt. → S. 108

Musée National Fernand Léger: 350 Kunstwerke geben einen guten Einblick in die verschiedenen Schaffensperioden des Künstlers. → S. 109

Was unternehmen?

Wanderung von Peillon nach Peille: Eine abwechslungsreiche Rundwanderung zu zwei pittoresken mittelalterlichen Bergdörfern. → S. 291

Wanderung über den Baou de Saint-Jeannet: Halbtagesrundwanderung auf den Gipfel des Baou de Saint-Jeannet. → S. 293

Wanderung zu den Balcons du Loup: Reizvolle, kinderfreundliche Kurzwanderung durch zahlreiche Tunnel. → S. 295

Spaziergang auf der Promenade des Anglais: Die 1824 angelegte Promenade ist ganz eng mit dem touristischen Aufstieg Nizzas verbunden. → S. 76

Mit dem Train des Pignes durchs Hinterland: Eine Fahrt mit der Schmalspureisenbahn ist die wohl schönste Art, das einsame Bergland der Alpes-Maritimes kennenzulernen. → S. 92

Was sonst noch?

Marché aux Fleurs: Der Blumenmarkt von Nizza auf dem Cours Saleya ist ein Klassiker. → S. 81

Promenade du Paillon: Die Wasserfontänen auf der Promenade sind ein beliebter Tummelplatz für Kinder. → S. 75

Marineland: Der größte europäische Meerwasserzoo begeistert mit Schwertwalen, Delphinen, Haien, Zitterrochen, See-Elefanten, Seelöwen und Pinguinen. → S. 111

Toudon
Tête du Puy
1000
Cuébris
Tourette-
du-Château
Roquesteron
Sigale
Pierrefeu
Aiglun
Esteron
Gilette
les
Ferres
Conségudes
Bouyon
Bouyon
Bouyon
Cime du Cheiron
1778
1439
Montagne du Chiers
Gréolières
St. Pons
Coursegoules
Mouton d'Anou
1085
Loup
Canières
Cagne
Cipières
1208
907
St. Barnabe
St.
Jeannet
Courmes
Cascade
le Caire
St.
Martin
la
Gaude
Tourrettes-
s-Loup
Vence
Gorges du Loup
Gourdon
Pont-du-Loup
St. Paul-
de-Vence
Fondation
Maeght
le Bar-s-
Loup
Loup
Notre-
Dame
Miagne
la Colle
s-Loup
Cagnes-
s. M.
le Rouret
D 2085
Draguignan
S. Peire
Villeneuve-
Loubet
Grasse
Notre-Dame-
de-Brusc
Logis-du-Loup
Brun
Mardaric
Valbonne
Bouches-
du-Loup
Brague
Biot
Canal de la Sia
Villeneuve-
Loubet-
Plage
Blaquière
Castellaras
Sophia-
Antipolis
Super-
Antibes
la Fontonne
A 8
Mougins
Cannes
Cannes
Antibes

Luceram
Gorges de la Vésubio
Mt. Ferion
1413
Paillond de Contes
Coaraze
Levens
Berre-
des-Alpes
Bendejun
l'Escarène
Châteauneuf-
Villevieille
la Roquette-
s. Var
Contes
Mt. Cima
879
N 202
Peille
Peillon
Paillon de Contes
Carros-
Village
Var
Aspremont
Tourrette-
Levens
la Pointe
Menton, Ventimiglia
Gabre
Drap
la Turbie
St.
André
Trinité
A 8
Èze
Monaco
Cimiez
Lingostière
Villefranche-
s-Mor
Beaulieu-sur-Mor
Golfe de St. Hospice
Villa Ephrussi
St. Jean-Cap-Ferrat
Nizza
St. Hélène
Cap Ferrat
Bastia, Calvi,
l'Ile Rousse, Ajaccio
Nizza und Umland
2,5 km

Der Hafen von Nizza

Nizza (Nice)

345.000 Einw.

Nizza ist eine lebendige, attraktive Großstadt mit breiten Boulevards, einer verträumten Altstadt und nicht zu vergessen: die weltberühmte Promenade des Anglais. Abgesehen von Paris besitzt keine andere französische Stadt mehr Museen als Nizza.

Nizza, die Hauptstadt des Départements Alpes-Maritimes, ist eine moderne Großstadt und im Gegensatz zu Marseille noch überschaubar, wenngleich die Vororte von Nizza in den letzten Jahrzehnten verstärkt nach Norden ausuferten. Das Industrieviertel Sophia-Antipolis sowie der stadtnahe Flughafen – übrigens landesweit der größte nach Paris – liegen etwas abseits im Westen der Stadt und haben dazu beigetragen, dass Nizza bis heute das größte Wirtschaftszentrum an der Côte d'Azur geblieben ist. An dem der Promenade des Anglais vorgelagerten **Kiesstrand** oder im historischen Zentrum ist davon allerdings wenig zu spüren. Der ungewohnte Kontrast zwischen Großstadt und Badeort macht Nizza so reizvoll! Auch im internationalen Städtetourismus spielt Nizza eine wichtige Rolle, vor allem zur Karnevalszeit und über Ostern reichen die Hotelkapazitäten oft nicht aus.

Die Altstadt ist nach wie vor der Angelpunkt der Stadt: Den täglichen Markttrubel in *Vieux Nice* sollte man sich keinesfalls entgehen lassen. An den Ständen biegen sich die Tische unter dem reichhaltigen Angebot: Von Früchten über Pilze, Oliven, Zwiebeln und Blumen bis hin zu edlen Gewürzen ist alles zu haben, was das Herz begehrt. Beliebt ist vor allem die frisch gebackene *Socca*. Die wagenradgroßen Fladen, ein genauso günstiger wie schmackhafter Magenfüller, bestehen übrigens hauptsächlich aus Kichererbsenmehl. Auf dem *Cours Saleya* findet täglich der berühmte Blumenmarkt statt, aber auch Gemüse und Obst werden vormittags feilgeboten, montags dreht sich alles um Antiquitäten und diversen Nippes. Im Labyrinth der Altstadtgassen, die nur ein kleines Dreieck zwischen dem Burgberg, der Uferpromenade und den Parkanlagen des Paillon einnehmen, ist die italienische Vergangenheit noch gegenwärtig: Pastellfarbene Häuserfassaden, teilweise mit Fresken oder Trompe l'œils (perspektivische Malerei) geschmückt, von Arkaden gesäumte Plätze und enge Gassen wissen mit ihrem italienischen Flair zu begeistern.

Die Altstadt wird durch den Paillon, einen Wildbach, dessen überdachtes Flussbett heute von Parkanlagen und öffentlichen Gebäuden nachgezeichnet wird, von der großzügig angelegten Neustadt getrennt, über dem Paillon wurde das Musée d'Art Moderne et d'Art Contemporain errichtet. Eine wichtige Verkehrsader ist die von Platanen und Straßencafés gesäumte Avenue Jean Médecin, die sich von der Place Masséna nach Norden erstreckt. Das Kaufhaus Galeries Lafayette, verschiedene Modeboutiquen und Banken, C&A, FNAC, McDonalds und all die anderen „Errungenschaften" einer modernen französischen Großstadt sind entlang sowie links und rechts der Avenue Jean Médecin zu finden. Nicht auslassen sollte man einen Besuch von Cimiez, dem mondänen Vorort Nizzas, den einst der europäische Hochadel zu seinem Winterdomizil erklärte. Noch immer zählt das einstige Régina Palace Hotel, in dem die englische Königin Victoria mit Vorliebe residierte, zu den prachtvollsten Bauten an der Côte d'Azur. Für Altertumsliebhaber gehört der Besuch der römischen Thermenanlage und des Amphitheaters zwar zum Pflichtprogramm, das Musée Matisse wird aber sicherlich ebenso wenig enttäuschen.

Auf dem politischen Sektor eilt Nizza seit mehreren Jahrzehnten zu Recht ein zweifelhafter Ruf voraus: Die Stadt gilt als Hochburg der Korruption und des organisierten Verbrechens. Die Weichen dafür stellte zum einen der langjährige Bürgermeister *Jacques Médecin,* aber auch um seinen Nachfolger war es nicht besser bestellt. Das nach der Flucht von Médecin neu gewählte Stadtoberhaupt Honoré Bailet musste überstürzt abtreten, nachdem auf seine Frau der Verdacht der Hehlerei fiel und sein Sohn einen Bistrowirt unter dubiosen Umständen ins Jenseits beförderte.

Seit dem Ende des Kalten Krieges sind auch die Russen wieder an ihre geliebte Côte d'Azur zurückgekehrt; mehr als 30.000 werden pro Jahr im Durchschnitt gezählt. Gern gesehen sind die russischen Touristen vor allem, weil sie pro Tag mehr als fünfmal soviel Geld ausgeben wie andere Gäste. Bleibt die Frage, woher das viele Geld kommt. Der *Spiegel* entdeckte in den russischen Neureichen die Vorhut der Mafia, deren Millionen „wohl vorwiegend aus Handel mit Waffen, aus organisiertem Verbrechen und Prostitution" stammen. Derzeit baut Nizza seine Hafenanlagen für 150 Millionen Euro aus, um künftig mehr Kreuzfahrtschiffe als bisher anzulocken und zahlungskräftigere Touristen in die Stadt zu locken. Eine moderne Straßenbahnlinie wurde im Jahre 2007 in Betrieb genommen, um die Verkehrssituation in der Innenstadt zu verbessern. Im Rahmen dieser Maßnahmen wurden die Place Masséna und die Place Garibaldi umgebaut und weitgehend verkehrsberuhigt. 2018 und 2019 wurden zwei weitere Straßenbahnlinien in Betrieb genommen, darunter eine, die den Hafen mit dem Flughafen verbindet.

Im Juli 2021 hat die UNESCO Nizza aufgrund seines architektonischen, landschaftlichen und städtebaulichen Gesamtensembles als „Winterkurort an der Côte d'Azur" zum Weltkulturerbe ernannt.

Nizza und Umland → Karte S. 66/67

Geschichte

Nizza ist einer der ältesten Siedlungsplätze der Menschheit: Östlich des Hafens, am Westhang des Mont Boron, konnten in einer Grotte Spuren einer Wohn- und Feuerstätte entdeckt werden, die zwischen 100.000 und 1.500.000 Jahre alt sind und auf eine kontinuierliche Besiedlung der Region Nizza schließen lassen. Am Burgberg wurden in einer weiteren Grotte rund 25.000 Jahre alte Knochen des Cromagnon-Menschen gefunden. Griechen aus Marseille gründeten um das Jahr 600 vor unserer Zeitrechnung an der Bucht die Handelsniederlassung *Nikaia,* deren Bedeutung später hinter dem Nachbarort *Cimiez* (heute ein Stadtteil von Nizza) zurückblieb. Nachdem die Römer 154 v. u. Z. von den Griechen gegen die keltischen Ligurer zur Hilfe gerufen worden waren, siedelten sich die erfolgreichen Befreier kurzerhand selbst in Cimiez an – just an jener Stelle, an welcher die Kelten bereits ein Oppidum errichtet hatten. Ein Amphitheater und die Ruinen einer ausgedehnten Thermenanlage zeugen noch von der Garnisonsstadt *Cemelenum,* die den Landweg zwischen Italien und Spanien sichern sollte. *Cemelenum,* wie die Römer Cimiez nannten, wurde alsbald zur Hauptstadt der Provinz *Alpes Maritimae* und zählte in seiner Blütezeit wohl knapp 20.000 Einwohner; das noch längere Zeit griechisch geprägte Nizza diente nur noch als Hafen. Über die Spätantike und das frühe Mittelalter ist wenig bekannt, die kirchliche Überlieferung weiß von zwei konkurrierenden Bistümern in Nizza und Cimiez. Wahrscheinlich wurde Cimiez infolge der Sarazeneneinfälle aufgegeben; zusammen mit den Bewohnern Nizzas zog man sich auf den leichter zu verteidigenden Burgberg am Hafen zurück, selbst die Kathedrale wurde auf den Hügel verlegt.

Schmale Häuser in der Altstadt

Bis ins 12. Jahrhundert hinein waren die politischen Geschicke Nizzas eng mit denen der Provence verbunden, doch dann strebten die Bürger nach Unabhängigkeit und schlossen ein Bündnis mit Pisa. Im Jahre 1388 kam es zum endgültigen Bruch: Die Einwohner von Nizza und die Bevölkerung des Hinterlandes weigerten sich, Ludwig von Anjou als Grafen der Provence anzuerkennen und stellten sich mehr oder weniger freiwillig unter den Schutz der Grafen von Savoyen. Konflikte späterer Jahrhunderte schienen dadurch vorprogrammiert, denn auch geographisch war Nizza durch die Seealpen von Savoyen getrennt. 1543 kam es zur ersten kriegerischen Auseinandersetzung: Nizza wurde im Rahmen des Konflikts zwischen Karl V., dem Kaiser des Heiligen Römischen Reichs Deutscher Nation, und dem französischen König Franz I. – oder richtiger: François I – von

Die Médecin-Dynastie

1928 war ein besonderes Jahr für die Familie Médecin. Es war nicht nur das Jahr, in dem Jacques Médecin das Licht der Welt erblickte, sondern auch das Jahr, in dem sein Vater Jean Médecin zum Bürgermeister von Nizza gewählt wurde. Ein Amt, das er in quasi monarchischer Art und Weise bis zum Jahr 1965 fast ununterbrochen bekleiden sollte, wobei er mehrmals die Partei wechselte. Nur 1945 musste er wegen Kollaboration mit den Nazis kurzzeitig seinen Sessel räumen. Wie in einer Dynastie üblich, „erbte" der Sohn die Bürgermeisterschärpe des Vaters, ab 1976 hatte Jacques Médecin zeitweise auch noch den Posten eines Staatssekretärs für Tourismus im Kabinett von Jacques Chirac inne, bevor er wegen seiner einträglichen „Nebengeschäfte" von dieser Aufgabe entbunden wurde. In Nizza blieb „Le Roi Jacques" trotz seiner zwielichtigen Politik weiterhin im Amt, auch in der berüchtigten Affäre um das Casino im Palais de la Méditerranée hatte Médecin seine Finger im Spiel. Geschickt zog er die Fäden in einem von außen schwer durchschaubaren Klientelsystem, einer Form von institutionalisierter Korruption, wobei Médecin es verstand, lokalpatriotische Interessen auszunutzen – sogar ein Kochbuch zur Küche Nizzas hat er verfasst! Politisch stand Jacques Médecin in den letzten Jahren seiner Amtszeit der neofaschistischen Front National von Le Pen nahe, aus seiner Ablehnung gegenüber Immigranten hatte er schon zuvor keinen Hehl gemacht. Wegen Einkommensteuerhinterziehung von umgerechnet drei Millionen Euro – seit 1980 hatte es Médecin nicht mehr für nötig befunden, Steuern zu entrichten – und Missbrauchs öffentlicher Mittel wurde Médecin 1990 angeklagt, doch entzog er sich der drohenden Verhaftung, indem er zuerst nach Argentinien und dann nach Uruguay floh. In Abwesenheit verurteilte man Jacques Médecin 1992 zu einem Jahr Haft und einer Geldstrafe von umgerechnet 400.000 Euro; 1994 wurde er doch noch an Frankreich ausgeliefert, wo er unverzüglich seine Haftstrafe antreten musste. Glücklich geworden ist „Jacqou" in Nizza nicht mehr, ein paar Jahre später erlag er in Uruguay einem Herzinfarkt.

Eine weitere schillernde Anekdote soll nicht verschwiegen werden: Eine Dynastie braucht verständlicherweise einen respektablen Stammbaum und so ist Jacques Médecin felsenfest davon überzeugt, seine Familie stamme von dem florentinischen Fürstengeschlecht der Medici ab. Außer der Ähnlichkeit beider Namen spricht zwar nichts für diese abenteuerliche These, was den umtriebigen Jacques aber nicht daran hinderte, sich in den Vereinigten Staaten als „Graf von Medici" einzuführen …

einer französisch-türkischen Flotte letztlich zwar vergeblich belagert und beschossen, musste jedoch schwere Verwüstungen hinnehmen. Der Sage gemäß verdankte Nizza seine Rettung dem beherzten Eingreifen der 33-jährigen *Catherine Ségurane:* Der mutigen Wäscherin soll es gelungen sein, den türkischen Feinden das grüne Banner des Propheten zu entreißen, woraufhin die abergläubischen Osmanen die Belagerung abbrachen.

Im 17. und 18. Jahrhundert wurde Nizza wiederholt erobert und zerstört. Dies ist auch die Ursache dafür, dass sich im historischen Zentrum so gut wie keine Spuren der mittelalterlichen Bausubstanz erhalten haben. Versuche der Kardinäle Richelieu und Mazarin, auf diplomatischem Weg in den Besitz der Grafschaft zu gelangen, schlugen genauso fehl wie die militärischen Anstrengungen Ludwigs XIV.; die Soldaten des Sonnenkönigs eroberten Nizza zwar gleich zweimal innerhalb weniger Jahre, doch waren sie nicht in der Lage, die Stadt langfristig zu halten. 1792 wurde Nizza von Revolutionstruppen besetzt; mit einer kurzen Unterbrechung wehte bis 1814 die französische Flagge über der Stadt, bevor diese für weitere viereinhalb Jahrzehnte wieder an das zwischenzeitlich zu Königen von Sardinien aufgestiegene Herrscherhaus von Savoyen zurückkam. Wirtschaftlich ging es dadurch weiter bergab, denn der neue sardische König hatte 1815 seinem Territorium den weitaus wichtigeren Handelshafen Genua einverleiben können; 1853 verlor Nizza zudem seine Stellung als Freihafen. *Giuseppe Garibaldi,* der durch die Eroberung Siziliens zum Wegbereiter der italienischen Einheit geworden war, stammte übrigens aus Nizza. Garibaldi bezeichnete die Stadt gerne als „zweifellos eine der schönsten Gegenden in diesem meinem unglücklichen und doch strahlenden Vaterland". Ironie des Schicksals: Der Preis für die Verwirklichung von Garibaldis Einheitstraum war die 1860 vollzogene Abtretung der Grafschaft Nizza an Frankreich als Dank für die französische Unterstützung im Kampf gegen Österreich. Pro forma initiierte man noch eine Volksabstimmung: 25.743 Betroffene stimmten für den Anschluss an Frankreich, nur 160 dagegen. Der überwältigende Anteil der Zustimmung nährte allerdings den begründeten Verdacht, bei der Abstimmung sei nicht alles mit rechten Dingen zugegangen. Ob Wahlbetrug oder nicht, der Anschluss an Frankreich brachte jedenfalls den lang erhofften wirtschaftlichen Aufschwung: Nizza boomte regelrecht, der Bodenspekulation waren Tür und Tor geöffnet; zudem entwickelte sich Nizza zur ersten modernen europäischen Touristenmetropole. Dabei darf nicht vergessen werden, dass zwischen Arm und Reich ein enormer Unterschied klaffte. Während entlang der Promenade des Anglais die Belle Époque in ihren schönsten Farben schillerte, lebten die Menschen in der Altstadt unter miserablen Bedingungen; die Kanalisation funktionierte genauso wenig wie die Trinkwasserversorgung, bittere Armut gehörte zum Alltag.

Als eigentlicher „Entdecker" von Nizza gilt der schottische Arzt und Schriftsteller *Tobias Smollett;* Smollett kam im Dezember 1763 nach Nizza, um hier den Winter zu verbringen. Abgesehen vom milden Klima gefiel ihm der Ort zwar nicht besonders, doch verhalfen seine drei Jahre später publizierten Reisetagebücher Nizza zu einer ersten, bis dato ungewohnten Popularität. Schnell entstand in Nizza eine regelrechte englische Kolonie. Gut betuchte Adelige und wohlhabende Kaufleute flohen vor dem englischen Winter an die damals noch italienische Mittelmeerküste; anfangs wohnten sie zur Miete, doch schon bald ließen sie sich eigene Villen errichten, die ihren Vorstellungen und Ansprüchen besser entsprachen. Einen enormen Aufschwung erfuhr der Wintertourismus im Jahre 1864, als Nizza an das französische Eisenbahnnetz angeschlossen wurde. Die genauso beschwerliche wie langwierige Anreise mit der Postkutsche gehörte der Vergangenheit an. Das mondäne Leben verlagerte sich ein Stück weit ins Hinterland, in das von luxuriösen Villen und Grandhotels geprägte Cimiez, das 1866 durch eine Prachtstraße mit dem Zentrum verbunden wurde. Es käme einem Namedropping gleich, all die illustren Persönlichkeiten anzuführen, die sich irgendwann im Laufe ihres Lebens nach Nizza begeben hatten. Manche von ihnen wurden gar mit Straßennamen verewigt: An *Friedrich Nietzsche* beispielsweise, der zwischen 1883 und 1888 insgesamt fünf Winter in Nizza verbracht hatte, um sein „Kopfleiden ausschließlich mit reinem Himmel zu kurieren", erinnert noch die Terrasse Frédéric Nietzsche, eine Aussichtsterrasse am Ende der Montée Eberlé. Der Aristokratie folgte nun auch die Halbwelt nach: „O Riviera! Riviera, blaues Paradies der Hochstapler und Ausgeflippten, die falschen Namen blühen hier noch zahlreicher als die Mimosen", lästerte der Pariser Schriftsteller Jean Lorrain 1905. Zu Beginn des 20. Jahrhunderts begann Cannes Nizza verstärkt den Ruf der schillerndsten Tourismusmetropole an der Côte d'Azur streitig zu machen. Der Ausbruch des Ersten Weltkriegs bereitete dem Müßiggang der Belle Époque ein jähes Ende: Die ein Jahr zuvor eröffnete Luxusabsteige Negresco wurde kurzerhand in ein Lazarett umgewandelt; nach Kriegsende war der Hotelier Negresco pleite und der Tourismus in Nizza in der Krise. Während der nationalsozialistischen Zwangsherrschaft lebten auch zahlreiche deutsche Emigranten in Nizza, darunter *Theodor Wolff, Heinrich Mann, Joseph Roth und Hermann Kesten.* Mann, Roth und Kesten verbrachten eine Zeit lang zusammen mit ihren Familien in einem Haus an der Promenade des Anglais (Nr. 121/Ecke Petite Avenue de la Californie); während dieser Zeit arbeitete jeder von ihnen an einem historischen Roman – für alle drei scheinbar die einzige Möglichkeit, die politische Gegenwart zumindest zeitweise aus dem eigenen Schaffen zu verbannen.

Zuletzt erlangte die Promenade des Anglais in Nizza als Schauplatz eines Terroranschlags traurige Berühmtheit, als am Abend des 14. Juli 2016, des französischen Nationalfeiertags, der in Nizza lebende, tunesische Attentäter Mohamed Lahouaiej Bouhlel mit einem LKW durch die feiernde Menschenmenge raste und 86 Menschen mit in den Tod riss.

Nizza und Umland → Karte S. 66/67

Sehenswertes

Mit Kombiticket ins Museum

Der Eintritt in die städtischen Museen Nizzas ist über ein Kombiticket geregelt:

- **4-Tages-Ticket:** 15 €, Zugang zu allen städtischen Museen.

Rund um Schlossberg und Hafen

„Château": Wer sich schon auf einen Schlossbesuch gefreut hat, wird enttäuscht sein, denn nur noch wenige Überreste zeugen auf dem Burgberg von der Vergangenheit Nizzas. Ludwig XIV. ließ 1706 die Festung auf dem Burgberg überaus gründlich schleifen. Vom einstigen Schloss ist daher nicht mehr viel zu sehen. Ähnliches gilt auch für die Grundmauern der im 11. Jahrhundert auf dem Felsen errichteten Cathédrale Sainte-Réparate: Das Gotteshaus wurde allerdings bereits wenige

Jahrhunderte später wieder aufgegeben, da sich das Leben immer mehr in die untere Stadt verlagerte. Seit langem dient der Burgberg in erster Linie als wunderschöne Gartenanlage mit Feigenbäumen, Agaven, Kakteen, Palmen und anderen exotischen Pflanzen, dazwischen ein künstlicher Wasserfall sowie ein Kinderspielplatz. Der Panoramablick auf die Stadt (von der Terrasse Frédéric Nietzsche) oder auf den Hafen ist sicher den kurzen, schweißtreibenden Aufstieg wert. Abends, wenn die Promenade des Anglais von einer Lichterkette illuminiert wird, ist der Zugang zum Burgberg leider verschlossen. Am Südende des Burgfelsens steht die Tour Bellanda, in der einst der Komponist Hector Berlioz wohnte, ein Aufzug (Rue des Ponchettes) erleichtert den Auf- und Abstieg.

▪ Im Sommer um 20 Uhr geschlossen, im Winter um 17 Uhr.

Hafen: Ursprünglich lag der Hafen von Nizza westlich des Burgbergs; er wurde zugeschüttet, nachdem in der Mitte des 18. Jahrhunderts auf der anderen Seite des Burgbergs ein neuer Hafen ausgehoben worden war. Für die schweißtreibende Arbeit wurden Hunderte von Sträflingen herangezogen.

Notre-Dame de Port: Direkt am Hafenbecken erhebt sich das monumentale, im klassizistischen Stil errichtete Gotteshaus.

Musée de Paléontologie Humaine de Terra Amata: Ein paar hundert Meter östlich des Hafens, am Westhang des Mont Boron, entdeckte der Archäologe E. Rivière 1873 in einem weit verzweigten Höhlensystem Knochen- und Werkzeugfunde aus der Zeit des Altpaläolithikums. Später wurde an dem prähistorischen Fundort ein Museum errichtet und eine Wohnstätte rekonstruiert, die interessante Einblicke in das Leben vor rund 400.000 Jahren bietet. Ein originalgetreuer Abguss der reichhaltigsten Fundschicht ist ebenfalls zu bestaunen.

▪ 25, boulevard Carnot. Tägl. außer Di 10–18 Uhr. Eintritt 5 €.

Altstadt

Chapelle de la Miséricorde: Die mitten im Zentrum von Nizza gelegene Kapelle der „Schwarzen Büßer", einer weitgehend aus Adeligen bestehenden religiösen Gemeinschaft, besitzt eine überaus prachtvolle Rokokoeinrichtung, die man allerdings nur während der Sonntagsmesse in Augenschein nehmen kann. Ungewöhnlich ist auch der ovale Grundriss.

▪ Cours Saleya.

Cathédrale Sainte-Réparate: Die Kathedrale von Nizza ist der heiligen Réparate geweiht, einer frühchristlichen Märtyrerin. Mitte des 17. Jahrhunderts in der heutigen Altstadt erbaut, erinnert das dreischiffige Gotteshaus an frühbarocke römische Kirchen. Das in den Tönen weiß und blau gehaltene Innere beeindruckt durch die reiche Stuckdekoration und das prächtige Chorgestühl.

Notre-Dame de l'Annociation: Die Kirche inmitten der Altstadt gefällt mit ihren heiteren Barockformen, die ihren italienischen Ursprung nicht verleugnen können.

Palais Lascaris: Der 1643 im Stil eines Genueser Palazzos errichtete Stadtpalast ist eines der ansehnlichsten historischen Gebäude von Nizza. Das Palais Lascaris diente einst als Residenz eines Feldmarschalls des Herzogs von Savoyen, dann den Grafen Peille, bevor das Palais nach der Revolution in ein Mietshaus umgewandelt wurde und dadurch immer weiter verkam. Durch städtischen Ankauf 1942 vor dem drohenden Verfall gerettet, wurde das Palais Lascaris vor ein paar Jahrzehnten einer musealen Nutzung zugeführt. Über ein monumentales Treppenhaus gelangt man zu den prunkvollen Innenräumen hinauf. Im Erdgeschoss des Stadtpalastes ist eine Apotheke untergebracht, ihre Einrichtung entspricht der des 18. Jahrhunderts.

▪ 55, rue Droite. Tägl. außer Di 10–18 Uhr, im Nov. geschlossen. Eintritt 5 €.

Théâtre de la Photographie et de l'Image (Musée de la Photographie): Ein absolutes Muss für Liebhaber anspruchsvoller Fotokunst. Es finden regelmäßig hochkarätige Wechselausstellungen statt.

■ 1, place Pierre Gautier. Tägl. außer Mo 10–18 Uhr, Mitte Okt. bis Mitte Juni ab 11 Uhr. Eintritt 5 €. museephotographie.nice.fr.

Auf dem Paillon zwischen Alt- und Neustadt

Promenade du Paillon und Jardin Albert I.: Nachdem der Paillon die Stadt immer wieder mit seinem Hochwasser heimgesucht hatte, entschied man sich Mitte des 20. Jahrhunderts, den Fluss einzudeichen und zu überbauen. Die sich vom Jardin Albert I. landeinwärts erstreckende Grünanlage markiert den unterirdischen Verlauf des Paillon. Zudem wurde auf dem einstigen Flussbett auch das Musée d'Art Moderne et d'Art Contemporain – kurz MAMAC genannt – errichtet. 2013 wurde dann die Promenade du Paillon eröffnet. Besonders beliebt sind ein riesiger, 3000 m^2 großer sowie ein kleinerer Wasserspiegel. In regelmäßigen Abständen werden zur sommerlichen Freude der Kinder Wasserfontänen hoch in die Luft gestoßen. Auf der anderen Seite der Place Masséna befindet sich der Jardin Albert I., eine der ältesten Gartenanlagen der Stadt. Auffällig ist eine in Meeresnähe aufgestellte Skulptur von Bernar Vernet; die überdimensionale konkave Rundung aus schwarzem Metall ist nur schwer zu übersehen.

Musée d'Art Moderne et d'Art Contemporain: Seit 1990 hat die zeitgenössische Kunst in einem betont modernen Bau – eine futuristische Trutzburg aus weißem Carraramarmor – eine neue Heimat gefunden. Jacques Médecin, der den Bau seines Lieblingsprojektes mit Eifer vorangetrieben hatte, konnte zwar die Eröffnung noch miterleben, kurz danach musste der umtriebige Bürgermeister jedoch sein geliebtes Nizza auf der Flucht vor der Steuerfahndung

Einfach:
Palais Lascaris ▲
Calder-Mobile vor dem
Musée d'Art Moderne ▼

Repräsentativ: Place Masséna bei Nacht

verlassen. Vor dem Eingang des Museums dreht sich ein imposantes Calder-Mobile im Wind. Auf drei Ebenen und einer Ausstellungsfläche von 4000 m^2 sind Werke amerikanischer und französischer Künstler versammelt, die die internationale Kulturszene von den Sechzigerjahren bis in die Gegenwart entschieden mitbestimmt haben: Andy Warhol, Roy Lichtenstein, Robert Rauschenberg, Richard Serra, Franck Stella, Niki de Saint Phalle, Tinguely und Yves Klein. Vom architektonisch interessant gestalteten Dach des Museums, auf dem Werke von Yves Klein zu bewundern sind, hat man einen sehr schönen Blick über die Dächerlandschaft von Nizza. Zu dem Museumskomplex gehört noch ein ansprechendes Bistro.

▪ Promenade des Arts. Tägl. außer Mo 10–18 Uhr. Eintritt 10 €. mamac-nice.org.

Musée d'Histoire Naturelle: Schräg gegenüber dem Musée d'Art Moderne gibt die naturhistorische Sammlung Einblicke in die Erdgeschichte und die Mineralogie; weiterhin werden schwerpunktmäßig Vögel und Pilze behandelt. Angegliedert ist eine naturwissenschaftliche Bibliothek, die auf Anfrage benutzt werden kann.

▪ 60 bis, boulevard Risso. Tägl. außer Mo 10–18 Uhr. Eintritt 5 €. mhnnice.org.

Rund um die Promenade des Anglais

Promenade des Anglais: Zwar leidet die Promenade des Anglais erheblich unter dem nicht enden wollenden Autoverkehr, doch zählt ein Spaziergang entlang der Strandpromenade zu den schönen „Pflichtübungen" eines Côte-d'Azur-Aufenthaltes. *Klaus Mann* geriet ins Schwärmen angesichts „dieser herrlichsten Promenade der Küste, des Kontinents. Ich weiß keine, die mit solchem Schwung und solcher Grandezza dem Meer entlang führte." Nüchtern betrachtet, handelt es sich bei der Promenade des Anglais um eine Uferstraße mit zwei neun Meter breiten Fahrbahnen, getrennt durch einen Grünstreifen mit Blumen und Palmen, die in einem beständigen Kampf mit den Abgasen leben. Angelegt wurde die Promenade im Jahre 1824, nachdem die englischen Wintergäste unter Federführung von Reverend *Lewis Way – nomen est omen* – eine Kollekte veranstaltet hatten, um die wirtschaftliche Not der Einheimischen durch eine Arbeitsbeschaffungsmaßnahme zu lindern. Die Arbeitslosen erhielten den Auftrag, entlang des Meeres einen zwei Meter breiten Weg anzulegen, der dann im Laufe der Zeit mehrfach verlängert und verbreitert wurde, bis die Promenade des Anglais 1931 zu ihrem heutigen Aussehen gefunden hatte. Die auffälligsten Gebäude sind das **Negresco** und das **Palais de la Méditerranée.** Während das kurz vor dem Ersten Weltkrieg von dem Architekten Edouard Niemans errichtete Hotel Negresco trotz einiger Wirren und Pleiten bis heute als prunkvolles Hotel erhalten blieb, wurde das Palais de la Méditerranée, ein glanzvolles Art-déco-Casino, 1977 geschlossen. Heute ist einzig noch die Frontseite des Palais de la Méditerranée erhalten, die als glanzvolle Fassade für einen langweiligen Neubau dient.

Musée d'Art et d'Histoire (Palais Masséna): Die Villa, die der Enkel des napoléonischen Generals André Masséna im Stil italienischer Villen des Ersten Kaiserreichs erbauen ließ, vermachten dessen Erben der Stadt Nizza. Einzige Auflage: Im Palais Masséna sollte eine Sammlung zur Stadtgeschichte ausgestellt werden und der Garten sollte für die Öffentlichkeit zugänglich sein. Zu den herausragendsten Exponaten des Museums zählen Gemälde aus der sogenannten Schule von Nizza, darunter Bilder von Louis Bréa und seiner Werkstatt. Abgerundet wird die Sammlung durch lokalhistorische Exponate, Drucke und Fotografien, die die Entwicklung Nizzas zur Tourismusmetropole nachzeichnen. Eine Ausstellung von zeitgenössischen Garibaldi-Karikaturen ist ebenfalls sehenswert.

▪ 65, rue de France und 35, promenade des Anglais. Tägl. außer Di 10–18 Uhr. Eintritt 10 €.

Mémorial des Victimes de l'Attentat du 14 Juillet 2016: An die 86 Opfer des schrecklichen Attentats am französischen Nationalfeiertag 2016 erinnert ein Mahnmal im Garten der Villa Masséna.

▪ 32–35, promenade des Anglais. Tägl. 10–18 Uhr.

Musée des Beaux-Arts: Im 1878 erbauten, ehemaligen Wohnsitz der ukrainischen Fürstin Kotschubey werden

Nizza und Umland → Karte S. 66/67

Mahnmal für die Opfer des Terroranschlags im Garten der Villa Masséna

umfangreiche Gemälde- und Skulpturensammlungen aus der Zeit des 17. bis frühen 20. Jahrhunderts präsentiert. Das in seinen Dimensionen wahrlich fürstliche Gebäude beherbergt eine wertvolle Sammlung italienischer Meister sowie Bilder von Bonnard, Boudin, Chéret und Kees van Dongen. Zum Fundus gehören aber auch Werke der fast vollkommen in Vergessenheit geratenen *Maria Bashkirtseff*, einer 1884 jung verstorbenen Künstlerin, deren postum veröffentlichtes Tagebuch zum Kultbuch einer Generation avancierte. Ein eigener Raum ist den Gemälden von *Raoul Dufy* (1877–1953) vorbehalten. Dufy, der mit Vorliebe südfranzösische Landschaften, Strandbilder sowie Badeszenen malte, liegt übrigens auf dem Friedhof von Cimiez begraben.

Prunkvoll: Cathédral Orthodoxe Russe St.-Nicolas

▪ 33, avenue des Beaumettes. Tägl. außer Mo 10–18 Uhr. Eintritt 10 €. musee-beaux-arts-nice.org.

Musée International d'Art Naif Anatole Jakovsky: Rund 600 Werke naiver Malerei zählt die 1982 eingerichtete Stiftung des Sammlers und Kunstkritikers Anatole Jakovsky. Die Bandbreite der Exponate reicht vom 18. Jahrhundert bis in die Gegenwart und ist in der ehemaligen Sommerresidenz des Parfümeurs Coty untergebracht.

▪ Château Ste-Hélène, Avenue Val Marie. Tägl. außer Di 10–18 Uhr. Eintritt 5 €.

Cathédrale Orthodoxe Russe St.-Nicolas: Ein Hauch von Moskau an der Côte d'Azur: Mit ihren sechs Zwiebelkuppeln zählt St.-Nicolas zu den schönsten orthodoxen Kirchen der Welt. Das Baumaterial wurde mit Bedacht ausgewählt: Der Backstein stammt aus dem Rheinland, die Ziegel und Majolika aus Florenz. Kaiserin Maria Fjordorowna, die Witwe von Zar Alexander III., griff 1903 tief in ihre Privatschatulle, um der russischen Gemeinde von Nizza dieses Gotteshaus zu ermöglichen. Im Inneren besitzt die Kirche zahlreiche kostbare russische Ikonen. Gegenwärtig zählt die russische Gemeinde an der Côte d'Azur rund 9000 Mitglieder. 2015 wurde die Kathedrale auf Kosten des russischen Staates für 15,6 Mio. Euro renoviert.

▪ Avenue Nicolas II. Tägl. außer Sonntagmorgen von 9–12 und 14.30–18 Uhr. Führung tägl. um 14 Uhr, 10 €.

Parc Floral Phoenix: Durch den erst 1990 in der Nähe des Flughafens eröffneten Botanischen Garten ist Nizza um eine weitere Attraktion reicher. Der Park rühmt sich, das größte Gewächshaus der Welt zu besitzen. Der „Diamant Vert" kann dank modernster Technologien gleichzeitig sieben verschiedene Klimazonen simulieren. Zudem gibt es exotische Fische, Vögel, Schmetterlinge und Millionen von Blumen zu bewundern.

▪ 405, promenade des Anglais. Von April bis Sept. 9–19.30 Uhr, im Winter nur bis 17 Uhr. Eintritt 5 €. parc-phoenix.org.

Musée des Arts Asiatiques: Mit dem im Herbst 1998 eröffneten Museum für asiatische Kunst besitzt Nizza ein weiteres ansprechendes Museum, das zudem den kulturellen Austausch zwischen Asien und Europa anregen soll. Der aus weißem Marmor errichtete Museumsbau stammt von dem japanischen Architekten Kenzo Tange und liegt inmitten eines künstlichen Sees im Parc Phoenix. Das Gebäude spielt mit den geometrischen Formen Kreis und Quadrat. Die gezeigten Sammlungen aus öffentlichem und privatem Besitz geben einen Einblick in die Kunstfertigkeit des chinesischen, japanischen, koreanischen, kambodschanischen und indischen Kulturraums. Informativ sind die Audioführungen.

▪ 405, promenade des Anglais. Tägl. außer Di 10–18 Uhr, im Winter nur bis 17 Uhr. Eintritt frei! arts-asiatiques.com.

Stadtteil Cimiez

Alle Sehenswürdigkeiten von Cimiez liegen auf engem Raum zusammen und sind bequem zu Fuß zu erreichen. Zwischen dem Museum Matisse, dem Kloster und dem Amphitheater erstreckt sich ein schöner Olivenhain, der zum Ausspannen einlädt und deshalb im Sommer auch von zahlreichen Einheimischen besucht wird.

Eglise et Monastère de Cimiez: Nachdem das einst in der Altstadt von Nizza gelegene Franziskanerkloster 1543 bei kriegerischen Auseinandersetzungen zerstört worden war, suchten sich die Mönche ein neues Domizil außerhalb der Stadtmauern. Das heutige Aussehen des Klosters entspricht weitgehend den Erweiterungen des 17. Jahrhunderts. Das Portal, zu dem eine geschwungene Treppe hinaufführt, ist allerdings neugotisch. Die Franziskanerkirche besitzt ein sehenswertes Triptychon von Louis Bréa. Das ehemalige Franziskanerkloster erleuchtet in der Pracht seiner Rosengärten, von den Aussichtsterrassen schweift der Blick vom Tal des Paillon bis zum Mont Gros. Angegliedert ist ein Musée Franciscain. Unterhalb des benachbarten Friedhofs kann man das Grab von Matisse aufsuchen.

▪ Place du Monastère. Mo–Sa 10–12 und 15–18 Uhr. Eintritt frei!

Musée d'Archéologie et Site Archéologique: Das frei zugängliche Amphitheater und die Grundmauern der Thermenanlagen sind die letzten sichtbaren Zeugen des römischen *Cemenelum*. Verglichen mit anderen Amphitheatern (beispielsweise in Arles oder Verona) ist die Arena von Cimiez von eher bescheidenem Ausmaß; wahrscheinlich dürfte das Amphitheater einst rund 5000 Zuschauern Platz geboten haben. Im Juli findet übrigens alljährlich ein Jazz-Festival in der Arena statt. Imposanter als die Arena müssen die ausgedehnten Thermenanlagen gewesen sein; die Thermen besaßen wahrscheinlich zwei, für Männer und Frauen getrennte Bereiche sowie die luxuriösen Magistratsthermen. Die gesamte Thermenanlage bot einen auch heute nur selten erreichten Badekomfort. Besonders eindrucksvoll ist der noch gut erhaltene Saal des *Frigidariums* (Kaltbad) in den Magistratsthermen im Norden der Anlage. Ein Teil der Thermen wurde zu Beginn des 5. Jahrhunderts zur Bischofskirche mit Baptisterium „zweckentfremdet".

Das angegliederte *Archäologische Museum* birgt nicht nur Ausgrabungsfunde aus Cimiez und dem griechischen Nikaia sowie bronzezeitliche und frühmittelalterliche Fundstücke, es bietet zudem eine fundierte Einführung in die bewegte Geschichte der Thermen.

Nizza und Umland → Karte S. 66/67

Anhand mehrerer Modelle werden die verschiedenen Bauphasen erläutert, sodass ein Museumsbesuch vor der Besichtigung der Thermenanlagen empfehlenswert ist.

▪ 160, avenue des Arènes (Eingang avenue Monte Croce). Tägl. außer Di 10–18 Uhr. Eintritt 10 €. musee-archeologique-nice.org.

Musée Matisse: Die letzten sechzehn Jahre bis zu seinem Tod (1954) lebte Henri Matisse unweit des Museums im Régina Palace, wo er zwei Etagen des ehemaligen Hotels gekauft hatte. Das Museum selbst ist in einer rostroten Villa untergebracht, die im 18. Jahrhundert im genuesischen Stil erbaut, aber unlängst um einen modernen Anbau erweitert wurde; der Eingang befindet sich seither im Untergeschoss. Präsentiert wird eine persönliche Sammlung hochkarätiger Bilder, die einen guten Einblick in alle Schaffensperioden von Matisse gewährt – sogar das allererste Ölbild des Meisters gehört zum Fundus; abgerundet wird die Dauerausstellung durch Skulpturen und private Dokumente sowie Entwürfe zur Chapelle de la Rosaire. Nirgendwo in Frankreich sind mehr Kunstwerke von Matisse an einem Ort versammelt!

▪ 164, avenue des Arènes de Cimiez. Tägl. außer Di 10–18 Uhr. Eintritt 12 €. musee-matisse-nice.org.

Régina Palace: Dieser prachtvolle Blickfang in Cimiez zeugt noch von den Tagen, als sich der europäische Hochadel in Nizza ein Stelldichein gab. Zu der illustren Gästeschar gehörte unter anderem auch die englische Königin Victoria. Wer in Cimiez auf Entdeckungstour geht, kann noch weitere Hotelpaläste wie das Alhambra, Majestic, Hermitage und Winter Palace bewundern.

Im Norden Nizzas

Musée National Message Biblique Marc Chagall: Das zu Füßen des Cimiez-Hügels gelegene Museum wurde speziell für eine ausgewählte Sammlung Chagallscher Werke konzipiert und in seinem ganzen Aufbau darauf zugeschnitten. Im Zentrum der Ausstellung stehen 17 Gemälde der biblischen Botschaft (zwölf zur Genesis und zum Exodus, fünf zum Hohelied Salomos). Nach der Überzeugung von Marc Chagall, der seit seiner frühesten Jugend von der Bibel fasziniert war, „stellen diese Bilder nicht den Traum eines einzelnen Volkes dar, sondern den Traum der ganzen Menschheit". Die Sammlung wird durch Skulpturen, Glasmalereien, Mosaike und Bildteppiche vervollständigt und gewährt einen hervorragenden Einblick in das Œuvre Chagalls. Es fällt leicht, Picassos Behauptung zuzustimmen, Chagall sei – abgesehen von Matisse – der einzige Künstler, „der noch weiß, was Farbe ist". Das Chagall-Museum ist übrigens mit jährlich 170.000 Besuchern das beliebteste Kunstmuseum an der Côte d'Azur.

▪ Avenue du Docteur Ménard. Mai bis Okt. tägl. außer Di 10–18 Uhr, Nov. bis April tägl. außer Di 10–17 Uhr. Eintritt 8 €, erm. 6 €. Eintritt frei für Kinder! musees-nationaux-alpesmaritimes.fr/chagall.

Villa Arson: In einer prächtigen Patriziervilla aus dem 18. Jahrhundert unterhält das Kultusministerium ein recht lebendiges Kunstzentrum. Ausstellungsräume, Ateliers, Wohnräume für Künstler, ein Vorführraum sowie ausgedehnte Gartenanlagen gehören zu dieser Einrichtung.

▪ 20, avenue Stéphen Liégeard (im Stadtteil Saint-Barthélemy). Juli bis Sept. tägl. 13–19 Uhr, Okt. bis Juni Di–So 13–18 Uhr. Eintritt frei! villa-arson.fr.

Musée National du Sport: Das im Nordwesten der Stadt beim Fußballstadion gelegene Museum gibt interessante Einblicke in die Geschichte verschiedener Sportarten aus französischer Perspektive.

▪ 6, allée Camille Muffat. Tägl. außer Mo 10–17 Uhr, Juni bis Aug. bis 18 Uhr. Eintritt 8 €, erm. 4 €. museedusport.fr.

Nizzas Strände

Da der Hafen durch den Burgberg von der Baie des Anges getrennt ist, verfügen Nizzas Kiesstrände über eine relativ gute Wasserqualität. Für kostenlose Duschen ist gesorgt, verbringen doch auch die Einheimischen ihre Mittagspause und ihren Feierabend mit Vorliebe am Meer. Rund 15 Privatstrände (Opéra Plage, Beau Rivage etc.) haben sich breit gemacht und offerieren Liegen und Sonnenschirme (ca. 25 € pro Tag); glücklicherweise ist aber der größte Teil des Strandes für die Allgemeinheit frei zugänglich.

Basis-Infos

→ Karten S. 82/83 und 86/87

Information **Office de Tourisme Metropolitain Nice-Côte d'Azur,** 5, promenade des Anglais, 06000 Nice 4, ✆ 0492144614, nicetourisme.com bzw. ville-nice.fr. Wer schon in Nizza ist, kann sich auch im Büro am SNCF-Bahnhof mit Infomaterial eindecken. Ein weiteres Büro befindet sich am Flughafen.

Literaturtipp Gallo, Max: Engelsbucht. Historischer Roman, der die Geschichte dreier Brüder aus dem kargen Piemont erzählt, die im 19. Jh. in das aufstrebende Nizza kommen, um ihr Glück zu machen.

Stadtführung Jeden Sa durch die Altstadt um 9.30 Uhr in englischer und französischer Sprache. Treffpunkt: Office du Tourisme, 5, promenade des Anglais. Kosten: 12 €.

Veranstaltungen **Karneval:** Am Faschingsdienstag wird in Nizza ein buntes Spektakel mit Umzügen und Konfettischlachten inszeniert. Den krönenden Abschluss bildet ein bombastisches Feuerwerk. **Triathlon de Nice** im Juni: 4 km Schwimmen in der Baie des Anges, 120 km Radeln durch das Hinterland, 30 km Laufen entlang der Promenade des Anglais (ironman.com). **Festival de Jazz** (nicejazzfestival.fr) in der Innenstadt und **Festival International du Folklore** (beide im Juli). **C'est pas classique** (Mitte Nov.): an drei Tagen werden rund 100 kostenlose Konzerte geboten. Das Spektrum reicht von Vivaldi bis zur Filmmusik (cpasclassique.departement06.fr). Am zweiten So im Nov. findet der **Marathon des Alpes-Maritimes** statt (marathon06.com).

Naturalia, netter Biosupermarkt, 8, Place Garibaldi.

Hauptpost 23, avenue Thiers (beim Bahnhof), in einem mächtigen Backsteinbau im Art-déco-Stil.

Märkte **Marché aux Fleurs** (Blumenmarkt), Cours Saleya, Di–So 7.30–12.30 Uhr; **Marché aux Poissons** (Fischmarkt), Place Saint-François, jeden Morgen geht es auf dem größten Fischmarkt an der Côte d'Azur hoch her; **Marché à la Brocante** (Antiquitäten- und Flohmarkt), Cours Saleya, jeden Montag 8–17 Uhr; **Marché aux Puces** (Flohmarkt), Place Robilante, Di–So 10–18 Uhr; **Marché d'Art des Antiquaires** (Kunst- und Antiquitätenmarkt), Rues Gauthier, Ségurance, Philibert, Foresta, Mo–Sa 10–12 und 15–18.30 Uhr. Bio Marché, im Quartier hinter der Eglise Notre-Dame.

Toller Blick vom Burgberg auf die Promenade des Anglais

Avenue Pessicart
Bd. Bellevue
Bd. Auguste Raynaud
Avenue Borriglione
R. Parmentier
Av. de Valrose
Avenue
Boulevard de Cessole
Place G. du Gaulle
Av. Villermont
Bd. J. Garnier
Raym.
Avenue Pessicart
Bahnhof Train des Pignes
Rue Clément Roassal
Avenue Malaussena
Rue Vernier
Rue Trachel
Avenue Paul Arène
Boulevard Gambetta
Bahnhof Nice Ville
R. Lamartine
Avenue Thiers
R. Paganini
R. Suisse
Avenue Jean Médecin
Cathédrale Russe
Bd. du Tzarewitch
Basilique Notre-Dame
Autoroute Urbaine Sud
Rue Gugl[ia]
Rue Berlioz
Avenue Auber
Rue Rossini
Rue Verdi
Boulevard
Boulevard Victor Hugo
Rue du Maréchal Joffre
Rue du Congrès
Rue Maccarani
R. Masséna
Av. des Fleurs
Rue des Potiers
Boulevard François Grosso
Rue Meyerbeer
Rue de France
Musée Masséna
Musée des Beaux-Arts
Rue de France
Promenade des Anglais
Antibes
Übernachten
1 Villa Rose
2 Backpackers Chez Patrick
3 Yelo
4 Du Centre
5 Petit Louvre
7 Mama Shelter
8 Pam
9 Les Camélias
10 Durante
11 Grimaldi
16 Windsor
17 Amour Nice
19 Villa Rivoli
20 Les Cigales
21 Club Inn
22 De la Fontaine
23 Negresco
Essen & Trinken
6 Au Voyageur Nissart
12 Chez Davia
13 L'Alchemie
14 Séjour Café
18 Rouge
23 Le Chantecler
Nachtleben
15 L'Ambassade

Cimiez
Nice Saint-Roche
Avenue Denis Séméria
Boulevard Saint Roch
Rue de Roquebillière
Bd. de Cimiez
Boulevard Maréchal Lyautey
Boulevard Jean - Baptiste
Rue Maréchal Vauban
Bd. Bischoffsheim
Avenue des Arènes
Musée Marc Chagall
Avenue des Diables Bleus
Av. Normandie
Esplanade de Lattre de Tassigny
Boulevard de la République
R. de Roquebillière
Nice-Riquier
Bd. de Cimiez
Vieux Ch. de Cimiez
Avenue Galliéni
Avenue de la République
Bd. du G. L. Delfino
Rue de Lépante
Bd. Carabacel
Rue G. Ville
Rue Barberis
Rue Auguste Gal
Rue Smollet
Boulevard de Riquier
Place Sasserno
Dubouchage
Mus. d'Art Moderne et d'Art Contemp.
Rue Delille
Rue des Postes
Théatre
Rue Barla
Corniche André de Joly
Boulevard
Rue Pastorelli
Rue de l'Hôtel des Postes
Av. St. Jean
Musée d'Histoire Naturelle
R. Gioffredo
Rue E. Philibert
Notre-Dame du Port
R. C. Ségurane
Avenue Félix Faure
Boulevard Jean Jaurès
Le Château
Musée Terra Amata
Boulevard Carnot
Moyenne Corniche
Opéra
R. de Foresta
Bd. de Stalingrad
Quai des Etats - Unis
Musée Naval
Quai Rauba Capeu
Q. Infernet
Boulevard Franck Pilatte
Boulevard Carnot
Boulevard du Mont Boron
Karte Nizza Innenstadt
siehe Seite 86/87
100 m
Nizza

Oper/Theater **Opéra de Nice,** 4, rue Saint-François de Paule, ✆ 0492174000, opera-nice.org. **Théatre de Nice,** Promenade des Arts, ✆ 0493139090, tnn.fr.

Kinderspielplatz Eine schöne Anlage mit mehreren Kletter- und Spielgeräten findet man oben auf dem Château-Berg von Nizza.

Schwimmen **Freibäder:** Centre Aéré de Falicon, 13, boulevard Comte de Falicon; Piol, 36, avenue Paul Arène. **Hallenbad** mit olympischem Becken im Palais des Sports, Esplanade de Lattre de Tassigny, ✆ 0493131313.

Spielcasino Casino Ruhl, 1, promenade des Anglais. lucienbarriere.com.

Verbindungen

→ Karten S. 82/83 und 86/87

Gare SNCF (Hauptbahnhof): Avenue Thiers, ✆ 3635. Anschlüsse zu allen großen europäischen Städten. Züge verkehren bis zu 70-mal pro Tag zwischen Cannes und Ventimiglia. Nach Cannes sind es beispielsweise 40 Minuten Fahrzeit. Eine weitere reizvolle Strecke ist die über Sospel und Breil-sur-Roya nach Tende ins idyllische Roya-Tal. An der *Gare du Provence* (500 Meter nördl. des SNCF-Bahnhofs) fährt viermal täglich – im Sommer fünfmal – der *Train des Pignes* nach Digne-les-Bains ab. Auskunft zu den Abfahrtszeiten: Chemins de Fer de la Provence, 4 bis, rue Alfred Binet, ✆ 0497038080, cpzou.fr.

Busbahnhof: Der alte Busbahnhof von Nizza wurde 2011 abgerissen und durch eine innerstädtische Grünanlage ersetzt. Der neue Gare routière befindet sich in der Avenue des Diables Bleus nordöstlich des Zentrums. Verbindungen zu zahlreichen regionalen, nationalen und internationalen Zielen: bspw. alle 15 oder 20 Minuten nach Monte Carlo, Menton und Cannes. Viermal tägl. nach Aix-en-Provence und Marseille, zweimal tägl. nach Avignon und Toulon. Stündlich nach Grasse und Vence, mehrmals tägl. nach Contes, Coaraze, Lucéram, L'Escarène, zweimal pro Tag nach Auron und Saint-Martin-Vésubie. Tickets ab 1,70 €. lignesdazur.com.

Parken: Mehrere Parkhäuser im Stadtzentrum (ab 2 € pro Stunde). Park & Ride bei der Autobahn A 8 (Sortie 54), dann mit der Tram ins Zentrum. Es ist nicht einfach, in Nizza einen kostenlosen, halbwegs zentralen Parkplatz zu finden. Selbst bei den vielen gebührenpflichtigen Parkstreifen fällt es schwer, eine Lücke zu erspähen. Relativ häufig ereignen sich leider Autoaufbrüche.

Flughafen: Aéroport Nice-Côte d'Azur, nice.aeroport.fr. Autobusservice nach Cannes oder Monte Carlo/Menton zwölfmal pro Tag. Auch Direktverbindungen nach Saint-Raphaël. Vom Flughafen kann man mit der Tramlinie 2 mit einem Einzelfahrausweis (1,70 €) direkt ins Zentrum fahren.

Autofähre nach Korsika: Von Mitte Juni bis Mitte Sept. 1–3 Abfahrten tägl. nach Ajaccio, Bastia, Calvi, Ile Rousse sowie Propriano. Das restliche Jahr über 3–5 Verbindungen pro Woche nach Ajaccio, Bastia und Ile Rousse. Gare Maritime, Quai du commerce, 06300 Nice, ✆ 0493136666, corsica-ferries.de.

Vélo bleu: An zahlreichen Plätzen stehen Mietfahrräder zur Verfügung. Man muss sich erst anmelden (velobleu.org, Mobiltelefon und Kreditkarte erforderlich!) und schon kann man starten. Die Nutzungsgebühren sind für den alltäglichen Gebrauch innerhalb Nizzas sehr günstig, da die erste halbe Stunde jeweils kostenfrei ist.

Öffentliche Verkehrsmittel: Nizza besitzt ein gut funktionierendes öffentliches Verkehrsnetz. Seit dem Jahr 2007 sind noch drei Straßenbahnlinien (Le Tram) hinzugekommen, die ganz Nizza durchqueren, so vom Bahnhof durch die Avenue Jean Médicin bis zur Place Garibaldi (Linie 1) oder vom Flughafen bis ins Zentrum (Linie 2), eine weitere Verbindung führt vom Stadion über die Universität zum Flughafen (Linie 3). Ticket: 1,70 €. Spezielles Angebot für Touristen: Tagespass 7 €. Busse fahren ab 20 Uhr nur sehr selten. Weitere Infos: Centre d'Information SUNBUS, 10, avenue Félix Faure, ✆ 0493165210, tramway.nice.fr.

Taxi: Station centrale, ✆ 0493137878, taxis-nice.fr.

Übernachten

→ Karten S. 82/83

Nizza besitzt rund 200 Hotels mit mehr als 10.000 Zimmern; zur Hochsaison und zur Karnevalszeit kann es dennoch zu Engpässen kommen. Auffallend positiv ist das breite Angebot an erschwinglichen Unterkünften.

******* Negresco 23**, das klassische Hotel in Nizza steht noch heute für den Glanz der Belle Époque; Vanderbuilt, Rockefeller und Queen Elisabeth stiegen hier ab. Zur Eröffnung im Jahre 1913 versammelten sich unter dem tonnenschweren Kronleuchter im Salon Royal sieben gekrönte Staatsoberhäupter. Als eines der letzten Grandhotels an der Côte d'Azur steht das Negresco heute unter Denkmalschutz. Die 375 m² große Glaskuppel wurde von keinem Geringeren als Gustave Eiffel, dem Erbauer des Eiffelturms, konstruiert. Nach einer Totalrenovierung präsentiert sich das Hotel seit 2010 wieder in neuem Fünf-Sterne-Glanz. Übrigens: Wer will, kann auch eine ganze Etage mieten. 37, promenade des Anglais, ✆0493166400, hotel-negresco-nice.com. **€€€€**

****** Amour Nice 17**, nur 200 Meter vom Meer entfernt liegt dieses Hotel für Designfreunde. Tagsüber relaxt man am Pool auf der Dachterrasse, abends trifft man sich in der Hotellounge oder im begrünten Innenhof. Die teuersten Zimmer verfügen über eine Terrasse. 3, avenue des Fleurs, ✆0497072626, hotelamournice.fr. **€€€**

Mein Tipp ****** Yelo 3**, ein modernes Hotel in Bahnhofsnähe. Die Zimmer sind in einer Mischung aus mediterranem und balinesischem Stil gehalten. Die günstigsten Zimmer sind allerdings recht klein. 47 bis, avenue Jean Médicin, ✆0491658505, yelohotelcollection.com. **€€€–€€€€**

****** Grimaldi 11**, sehr angenehmes Stadthotel in einem stilvollen Haus der Jahrhundertwende unweit der Fußgängerzone und der Promenade des Anglais. Die Zimmer sind sehr geschmackvoll in den Tönen gelb, blau oder rot gehalten und verbreiten auf Anhieb eine wohlige Stimmung. Die Nachttische sind beispielsweise antiken Kapitellen nachempfunden. 15, rue Grimaldi, ✆0493160024, le-grimaldi.com. **€€€–€€€€**

Mein Tipp ****** Windsor 16**, das etwas andere Drei-Sterne-Hotel. Asiatische Möbel und ein Garten mit Schwimmbecken sowie ein türkisches Bad machen das exotische Flair des Hotels aus. Die individuellen Zimmer wurden zudem von verschiedenen zeitgenössischen Künstlern ausgestattet, wobei das eine oder andere durchaus schrill anmutet. Besonders schön: ein ganz in Gold gestaltetes Zimmer (Nr. 57). Im Sommer frühstückt man in dem herrlichen Garten zwischen üppigen Bambusstauden und Gummibäumen. Auch die Fahrt mit dem Fahrstuhl ist ein Erlebnis ... 11, rue Dalpozzo (2 Fußminuten zum Meer), ✆049388 5935, hotelwindsornice.com. **€€€–€€€€**

Hotellegende: Negresco

***** Pam 8**, nördlich des Hafens gefällt dieses Hotel mit farbenfrohen Zimmern und einer Bar im „Kalifornien-Stil". Parken in der Garage gegen Gebühr. 26, rue Smolett, ✆049 3891888, nice-pam-hotel.com. **€€€**

Mein Tipp ***** Villa Rivoli 19**, dieses Hotel in einer herrlichen Belle-Époque-Villa in Meeresnähe wird von einer Deutschen geführt und gehört zu den stilvollsten Unterkünften im Drei-Sterne-Bereich, wobei sich die günstigsten, wenig einladenden Zimmer (Entresol) im Souterrain befinden. Sehr geschmackvoll mit Stofftapeten, Stuckdecke und verspielten Leuchtern sind die Zimmertypen Tradition und Supérieur. Es gibt noch einen kleinen Garten neben dem Haus, in dem man auch frühstücken kann, selbstverständlich auch mit Wurst, Käse und einem Ei. Drei Parkplätze gegen Gebühr. 24 Zimmer, die teureren meist mit Balkon, für die komfortablen Supérieur-Zimmer mit besonderer Wohlfühlatmosphäre muss man noch einige Euros drauflegen. 10, rue de Rivoli, ✆0493888025, villa-rivoli.com. **€€€**

Nizza und Umland → Karte S. 66/67

***** Les Cigales 20**, zentral gelegenes, gut ausgestattetes Hotel. Relaxen kann man auf der Dachterrasse. Moderne Zimmer. 16, rue Dalpozzo, ✆ 0497031070, hotel-les-cigales.fr. **€€€**

***** Club Inn 21**, von außen ist dieses Hotel unweit der Promenade ein langweiliger 1970er-Jahre-Bau, der nicht sehr verlockend wirkt. Doch glücklicherweise wurde das in einem ruhigen Hinterhof liegende Hotel unlängst komplett renoviert. Angenehme, feste Matratzen. Insgesamt ein gutes Preis-Leistungs-Verhältnis! Zudem gibt es eine Tiefgarage, in der man sein Auto parken kann. Das Hotel besitzt zwei Dutzend ebenso modern wie komfortabel eingerichtete Zimmer, wobei die teureren Zimmer über einen Balkon oder eine Terrasse verfügen. 11, rue Massenet, ✆ 0493871131, club-inn-nice.com. **€€€**

***** Villa Rose 1**, eine schmucke, unlängst renovierte Villa im Norden der Stadt, aber mit der Straßenbahn gut zu erreichen. Zum Bahnhof sind es 15 Fußminuten. Es gibt nur 10 Zimmer (zwei im Garten), die mit viel Liebe zum Detail eingerichtet wurden, zudem ist die Atmosphäre sehr privat. Zur Wohlfühlatmosphäre tragen auch die beiden netten Besitzer bei. Das Zimmer Nr. 2 verfügt sogar über einen eigenen Balkon. Die Einzelzimmer sind allerdings recht klein. Parkplätze hinter dem Haus vorhanden. Bei schönem Wetter wird das Frühstück (auf Wunsch gibt es ein Spiegelei) im Garten serviert. 48, avenue Bellevue, ✆ 0493844593, hotelvillarose.com.

***** De la Fontaine 22**, modernes, sehr gepflegtes Hotel in einer Parallelstraße der Promenade des Anglais. Für Nizza keineswegs überteuert. Wenn möglich, sollte man eines der farbenfrohen Zimmer (schön sind Nr. 46 und 44 mit einem Balkon) zum absolut ruhigen Hof nehmen, in dem das Frühstück serviert wird. Die vier Zimmer im Erdgeschoss sind allerdings weniger attraktiv. 49, rue de France, ✆ 0493883038, hotel-fontaine.com. **€€€–€€€€**

***** Mama Shelter 7**, eine 2024 eröffnete Filiale der aus Paris bekannten Hotelkette. Moderne Zimmer, cooles Flair. Swimmingpool auf dem Dach. 21, boulevard de Riquier, ✆ 0493888440, mamashelter.com/nice. **€€**

***** Durante 10**, das in der Nähe des Bahnhofs gelegene Hotel (versteckt in einem Hinterhof) ist der Tipp einer Leserin: „Es macht einen frischen, einladenden Eindruck, man ist sehr freundlich, Frühstück drinnen oder in dem sich anschließenden kleinen Garten." Für Autofahrer gibt es zehn kostenlose Parkplätze, die nach dem Motto „Wer zuerst kommt ..." vergeben werden. Im Jan. Betriebsferien. 16, avenue Durante, ✆ 0493888440, hotel-durante.com. **▪ Lesertipp €€**

**** Du Centre 4**, gut gelegenes Hotel mit charmanten Zimmern zu zivilen Preisen. 2, rue de Suisse, ✆ 0493822980, hotelducentre-nice.com. **€€–€€€**

*** Petit Louvre 5**, weniger ein Hotel als ein Appartementhaus, ist dieser „kleine Louvre" sicherlich eine der besten Unterkunftsmöglichkeiten für Low-Budget-Reisende. Sehr ordentlich geführt, zentral gelegen. Auf vier Etagen befinden sich insgesamt 32 Studios, die alle über einen Kühlschrank und eine Kochmöglichkeit verfügen. Die meisten Studios sind zwar recht klein, verfügen aber über eigene Bäder. Bei einem Aufenthalt von einer Woche ca. 5 Prozent Ermäßigung. Es wird kein Frühstück angeboten! 10, rue Emma et Philippe Tiranty, ✆ 0622407859, petit-louvre.nicehotelnice.com. **€**

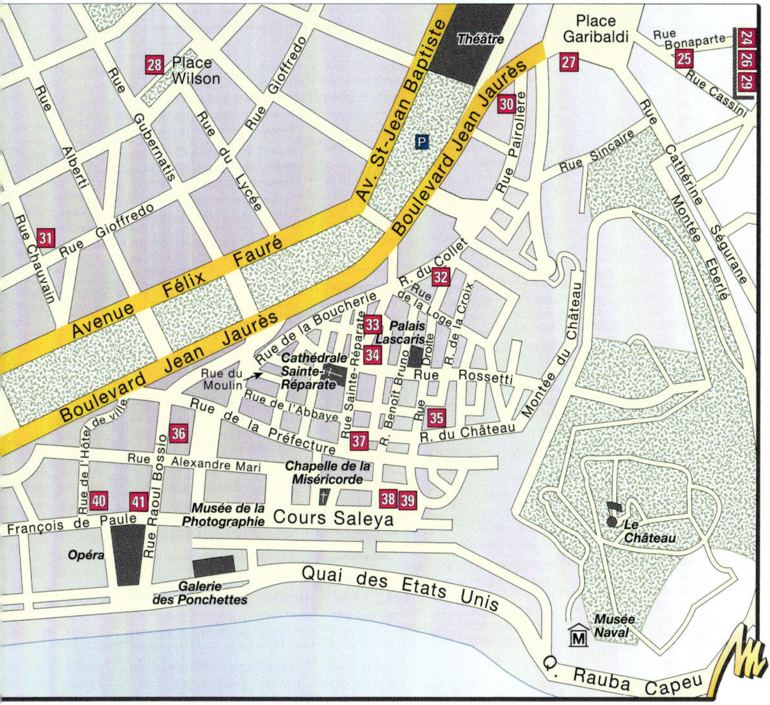

MeinTipp **Backpackers Chez Patrick 2**, sehr gepflegtes Backpacker-Hostel in unmittelbarer Bahnhofsnähe. Im ersten Stock eines nüchternen Hauses vermietet der liebenswürdige Patrick insgesamt sieben Zimmer an Reisende aus aller Welt. Die Räume mit den Stockbetten und Waschbecken sind alle gefliest und machen einen sehr sauberen Eindruck. Etagenduschen und -toiletten. Kühlschranknutzung und Kochmöglichkeit vorhanden. Internationales Flair, zumeist recht junges Publikum. 32, rue Pertinax, ✆ 0493803072. chezpatrick.com. €

Jugendherberge Les Camélias 9, etwa zehn Fußminuten vom Bahnhof entfernt. Gut ausgestattet, Schlafräume für 3–8 Pers. mit Dusche. Reservierungen nur über die Website. 3, rue Spitalieri, ✆ 0493621554, hifrance.org.

Essen & Trinken/Nachtleben

→ Karten S. 82/83 und 86/87

Le Chantecler 23, das Restaurant im Hotel Negresco gehört zu den besten der Stadt. Der junge Chefkoch Jean-Denis Rieubland hat sich bereits zwei Michelin-Sterne erworben. Geboten wird eine anspruchsvolle provenzalische Küche. Etwas günstiger ist das Mittagsmenü zu 110 €, bei dem es als Hauptgang eine *Filet de maigre piqué aux olives, blettes à la provençale* gibt, abends kostet das Vergnügen mindestens 190 €. Mo und Di Ruhetag. 37, promenade des Anglais, ✆ 0493166400.

MeinTipp **Chez Palmyre 32**, gerade einmal sechs Vierer-Tische besitzt dieses liebevoll geführte Altstadtrestaurant mit Wohnzimmeratmosphäre. Man hat den Eindruck, dass sich seit der Eröffnung im Februar 1926 nicht viel verändert hat, obwohl es seit 2010 unter neuer Leitung ist, da sich die Besitzerin, die das Restaurant von ihrer Mutter Palmyre übernommen hatte, aus Altersgründen zurückziehen musste (Unser erster Besuch datiert ins Jahr 1981!). Die neuen Besitzer Vincent Verneveaux

Nizza und Umland → Karte S. 66/67

und Philippe Terranova haben es sich nämlich zum Credo gemacht, das Restaurant in ihrem Sinne weiterzuführen. Es steht nur ein 3-Gang-Menü zu 22 € auf der Karte, pro Gang kann man aber zwischen drei oder vier Gerichten wählen. Logischerweise darf hier keine Gourmetküche erwartet werden, serviert wird solide Hausmannskost, die allerdings nicht ohne Raffinesse ist. Sehr lecker waren der Weiße-Bohnen-Salat *(Salade de Coco)* mit einem weichgekochten Ei und die anschließende *Morue à la provençale* (Stockfisch). Verführerisch günstig sind auch die Weinpreise: Ein Viertelliter Tischwein kostet nur 5 €, der halbe offene Liter trinkfreudige 8 €. Reservierung ratsam. Mi, Sa und So Ruhetag. 5, rue Droite, ✆ 0493857232, Facebook.

Les Epicuriens 28, im Bistroambiente wird hier seit mehr als 25 Jahren eine kreative französische Küche geboten, wobei man auch ein Kotelett vom Ibericoschwein oder mit Ricotta und Artischocken gefüllte Ravioli zuzubereiten weiß. Menüs zu 27 € (mittags) sowie 44 €. Straßenterrasse. So und Mo Ruhetag. 6, place Wilson, ✆ 0493808500, les-epicuriens-restaurant-nice.com.

Chez Davia 12, kleines, nettes Restaurant – seit 1953 in Familienbesitz – mit rot-weiß karierten Tischdecken, zwischen Promenade des Anglais und Bahnhof gelegen. Straßenterrasse. Serviert wird eine anspruchsvolle italienische Küche, Hauptgerichte ab 20 €. Mo und Di Ruhetag, von Mitte Nov. bis Mitte Dez. geschlossen. 11 bis, rue Grimaldi, ✆ 0493879139, chezdavia.com.

Altstadtlokal Chez Palmyre

L'Alchemie 13, es ist schwer, ohne Reservierung in dem modernen Restaurant einen Platz zu bekommen. Von Michelin zu Recht mit einem Bib Gourmand ausgezeichnet. Hervorragendes Preis-Leistungs-Verhältnis. Das einzige Manko ist die zu kleine Terrasse. Mittagsmenü 28 und 32 €, abends 37 €. So und Mo Ruhetag, Fr und Sa auch abends geöffnet. 14, rue Maccarani, ✆ 0493546185, lalchimie-restaurant.com.

Au Voyageur Nissart 6, dieses seit drei Generationen von einer Familie betriebene Restaurant beim Bahnhof bietet regionale Küche zu zivilen Preisen. Menüs zu 18,90 €, 22,90 € (mit *Salade niçoise* und einer *Daube niçoise*) und 26 €. Straßenterrasse. Mo–Mi Ruhetag. 19, rue d'Alsace-Lorraine, ✆ 0493821960, voyageurnissart.com.

Fine Gueule 40, eine einfache, aber dennoch raffinierte Küche, basierend auf lokalen Zutaten, serviert in einem ansprechenden Ambiente. Mittagsmenü 19,50 €, Hauptgerichte 22–30 €. Große Straßenterrasse. So und Montagmittag geschlossen. 2, rue de l'Hôtel de Ville, ✆ 0493802164, finegueule.fr.

MeinTipp **Acchiardo 35**, dies ist eines der wenigen Restaurants der Altstadt, die noch ein authentisches Flair besitzen (seit drei Generationen in Familienbesitz). Die Ausstattung des schmalen, länglichen Gastraums ist einfach: Ein großer Tresen, schlichte Stühle und Tische, das ist alles. Ein Menü wird man auf der Karte vergeblich suchen, zur Auswahl stehen traditionelle Gerichte, einfach, aber lecker. Die Preise sind angenehm günstig, sodass man den Wein gleich flaschenweise ordern kann (ab 11,50 €). Plat du Jour 19 €. Sa und So geschlossen, im Aug. Betriebsferien. 38, rue Droite, ✆ 0493855116, Facebook.

Olive et Artichaut 37, eine Leserin schwärmte von diesem kleinen, in der Altstadt gelegenen Lokal. Wie wäre es mit einem Artischocken-Risotto? Menüs zu 39 und 65 €. Bib Gourmand von Michelin. Mo und Di Ruhetag. 6, rue Sainte-Réparte, ✆ 0489149751, oliveartichaut.com. ■ **Lesertipp**

La Mérenda 36, das Bistro nahe der Oper wurde lange Zeit als Geheimtipp gehandelt, ist mittlerweile jedoch recht überlaufen, was sich auch auf die Preise niederschlägt. Auf einfachen Holztischen werden lokale Spezialitäten wie *Pasta pistou* oder *Tripes à la niçoise* (Kutteln) serviert. Dienstags gibt es Stockfisch oder *Tête de veau*. Hauptgerichte ab 20 €. Es empfiehlt sich, frühzeitig zu kommen, denn es besteht keine Reservierungsmöglichkeit, ja es gibt nicht einmal ein Telefon. Konsequenterweise werden auch keine Kreditkarten akzeptiert. Sa, So und Mo Ruhetag, Anfang Aug. zwei Wochen Betriebsferien, denn auf Laufkundschaft ist der Wirt nicht angewiesen. 4, rue Raoul Bossio. lamerenda.net.

Café des Chineurs 25, ein nettes Café-Restaurant im Retrostyle mit Blümchentapete und alten, ausgebleichten Holzverzierungen. Eine Gourmetküche darf man nicht erwarten, es gibt ein paar Tapas, Salate, Nudeln und Burger sowie ein paar französische Klassiker wie *Magret de canard*. Schön ist die große, bis in den Abend sonnige Straßenterrasse. 1, rue Cassini, ✆ 0493568479, Facebook.

Lavomatique 33, eine nette, unkomplizierte Adresse für mediterrane Häppchen mitten in der Altstadt. Es gibt einen großen Tresen und eine offene Küche. Regionale Weine, lockere Atmosphäre. Sa und So Ruhetag. 11, rue du Pont Vieux, ✆ 0493555418.

mein Tipp **Comptoir Central Electrique 24**, eine beliebte Adresse in der hippen Ausgehmeile der Rue Bonaparte. Bis tief in die Nacht sitzen die Gäste auf der großen Straßenterrasse. Serviert werden Gerichte in Tapas-Größe, darunter ein leckeres Mini-Tagliata. Tägl. 8–2 Uhr, So erst ab 16 Uhr. 10, rue Bonaparte, ✆ 0623805561, comptoircentralelectrique.fr

Les Agitateurs 26, das Lokal ist bekannt für seine ansprechende mediterrane Küche, beispielsweise Taube mit Pfeffersoße oder eine Variation von der Bouillabaisse. Ein Michelin-Stern! Menüs zu 78, 95 und 155 €. Kleine Straßenterrasse. Mo, Di und Samstagmittag geschlossen. 24, rue Bonaparte, ✆ 0987330203, lesagitateurs.com.

Jan 29, die Kreationen von Chefkoch Jan Hendrik wurden von Gourmets gelobt und mit einem Michelin-Stern ausgezeichnet. In einem bourgeoisen Ambiente werden südafrikanische Köstlichkeiten wie *Biltong* – getrocknetes

Farbenfrohe Altstadt

Fleisch – serviert. Garantiert sind ungeahnte Gaumenfreuden. Menüs zu 165 und 195 €. Di–Sa abends geöffnet. 12, rue Lascaris, ✆ 049719 3223, janonline.com.

mein Tipp **Rouge 18**, eine wunderbare Weinbar in einem roten Haus unterhalb des Burgbergs. Auf der großen Terrasse sitzt man auf Barhockern an Stehtischen. Im Angebot sind zahlreiche offene Weine (ab 5 € pro Glas), dazu werden hervorragende mediterrane Tapas gereicht, manchmal auch mit asiatischem Touch, so beim sehr leckeren *Tataki de Boeuf*. Kein Ruhetag. 2, rue de Foresta, ✆ 0977942239, rouge-restaurant.fr.

Café de Turin 27, die klassische Adresse (1908 eröffnet), um in Nizza frische Meeresfrüchte zu essen oder einfach nur etwas zu trinken. Das imposante Plateau mit Krebsen, Austern, Seeigeln und diversen Muscheln wird wie ein Stillleben auf Eis serviert. Tagein, tagaus ist ein bunt gemischtes Publikum unter

Liebeserklärung an Nizza

den Arkaden anzutreffen. Große Straßenterrasse. Sechs Austern ab 14 €, Meeresfrüchteteller ab 39 €. 5, place Garibaldi, ✆ 0493622952, cafedeturin.fr.

Chez René Socca 30, mitten in der Altstadt gibt es hier Socca und andere kleine Gerichte zu erstaunlich günstigen Preisen (Socca 3 €, ein Glas Wein ab 3,50 €). Gegessen wird auf einfachen, rustikalen Holzmöbeln, draußen übrigens mit den Fingern, Fast Food eben. Mo geschlossen, Anfang Juni Betriebsferien. 2, rue Miralheti, ✆ 0493920573.

Le Boudoir 31, ein ansprechendes, modernes Bistro mit neobarockem Design. Die Karte wird alle zwei Wochen komplett verändert und bietet Köstlichkeiten wie *Tagliata de Bœuf aux Cèpes*. Menü 42,50 €. Montag- und Dienstagabend sowie Mi geschlossen. 10, rue Chauvain, ✆ 0493875554, leboudoirnice.fr.

Séjour Café 14, das kleine, intime Restaurant ist eine wunderbare Adresse für eine exquisite mediterrane Küche. Egal, ob Risotto, Polenta oder gegrillter Fisch – in dem zeitlos modernen Ambiente, isst man hervorragend! Lecker war das Rührei mit frischen Steinpilzen als Vorspeise. Straßenterrasse. So/Mo Ruhetag. 11, rue Grimaldi, ✆ 0493273784, sejourcafe.fr.

Fenocchio 34, dieser *Maître glacier* ist die bekannteste und beste Eisdiele der Stadt. Im Angebot sind knapp 100 verschiedene Eissorten, darunter auch so ungewöhnliche Geschmacksrichtungen wie Olive, Lavendel, Avocado und Tomate-Basilikum. Keine Sorge: Es gibt auch die Klassiker Vanille und Schokolade. Ein Traum ist das Gianduja-Eis. Kugel 2,50 €. Von März bis Nov. tägl. 9–24 Uhr geöffnet. 2, place Rossetti (eine weitere Filiale befindet sich ebenfalls in der Altstadt: 6, rue de la Poissonerie). fenocchio.fr.

Mama Mia 38 und **La Civette du Cours 39**, die beiden nebeneinanderliegenden Cafés sind ein beliebter Treffpunkt, um das Treiben auf dem Cours Saleya zu beobachten. Bis spät abends sitzt man an den zahlreichen Tischen auf der Straßenterrasse. Beliebt ist auch die benachbarte Kneipe Blast.

Auer 41, die alteingesessene Konditorei (seit 1820!) ist in ganz Nizza für ihre süßen Leckereien bekannt, So geschlossen. 7, rue Saint-François de Paule, ✆ 0493857798, maison-auer.com.

Nachtleben **L'Ambassade 15**, trendiger Szenetreff. Schöner Lounge-Garten. Do–Sa ab 0.30 Uhr geöffnet. 18, rue du Congrès, ✆ 049 3878559.

Hinterland von Nizza

Lucéram 1250 Einw.

Der im Westen von Sospel auf einem steilen Fels thronende Ort geht wahrscheinlich auf eine römische Gründung zurück. Lucéram wird von den Resten seiner mittelalterlichen Mauern umsäumt, die pastellfarbenen Häuser stehen dicht gedrängt am Hang. Im Zentrum an der Hauptstraße laden drei Cafés zu einer kurzen Rast ein. Die Dorfkirche, ein unauffälliger Bau aus dem späten 15. Jahrhundert, birgt sechs prachtvoll bemalte Altäre, die teilweise *Louis Bréa* und seiner Schule zugeschrieben werden. Wer sich für Sakralbauten interessiert, wird in der näheren Umgebung fündig: Die Chapelle Saint-Grat – Richtung Nizza – und die Chapelle Notre-Dame-de-Boncœur – Richtung Col Saint-Roch – besitzen mehr als 500 Jahre alte Wandmalereien von *Jean Baleison*.

▪ Mehrmals tägl. Busverbindungen nach Nizza.

L'Escarène 2300 Einw.

Der Ort verdankte seinen Aufstieg der von Nizza nach Turin führenden Salzstraße, einer Handelsverbindung, die seit dem 16. Jahrhundert stetig an Bedeutung gewonnen hat. Mit der Eglise Saint-Pierre-aux-Liens besitzt L'Escarène eine beachtenswerte Barockkirche; sie wurde von Jean-André Gilbert, der auch die Cathédrale Sainte-Réparate in Nizza entworfen hat, gebaut.

Information **Office de Tourisme,** 6, place Carnot, 06440 L'Escarène, ✆ 0493796293, escarene.fr.

Verbindungen Mehrmals tägl. Busverbindungen nach Nizza.

Festival de L'Escarène Jeden Samstagabend von Juli bis Anfang Aug. finden Konzerte statt. Als Veranstaltungsort dient zumeist die Eglise Saint-Pierre.

Peille 2350 Einw.

Das Dorf zieht sich einem Amphitheater gleich den Hang hinauf. Gekrönt wird Peille von einem eleganten romanischen Glockenturm im lombardischen Stil. In den Gassen stehen mehrere beachtenswerte Häuser, eine restaurierte Kapelle aus dem 13. Jahrhundert dient als Rathaus. Typisch für den Ort, den man nur zu Fuß erkunden kann, sind die verwinkelten Gassen, die zahlreichen Treppchen und Quergänge, die den Häusern mehr Stabilität verleihen. Auf der Place de la Colle plätschert ein schmucker gotischer Brunnen vor sich hin.

Peille kann auf eine ansehnliche Dorfgeschichte zurückblicken: Schon Kelten und Ligurer fanden hier Zuflucht. Der Name Peille geht auf *Pilia,* was so viel wie Anhöhe bedeutet, zurück. Selbstbewusst weigerten sich die Bewohner im Spätmittelalter, an den Bischof von Nizza Steuern zu entrichten. Als es zum offenen Konflikt kam, griffen sie gar das bischöfliche Château de Drap an. Selbst eine daraufhin verhängte Exkommunikation konnte die streitbaren Einwohner des Bergdorfs nicht gefügig machen.

Wer will, kann nach einer Besichtigung des Ortes innerhalb von zwei Stunden auf einem schon in römischer Zeit genutzten Weg durch das Bergland nach Peillon wandern. Von dort muss man allerdings wieder zurücklaufen. Als Alternative bietet sich eine Klettertour auf der Via Ferrata an. In der Bar l'Absinthe wird das zugehörige Equipment verliehen.

Information **Mairie,** 06440 Peille, ✆ 0493917171, peille.fr.

Nizza und Umland → Karte S. 66/67

Mit dem Train des Pignes durchs Hinterland

Eine Fahrt mit der Schmalspureisenbahn ist die wohl schönste Art, die Unterschiede zwischen der belebten Küste und dem einsamen Bergland der Haute-Provence kennenzulernen.

Die schwierigen geographischen Gegebenheiten machten eine 22-jährige Bauzeit erforderlich. Zahlreiche Brücken und Viadukte wurden über Täler gezogen, Dutzende von Tunnel gegraben. 1911 war es endlich soweit: Die erste Dampflok konnte durch das Hinterland der Côte d'Azur tuckern. Bei den größeren Steigungen hatte die Lokomotive allerdings so schwer zu kämpfen, dass die Fahrgäste angeblich aussteigen und Pinienzapfen sammeln konnten, die anschließend verheizt wurden: Der Name *Train des Pignes*, Pinienzapfenzug, war geboren! 1968 drohte dem Train des Pignes, der ursprünglich sogar bis nach Genf gefahren war, die endgültige Stilllegung. Doch da sich die Bürger von Nizza und Digne-les-Bains sowie die beteiligten Départements vehement für den Erhalt der Bahnlinie einsetzten, blieb die dünn besiedelte und strukturschwache Bergregion von dem Verlust einer wichtigen Lebensader verschont.

In Nizza fährt der Zug viermal täglich von der *Gare du Provence* nach Digne-les-Bains. In gut drei Stunden ist die 151 km lange Strecke bewältigt. Nachdem der Zug nach einer knappen halben Stunde die Vororte Nizzas endlich hinter sich gelassen hat, klettert er das breite Tal des Var hinauf. Weingärten, Obstbäume und Gewächshäuser säumen den Weg. Hinter Villars-sur-Var verengt sich das Tal, besonders spektakulär liegen Puget-Théniers und Entrevaux eingeklemmt inmitten hoher Felsen. In der weiten Schleife zwischen Annot und Saint-André-les-Alpes kämpft sich die Bahn auf über 1000 Meter hinauf und durchfährt unter dem Col de la Colle St. Michel einen 3,5 km langen Tunnel. Ein Tipp für Eisenbahnnostalgie-Fans: Zwischen Mai und Oktober wird jeden Sonntag das Teilstück zwischen Puget-Théniers und Annot mit einer alten Dampflok befahren.

▪ Weitere Informationen am Gare des Chemins de Fer de Provence de Digne, avenue Pierre Sémard, ✆ 0492310158. Eine einfache Fahrt zwischen Nizza und Digne kostet 23 €. traindespignes.fr. Leser empfehlen: Nicht nach Nizza zum Gare de Provence fahren, sondern über die N 202 – Var stromaufwärts bis zum kleinen Ort Lingostière. Hier kann man ohne Stress direkt an der Ausfahrt von der N 202 am Bahnhof kostenfrei parken und in den Zug steigen.

Peillon

1300 Einw.

Absolut malerisches Bergdorf im Hinterland von Nizza. Verwinkelte Gassen, gesäumt von alten, teilweise schön herausgeputzten Häusern, führen steil bergauf zur Eglise de la Transfiguration, die im 18. Jahrhundert anstelle einer mittelalterlichen Burg errichtet worden war. Bei so viel Idylle verwundert es nicht, dass in den letzten Jahren mehrere Städter ihren Zweitwohnsitz in Peillon aufgeschlagen haben. Mit der gleich beim Parkplatz stehenden Chapelle des Pénitents Blancs besitzt der Ort zudem ein kunsthistorisches Kleinod. Der Chor weist sehenswerte Temperamalereien aus dem 15. Jahrhundert auf, dargestellt sind Szenen aus der Passion Christi. Die Wandmalereien stammen wahrscheinlich von *Giovanni Canavesio*, der auch in La Brigue (Notre-Dame-des-Fontaines) am Werk war. Wandern: Am Ortseingang beginnt übrigens ein schöner Wanderweg, der in zwei Stunden hinüber nach Peille führt.

Information **Syndicat d'Initiative,** 4, carriera Centrale, 06440 Peillon, ✆0624974225, peillon.fr.

Übernachten/Essen ***** Auberge de la Madone,** über dem Parkplatz, oberhalb des Dorfeingangs. Das ausgezeichnete Restaurant (mit schöner Terrasse!) der Familie Millo hat sich den lokalen Spezialitäten verschrieben. Die Preise sind nicht gerade günstig, doch die Leistungen des Küchenchefs lohnen die Investition – zeitweise besaß er einen Michelin-Stern! Menüs zu 37 und 45 €, abends ab 58 €. Mi Ruhetag, von Nov. bis Jan. Betriebsferien. Die 14 Zimmer und drei Suiten sind in zwei unterschiedlichen Stilen (provenzalisch und modern) eingerichtet. Wer einen Balkon oder eine Terrasse haben möchte, muss etwas mehr investieren. ✆0493799117, aubergedelamadone-peillon.com. **€€€**

Camping **** La Laune,** kleiner, unspektakulärer Platz auf einem Wiesengelände unterhalb von Peillon im Ortsteil Les Moulins an der D 21. Von Mitte April bis Sept. geöffnet. 3724, boulevard de la Vallée, ✆0493799161, campingdelalaune.com.

Contes

6000 Einw.

Contes erstreckt sich auf dem Rücken eines Berges, der das Tal des Paillon überragt. Die Einwohner galten seit jeher als besonders freiheitsliebend, so versagten sie beispielsweise im 16. Jahrhundert dem mächtigen Herzog von Savoyen den ihm zustehenden Gehorsam. Die größte Sehenswürdigkeit ist die Eglise Sainte-Marie-Madeleine (17. Jahrhundert); sie birgt einen imposanten Altar, der der Schule von Louis Bréa zugeschrieben wird. Vor der Kirche befindet sich ein schöner Brunnen aus dem Jahre 1587. Interessant ist es, mit den 2012 eingeweihten kostenlosen Aufzügen in der Oberstadt zu fahren.

Information **Syndicat d'Initiave,** 13, place Jean-Allardi, ✆0493791399, ville-contes.net.

Verbindungen Mehrmals tägl. Busse nach Nizza, dreimal tägl. nach Coaraze.

Camping ***** Ferme Riola,** ein kleiner (nur 25 Plätze), sympathischer Campingplatz liegt in Sclos-de-Contes. Als große Attraktion lockt ein Swimmingpool. Von April bis Ende Okt. geöffnet. Ferme Riola, 5309, route de Sclos, ✆049 3790302, campinglafermeriola.com.

Coaraze

830 Einw.

Von Contes aus kommend, verläuft die Straße (D 15) ein paar Kilometer entlang des Paillon, bevor sie sich in

Wanderung 3: Von Peillon nach Peille → S. 291
Eine abwechslungsreiche Rundwanderung zu zwei pittoresken mittelalterlichen Bergdörfern

Nizza und Umland → Karte S. 66/67

mehreren Serpentinen zu dem mittelalterlichen Bergdorf hinaufwindet. Der Ortsname leitet sich angeblich von „Coua rasa" ab, was soviel wie „abgeschnittener Schwanz" bedeutet. Der Legende zufolge soll nämlich der Teufel die ersten Bewohner nach Coaraze gelockt haben, die ihm dank einer List jedoch den Schwanz abschneiden konnten. Der Ort besticht noch immer durch sein altertümliches Flair; konzentrische, teilweise überwölbte Gassen führen zum höchsten Punkt, auf dem seit dem 17. Jahrhundert eine barocke Kirche auf den Grundmauern einer abgerissenen Burg steht. Ein besonderes Augenmerk sollte man auf die modernen Sonnenuhren richten. Coaraze besitzt mehrere ansehnliche Exemplare aus Keramik, eine von ihnen ist das Werk von *Jean Cocteau*, die anderen wurden von Douking, Mona-Christie, Goetz, Ponce de Léon und Valentin gefertigt. Sie befinden sich am Vorplatz der Kirche sowie am Gebäude der örtlichen Post. Sehenswert ist auch die Chapelle Bleue, die mit farbenfrohen blauen Fresken ausgemalt ist (Schlüssel gibt es in der Bar im Dorf).

Information **Office de Tourisme,** 7, place Sainte-Catherine, 06390 Coaraze, ✆ 0493793747, coaraze.eu.

Verbindungen Dreimal tägl. Busverbindungen nach Contes und weiter in Richtung Nizza.

Tourrette-Levens 4700 Einw.

Tourrette-Levens ist ein schmuckes Dorf, nur wenige Kilometer nördlich von Nizza. Auf einem kleinen Bergkegel haben sich die Häuser unterhalb eines Châteaus versammelt. Ein Großteil der Bewohner hat aber den alten Ortskern verlassen und sich größere, modernere Häuser zu seinen Füßen errichtet.

Sonnenuhr-Kunst in Coaraze

Küste zwischen Nizza und Antibes

Cagnes

31.000 Einw.

Cagnes besteht genau genommen aus drei völlig verschiedenen Orten: Da ist einmal das wenig attraktive Strandbad Cros-de-Cagnes, dahinter breitet sich Cagnes-sur-Mer aus, das als regionales Einkaufszentrum fungiert; pittoresk überragt wird der Ort von Haut-de-Cagnes, einem mittelalterlich anmutenden Dorf mit Schloss.

Auf dem strategisch günstig gelegenen Bergkegel von Haut-de-Cagnes, der schon in ligurischer und römischer Zeit besiedelt war, entstand im 12. Jahrhundert ein befestigter Ort, der schon bald in den Machtbereich der aufstrebenden Fürsten von Monaco gelangte. Rainier I. ließ eine Burg errichten, die später zu einem repräsentativen Schloss ausgebaut wurde. Vor rund 200 Jahren siedelten sich Fischer aus Menton an der Küste an; der große Aufschwung kam aber erst gegen Ende des 19. Jahrhunderts, als sich zwischen den beiden heutigen Ortsteilen das moderne Cagnes-sur-Mer entwickelte. Mit mehr als 30.000 Einwohnern hat sich Cagnes zu einer regional relativ bedeutenden Kleinstadt entwickelt. Positiv bleibt zu vermerken, dass die Altstadt von Haute-de-Cagnes vom Trubel verschont geblieben ist; seit der Autoverkehr weitestgehend aus den alten Gassen verdrängt wurde, könnte man sich zeitlich fast um ein Jahrhundert zurückversetzt fühlen.

Sehenswertes

Château-Musée: Die Grimaldi-Fürsten ließen das imposante Schloss um 1300 zur Überwachung des Küstenabschnitts errichten. Im 16. Jahrhundert wurde die Burg zu einem repräsentativen Lustschloss umgewandelt, u. a. verschönerte man die vorhandene Bausubstanz um einen trapezförmigen Treppenaufgang sowie um einen ansprechenden Renaissance-Innenhof. Seit 1969 informiert das Musée de l'Olivier über die Kultur des Olivenbaums und die Olivenölgewinnung, zudem beherbergt das Boudoir die Stiftung Suzy Solidor mit zahlreichen Portraits (u. a. von Raoul Dufy und Kees van Dongen) dieser in den 1930er-Jahren berühmten Sängerin und Nachtclubbesitzerin.

▪ Place Garibaldi. Tägl. außer Di 10–12 und 14–18 Uhr, im Winter bis 17 Uhr. Eintritt 4 €, erm. 2 €. Kombiticket mit Maison de Renoir: 8 €, erm. 4 €.

Altstadt: Nicht nur das zinnenbekrönte Château, sondern die gesamte Altstadt von Haut-de-Cagnes präsentiert sich als malerisches Ensemble. Zutritt gewähren die teilweise noch erhaltenen mittelalterlichen Stadttore. Man schlendert durch enge, verwinkelte Gassen, kleine Plätze laden zur Rast ein.

Chapelle Notre-Dame-de-Protection: Die aus dem 14. Jahrhundert stammende

Nizza und Umland → Karte S. 66/67

Kapelle wurde zwar 1645 erweitert, das Gotteshaus besitzt aber noch seinen gotischen Chor. In der Apsis wurde 1936 ein rund 500 Jahre alter Freskenzyklus entdeckt und freigelegt.

La Maison de Renoir: Das Haus, in dem der Maler *Auguste Renoir* (1841–1919) seine letzten zwölf Lebensjahre verbrachte, wurde im Originalzustand belassen und 1960 der Öffentlichkeit zugänglich gemacht; sein Rollstuhl steht noch im Atelier. Dem Besucher eröffnet sich ein stattliches Anwesen, umrahmt von einem großzügigen Olivenhain. Im Erdgeschoss, das Wohn-, Ess- und Gästezimmer birgt, sind auch zehn Gemälde von Renoir ausgestellt. Der interessanteste Raum ist sicherlich das große Atelier im Obergeschoss; die Staffelei und die Pinsel wirken so, als hätte sie der Meister nur für einen Augenblick beiseite gelegt … Umgeben ist das Haus von einem weitläufigen Olivenhain.

▪ „Les Colettes". Juni bis Sept. tägl. außer Di 10–13 und 14–18 Uhr, Okt. bis März 10–12 und 14–17 Uhr, April und Mai 10–12 und 14–18 Uhr. Eintritt 6 €, erm. 4 €. Kombiticket mit Château: 8 €, erm. 4 €.

Praktische Tipps

Information **Office de Tourisme,** Place du Dr. Maurel, 06800 Cros-de-Cagnes, ✆ 0493076708. Office de Tourisme, 6, boulevard Maréchal Juin, 06800 Cagnes-sur-Mer, ✆ 0493206164, cagnes-tourisme.com.

Verbindungen Der SNCF-Bahnhof liegt zwischen Cros-de-Cagnes und Cagnes-sur-Mer. Häufig Zugverbindungen zu den anderen Orten an der Côte d'Azur, zudem fahren Busse nach Nizza und Antibes.

Markt Tägl. in und rund um die Markthalle von Cros-de-Cagnes. In der NS nicht am Mo. Fr ist Trödelmarkt in der Avenue des Oliviers-Place Berenger.

Strände Von Cros-de-Cagnes erstreckt sich hinunter bis nach Villeneuve-Loubet-Plage ein wenig einladender, steiniger Strandabschnitt.

Essen/Übernachten ****** Le Cagnard,** das traumhaft gelegene Relais-&-Châteaux-Hotel in Haut-de-Cagnes ist der Tipp eines Lesers. Traditionsreiches Haus, in dem schon Sartre und Beauvoir wohnten. Sehr schöne Ausstattung und angenehme Atmosphäre, unlängst renoviert. Ausgezeichnetes Restaurant mit schöner Terrasse. 1, rue du Ponti Long, ✆ 0493207322, lecagnard.fr. **▪ Lesertipp €€€€**

***** Le Grimaldi,** charmantes Hotel-Restaurant im Herzen des mittelalterlichen Dorfes. Die Zimmer sind geschmackvoll und modern eingerichtet. 6, place du Château, ✆ 0493086712, hotelgrimaldi.com. **€€€**

***** Le Val Duchesse,** nüchternes, kleines Hotel in einer Villa aus den 1960er-Jahren mit dem entsprechenden Retro-Flair. Unweit des Hippodromes gleich hinter dem Strand gelegen. Einen kleinen Pool gibt es auch. Die Studios und Appartements werden wochenweise vermietet. 11, rue de Paris, ✆ 0492134000, levalduchesse.com. **€€**

Fleur de Sel, ein weiteres ausgezeichnetes Restaurant im Herzen der Altstadt. Ein Besuch lohnt sich! Menüs zu 39, 56 und 84 €. Nur abends geöffnet, im Juni eine Woche Betriebsferien. 85, montée de la Bourgade, ✆ 0493203333, restaurant-fleurdesel.com.

Les Baux, günstige Alternative mit netter Straßenterrasse, direkt hinter dem Schloss. Mittagsmenü 25 €. 2, place du Château, ✆ 0493731400, restaurant-les-baux-cagnes-sur-mer.fr.

Jimmy's, für einen kleinen Imbiss oder eine Pizza (10–15 €) empfiehlt sich auch dieses Restaurant (schöne Aussichtsterrasse!), das schon von Henry Miller und Walter Hasenclever beschrieben wurde. Mi Ruhetag. 7, place du Château.

Chambres d'hôtes **Les Terrasses du Soleil,** schöne private Herberge mitten im Ort. Großer Garten und Terrasse. Zimmerpreise variieren je nach Ausstattung. Place Notre Dame de la Protection, ✆ 0493732656, terrassesdusoleil.com. **€€€**

Camping Rund um Cagnes gibt es ein halbes Dutzend Campingplätze. Empfehlenswert, schattig und mit Swimmingpool ist beispielsweise:

**** La Rivière,** einfacher Platz, von April bis Sept. geöffnet. 168, chemin des Salles, ✆ 0493206227, campinglariviere06.fr.

Saint-Paul-de-Vence erstreckt sich über einen Hügel

Saint-Paul-de-Vence

3400 Einw.

Saint-Paul-de-Vence besitzt mit der Stadtmauer, einer attraktiven Kirche, zahlreichen malerischen Gassen und lauschigen Plätzen alle Attribute, die Reisende von einem südfranzösischen Städtchen erwarten. Hinzu kommt noch die vor den Toren der Stadt gelegene Fondation Maeght.

Bei so vielen touristischen Reizen überrascht es nicht, dass die Besucherzahl die der Einwohner in den Sommermonaten leicht um das Zwanzigfache übersteigt. Der Touristenansturm auf das kleine Bilderbuchdorf hat zumindest einen positiven Nebeneffekt: Die Umgebung von Saint-Paul-de-Vence blieb von der französischen Vorliebe für gigantische Supermärkte verschont. Dafür haben sich in den mittelalterlichen Häusern zahllose Galeristen und Souvenirhändler niedergelassen. Jahr für Jahr strömen mehr als zwei Millionen Menschen durch die engen Gassen des Ortes.

Saint-Paul-de-Vence kann wahrscheinlich auf eine mehr als 2000 Jahre alte Vergangenheit zurückblicken, doch erst im Mittelalter trat der Ort aus dem Dunkel der Geschichte hervor. Bereits 1241 gelang es dem aufstrebenden Gemeinwesen, seine Unabhängigkeit weitestgehend zu erlangen. 1536 wurde Saint-Paul-de-Vence in die Auseinandersetzungen zwischen Kaiser Karl V. und dem französischen König François I hineingezogen. Eine Belagerung durch die kaiserlichen Truppen überstand das Städtchen unversehrt, dennoch ließ François I in den nächsten Jahren die Befestigungsanlage erweitern und auf den damals modernsten verteidigungstechnischen Stand bringen. Die Bewohner dürften wahrscheinlich wenig erfreut gewesen sein, dass für diesen Befestigungsring mehrere hundert Häuser geopfert werden mussten. Das Ergebnis war beachtlich: Selbst Vauban, der berühmte Festungsbaumeister Ludwigs XIV., soll von der Anlage beeindruckt gewesen sein. Auch wenn man für die militärische Funktion wenig übrig hat, so eröffnet ein Spaziergang entlang des mächtigen Mauerwerks garantiert schöne Ausblicke auf die Umgebung. Auf dem Friedhof, der am Ende der Rue Grande liegt, befindet sich unweit des Eingangs das Grab von *Marc Chagall*.

Sehenswertes

Fondation Maeght: Ein absolutes Highlight für Liebhaber moderner Kunst! Die Fondation Maeght zählt fraglos zu den bedeutendsten Kunststiftungen der Welt. Gegründet wurde die Stiftung in den 1950er-Jahren von dem Galeristenehepaar *Marguerite* und *Aimé Maeght*, die mit diesem Projekt versuchten, den frühen Tod ihres jüngsten Sohnes (ihm ist die Kapelle im Garten mit einem Glasfenster von Braque gewidmet) zu verarbeiten. Von Anfang an bezogen die Maeghts so bedeutende Künstler wie *Georges Braque, Marc Chagall, Joan Miró, Alberto Giacometti* und *Alexander Calder* in die Planungen mit ein. Die Baupläne lieferte der Katalane *José Lluis Sert*, ein ehemaliger Mitarbeiter von Le Corbusier, der es geschickt verstand, den 1960 begonnenen Bau mit seinen vielen Ebenen und Terrassen behutsam in die mediterrane Landschaft einzugliedern. Neben den Ausstellungsräumen und dem Freiluftareal entstanden noch Wohnungen, Ateliers, Büroräume und eine Bibliothek. Vier Jahre später konnte die Museumsstiftung ihre Pforten für die Öffentlichkeit öffnen. Man betritt das Gelände durch einen schattigen Garten mit Skulpturen (Hans Arp, Calder etc.), die eigentlichen Ausstellungsräume bleiben in den Sommermonaten hochkarätigen Wechselausstellungen vorbehalten. Die beiden Hauptattraktionen sind der Giacometti-Hof sowie Mirós verspieltes Labyrinth. In den Museumsbau integriert wurden Keramiken von Fernand Léger, ein Wandmosaik von Chagall und ein Wasserbassin von Braque.

▪ Juli bis Sept. tägl. 10–19 Uhr, von Okt. bis Juni 10–18 Uhr. Eintritt 16 €, erm. 11 €. fondation-maeght.com.

Frequentierter Dorfbrunnen

L'Eglise Collégiale: Die Kirche beeindruckt durch ihre nüchterne Formensprache. Noch in romanischer Zeit als einschiffiger Bau errichtet, wurde die Stiftskirche Anfang des 14. Jahrhunderts um zwei Seitenschiffe erweitert; später folgten der Glockenturm und das Gewölbe des Mittelschiffs.

Musée d'Histoire Locale: Das Wachsfigurenmuseum stellt mit musikalischer Untermalung die wichtigsten Ereignisse der Geschichte von Saint-Paul-de-Vence im Schnelldurchgang vor. Nichts besonderes, beeindruckender ist hingegen die im Kassenraum zusammengetragene Fotosammlung berühmter Stars aus dem Showbusiness, die sich schon in dem Dorf die Ehre gaben. Zum Museum gehört auch die direkt gegenüberliegende Chapelle Folon, die von Jean-Michel Folon (1934–2005) farbenfroh ausgemalt wurde.

▪ Place de la Castre. Tägl. 11–12.30 und 14–18 Uhr, Mitte Nov. bis Mitte Dez. geschlossen. Eintritt 4 €, erm. 3 €.

Praktische Infos

Information **Office de Tourisme,** 2, rue Grande, 06570 Saint-Paul-de-Vence, ✆ 0493 328695, saint-pauldevence.com.

Verbindungen Tägl. rund 20 Busverbindungen nach Vence sowie nach Cagnes und Nizza.

Parken Parkplätze sind rar, bei großem Besucherandrang ist selbst das am Ortseingang am Hang „klebende" Parkhaus (ab 4 € pro Std.) restlos belegt. Im Hochsommer lässt man daher das Auto lieber gleich bei der Fondation Maeght stehen und geht die kurze Strecke zu Fuß.

Veranstaltungen **Nuits du Sud,** im Juli finden die Konzerte des renommierten Musikfestivals statt. Musik aus Kuba, Maghreb, Schwarzafrika etc. nuitsdusud.com.

Essen/Übernachten ******* Le Saint Paul,** das zur Relais-&-Châteaux-Vereinigung gehörende Hotel besitzt nur 15 sehr individuell eingerichtete Zimmer und drei Suiten. Inmitten des mittelalterlichen Ortskerns ist es eine Oase des Komforts und der Ruhe. Für ein Menü im vorzüglichen Hotelrestaurant muss man mindestens 75 € veranschlagen (Mo und Di Ruhetag), empfehlenswert ist die Halbpension. 86, rue Grande, ✆ 0493326525, lesaintpaul.com. **€€€€**

***** La Colombe d'Or,** über die Colombe d'Or ließe sich leicht ein ganzes Buch schreiben. Angefangen hat alles mit Paul Roux, einem kunstliebenden Wirt, der junge, damals noch relativ unbekannte Maler (z. B. Signac, Dufy, Utrillo, Matisse) kostenlos in seiner „Goldenen Taube" beherbergte, wenn diese ihm dafür im Gegenzug eines ihrer Werke schenkten. Mit der Zeit besaß Monsieur Roux eine beachtliche Kunstsammlung und einen ausgezeichneten Ruf, renommierte Schriftsteller und Schauspieler beehrten das Hotel. Daran hat sich bis heute nichts geändert. Wer sich ein Essen im anspruchsvollen Restaurant leisten kann oder will (für ein selbst zusammengestelltes Menü sind mindestens 60 € zu veranschlagen), darf auf der Terrasse mit Blick auf eine Keramik von Fernand Léger dinieren. Ein dunkelgrün schimmernder Swimmingpool sowie ein Garten sind ebenfalls vorhanden. Nov. und Dez. geschlossen. Place des Ormeaux, ✆ 049 3328002, la-colombe-dor.com. **€€€€**

Toile Blanche, eine kleine, aber sehr noble Unterkunft im Boutique-Stil außerhalb des Dorfes. Sehr stilvoll bis zum Pool. Zudem gibt es ein ausgezeichnetes Restaurant, das von Mitte Juni bis Mitte Sept. geöffnet ist. Abendmenü 75 €. 826, chemin de la Pounchounière, ✆ 049 3327421, toileblanche.com.

Le Tilleul, das links des Eingangs zur Altstadt gelegene Restaurant gefällt nicht nur durch seine große schöne Terrasse. Hervorragender Service, gute Weine. Menü 39 €. Place du Tilleul, ✆ 0493328036, restaurant-letilleul.com.

Obatik, gute provenzalische Küche (*Poulpes à la niçoise* 27,50 €), schöne Außenterrasse. Sonntagabend und Mo geschlossen. Rue Bastion St Rémy, ✆ 0967560281, Facebook.

Sabaï Sabaï, ein beliebtes Thairestaurant mit Terrasse neben der Kirche. Hauptgerichte zwischen 15 und 17 €. Mo Ruhetag. 5, place de la Mairie, ✆ 0660714752, sabaï-sabaï.fr.

Café de la Place, die Snackbar am Ortseingang ist nicht ohne Charme, auf der Terrasse lassen sich häufig Pétanque-Spieler bei ihrem Treiben beobachten. Plat du Jour 14–16 €. Tägl. 7–20 Uhr, im Juli und Aug. bis Mitternacht. Place de Gaulle, ✆ 0493328003.

Chambres d'hôtes **Orion,** ungewöhnliche Gästezimmer in vier Baumhäusern, denen es allerdings nicht an Komfort mangelt (Bad, Mini-Bar). Abkühlung findet man in einem Naturswimmingpool, der an einen kleinen Bergsee erinnert. Von Mitte März bis Mitte Nov. geöffnet. Anfahrt: 3 km südl. von Saint-Paul am Atelier des Parfums rechts abzweigen und etwa 2,5 km bergauf fahren. 2436, chemin du Malvan, ✆ 0675451864 oder 0493248751, orionbb.com. **€€€€**

Camping Campingplätze finden sich ein paar Kilometer südwestl. bei Colle-sur-Loup: ****** Les Pinèdes** (lespinedes.com) und ****** Vallon Rouge** (auvallonrouge.com) besitzen einen Swimmingpool.

Nizza und Umland → Karte S. 66/67

Vence

18.500 Einw.

Während Saint-Paul-de-Vence durch den Touristenansturm zum Freilichtmuseum erstarrte, ist Vence lebendig geblieben: Nicht Souvenirläden und Galerien, sondern Bäckereien, Gemüsestände und Fischhändler prägen das Bild in den Straßen und Gassen.

Das liegt sicherlich auch daran, dass Vence weit über seine Stadtmauern hinausgewachsen ist und in seinen Außenbezirken leider als hässlich bezeichnet werden muss. Die größte Attraktion von Vence ist eine von Matisse ausgemalte Kapelle. Die meisten Besucher betreten durch die Porte de Peyra das mittelalterliche Gassengewirr mit seinen lauschigen kleinen Plätzen. Daneben erhebt sich der Turm einer mittelalterlichen Burg, dahinter plätschert ein beschaulicher Brunnen. Rechter Hand erstreckt sich die Rue du Marché, eine enge Marktgasse mit kleinen Lebensmittelgeschäften, während linker Hand die Place de Peyra wahrscheinlich die Lage des antiken Forums markiert; im Zentrum des Mauerrings erheben sich das Rathaus und die Kathedrale. Mehrere Tafeln in französischer und englischer Sprache erklären die Sehenswürdigkeiten in der Altstadt.

Geschichte

Auf dem gut 300 Meter hohen Plateau siedelten laut Plinius dem Älteren bereits die ligurischen Nerussii; vor mehr als 2000 Jahren wurden die Ligurer von den Römern verdrängt, die an dieser strategisch günstigen Stelle eine Militärsiedlung namens Vintium gründeten. Die römische Stadt wurde 374 Bischofssitz, doch in der Zeit der Völkerwanderung verlor Vence zunehmend an Bedeutung und wurde schließlich von den Sarazenen gebrandschatzt und zerstört. Die geringe Ausdehnung der noch deutlich sichtbaren Stadtmauer – sie beschreibt ein Oval, das rund 200 Meter lang und 150 Meter breit ist – lässt zu Recht den Rückschluss zu, dass Vence im Mittelalter nur ein unbedeutendes Landstädtchen war. In den 1920er-Jahren wurde Vence von Schriftstellern und Malern entdeckt, darunter *André Gide*, *Paul Valéry*, *Raoul Dufy* und *David Herbert Lawrence*, der hier seine Tuberkulose zu lindern hoffte, aber wenig später in Bandol verstarb.

Sehenswertes

Chapelle du Rosaire: „Was ich in der Kapelle geschaffen habe, ist die Erschaffung eines religiösen Raums. Ich will, dass sich diejenigen, die meine Kapelle betreten, geläutert und von ihren Lasten befreit fühlen. Diese Kapelle ist für mich das Ergebnis eines ganzen Lebens der Arbeit und die Blüte eines gewaltigen, aufrichtigen und schwierigen Bemühens", interpretierte *Henri Matisse* seine Arbeit an der Kapelle von Vence. Von 1948 bis 1951 hatte Matisse nichts anderes getan, als sich der Ausgestaltung der Hauskapelle des Dominikanerinnenklosters zu widmen. Das Ergebnis sah er als die Summe seines künstlerischen Schaffens. Von den Glasfenstern, dem Tabernakel und dem Altar bis hin zu den Priestergewändern hat er jedes Detail entworfen. Je nach Sonnenstand und Helligkeit wird das Innere der Kapelle in faszinierende Lichtspiele getaucht. Picasso war von Matisses Vorhaben entsetzt und meinte zynisch: „Du bist verrückt, eine Kapelle für diese Leute zu bauen. Glaubst du an das Zeug oder nicht?" Genau genommen war Matisse weniger verrückt, als bis über beide Ohren in

Monique Bourgeois, eine Nonne des Dominikanerklosters von Vence, verliebt ...

▪ 468, avenue Henri Matisse (2 km nordwestl. der Altstadt an der D 2210). Di–Sa 10–12 und 14–17.30 Uhr, sonst bis 16.30 Uhr. Mitte Nov. bis Mitte Dez. geschlossen. Angemessene Kleidung ist Pflicht! Eintritt 7 €, erm. 6 €. chapellematisse.com.

Cathédrale de la Nativité-de-la-Vierge: Die ehemalige Kathedrale von Vence – bis 1801 war Vence Sitz eines Bistums – präsentiert sich als buntes Stilgemisch. Die ältesten Teile stammen wohl noch aus dem 11. Jahrhundert, vor knapp 400 Jahren wurden der Chor sowie zwei Seitenschiffe angefügt, das Tonnengewölbe des Mittelschiffs wurde gar erst im letzten Jahrhundert fertiggestellt. Ein Mosaik von Chagall ziert seit 1979 das Baptisterium der Kirche.

Musée de Vence (Fondation Emile Hugues): Direkt am Rand der Altstadt gelegen, beherbergt das eher unscheinbare Schloss ansprechende Wechselausstellungen.

▪ 2, place du Frêne. Tägl. außer Mo 11–18 Uhr. Eintritt 6 €, erm. 3 €. museedevence.com.

Praktische Infos

Information **Office de Tourisme,** Place du Grand Jardin, 06140 Vence, ✆ 0493580638, vence-tourisme.com.

Verbindungen Mehrmals tägl. nach Cagnes und Nizza, zudem tägl. rund 20 Busverbindungen nach Saint-Paul-de-Vence und vier Busse nach Tourrettes-sur-Loup. lignedazur.com.

Parken Tiefgarage unter dem Grand Jardin.

Markt Dienstag- und Freitagvormittag in der Altstadt.

Chapelle des Pénitents Blancs Wechselausstellungen moderner Kunst. Im Sommer tägl. 10–12 und 15–19 Uhr, im Winter nur bis 18 Uhr. Place Frédéric Mistral.

Schwimmen **Piscine Jean Maret** mit 25-m-Becken in der Avenue du Colonel Leyère. Von Mitte Mai bis Sept. geöffnet, in der NS eingeschränkte Öffnungszeiten. Eintritt 6 €.

Essen/Übernachten ***** **Château Saint-Martin,** dieses Nobelhotel gehört zur Oetkergruppe und bietet viel Komfort zu den entsprechenden Preisen. Spa und Pool vorhanden. Lohnend ist auch ein Besuch im Gourmetrestaurant **Le Saint-Martin** (ein Michelin-Stern) mit seiner herrlichen Aussichtsterrasse. 2490, avenue des Templiers, ✆ 0493580202, chateau-st-martin.com. **€€€€**

*** **Le Floréal,** modernes und funktionales Best-Western-Hotel mit schönem, beheiztem Swimmingpool. An der Straße nach Tourrettes. Zimmerpreise variieren je nach Ausstattung. 440, avenue Rhin et Danube, ✆ 0493586440, hotel floreal-vence.fr. **€€–€€€**

*** **La Villa Roseraie,** ein kleines, sehr stilvolles Haus mit Garten und schönem Swimmingpool. Die zwölf verspielten Zimmer sind begehrt, eine Reservierung daher sinnvoll (in

Nizza und Umland → Karte S. 66/67

Matisse-Mosaik an der Kapelle

der Hochsaison drei Tage Mindestaufenthalt erwünscht!). Kostenlose Parkplätze. Zimmerpreise variieren je nach Ausstattung. Im Nordwesten der Stadt, 128, avenue Henri Giraud, ✆ 0493580220, villaroseraie.com. **€€€**

*** **La Victoire,** nettes Hotel im Zentrum über einem Café. Leser lobten die freundlichen Besitzer. Schön renovierte Zimmer mit Doppelfenstern. Place du Grand Jardin, ✆ 0493241554, hotel-victoire.com. **€€€**

** **Auberge des Seigneurs,** in einem altertümlichen Gemäuer am Rand der Altstadt werden ein paar zünftige, nach Malern benannte Zimmer vermietet. Im Restaurant gibt es viele Grillgerichte für um die 30 €. Straßenterrasse. 1, rue du Dr. Binet, ✆ 0493580424, auberge-seigneurs.fr. **€€**

meinTipp **Le 2 Bed & Bistrot,** kleines, liebevoll geführtes Bistro, im Inneren mit unverputztem Mauerwerk. Terrasse. Es werden auch vier ansprechende, moderne Zimmer vermietet. 2, rue des Portiques, ✆ 0493244258, le2avence.fr. **€€**

La Cassolette, das anspruchsvollste Lokal im Herzen der Altstadt. Ausgezeichnete mediterrane Küche, so bei *Filet de Daurade* mit Ratatouille. Di und Mi Ruhetag. 10bis, place Georges Clemenceau, ✆ 0493588415, lacassolettevence.com.

La Onda, eine nette Tapasbar in der Altstadt! Winzig, aber kulinarisch sehr anspruchsvoll – von Pluma Iberica über Bellota-Schinken bis zu Manchego. Kleine Straßenterrasse. So und Mo Ruhetag. 1, rue du Peyra, ✆ 049332 9097, Facebook.

Le Litote, auf der netten Straßenterrasse an einem kleinen Platz werden regionale Köstlichkeiten serviert, so ein grüner Spargelsalat oder ein zart gedämpftes *Filet de Turbot*. Menüs zu 19 und 24 € (mittags), abends 29, 37 und 39 € für ein veganes Menü. Sonntagabend, Mo und Di in der NS geschlossen. 5, rue de l'Evêche, ✆ 0493242782, lalitote-vence.com.

Le Michel Ange, nettes italienisches Lokal an einem kleinen Platz. Man sitzt unter einer schönen schattigen Kastanie. Mittagsmenü 23 und 28 €. So und Mo Ruhetag, bis auf Fr und Sa nur abends geöffnet. Gleich hinter der Kirche, 1, place Godeau, ✆ 0493583256, Facebook.

Chambres d'hôtes **Bastide des Pins,** das im Gebiet Colline de Vence (ca. 2,5 km und etliche Spitzkehren oberhalb von Vence) gelegene Chambre d'hôtes ist der Tipp einer Leserin, die die freundliche Gastgeberin Isabelle Perrin lobte. Drei tolle Zimmer mit weitem Blick, den man vom Balkon oder der Terrasse genießen kann. 1521, chemin des Salles, ✆ 0603919286, bastidedespins-vence.com. ▪ **Lesertipp €€€€**

La Maison du Frêne, ein wundervolles Gästehaus mit modernem, farbenfrohem Design in einem Haus aus dem 18. Jh. Eine tolle Adresse! 1, place du Frêne, ✆ 0493243783, lamaisondufrene.com. **€€€**

Camping *** **Domaine de la Bergerie,** angenehmer, schattiger Platz im Westen von Vence. Restaurant, Bar, ein kleines Lebensmittelgeschäft sowie ein netter Swimmingpool sind vorhanden. Familiäre Atmosphäre. Mitte März bis Okt. geöffnet. Route de la Sine, ✆ 049 3580936, camping-domainedelabergerie.com.

Saint-Jeannet

3300 Einw.

Obwohl nur wenige Kilometer Luftlinie voneinander entfernt, liegen Welten zwischen Saint-Jeannet und Vence. Während in Vence die Touristen in Horden einfallen, kann man die Besucher in Saint-Jeannet an einer Hand abzählen und auch Souvenirläden sucht man vergeblich.

Dabei ist Saint-Jeannet ein überaus reizvolles Dorf, das vor allem für seine Rosinen bekannt ist. Zum Meer sind es nur 10 km Luftlinie, wovon man sich von der Panoramaterrasse hinter der barocken Kirche überzeugen kann. Aufgrund seiner Lage und der schmucken Altstadt hat der Ort immer wieder Maler angezogen, darunter auch Chagall und Poussin. Und Alfred Hitchcock hat hier ein paar Szenen seines Klassikers *Über den Dächern von Nizza* gedreht. Hoch über dem Dorf ragt der markante Berg Baou de Saint-Jeannet auf, dessen 809 Meter hoher Gipfel in rund eineinhalb Stunden erreicht ist.

Information Office de Tourisme, Place René Veyssi, 06640 Saint-Jeannet, ✆ 0493247383, saintjeannet.org.

Verbindungen Busverbindungen mit Nizza und Vence. lignedazur.com.

Übernachten/Essen **La Table des Baous,** eine Leserin war von den Kochkünsten von Sébastien Liprandi begeistert. Mitten im Dorf wird eine raffinierte mediterrane Küche serviert. Straßenterrasse. Menüs zu 29 € (mittags) und 42 € (abends). Bis auf Fr nur abends geöffnet, Mi Ruhetag. 42, rue National, ✆ 049324 9063, latabledesbaous.fr. ▪ **Lesertipp**

MeinTipp **The Frogs House,** diese kleine, von einem liebenswürdigen, jungen Paar geführte Herberge liegt mitten im Ort und gehört zu den angenehmsten Unterkünften der Umgebung. Corinne und Benoit, der aus Saint-Jeannet stammt, haben sich damit einen kleinen Traum erfüllt. Benoit ist ausgebildeter Bergführer, der auch geführte Wanderungen anbietet. Auf Wunsch werden auch Weinverkostungen oder Koch- und Yogakurse angeboten. Das sehr schön renovierte Gästehaus besitzt sechs helle Zimmer. Das Frühstück wird bei schönem Wetter auf der Terrasse vor dem Haus serviert. Die drei teureren Zimmer verfügen über einen kleinen Balkon mit Panoramablick. Schöne Bäder! 35, rue du Saumalier, ✆ 0628068028 oder 0628068029, thefrogshouse.fr. **€€**

Wanderung 4:
Über den Baou de Saint-Jeannet → S. 293
Halbtagesrundwanderung auf den Gipfel des Baou de Saint-Jeannet

Nizza und Umland → Karte S. 66/67

Tourrettes-sur-Loup

4300 Einw.

Das mittelalterliche Dorf klammert sich pittoresk an einen mächtigen Kalkfelsen, wobei die Häuser so angeordnet sind, dass sie zum Tal hin den Ort wie eine Stadtmauer abgrenzen.

Im Zentrum von Tourrettes-sur-Loup steht das einstige Schloss der Marquise von Villeneuve-Tourrettes. Als bedeutendste Sehenswürdigkeit gilt die um 1400 errichtete Eglise Saint-Grégoire-le-Grand; ein kleines Stück außerhalb steht die kleine Kapelle Saint-Jean, die 1959 von Ralph Soupault mit naiven Fresken ausgemalt wurde. Noch in der Mitte des 20. Jahrhunderts galt Tourrettes-sur-Loup als sterbendes Dorf, immer mehr Menschen zogen fort, die Häuser verfielen; doch dank des aufkommenden Tourismus konnte der Niedergang abgewendet werden. Inzwischen wurde das Dorf durch die Ansiedlung diverser Kunsthandwerker, die nicht nur ihre Waren feilbieten, sondern auch im Ort arbeiten, wiederbelebt. Zudem ist Tourrettes auch als „Veilchen"-Zentrum bekannt: Zahlreiche Produkte aus Veilchen werden hier produziert, darunter Süßigkeiten wie Veilchenbonbons, kandierte Veilchen, Veilchensirup, Veilchengelée oder auch diverse Körperpflegeprodukte auf Veilchenbasis (Seifen, Lotionen, Öle etc.). Bei der Eisdiele Tom's Glacier gibt es auch Veilcheneis.

Information **Office de Tourisme,** 2, route de Vence, 06140 Tourrettes-sur-Loup, B.P. 26, ✆ 0493241893, tourrettessurloup.com.

Dicht gedrängte Häuser: Tourrettes-sur-Loup

Verbindungen Busverbindungen siebenmal tägl. nach Vence sowie zweimal tägl. nach Gourdon und Grasse.

Parken Großer Parkplatz am Ortseingang, der in der Hochsaison den Touristenansturm oft nicht bewältigen kann. Die ersten 30 Min. sind kostenlos.

Markt Mittwochvormittag auf der Place de la Libération.

Übernachten/Essen *** **Auberge de Tourettes,** eine schöne Unterkunft am Dorfrand mit langgestrecktem Pool hinter dem Haus. Stilvoll, einige Zimmer mit Balkon oder Terrasse. 11, route de Grasse, ✆ 0787629574, aubergedetourrettes.com. **€€€–€€€€**

** **Auberge Belles Terrasses,** günstiges, familiär geführtes Hotel (Logis), das von Lesern gelobt wurde. Die Zimmer nach hinten sind günstiger, die anderen haben alle einen Balkon mit toller Aussicht. Östl. des Ortes, an der Straße nach Vence, ✆ 0493593003, bellesterrasses.fr. **€€€**

Histoires de Bastide, etwas außerhalb des Dorfes gelegene, schöne Privatunterkunft mit vier komfortablen Zimmern und einer großen Dachterrasse. 26, rue de la Bourgade, ✆ 049359 0846, histoiresdebastide.com. **€€€**

Bistrot Gourmand Clovis, mitten in der Altstadt gelegen, bietet dieses ansprechende intime Bistro Themenmenüs, z. B. um die Melone, den Kabeljau oder die Ente. Und das Ganze auf einem hohen Niveau! Der Michelin-Stern von 2021 ist allerdings wieder weg. Gute Auswahl regionaler Weine, schönes modernes Interieur. Kleine Straßenterrasse. Menüs zu 60, 70 und 92 € (157 € inkl. Weinbegleitung). Mo und Di Ruhetag. 21, Grand Rue, ✆ 0493588704, clovisgourmand.fr.

L'Ami Paul, ein zünftiges Restaurant mit großer schattiger Straßenterrasse. Klassische provenzalische Küche. *Plat du jour* 10 €. 4, place Maximin Escalier, ✆ 0643496307, Facebook.

Mein Tipp **Le Sansot,** das ein Stück außerhalb des Dorfes gelegene Lokal mit seiner grünen Markise bietet ansprechende Gaumenfreuden (13 Gault-Millau-Punkte) zu günstigen Preisen. Straßenterrasse, Mittagsmenü 20 € und 25 €, abends 40 €. 700, route de Grasse, ✆ 049359 0394, lesansot.com.

Spelt, eine weitere ausgezeichnete Adresse mit schöner Terrasse. Zeitgenössische Küche, lecker der gebratene Wolfsbarsch mit Erbsen und Pfifferlingen. Mittagsmenü 34 €, sonst 78 €. So–Di Ruhetag. 6, grand'Rue, ✆ 098626 6379, spelt-restaurant.com.

Camping *** **La Camassade,** kleiner, angenehmer Platz mit schattigen Ecken und Swimmingpool. Mobile-Home-Vermietung. 2 km außerhalb, ganzjährig geöffnet. 523, route de Pie Lombard, ✆ 0493593154, camassade.com.

*** **Les Rives du Loup,** am Ufer des Loup, ebenfalls mit Swimmingpool. Caravanvermietung. Von April bis Ende Sept. geöffnet. Route de la Colle, ✆ 0493241565, rivesduloup.com.

Gorges du Loup

„Welch eine Landschaft aber die von Gorges du Loup! Felsen, Abgründe, Wasserfälle, die wie breite Silberbänder herunterhängen, frei herunterstürzen, bis sie, sich teilend, mit großem Gepolter weiter fließen ins Tal", schwärmten *Erika* und *Klaus Mann* 1931 in ihrem Rivierareiseführer überschwänglich und man kann ihnen noch heute ohne Abstriche beipflichten. Der Loup entspringt in rund 1200 Metern Höhe in einem bewaldeten Talkessel zu Füßen der Montagne de l'Audibergue. Auf seinem nur 45 km langen Lauf hat er sich ein tiefes Bett mit atemberaubenden Schluchten gegraben. Da seine Wassermassen von keiner Staustufe gebändigt werden, stürzt er im Frühjahr oft als tosender Wildbach zu Tal, während im Hochsommer manchmal nur ein zartes Bächlein den Weg zum Meer sucht. Wer ein Faible für karge, einsame Landschaften hat, dem sei ein Abstecher zu dem über 1000 Meter hoch gelegenen **Plateau de Caussols** empfohlen, das ein paar Kilometer weiter westlich liegt.

Wanderung 5: Balcons du Loup → S. 295
Reizvolle, kinderfreundliche Kurzwanderung durch zahlreiche Tunnel

Nizza und Umland → Karte S. 66/67

Gourdon

450 Einw.

Von steil abfallenden Felsen begrenzt, thront das kleine Dorf, ein typisches „village perché", majestätisch über dem Tal des Loup.

Bereits die Sarazenen sollen über dem leicht zu verteidigenden Ort eine Festung errichtet haben, auf deren Grundmauern eventuell das heutige Château von Gourdon steht. Das Dorf mit seinen wenigen Häusern ist schnell durchstreift, die Kirche, ein einschiffiger romanischer Bau, ist einen kurzen Besuch wert. Von den Sarazenen ist nichts mehr auszumachen, dafür befindet sich Gourdon fest in der Hand von Souvenirhändlern. Wer von Gourdon nach Tourrettes fährt, kann auch einen Abstecher zu dem Bergdorf **Courmes** unternehmen, wo es einen netten Gasthof gibt. Lohnend ist auch ein Halt bei dem unterhalb von Courmes gelegenen Wasserfall **Cascades du Saut du Loup.**

Château: Im 16. Jahrhundert wurde die mittelalterliche Burg zu einem repräsentativen, vierflügeligen Schloss mit einem schönen Renaissancehof umgebaut. Die Gärten wurden von Le Nôtre, seines Zeichens Gartenbauarchitekt von Versailles, entworfenen. Seit 2011 hat der Besitzer beschlossen, dass man sein Anwesen nur noch virtuell oder als Gruppe nach Voranmeldung besuchen darf.

▪ chateau-gourdon.com.

Information **Office de Tourisme,** Place Victoria, 06620 Gourdon, ✆ 0493096825, gourdon06.fr.

Verbindungen Tägl. fahren zwei Busse nach Tourrettes-sur-Loup und Grasse. lignedazur.com.

Wandern Direkt am Dorfeingang beginnt ein schöner Wanderweg nach Le Bar-sur-Loup.

Essen & Trinken **Le Vieux Four,** mitten im Dorf hat sich ein engagierter junger Koch niedergelassen, der mit seinen Kochkünsten und Grillspezialitäten auch anspruchsvolle Gourmets auf Basis regionaler Zutaten zu begeistern weiß. Witzige kleine Straßenterrasse. Menüs mittags zu 23 und 29 €, sonst 39 und 45 €. Bis auf Fr und Sa nur mittags geöffnet, Mo und Do ist Ruhetag. Rue Basse, ✆ 049309 6860, Facebook.

Le Bar-sur-Loup

2800 Einw.

Der geschichtsträchtige Ort war schon in ligurischer Zeit besiedelt. Im Mittelalter wurde Le Bar-sur-Loup von einer mächtigen Burg beherrscht, die während der Französischen Revolution bis auf den Sockel des Donjon weitgehend zerstört worden ist; Letzterer beherbergt das Office de Tourisme. Als berühmtester Sohn des hiesigen Adelsgeschlechtes gilt François de Grasse, ein Admiral, der sich im Amerikanischen Unabhängigkeitskrieg auf Seiten der Amerikaner auszeichnete, die ihm in Yorktown-City später ein Denkmal errichteten.

Eglise St.-Jacques le Majeur: Das Gotteshaus besitzt ein schönes gotisches Hauptportal mit einer reich verzierten Holztür. Im Inneren der zweischiffigen Kirche besticht der Louis Bréa zugeschriebene Hauptaltar sowie eine Totentanzdarstellung (Danse macabre) aus dem 15. Jahrhundert. Beim Bau der Kirche fand übrigens ein römischer Grabstein Verwendung, seine Inschrift ist noch heute zu sehen.

Information **Office de Tourisme,** Place Francis-Paulet, 06620 Le Bar-sur-Loup, ✆ 049-3427221, lebarsurloup.fr.

Verbindungen Busverbindungen nach Grasse.

Einkaufen **Confiserie Florian,** 3 km östl. in Pont du Loup werden hier ausgezeichnete Konfitüren in zahlreichen Varianten produziert. Tägl. 9–12 und 14–18 Uhr, im Juli und Aug. 9–19 Uhr. confiserieflorian.com.

Markt Mittwochvormittag auf der Place de la Tour.

Veranstaltungen Am Ostermontag wird mit Weinverkostungen, Folkloretänzen und anderen Aktionen alljährlich die **Fête de l'Oranger** gefeiert.

Geruhsames Dorfleben

Essen & Trinken **Le Donjon,** das einladende Bistro gefällt mit seiner Straßenterrasse und den auffälligen roten Stühlen. Die Küche ist bodenständig, aber es gibt auch Burger. Hauptgerichte 15 €. So und Mo Ruhetag. 1, place Francis Paulet, ✆ 0493779899, Facebook.

mein Tipp **L'École des Filles,** die ehemalige Schule unterhalb des Ortes wurde in ein fantasievolles Restaurant verwandelt, das auch anspruchsvolle Gaumen begeistert. Der Koch Stéphane Lucas hat zuvor bei mehreren Sterneköchen gearbeitet und zelebriert nun in den beiden einstigen Klassenzimmern eine leckere provenzalische Küche von der Lammschulter bis zum gegrillten Wolfsbarsch. Traumhafte Gartenterrasse! Mittagsmenü 26 €, sonst 41 und 47 €. Mi und Donnerstagmittag geschlossen. 380, avenue Amiral-de-Grasse, ✆ 0493094020, lecoledesfilles.wixsite.com/ecole.

Camping ****** Gorges du Loup,** etwa 2 km unterhalb des Dorfes befindet sich einer der schönsten Campingplätze der Region. Olivenbäume spenden auf dem terrassierten Areal Schatten, für Abkühlung sorgt ein Swimmingpool. Von Okt. bis März geschlossen. 965, chemin des Vergers, ✆ 0493424506, lesgorgesduloup.com.

Valbonne

1200 Einw.

Durch den ungewöhnlichen quadratischen Grundriss und seine gut erhaltene Bausubstanz hebt sich Valbonne – „gutes Tal" – von den umliegenden Dörfern und Städten positiv ab. Keimzelle von Valbonne war eine 1199 von Mönchen des Ordens von Chalais gegründete Abtei, deren schlichte Klosterkirche noch heute als Pfarrkirche genutzt wird. Nachdem das an das Kloster angrenzende Dorf 1350 zerstört worden war, verfügte der Bischof von Grasse die planmäßige Neugründung in der sogenannten Bastide-Form. Das Zentrum des Ortes bildet ein von Arkaden gesäumter, wohl proportionierter Marktplatz, der fraglos zu den schönsten der Region gezählt werden darf.

Notre-Dame-du-Brusc: 3 km nordwestlich von Valbonne (an der Straße nach Opio in der Nähe des Club Med, Wegweiser zum Restaurant Le Pré du Brusc folgen) liegt die frühromanische Kirche eingebettet in eine sanfte Hügellandschaft. Wahrscheinlich wurde das Gotteshaus anstelle einer religiösen Kultstätte errichtet, die schon in römischer Zeit aufgesucht worden war. Neben der Kirche eignen sich mehrere schattige Plätzchen für eine kurze Rast.

Information **Office de Tourisme,** 1, place de l'Hôtel-de-Ville, 06560 Valbonne/Sophia-Antipolis, ✆ 0493123450, tourisme-valbonne.com.

Parken Tiefgarage direkt unter dem modernen Rathaus samt Polizeistation.

Markt Freitagmorgen.

Schwimmen Ein neues Hallenbad eröffnet Ende 2025.

Käse **365 Fromages,** in Frankreich gibt es angeblich 365 verschiedene Käsesorten, eine große Auswahl davon findet sich in dem wunderbaren Käseladen von Eric Gayraud. Tägl. außer Mo und Sonntagnachmittag geöffnet. 22, rue Eugène Giraud. 365fromages.com.

Essen/Übernachten ***** Les Armoiries,** schmuckes Hotel im stattlichsten Haus von Valbonne, direkt am Marktplatz. Die Zimmer wurden unlängst im Boutiquestil renoviert. Place des Arcades, ✆ 0493129090, hotellesarmoiries.com. **€€€**

***** La Bastide de Valbonne,** modernes Landhotel, etwa 1 km außerhalb mit kleinem Park und Swimmingpool. Die teureren Zimmer haben einen Balkon oder eine Terrasse. 107, route de Cannes, ✆ 0493123340, bastidedevalbonne.com. **€€€**

Le Bistrot du Somelier, mitten im Ort und auf der Place des Arcades gibt es rund ein Dutzend Restaurants (nett ist auch das Cadran Solaire). Am besten gefällt uns derzeit aber dieses kleine Bistro, das uns mit einem *Rouget de Mediterranée* ebenso begeisterte wie mit *Bavette aux échalotes*. Mittagsmenü 25 €, abends ab 41 €. Straßenterrasse. Samstag-, Dienstagmittag und Mi geschlossen. 24, rue Emile Pourcel, ✆ 0493121795, lebistrotdusommelier.fr.

Nizza und Umland → Karte S. 66/67

Villeneuve-Loubet

15.000 Einw.

Augenfälligstes Merkmal des am Ufer des Loup gelegenen Dörfchens ist sein mächtiges, zinnenbekröntes Schloss, zu dem sich ein paar enge Gassen hinaufwinden.

Die noch aus dem 12. Jahrhundert stammende Festungsanlage gehörte einst den Grafen der Provence und wurde im 19. Jahrhundert im Zuge der Burgenromantik renoviert; sie befindet sich in Privatbesitz und kann nur von außen besichtigt werden.

Zu Villeneuve-Loubet gehört noch das gesichtslose Seebad Villeneuve-Loubet-Plage, dessen riesige Ferienwohnanlage kaum zu übersehen ist. Über die „Schönheit" dieses gigantischen Projekts mit dem Jachthafen Marina Port des Anges lässt sich vortrefflich streiten.

Auf den Spuren von Escoffier

Musée de l'Art Culinaire: Seinen berühmtesten Sohn *Georges Auguste Escoffier* (1846–1935) ehrt Villeneuve-Loubet mit einem eigenen Museum der Kochkunst. Wie kaum ein anderer hat Escoffier den Ruf der französischen Küche geprägt, wenngleich seine bekannteste Kreation Pfirsich Melba – benannt nach der Opernsängerin Nellie Melba – heute in jeder Eisdiele serviert wird. Seine bedeutendsten Wirkungsstätten waren das Pariser Ritz und das Londoner Carlton. In seinem Geburtshaus dreht sich in acht Räumen alles um die hohe Kunst der Esskultur. Escoffier setzte bis heute gültige Standards in der Spitzengastronomie, gab seinen Angestellten feste Aufgaben: Der Rôtisseur war für das Braten zuständig, der Saucier kreierte die Saucen und der Gardemanger sorgte dafür, dass die Vorräte nie ausgingen. Auch in technischer Hinsicht modernisierte Escoffier die Kochkunst, indem er den Semmelbrösler oder die Kleinobst-Entkernungsmühle erfand, die im Museum ausgestellt sind. Einen Einblick in Escoffiers Kreativität gewinnt man anhand der ausgestellten historischen Speisekarten und seiner Kochrezepte. Escoffier gilt übrigens als Erfinder der klassischen großen Restaurantkarte, die auf der Annahme basiert, nur eine große Auswahl könne den anspruchsvollen Gast zufrieden stellen. Die Speisekarten-Sammlung wird bis in die Gegenwart fortgesetzt, das Spektrum reicht vom Eröffnungsmenü des Ritz bis zu dem Menü, das bei Adenauers erstem Staatsbesuch in Paris serviert wurde.

■ 3, rue Escoffier. Tägl. 10–13 und 14–18 Uhr, im Juli und Aug. bis 19 Uhr. Eintritt 6 €, erm. 4 €. musee-escoffier.com.

Information **Office de Tourisme,** 16, avenue de la Mer, ✆ 0492026616, 06270 Villeneuve-Loubet. villeneuve-tourisme.com.

Verbindungen SNCF-Bahnhof in Villeneuve-Loubet-Plage; häufig Zugverbindungen nach Cannes, Nizza und zu den anderen Orten an der Côte d'Azur.

Markt Samstagvormittag.

Essen/Übernachten **L'Auberge Fleurie,** durch seinen neuen Chefkoch hat das Restaurant im Dorf deutlich an Attraktivität gewonnen. Einen Versuch lohnen beispielsweise die gefüllten Zucchiniblüten, das Calamari-Fricassée oder das Rochenfilet. Menüs zu 25 sowie 39 €. So und Mo geschlossen. 13, rue des Mesures, ✆ 0493739092, laubergefleurievilleneuve loubetvillage.om.

Camping Der kleine, direkt im Ort gelegene Platz begeistert nicht besonders. Die Campingplätze in Strandnähe sind bei Antibes aufgeführt.

Biot

9000 Einw.

Nizza und Umland → Karte S. 66/67

Biot liegt malerisch auf einer lang gestreckten Bergkuppe. Die Tempelritter und später der Johanniterorden hatten sich hier im Mittelalter niedergelassen; doch mehr als tausend Jahre zuvor siedelten bereits die Römer an dieser Stelle.

Pest und Kriegswirren führten gegen Ende des 14. Jahrhunderts zur Aufgabe von Biot (man spricht das „t" aus), aber knapp hundert Jahre später entschloss sich König René, den Ort wieder neu zu gründen. Der traumhaft schöne Marktplatz soll sich genau an der Stelle befinden, wo einst das römische Forum gestanden hatte; der Platz wird von einer etwas tiefer gelegenen Kirche begrenzt. Neben der seit dem Mittelalter, wahrscheinlich aber auch schon zu Römerzeiten gepflegten Töpferei siedelte sich in Biot mit der Glasbläserei 1956 ein weiterer traditioneller Handwerkszweig an; beide ziehen bis heute die Touristen in Scharen an. Kulturinteressierte Reisende pilgern zum Musée National Fernand Léger, das mehr als 300 Werke des Künstlers besitzt.

Sehenswertes

Musée National Fernand Léger: Zwei Jahre nach Fernand Légers (1881–1955) Tod legte Légers Witwe Nadja den Grundstein für dieses außergewöhnliche Museum, das sich allerdings nicht so recht in die mediterrane Landschaft einfügen will (2 km außerhalb, zwischen Biot und dem Meer gelegen). Die Ortswahl war nicht zufällig, denn Léger hatte seinen Lebensabend in Biot verbracht. Ausgestattet wurde das Museum mit rund 350 Kunstwerken, die einen guten Einblick in die verschiedenen Schaffensperioden des in der Normandie geborenen Künstlers geben. Das Spektrum reicht von den kubistischen Anfängen bis hin zu seinen letzten Kompositionen, die auf strengen, geometrischen Grundformen basieren und ihre Wirkung aus dem Spannungsverhältnis zwischen Form und Farbe gewinnen. Eindrucksvoll ist bereits die

Arkadengesäumter Dorfplatz

Biot: Es ist eingedeckt!

Fassade des Museums: Sie wird von einem knapp 500 m² großen farbenfrohen Mosaik eingenommen, das nach Entwürfen von Fernand Léger angefertigt wurde. Ein Teil des Museums bleibt für Sonderausstellungen reserviert.

▪ Chemin du Val de Pôme. Tägl. außer Di 10–17 Uhr, von Mai bis Okt. tägl. außer Di 10–18 Uhr. Eintritt 5,50 €, erm. 4 €. musees-nationaux-alpesmaritimes.fr/fleger.

Musée d'Histoire et de Céramique Biotoise: Das lokalgeschichtliche Museum von Biot zeigt neben einem kurzen historischen Abriss der verschiedenen Epochen des Ortes hauptsächlich Alltagsgegenstände und Trachten aus dem 19. Jahrhundert. Zudem gibt es einen Überblick über die Töpfereien aus der Stadt.

▪ Place de la Chapelle. Di–So im Sommer 10–18 Uhr, im Winter 10–14 Uhr. Eintritt 4 €, erm. 2 €. musee-de-biot.fr.

La Verrerie de Biot: Auf einem Rundgang durch die Glasbläserei werden Einblicke in den Herstellungsprozess gewährt. Zudem gibt es noch das Ecomusée du Verre.

▪ Chemin des Combes. Mo–Sa 9.30–20 Uhr, im Winter bis 18.30 Uhr, So 10–13 und 14–18.30 Uhr. Führungen 6 €, Museum 3 €. verreriebiot.com.

Marineland: Wer von Biot aus in Richtung Meer fährt, stößt nach knapp 4 km auf den größten europäischen Meerwasserzoo (1,2 Millionen Besucher jährlich!) mit Schwertwalen, Delphinen, Haien, Zitterrochen, See-Elefanten (mehrmals täglich Shows), Seelöwen, Pinguinen und anderen Meerestieren sowie Krokodilen, einem kleinen Bauernhof und einer Schmetterlingsfarm. Abkühlung findet man – natürlich gegen zusätzlichen Eintritt – im benachbarten Aquasplash, das ebenfalls zahlreiche Attraktionen (Riesenrutsche etc.) bereit hält.

▪ Wer einige Attraktionen sehen und erleben will, wird pro Person spielend mehr als 60 € los. Eintritt für Erw. im Marineland 39,60 €, erm. 32,90 €; Aquasplash ab 27 €, erm. ab 21 €. marineland.fr.

Praktische Infos

Information **Office de Tourisme,** 4, chemin neuf, 06410 Biot, ✆ 0493657800, biot-tourisme.com.

Verbindungen Zehnmal tägl. verkehren Busse zwischen Biot und Antibes sowie nach Nizza. Der Bahnhof von Biot befindet sich mehrere Kilometer vom Ort entfernt direkt an der Küste.

Parken Ein kleines Stück unterhalb des Dorfes gibt es zahlreiche kostenlose Parkmöglichkeiten, die jedoch in der Hochsaison gelegentlich nicht ausreichen.

Markt Dienstagvormittag in der Rue Saint Sébastien.

Essen/Übernachten **Les Terrailleurs,** ein kleines Stück unterhalb des Dorfes befindet sich dieser ansprechende Gourmettempel (ein Michelin-Stern) in einem historischen Haus samt Gewölbe. Als Spezialität des Hauses gilt eine gebratene Taube auf Linsen. Gartenterrasse. Menüs zu 92, 112 und 160 €. Mi und Do Ruhetag. 11, chemin neuf, ✆ 0493650159, lesterraillers.fr.

MeinTipp **Des Arcades,** ein Gasthaus wie aus dem Bilderbuch! Mitten im historischen Zentrum sitzt man hier unter Arkaden im Freien oder in einem der charmanten Gasträume. Auf den Tisch kommen provenzalische Spezialitäten. Menü zu 39 €, beispielsweise mit einem *Gigot d'Agneau* als Hauptgang. Das Restaurant ist Sonntagabend und Mo geschlossen. Die Zimmer sind altertümlich, aber nicht ohne Charme, teilweise mit Balkendecke. 16, place des Arcades, ✆ 0493650104, hotel-restaurant-les-arcades.com. **€€**

Café Brun, urige Kneipe in einer kleinen Sackgasse. Allein die alten Tische und Stühle vor der Kneipe sind eine Augenweide. Bierliebhaber können sich an rund 30 Sorten Gerstensaft laben, darunter auch EKU und Spaten. Die Küche hat sich der asiatischen und mediterranen Kochkunst verschrieben. Plat du Jour für 14 €, Hauptgerichte um die 20 €. Am Wochenende nur abends geöffnet. 44 ter, Impasse Saint Sébastien, ✆ 0493650483, cafebrun-biot.fr.

Camping ***** L'Eden,** annehmbarer Platz mit Pool. Von April bis Okt. geöffnet. 63, chemin du Val de Pôme, ✆ 0493656370, camping-eden.fr.

Nizza und Umland → Karte S. 66/67

Rund um Grasse, Antibes und Cannes

Im Wettstreit um die Touristengunst lockt die Parfümstadt Grasse mit ihren Düften, Cannes setzt auf seine Filmfestspiele und Juan-les-Pins verweist auf sein renommiertes Jazzfestival und den schönen Strand. Kunstliebhaber pilgern hingegen nach Biot ins Musée Fernand Léger oder nach Antibes, wo ein ganzes Schloss mit Picassos Werken gefüllt ist.

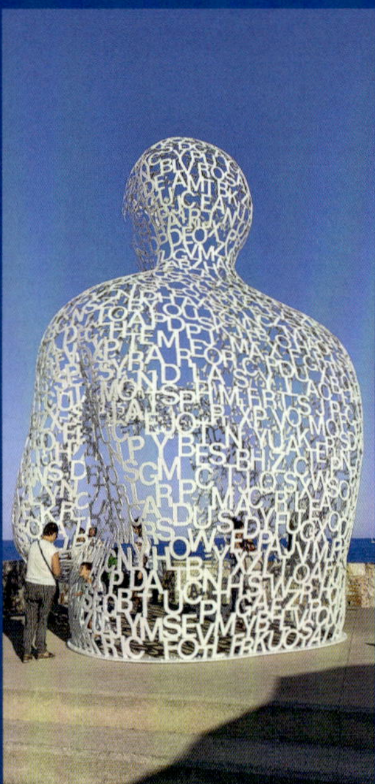

Skulptur am Hafen von Antibes

Spätestens durch Patrick Süßkinds Roman „Das Parfüm" ist Grasse zum Synonym für erlesene Düfte geworden. Die in den Hügeln über der Küste gelegene Kleinstadt ist bis heute ein internationales Zentrum der Parfümindustrie und kann mit einem gleichermaßen informativen wie alle Sinne ansprechenden Parfümmuseum aufwarten. Zudem besitzt Grasse noch eine historische Altstadt mit einer imposanten Kathedrale und dem schönen, langgestreckten Place aux Aires.

Cannes gehört dank seiner Croisette und den Filmfestspielen zu den großen Namen an der Côte d'Azur – ein nobles Pflaster mit Luxushotels und edlen Boutiquen. Durch die Straßen rollen viele Rolls Royces und Bentleys, in coolen Strandclubs und Gourmetrestaurants werden viele Wünsche erfüllt. Das Nachtleben spielt auch eine große Rolle, während Antibes mit seinen zahlreichen historischen Bauwerken eher die Kunst der sanften Verführung betreibt. Der glanzvolle Höhepunkt eines Stadtbummels ist ein Besuch des Grimaldi-Schlosses, besitzt es doch die wohl bedeutendste Picasso-Sammlung der Welt. Picasso machte alle Werke, die er hier geschaffen hat, der Stadt Antibes zum Geschenk, mit der Auflage, dass sie ihren Entstehungsort niemals verlassen dürfen. Apropos Picasso: Im benachbarten Vallauris hat er die Krypta einer romanischen Kapelle ausgemalt.

Wesentlich ruhiger wird es westlich von Cannes im kargen Ésterel-Gebirge, durch das nur wenige Straßen hindurchführen. Der einzige größere Ort an der Küste ist Agay mit seiner schönen halbkreisförmigen Bucht. Attraktive Strände gibt es auch bei Fréjus, der einzigen Stadt an der Côte d'Azur, deren antikes Erbe heute noch sehr präsent ist. Nicht nur die Reste der Stadtmauer und der Stadttore sowie ein paar Bögen eines römischen Aquädukts sind noch vorhanden, sondern auch ein imposantes Amphitheater, das einst rund 10.000 Menschen Platz geboten hat.

Was anschauen?

Musée International de la Parfumerie: Alles zur Geschichte des Parfüms, sehr interessant, sogar mit Duftgarten. → S. 118

Musée Picasso Château Grimaldi: Ein absolutes Highlight für alle Kunstfreunde ist das im Schloss von Antibes untergebrachte Picasso-Museum. → S. 125

Musée National de Picasso: Picasso hat für die Krypta der romanischen Kapelle in Vallauris sein Wandgemälde „Krieg und Frieden" geschaffen. → S. 135

Château von La Napoule: Aus den Ruinen einer mittelalterlichen Burg entstand direkt am Strand ein Fantasieschloss mit viel Kunst. → S. 153

Musée Louis de Funès: Für alle Fans des cholerischen Gendarms von Saint-Tropez ein Muss. → S. 159

Cathédrale de Fréjus: Mit Baptisterium, Kreuzgang und Bischofspalast bildet die Kathedrale einen markanten Gebäudekomplex. → S. 163

Was unternehmen?

Wanderung um das Cap d'Antibes wandern: Es gibt einen schönen Küstenweg, der um die Spitze des Cap d'Antibes führt. → S. 126

Schiffsausflug zur Ile de Saint-Honorat: Die vor Cannes gelegene Insel wird seit dem Mittelalter von Mönchen bewohnt. → S. 150

Wanderung zum Lac l'Ecureuil und Pic de l'Ours: Eindrucksvolle Halbtageswanderung durch das rot leuchtende Estérel-Gebirge. → S. 298

Was sonst noch?

Eine Parfümerie besuchen: Viele Parfümerien in Grasse bieten Führungen an und geben Einblicke in den Produktionsprozess. → S. 120

Festival international de Jazz d'Antibes-Juan-les-Pins: Alljährlich im Juli treffen sich die Jazz-Größen in Antibes und Juan-les-Pins. → S. 131

Die Croisette entlangbummeln: Entlang des Prachtboulevards zeigt sich Cannes von seiner schönsten Seite. → S. 141

Aqualand: Die riesige Wasserlandschaft bei Fréjus bietet zahlreiche Attraktionen für Wasserratten jeglichen Alters. → S. 165

Baden im Naturschutzgebiet: Einer der schönsten Strände an der Côte d'Azur wird von einem Naturschutzgebiet, den Etangs de Villepey, begrenzt. → S. 165

le Colle
1397
Bruyère
Fil
Mons
Siagne
St. Vallier-de-Thiey
1245
771
Siagnole
Roche Taillée
Grottes de St. Cézaire
Cabris
Boungaille
Speracèdes
Camiole
St. Cézaire-s-Siagne
Canal de la Siagne
D 2562
Callian
Tourrettes
Montauroux
Bargemon
Siagne
D 562
Tanneron
Claviers
Camandre
Biançon
Brovès-en-Seillans
les Chemins
Lac de St. Cassien
St. Paul-en-Forêt
Endre
Reyran
St. Pons
Draguignan
Bagnols-en-Forêt
les Adrets-de-l'Esterel
A 8
Argentière
Vaulouba
Bois du Défens 446
Endre
la Lieutenante
Mt. Vinaigre 614
N 7
Massif de l'Estérel
Reyran
Ronflon
Clastron
Muy
A 8
Notre-Dame de-Jérusalem
Argens
Toulon
Roquebrune-sur-Argens
Puget-s-Argens
Fréjus
St. Raphaël
Aga
Frejus-Plage
Ile d'Or
Cap du Dramont
Grande Bastide
Golfe de Fréjus
Etangs de Villepey
Fournel
St. Aygulf
Pointe de la Lauvette
Corniche
la Gaillarde
Pointe de la Calle
Cabasse 352
les Issambres
Valaury
Garonnette
Pointe des Issambres
Plan-de-la-Tour
Val d'Esquières
N 98
la Nartelle
D 25
Courruero
St. Preire 476
Cap des Sardinaux
Ste. Maxime
Golfe de St. Tropez
l'Avelan
St. Pons-les-Mûres
St. Tropez
Grimaud
Hyères
Port Grimaud
Cavalaire-sur-Mer

3 km

Grasse, Antibes und Cannes

Das Château in La Napoule

Grasse

48.300 Einw.

Das „Rom der Düfte“ (Süskind) ist weltbekannt, alljährlich strömen rund eine halbe Million Besucher nach Grasse. Doch die Stadt hat mehr zu bieten als ein paar Dutzend Parfümerien: Neben mehreren Museen begeistert vor allem die farbenfrohe, weiträumige Altstadt.

Durch *Patrick Süskind* wurden Grasse die höheren literarischen Weihen verliehen. Eine kurze Kostprobe aus seinem Roman „Das Parfüm“: Grasse „machte aus der Entfernung keinen besonders pompösen Eindruck. Da war kein mächtiger Dom, der die Häuser überragte, bloß ein kleiner Stumpen von Kirchturm, keine dominierende Feste, kein auffallend prächtiges Gebäude. Die Mauern schienen alles andere als trutzig, da und dort quollen die Häuser über ihre Begrenzung hinaus, vor allem zur unteren Ebene hin, und verliehen dem Weichbild ein etwas zerfleddertes Aussehen“. Wer den Megabestseller von Patrick Süskind bisher noch nicht gelesen hat, dem sei hiermit „Das Parfüm“ als kurzweilige und überaus schön zu lesende Ferienlektüre empfohlen.

Die Parfümindustrie von Grasse hat sich in den letzten Jahrzehnten den veränderten Marktbedingungen anpassen müssen. Es ist beispielsweise auffällig, dass man heute in der Umgebung von Grasse, die einst einem duftenden Blütenfeld glich, lange Ausschau nach blühenden Plantagen halten muss. Die Parfümeure müssen wirtschaftlich denken und importieren die benötigten Rosen nicht nur aus Billiganbauländern wie Bulgarien, der Türkei, Marokko oder Indien, sie verarbeiten die Blüten oft direkt vor Ort. Rund 4000 Menschen, etwa ein Zehntel der Einwohner von Grasse, sind in der Parfümindustrie beschäftigt, die meisten Firmen kreieren aber keine eigenen Parfümmarken, sondern stellen die Rohstoffe her, die andernorts weiterverarbeitet werden. Neben der Herstellung natürlicher und synthetischer Duftstoffe für Kosmetik, Spülmittel und Waschpulver widmen sich die Grasser Fabriken mittlerweile auch verstärkt der Produktion von Lebensmittelgeschmacksstoffen für Joghurts, Kuchen, Soßen etc.

Das touristische Herzstück von Grasse ist seine attraktive Altstadt, die in den letzten Jahrzehnten ebenfalls von einem umgreifenden Wandel erfasst wurde: Das wohlhabende, alteingesessene Bürgertum ist in prächtige Villen vor die Tore der Stadt gezogen, während die dunklen, wenig komfortablen Wohnungen im Zentrum von den nordafrikanischen Immigranten als billiger Wohnraum „entdeckt" wurden. Seitdem geht es in den verschachtelten, bergauf und bergab führenden Gassen wieder sehr lebendig zu, manche Besucher sind vom arabischen Flair begeistert, andere empfinden die Altstadt als verwahrlost; Einheimische sprechen von ihrer „Kasbah". Der mit Abstand schönste Platz der Stadt ist die lang gestreckte Place aux Aires, an der einst die Gerber ihre Häute wuschen. Den optischen Fixpunkt des arkadengesäumten Platzes bildet ein malerischer Brunnen, neben dem die Blumen- und Obsthändler allmorgendlich ihre Marktstände aufbauen. Am Abend wird die Place aux Aires von den Stühlen und Tischen der umliegenden Restaurants in Beschlag genommen.

Geschichte

Im Gegensatz zu zahlreichen anderen bedeutenden Städten im Südosten Frankreichs trat Grasse ziemlich spät ans Licht der Geschichte. Wahrscheinlich war der kleine Hügel schon in merowingischer Zeit besiedelt, doch erst im Jahre 1040 taucht der Name Grasse in einem Schriftstück auf. Es ist nicht unwahrscheinlich, dass der Ort in der Zeit der Sarazenenüberfälle entstanden ist. Der Aufstieg ging dann recht schnell: Schon im 12. Jahrhundert standen die Kaufleute in regem Handelskontakt mit den mächtigen Seerepubliken Genua und Pisa. Reich geworden, waren die Bürger von Grass bemüht, sich ihre Selbständigkeit zu erhalten. Da die Stadt von keinem Landesherrn abhängig war, wurde sie von Konsuln regiert. Doch 1227, als die führenden Familien des Ortes miteinander in Fehde lagen, nutzte Graf Raimond Béranger die Gunst der Stunde und eroberte Grasse. Seither waren die Geschicke von Grasse auf das engste mit denen der Provence verbunden. Durch den Verlust der Grafschaft Nizza an Savoyen (1388) wurde Grasse zum wichtigsten Grenzposten der provenzalischen Grafen. Die alteingesessenen Familien beherrschten aber weiterhin in oligarchischer Manier das politische und wirtschaftliche Leben der Stadt. Mehrmals wurde Grasse in kriegerische Auseinandersetzungen hineingezogen, die nicht ohne größere Schäden abzuwenden waren. Im 19. Jahrhundert stieg Grasse dank seiner klimatischen Vorzüge gar zum Kurort auf. Napoléons Schwester Pauline machte den Anfang, ihr folgten zahlreiche illustre Persönlichkeiten, darunter auch die für ihre Sittenstrenge bekannte Queen Victoria. Doch spätestens zu Beginn des Ersten Weltkrieges war Grasse als Kurort nicht mehr gefragt, das vornehme Publikum zog nun endgültig die Küstenorte vor; was blieb, war der Ruf, die internationale Parfümmetropole zu sein.

Rund um Grasse, Antibes und Cannes → Karte S. 114/115

Die Altstadt von Grasse ist farbenfroh

Sehenswertes

Altstadt: Abgesehen von Nizza besitzt keine andere Stadt an der Côte d'Azur und im zugehörigen Hinterland eine solche dichte Bebauung mit Häusern aus der Zeit des Ancien Régime. Die ältesten erhaltenen Bürgerhäuser stammen noch aus dem 14. Jahrhundert. Mühelos lässt sich das eine oder andere zugemauerte gotische Fensterchen entdecken – Erinnerungen an vergangene Zeiten, als man lieber auf das Sonnenlicht verzichtete, als eine Sondersteuer dafür zu entrichten. Auffällig ist auch, dass die Häuser mehrere Stockwerke hoch gestapelt sind; die Enge der Stadtmauern ermöglichte lange Zeit nur eine vertikale Ausdehnung der Stadt.

Cathédrale Notre-Dame du Puy: Die ehemalige Cathédrale ist eine dreischiffige Basilika aus der Zeit um 1200, wobei der einst notwendige wehrhafte Charakter deutlich sichtbar ist. Trotz späterer Veränderungen ist der romanische Stil noch immer vorherrschend. Das von einem Kreuzrippengewölbe eingerahmte Innere birgt neben Gemälden von Rubens und Fragonard auch ein Triptychon von Louis Bréa. Direkt neben der Cathédrale erhebt sich das ehemalige **Bischofspalais** und heutige Rathaus. Das imposante Gebäude besitzt teilweise noch seine mittelalterliche Bausubstanz.

▪ Juli bis Sept. 9–12 und 14–18 Uhr, Okt. bis Juni bis 17 Uhr. So geschlossen.

Musée International de la Parfumerie: Das Parfüm hat Grasse in der ganzen Welt bekannt gemacht. Doch erst relativ spät entschloss man sich zur Gründung eines Parfümeriemuseums, das durch eine umfangreiche Erweiterung und Neuausrichtung einen Besuch mehr als ratsam macht. Die Innenarchitekten und Ausstellungsmacher haben alle Register der Museumsdidaktik gezogen und informieren nicht nur über die Geschichte des Parfüms und alle Phasen des Herstellungsprozesses, sondern lassen den Museumsbesuch zu einem alle Sinne ansprechenden Erlebnis werden. Man beginnt die Museumstour im Obergeschoss, wo ein Duftgarten und ein modernes Gewächshaus dazu dienen, die pflanzlichen Grundstoffe hinreichend zu würdigen. Neben der Historie dreht sich alles um die Technik des Parfümeriehandwerks, wobei auch verschiedene Verfahren der Destillation erläutert werden. Auf den anderen Etagen werden Parfümfläschchen, Puderdosen und Flakons perfekt ausgeleuchtet präsentiert, zudem kann man eine Zeitleiste abschreiten, die den Wandel im Design der Parfümverpackungen und -flaschen in den letzten hundert Jahren widerspiegelt. Zuletzt gibt es noch einen Kinoraum, in dem Filmausschnitte zu sehen sind, in denen Parfüme oder Düfte eine wichtige Rolle spielen.

▪ 8, place du cours Honoré Cresp. April bis Sept. tägl. außer an Feiertagen 10–19 Uhr, von Okt. bis April tägl. außer Di 10.30–17.30 Uhr. Eintritt 4 €, erm. 2 €. museesdegrasse.com.

Villa Musée Fragonard und Musée de la Marine: Das Museum ist keine Zweigstelle der gleichnamigen Parfümerie, sondern es trägt den Namen von *Jean-Honoré Fragonard* (1732–1806), einem aus Grasse stammenden Maler. Zusammen mit Boucher, Largillière und Watteau zählte er zu den bekanntesten französischen Rokokomalern. Neben den ausgestellten Gemälden, darunter auch Werke von Familienangehörigen Fragonards, verdient vor allem das Treppenhaus eine eingehendere Betrachtung; die perspektivischen Wandmalereien stammen aller Wahrscheinlichkeit nach nicht von Fragonard, der einen Teil seiner letzten Lebensjahre in dieser Villa, die einem seiner Freunde gehört hat, verbrachte, sondern von seinem Sohn. Seit 2008 ist im Untergeschoss des Gebäudes auch das *Musée de la Marine* untergebracht. Es widmet sich dem Leben des Generalleutnants François-Jean Paul, seines Zeichens Graf von Grasse (1722–1788). Anhand von 30 Schiffsmodellen und diversem dokumentarischem Material werden die Taten dieses großen provenzalischen Seefahrers gewürdigt, darunter sein legendärer Sieg in der Chesapeake Bay, der den amerikanischen Unabhängigkeitskrieg beeinflusste.

▪ 23, boulevard Fragonard. Mai bis Sept. tägl. außer an Feiertagen 10–19 Uhr, von Okt. bis April tägl. außer Di 10.30–17.30 Uhr. Eintritt 2 €, erm. frei.

Musée provençal du Costume et du Bijou: In einem stattlichen Stadtpalast werden Kostüme und Schmuck aus dem 17. bis zum 19. Jahrhundert in einem ansprechenden Rahmen präsentiert.

▪ 2, rue Jean Ossola. Tägl. 10–13 und 14–18 Uhr. Eintritt frei!

Mittelalterlicher Bauchladen

Musée d'Art et d'Histoire de Provence: Untergebracht in der ehemaligen Villa der Marquise de Clapiers-Cabris, einem eleganten Stadtpalast aus dem 18. Jahrhundert, präsentiert das älteste Museum der Stadt Gemälde, provenzalische Möbel, Trachten, historische Fotografien sowie Fayencen aus Moustiers. Zur Gemäldesammlung gehören Werke von Charles Camoin und Raoul Dufy.

▪ 2, rue Mirabeau. Mai bis Sept. tägl. außer an Feiertagen 10–19 Uhr, von Okt. bis April tägl. außer Di 10.30–17.30 Uhr. Eintritt 2 €, erm. frei.

Basis-Infos

→ Karte S. 121

Information **Office de Tourisme,** Place de la Buanderie, 06130 Grasse, ✆ 0493366666, paysdegrassetourisme.fr.

Verbindungen Der Busbahnhof liegt ein kleines Stück östl. des Zentrums an der Place de la Buanderie, ✆ 0493364961. Halbstündlicher Pendelbusverkehr nach Cannes. Tägl. acht Busverbindungen nach Nizza sowie über Castellane nach Digne-les-Bains. Zudem tägl. Verbindungen nach Auribeau-sur-Siagne (achtmal), Saint-Cézaire-sur-Siagne (fünfmal), nach Tourrettes-sur-Loup (viermal) sowie nach Cabris, Châteauneuf-de-Grasse und Bar-sur-Loup. lignedazur.com.

Farbenfrohe Altstadt: Grasse

Parken Rund um das Zentrum herrscht akute Parkplatznot, aber es stehen sechs gebührenpflichtige Parkplätze und Parkhäuser für rund 1000 Fahrzeuge bereit.

Literaturtipps Neben Süskinds „Parfüm" sollten sich Duftbesessene auch in Alain Corbains „Pesthauch und Blütenduft" (Wagenbach bzw. Fischer Taschenbuch) vertiefen, denn diese ausgezeichnete historische Abhandlung diente Süskind als Anregung. Noch zwei weitere Titel zum Schmökern: „Erotik des Parfüms" von Andrea Hurton (Eichborn Verlag) und „Die Macht der Gerüche. Eine Philosophie der Nase" von Annick Le Guérer (Klett-Cotta).

Markt Tägl. außer Mo werden auf der Place aux Aires und der Place Jean-Jaurès Blumen, Obst und Gemüse feilgeboten. In Le Rouet (10 km östl.) findet Di–Sa 8–19, So 9–12.30 Uhr ein Markt mit lokalen Produzenten statt.

Stadtführungen Vom 1. Juli bis zum 15. Sept. veranstaltet das Office de Tourisme Führungen durch die Altstadt. Anmeldung im Office de Tourisme.

Bummelzug Von April bis Okt. kann man von 11 bis 18 Uhr zu jeder vollen Stunde mit dem Petit train touristique für 7 €, erm. 4 €, durch die Altstadt von Grasse zockeln. Abfahrt: Gegenüber dem Palais des Congrès.

Gärten **Jardin de la Villa Noailles,** 59, avenue Guy de Maupassant. **Jardin de la Villa Fort France,** eine Besichtigung (10 €) ist nur Fr 14–17 Uhr sowie nach vorheriger Anmeldung im Office de Tourisme möglich.

Olivenöl **Huilerie Sainte-Anne,** seit 1706 wird hier feinstes Olivenöl produziert. Mo–Sa 9.30–12.30 und 14–18 Uhr. Westl. von Grasse: 138, route de Draguignan, ✆ 049370 2142, huilerie-sainte-anne-boutique.com.

Parfümeriebesichtigung Von den rund 40 Parfümerien in und um Grasse veranstalten

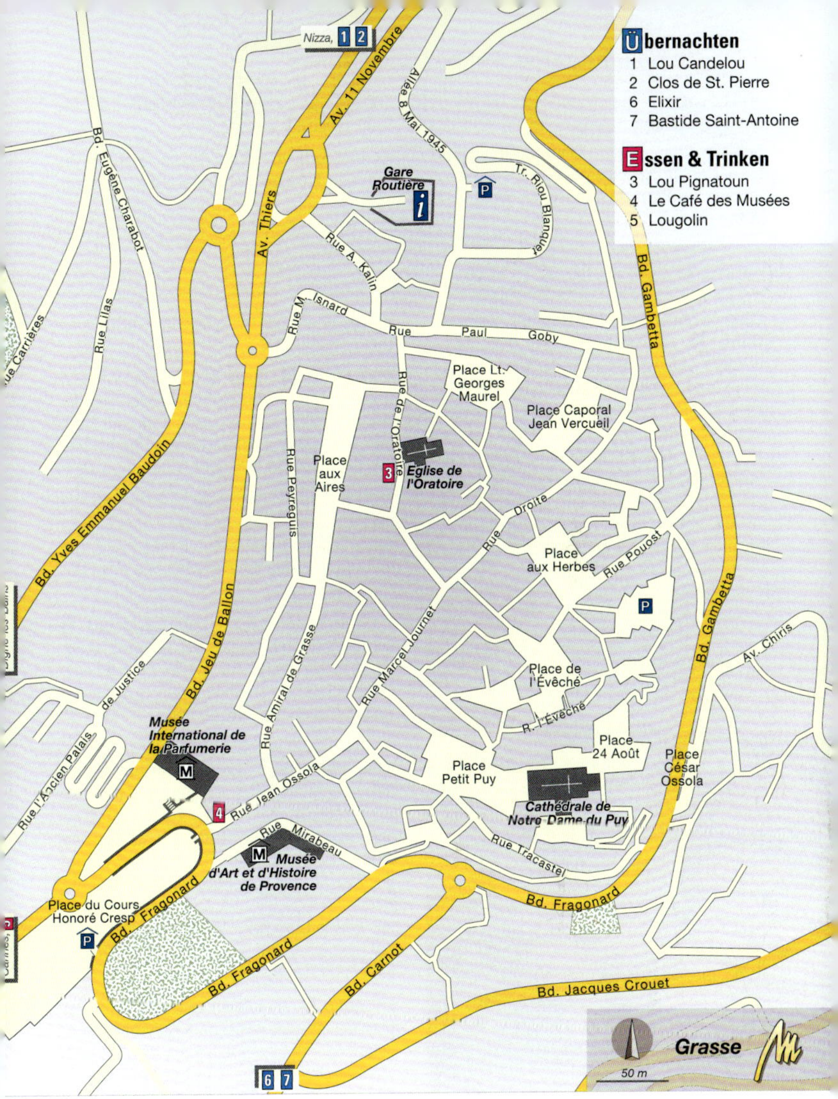

vier Betriebe Besichtigungen. Folgende Parfümerien bieten kostenlose Führungen für Touristen an: **Galimard,** 73, route de Cannes, im Sommer tägl. 9–19.30 Uhr, im Winter tägl. 9–12.30 und 14–18 Uhr, galimard.com; **Molinard,** 63, boulevard Victor Hugo, im Sommer tägl. 9–18.30 Uhr, im Winter tägl. außer So 9–12.30 und 14–18 Uhr, molinard.com.

Fragonard, Boulevard Fragonard, im Sommer tägl. 9–19 Uhr, im Winter tägl. 9–18 Uhr, fragonard.com. Der Parfümerie Fragonard ist noch ein kleines privates Museum zur Parfümgeschichte angegliedert, die Führungen finden häufig auch in deutscher Sprache statt. Man sollte aber wissen, dass die kostenlosen Führungen einzig dem Zweck dienen, die Besucher zum Kauf der jeweiligen Produkte zu animieren.

Veranstaltungen **Fête du Jasmin,** alljährlich am ersten Sa im Aug. mit großem Blumenkorso. **Expo Rose,** die weltgrößte

Ausstellung der Rosenzüchter im Garten des Musée Fragonard.

Schwimmen **Piscine Olympique** (Freibad), an der Route Napoléon oberhalb von Grasse. **Piscine du Plan de Grasse,** an der Route de la Paoute.

Theater 2, avenue Maxime Isnard, ✆ 0493405300, theatredegrasse.com.

Kino **Studio Cinéma,** 15, boulevard du jeu de Ballon, ✆ 0493401710, cinemastudiograsse.fr.

Übernachten/Essen & Trinken

→ Karte S. 121

Übernachten ******* Bastide Saint-Antoine 7,** die Nobelherberge von Grasse (Relais & Châteaux) besitzt neben neun Zimmern und sieben Suiten mit allem erdenklichen Komfort (Swimmingpool) vor allem eines der besten Restaurants der Region. Und das mit zwei Michelin-Sternen ausgezeichnete Restaurant von Jacques Chibois ist wahrlich eine Reise wert! Lohnend ist das Mittagsmenü zu 76 €, abends belasten die kulinarischen Ausflüge die Reisekasse mit mindestens 159 €! 48, avenue Henry Dunant, ✆ 0493091648, jacques-chibois.com. **€€€€**

Bunte Schattenspender

****** Elixir 6,** angenehmes Best-Western-Hotel mit schönem Swimmingpool. Einziger Nachteil: Das Hotel liegt knapp 3 km vom Stadtzentrum entfernt. Rue Martine Carol-Saint-Claude, ✆ 0493707070, bestwestern.com. **€€€**

***** Clos de St. Pierre 2,** ein schönes Landhotel mit charmanten Zimmern in Rouret (6 km östl.). Pool und Restaurant vorhanden. 3, chemin des Écoles, 0493407885, hotel-du-clos.com. **€€€€**

Chambres d'hôtes **Lou Candelou 1,** diese im Ortsteil Magagnosc gelegene Unterkunft gefällt nicht nur wegen der schönen Frühstücksterrasse und ihrem sagenhaften Blick. 57, avenue Saint-Laurent, ✆ 0493369016, loucandelou.com. ▪ **Lesertipp €€**

Essen & Trinken **Lou Pignatoun 3,** alle Restaurants um die Place aux Aires sind eher unspektakulär, das einzige kulinarisch etwas anspruchsvollere Restaurant mitten in der Altstadt ist Lou Pignatoun. Es hat sich der regionalen Küche verschrieben. Spezialität des Hauses ist *Aïoli* für 14 €. Mittagsmenü für 16 € mit einem Glas Wein. Keine Terrasse. Mo–Fr nur mittags geöffnet. 13, rue de l'Oratoire, ✆ 0493361180, lou-pignatoun.com.

Lougolin 5, dieses ein ganzes Stück außerhalb der Altstadt gelegene Restaurant serviert eine moderne provenzalische Küche. Herrliche Aussichtsterrasse! Menüs mittags zu 31 €, sonst 43 €. Sonntagabend und Mo geschlossen. Auch Zimmervermietung. 381, route de Plascassier, ✆ 0493601444, lougolin.com.

meinTipp **Le Café des Musées 4,** sehr nettes, von zwei Schwestern geführtes Tagescafé mit modernem Ambiente bei den Museen. Straßenterrasse. Zudem gilt es, auch die leckeren Snacks und Tagesgerichte zu loben. Hauptgerichte *(Assiette italie)* etwa 16–18 €. Mo–Sa 8.30–18.30 Uhr, im Juli und Aug. auch So geöffnet. 1, rue Jean Ossola.

Duft ist nicht gleich Duft

Seit dem Spätmittelalter war Grasse weit über die Grenzen der Provence für seine Lederwaren bekannt. Bereits 1171 exportierten einheimische Händler neben Leinen, Wein und Vieh auch gegerbtes Leder nach Genua. Der Gerberei verdankt Grasse letztlich auch seinen Aufstieg zur Welthauptstadt des Parfüms. Als es im 16. Jahrhundert an den europäischen Höfen Mode wurde, parfümierte Handschuhe zu tragen, sammelte Grasse seine ersten Erfahrungen mit der Herstellung von Duftstoffen. Aufgrund des besonderen Mikroklimas des Pays de Grasse konnten die hiesigen Parfümeure gleich vor Ort die nötigen Essenzen züchten. Im Zeitalter des Absolutismus hatten Duftwässerchen eine rege Konjunktur, ersetzten sie doch zumeist die morgendliche Toilette des Adels. Nach einer kurzen Durststrecke gelang den Grasser Parfümeuren im 19. Jahrhundert der internationale Durchbruch. Seither gilt Grasse als Synonym für erlesene Parfüme.

Zwei der bekanntesten Methoden, die Duftstoffe zu extrahieren, werden noch heute angewandt. Da ist zum einen die bereits von den Arabern erfundene Destillation mit Wasserdampf sowie die sogenannte Enfleurage, bei der die Blüten auf Schweinefett gelagert werden; sobald das Fett den Blüten die Duftstoffe entzogen hat, werden diese mit Alkohol ausgewaschen und dadurch gebunden. Der Aufwand ist enorm: Um einen Liter reines Jasminöl zu gewinnen, benötigt man ungefähr eine Tonne Jasminblüten. Modernere Methoden sind die Extraktion mithilfe flüchtiger Lösungsmittel und die zerteilende Destillation, bei der die Stoffe in ihre Essenzen aufgeteilt werden, indem man die chemischen Bestandteile isoliert.

Jede berühmte Parfümerie besitzt eine eigene „Nase". Dieser Spezialist hat nach einer langen Ausbildung die Fähigkeit, bis zu tausend verschiedene Geruchsnoten unterscheiden zu können. Nur vier Stunden täglich – bis die Aufnahmekapazität einer „Nase" erschöpft ist – arbeiten die Parfümeure im Labor. Auf der Suche nach einem neuen unwiderstehlichen Duft werden verschiedene Essenzen miteinander vermischt. Eine empfindliche Nase zu besitzen, ist die Grundvoraussetzung, nicht zu rauchen und nicht scharf zu essen, versteht sich für einen Duftkomponisten von selbst. Zu den berühmtesten Schöpfungen der Grasser Parfümeure zählt ein in den 1920er-Jahren kreierter Duft, der als das Parfüm schlechthin gilt: „Chanel No. 5". Aber beispielsweise auch das von Christian Dior vertriebene „Eau Sauvage" und Yves Saint-Laurents „Opium" wurden in Grasse geschaffen.

Parfümstadt Grasse

Antibes

73.000 Einw.

Obwohl Antibes die drittgrößte Stadt an der Côte d'Azur ist, hält sich der touristische Rummel erfreulicherweise in Grenzen. Dabei hat Antibes einiges zu bieten: eine nette Altstadt, den eleganten Jachthafen Port Vauban und das überaus beeindruckende Picasso-Museum im Grimaldi-Schloss.

Im Gegensatz zum benachbarten Juan-les-Pins lebt Antibes nicht ausschließlich vom Tourismus; selbst in der Nebensaison herrscht in der schmucken Markthalle zu Füßen des Schlosses ein lebendiges Treiben, feinste provenzalische Leckereien locken die Käufer, wohl beschattet von einer Eisenkonstruktion aus der Zeit um die Jahrhundertwende. Die schmalen Gassen ziehen sich den Hang hinunter bis zur platanenbestandenen Place Nationale, die den Rand der Altstadt markiert und die Verbindung zum modernen Antibes herstellt. In den Kreisen betuchter Jachtbesitzer ist Antibes schon lange ein Begriff: Der Jachthafen Port Vauban ist nicht nur der größte der Côte d'Azur, am Kai liegen auch die edelsten Jachten der Küste vor Anker. Doch auch ohne schwimmenden Untersatz ist Antibes eine Reise wert. Die Stadt verspricht dank mehrerer Museen und historischer Gebäude so manchen Kunst- und Kulturgenuss.

Geschichte

Antibes ist wie viele andere Küstenorte an der Côte d'Azur eine griechische Gründung. Im 5. oder 4. vorchristlichen Jahrhundert richteten Griechen aus Marseille hier eine Handelsstation ein, der sie den Namen Antipolis gaben; sie definierten den Ort als „gegenüberliegende Stadt", ohne das Gegenüber zu benennen. Die Römer bauten Antibes weiter aus und errichteten ein Castrum, dessen Platz heute vom Grimaldi-Schloss eingenommen wird. In der Spätantike wuchs die Bedeutung der Stadt, Antibes wurde Bischofssitz. Das durch wiederholte Sarazeneneinfälle schwer gebeutelte 500-Seelen-Dorf ging 1386 in den formellen Besitz der Grafen der Provence über, faktisch herrschten aber die Grimaldis noch längere Zeit über Antibes, erst 1608 verkauften sie ihre Rechte an den französischen König. Aufgrund der Nähe zum Herzogtum Savoyen wurde die strategisch wichtige Stadt sehr gut befestigt; das mächtige Fort Carré zeugt noch von dieser Zeit. Im Rahmen kriegerischer Auseinandersetzungen musste die Stadt wiederholt schwere Schäden hinnehmen. Erst als die Grafschaft Nizza 1860 zu Frankreich kam, verlor Antibes seine militärische Bedeutung, die Befestigungsanlagen wurden 1896 weitgehend abgetragen.

In den 1920er-Jahren wurde das Cap d'Antibes von reichen, teilweise versnobten Amerikanern entdeckt. Auf Anregung von G. Murphy – Vorbild für den Dick Diver in *F. Scott Fitzgeralds* „Zärtlich ist die Nacht" – fanden neben den Fitzgeralds auch Hemingway, Dos Passos, Gertrude Stein und Alice Toklas sowie andere Schriftsteller der „Lost Generation" ihren Weg nach Antibes. Zu den Berühmtheiten, die ebenfalls in Antibes lebten, gehören der griechische Schriftsteller *Nikos Kazantzakis* und der deutsche Maler *Hans Hartung*.

Musée Picasso

Sehenswertes

Musée Picasso Château Grimaldi: Auf dem Felsen über dem Meer stand einst ein römisches Kastell, das später durch ein Schloss der Grimaldi ersetzt wurde. Erst 1925 kaufte die Stadt Antibes das Schloss an, um hier historische und archäologische Zeugnisse auszustellen. Durch einen Zufall bekam Romuald Don de la Souchère, der Kurator des Museums, 1946 mit, dass *Picasso* im nahen Golfe-Juan zusammen mit Françoise Gilot in einem kleinen Haus lebte, das ihm nicht den nötigen Raum für seinen Schaffensdrang bot. Kurzerhand lud der damalige Kurator Picasso ein, das obere Stockwerk des Schlosses als Atelier zu nutzen. Rund zwei Monate hat Picasso in den Gemäuern gearbeitet, aufgrund der Materialknappheit kaufte das Genie kurzerhand Holzbretter, Segeltuch und Schiffsfarben und malte damit weiter. Als ihm endgültig das Material ausging, holte Picasso eingelagerte Bilder aus dem Keller des Schlosses und übermalte sie.

Das Ergebnis dieser besonders intensiven Schaffensperiode – „Meine glücklichste Zeit an der Côte", schrieb er später – vermachte er dem Museum, das sich dadurch quasi über Nacht zu einem reinen Kunstmuseum verwandelte. Später wurde die Sammlung noch durch Schenkungen einiger Mäzene erweitert.

Nach einer Totalrenovierung vermittelt das Museum von Antibes mit einem neuen Raumkonzept einen ungewöhnlich breiten Einblick in das Schaffensspektrum von Pablo Picasso, dem wohl herausragendsten Künstler des 20. Jahrhunderts. Zum Fundus des Museums gehören 252 Arbeiten Picassos, darunter Gemälde, Zeichnungen, Plastiken, Teppiche und 77 Töpferarbeiten, die Picasso in Vallauris gefertigt hat. Abgerundet wird die Sammlung durch Bilder und Skulpturen von Miró, Modigliani, Picabia, Léger, Max Ernst, Hans Hartung und Nicolas de Staël; Letzterer arbeitete selbst eine Zeit lang in einem Haus unweit des Château von Antibes.

Rund um Grasse, Antibes und Cannes → Karte S. 114/115

Am eindrucksvollsten sind die Bronzeskulpturen von Germaine Richier; sie haben auf der Terrasse vor dem Blau des Meeres einen prachtvollen Platz gefunden.

▪ Di–So 10–18 Uhr, außerhalb der Saison von 13–14 Uhr Mittagspause. Eintritt 8 €, erm. 6 €.

Spaziergangstipp

Es gibt einen ausgeschilderten und sehr schönen Fußpfad, der in zwei Stunden direkt an der Küste entlang um die Spitze des Cap d'Antibes führt. Ausgangspunkt ist die Plage de la Garoupe.

Cathédrale: Direkt neben dem Museum erhebt sich die Kathedrale mit ihrer in warmen Ockertönen gehaltenen Barockfassade. Die Kirche – sie ruht auf den Fundamenten eines griechischen Dianatempels – besitzt einen schlichten romanischen Chor, das Langhaus stammt aus dem 17. Jahrhundert. Die noch immer gebräuchliche Bezeichnung Cathédrale ist aber genau genommen falsch, denn bereits 1244 wurde der Sitz des Bistums nach Grasse verlegt.

Skulptur von Germaine Richier

Musée d'Archéologie: Die an die ursprüngliche Befestigungsmauer angrenzende Bastion Saint-André birgt in ihrem Tonnengewölbe zahlreiche archäologische Fundstücke (Amphoren, Mosaike etc.) aus griechischer und römischer Zeit, die Einblicke in die Geschichte von Antibes gewähren.

▪ Feb. bis Okt. Di–So 10–12.30 und 14–18 Uhr, Nov. bis Jan. 10–13 und 14–17 Uhr. Eintritt 3 €, erm. 1,50 €.

Musée Peynet: Mehr als 300 Werke des in Frankreich sehr beliebten Zeichners Peynet – er lebte von 1950 bis zu seinem Tod im Jahre 1978 in Antibes – wurden hier zusammengetragen.

▪ Place Nationale. Feb. bis Okt. Di–So 10–12.30 und 14–18 Uhr, Nov. bis Jan. 10–13 und 14–17 Uhr. Eintritt 3 €, erm. 1,50 €.

Fondation Hartung: Das im Hinterland gelegene einstige Wohn- und Atelierhaus der Künstler Hans Hartung und Anna-Eva Bergman ist eine eindrucksvolle moderne Villa samt leuchtend blauem Swimmingpool, der einen traumhaften Kontrast zur weißen Fassade bildet. Hartung, der das Haus selbst entworfen hatte, lebte hier bis zu seinem Tod im Jahre 1989. Heute beherbergt das Haus ein kleines Museum sowie Gastwohnungen für Stipendiaten.

▪ 173, chemin du Valbosquet, ✆ 0493334532. Zuletzt auf unbestimmte Zeit geschlossen. fondationhartungbergman.fr.

Fort Carré: Mit seinem sternförmigen Grundriss ist das imposante, nördlich des Port Vauban errichtete Fort Carré ein klassisches Beispiel der Festungsbaukunst des 17. Jahrhunderts. Das Zentrum der ab 1550 erbauten Anlage bildet ein runder Hof, von dem aus die später angelegten Bastionen ausgehen. Bei einer Besichtigung der Festung und des zugehörigen Parks bieten sich immer wieder eindrucksvolle Panoramaausblicke auf die Stadt und das Meer.

▪ Di–Sa 10–17 Uhr, Mitte Juni bis Mitte Sept. bis 18 Uhr. Eintritt 3 €, erm. 1,50 €.

Basis-Infos

→ Karte S. 127

Information Office de Tourisme, 2bis, rue Fontvieille, 06600 Antibes, ✆ 0422106010, antibesjuanlespins.com.

Verbindungen Häufige Zugverbindungen nach Nizza, Cannes und Marseille; der Bahnhof liegt nördl. des Stadtzentrums, unweit des Port Vauban an der Avenue Robert-Soleau, ✆ 3635. Ausgezeichnetes Busnetz. Busverbindungen nach Nizza, Biot (zehnmal tägl.), Vallauris (zehnmal tägl.) und Juan-les-Pins, Golfe-Juan und Cannes (im 20-Minuten-Takt). Der Busbahnhof befindet sich neben dem Bahnhof. Manche Busse halten auch auf der Place Guynemer. lignedazur.com.

Parken Großer Parkplatz beim Port Vauban, in der Saison dennoch überfüllt. Zudem gibt es mehrere Parkhäuser.

Literatur Lutz Hachmeister, Hotel Provençal (C. Bertelsmann 2021). Am Beispiel Juan-les-Pins wird die Geschichte der Côte d'Azur erzählt.

Markt Der wochentags auf dem Cours Masséna stattfindende provenzalische Markt ist einer der buntesten an der Küste. Donnerstag- und Samstagvormittag findet zudem gleich nebenan auf der Place Audiberti ein Trödelmarkt statt. Dienstagvormittag werden auf der Place Général de Gaulle Klamotten verkauft.

Kinderspielplatz Mitten im Zentrum auf der Place des Martyrs de la Résistance.

Kino **Cineplanet,** großer Kinokomplex am Rande der Altstadt. cineplanet-antibes.fr.

Jardin Thuret Vier Hektar großer Park inmitten des Cap d'Antibes; er wurde 1857 von dem Botaniker Thuret angelegt. Boulevard du Cap/Chemin Raymond. Tägl. 8–18 Uhr. Eintritt frei!

Kajak **Cap Kayak,** verleiht Kajaks und Stand-up-Paddles, mit denen man die Küste entlangfahren kann (ab 15 €). Port Gallice, ✆ 066228 0954, capkayak.fr.

Strände Mini-Sandbucht unterhalb der Zitadelle. Nördl. der Stadt erstreckt sich ein langer Kiesstrand, in Richtung Cap d'Antibes gibt es ein paar hundert Meter vom Zentrum noch zwei kleine, sandige Badebuchten (Plage de la Gravette). Die meisten Buchten am Cap d'Antibes sind felsig oder nicht öffentlich zugänglich. Schöne Sandstrände findet man im benachbarten Juan-les-Pins.

Tennis **Mouratoglou Tennis Academy,** ein Mekka für Liebhaber des weißen Sports. Trainerstunden auf 34 Plätzen. 3350, route des Dolines, ✆ 0631483090, mouratoglou.com.

Veranstaltungen **Les Voiles d'Antibes:** Jedes Jahr Ende Mai/Anfang Juni treffen sich tolle Segeljachten in Antibes. voilesdantibes.com.

Übernachten/Essen & Trinken/Nachtleben

→ Karte S. 127

Übernachten ***** **Hôtel du Cap-Eden-Roc 23,** der Klassiker unter den Hotels an der Côte d'Azur. Seit jeher ist das Hotel das Mekka der amerikanischen Schickeria; einst gondelten Clark Gable, Humphrey Bogart, Rita Hayworth, Charlie Chaplin (der hier das Schwimmen lernte) und John Wayne mit der privaten Hotelseilbahn zum Strand hinunter, in unseren Tagen sonnen sich Stars wie Madonna, Brad Pit und Sharon Stone am beheizten Meerwasserpool. Während der Filmfestspiele und in den Sommermonaten kann nur reservieren, wer ein bereits bekannter Gast ist oder wer eine Empfehlung eines bekannten Gastes vorweisen kann. Das stilechte Ambiente des Eden Roc schlägt pro Zimmer und Nacht ab 600 € aufwärts zu Buche, aber dafür gibt es auch einen hoteleigenen Hundefriedhof … Von Nov. bis März geschlossen. Boulevard J. F. Kennedy, ✆ 049361 3901, hotel-du-cap-eden-roc.com. **€€€€**

**** **Royal 20,** ein neues modernes Hotel, nur durch eine Straße vom Strand getrennt. Zeitlos elegante Räume, großzügige Bäder, viel Komfort. Großzügige Frühstücksterrasse. Wer allerdings einen Balkon und Meerblick haben will, kann in der Hochsaison leicht das Dreifache investieren; Garage gegen Gebühr. 16, boulevard Maréchal Leclerc, ✆ 0483619191, hotelroyal-antibes.com. **€€€€**

**** **Port Prestige 2,** die Ferienresidenz von Pierre & Vacances liegt direkt am Hafen. Die Gebäude, die sich um eine terrassenförmige Badelandschaft gruppieren, wurden von dem Pariser Stararchitekten Christian de Portzamparc entworfen. Wohnungen für 4–7 Pers. 55, avenue de Verdun, ✆ 0492906200, pierreetvacances.com. **€€€**

**** **Villa Port Antibes 3,** ein erst 2020 eröffnetes Hotel am Jachthafen. Die meisten Zimmer haben einen Balkon. Es gibt ein Spa und einen schönen Swimmingpool, neben dem auch das Frühstück serviert wird. 8, avenue Frédéric Mistral, ✆ 0422580410, villa-port-antibes.com. **€€€€**

*** **De la Place 16,** zentral gelegen, gefällt dieses über dem gleichnamigen Teesalon eröffnete Hotel mit seinen zeitlos modernen und gut ausgestatteten Räumen. Drei Zimmer mit kleinem Balkon samt „Baumblick". Sehr gute Matratzen! Wohlfühlatmosphäre, ausgezeichnetes Frühstücksangebot. 1, avenue du 24 Août, ✆ 0497210111, la-place-hotel.com. **€€€**

Mein Tipp ** **La Jabotte 21,** kleines, schmuckes Hotel nur 60 m von der Plage de la Salis entfernt. Die meisten der sechs charmanten, aber kleinen Zimmer (jedes individuell eingerichtet und sehr sauber!) sind wie Cabanons um einen kleinen Innenhof gruppiert, der mehrere Sitzgelegenheiten bietet und in dem auch das liebevoll zubereitete Frühstück serviert wird. Es gibt auch ein kleines Hallenbad. Wer

Lust hat, kann abends noch einen Aperitif trinken, bevor man in die Altstadt von Antibes aufbricht. Kinder erst ab zehn Jahren erwünscht. Vier (kleine) Parkplätze vor dem Haus verfügbar. Neben Doppelzimmern gibt es auch eine Suite. Im Sommer zwei Tage Mindestaufenthalt. 13, avenue Max Maurey, ✆ 0493614589, jabotte.com. **€€€**

**** Best Western Plus Antibes Riviera 1**, das von einer Deutschen geführte Hotel gefällt mit dem familiären Flair und den großen modernen Zimmern. Parkplätze vor dem Haus. Lage unweit des Bahnhofs. 41, rue de Nice, ✆ 049 3650650, bestwestern.com. ▪ **Lesertipp €€€**

***** Le Relais du Postillon 12**, man kann sich gut vorstellen, dass vor dem Bruchsteinhaus einst die Postkutschen hielten; heute ist der Busbahnhof gleich ums Eck. Das Restaurant besitzt eine schöne Straßenterrasse, auf der man am Morgen in der Sonne frühstücken kann. Die gemütlichen Zimmer sind nach französischen, italienischen und deutschen Städten benannt. Ein paar besitzen einen Balkon. 8, rue Championnet, ✆ 0493342077, relaisdupostillon.com. **€€–€€€**

**** Modern Hotel 15**, dieses von einem Paar geführte Hotel liegt mitten im Zentrum, nur ein paar Schritte vom Busbahnhof entfernt in der Fußgängerzone. Die Zimmer sind hell und freundlich, die Bäder großzügig. Bleibt die Frage zu klären, warum es nirgendwo in Südfrankreich ein wirklich gut designtes Modern Hotel gibt ... 1–3, rue Fourmillière, ✆ 0492905905, modernhotel06.com. **€€**

Jugendherberge Caravelle 60 22, günstige Herberge am Cap d'Antibes. Zimmer für 2 bis 5 Pers. Boulevard de la Garoupe, ✆ 049381 2763, clajsud.com/relaisclajantibes.html. **€**

Camping Die Küste zwischen Antibes und dem weiter nördl. gelegenen Villeneuve-Loubet-Plage war ein wahres Campingparadies, allerdings wurden mehrere Plätze bei einem schweren Unwetter zerstört. Eine Wiedereröffnung ist fraglich.

Essen & Trinken Le Petit Cageot 9, beliebtes kleines Restaurant mit ausgezeichneter Küche. Das Angebot reicht von Ceviche von der Dorade bis zum *Onglet de Veau*. Kreative Variationen! Hauptgerichte rund 22 € (mittags), abends Menü zu 39 und 49 €. Straßenterrasse. Samstagmittag, So und Mo Ruhetag. 5, rue du Dr Rostan, ✆ 0489684866, leptitcageot.com.

MeinTipp **Le Figuier de Saint-Esprit 7**, mitten im Restaurant steht der namensgebende Feigenbaum, doch lohnt ein Besuch des Gourmettempels vor allem wegen der Kochkünste von Christian Morisset, die den Michelin-Testern einen Stern wert sind. In seinem Restaurant im Herzen der Altstadt begeistert der Chefkoch mit dem auffällig gezwirbelten Schnurrbart durch eigenwillige Kreationen, die sich immer deutlich am marktfrischen Angebot orientieren. Egal, ob gefüllte Zucchiniblüten mit Gambas oder violetter Spargel mit Seeteufelfilet – es gibt nichts zu bemängeln. Keine Frage: Das beste Restaurant der Stadt! Mittagsmenüs zu 55–68 €, abends 108 und 168 €. Di sowie Montag- und Mittwochmittag geschlossen. 14, rue Saint-Esprit, ✆ 0493345012, christian morisset.fr.

Malen am Strand

Golden Beef 18, trendiges Restaurant mit zugehöriger Lounge-Bar, unweit des Meeres und der Festungsmauern gelegen. Große, schattige Straßenterrasse. Seit einem Konzeptwechsel firmiert das Restaurant als Steakhouse. Es gibt aber auch Pizzen. Spätabends trifft man sich noch auf einen Cocktail in der in den dominierenden Farben Rot und Schwarz gehaltenen Lounge. Kein Ruhetag. 1, avenue Général Maizière, ✆ 0493345986, golden-beef.fr.

Nacional 8, „quelle cuisson?", ist die wichtigste Frage in diesem modernen, auf Grillgerichte spezialisierten Lokal. Und egal, ob man es *saignant* oder *à point* bevorzugt, hier ist man richtig. Filetsteak ab 39 €, üppig portioniert ist die Tagliata für 28 €. Hervorragend und preiswert sind die Vorspeisen, so der lauwarme Tintenfischsalat mit Kartoffeln. Es gibt auch durchschnittliche Pizzen. Modernes (Lounge-) Ambiente, schöner Innenhof, aber auch Terrasse am Hauptplatz. 61, place Nationale, ✆ 049 3617730, Facebook.

Le Vauban 5, Raymond Cornelissens hat jahrelang bei Sternekoch Christian Morisset gearbeitet und jetzt sein eigenes Restaurant eröffnet. Raffinierte mediterrane Küche, so bei einem Kabeljau mit grünem Spargel. Ausgezeichnetes Preis-Leistungs-Verhältnis! Mittagsmenü 29 €, weitere Menüs zu 49 und 57 € (81 € mit korrespondierenden Weinen). Mo und Di Ruhetag. 7bis, rue Thuret, ✆ 0493343305, levauban.fr.

La Closerie 6, die bei Einheimischen beliebte Pâtisserie bietet auch leckere Mittagsgerichte an, die im Sommer auf der schönen Terrasse serviert werden. Im ersten Stock werden auch Kurse angeboten. Mo–Sa nur mittags geöffnet. Reservierung empfehlenswert. 8, boulevard Dugommier, ✆ 0493340992, lacloserieantibes.com.

Le 44 19, das am Rande der Altstadt gelegene Restaurant ist bekannt für seine ansprechende moderne französische Küche. Menü zu 39 € (mittags), 59 €, vegan 69 €. Mo und Dienstagmittag geschl. 44, boulevard Albert 1er, ✆ 097 3294185, le44riviera.com.

Wanderung rund ums Cap d'Antibes

Nananère 10, Lokal in einem Neubau in zentraler Lage, gefällt mit seinem Flair und einer ansprechenden Bistroküche. Wer will, kann auf der schöne Straßenterrasse auch nur einen Café trinken. Mittagsmenü 27 €. Sonntagabend geschlossen. 18, rue Championnet, ✆ 049334 7351, resto-nananere.com.

Le Chrono 13, das in einer Gasse (Straßenterrasse mit Hochstühlen) im Zentrum gelegene Restaurant ist ein Tipp für Pizzaliebhaber. Lohnend ist es, die Pizza als Hauptgang im Menü für 28,50 € zu wählen, allerdings sind die Portionen sehr üppig (gilt auch für Nudel- und Fleischgerichte), sodass man viel Hunger mitbringen muss. Netter Service. Sonntagmittag geschlossen. 32, rue James Close, ✆ 0497210034.

Mein Tipp **Le Safranier 17,** nachdem das Restaurant 2020 von einem ehemaligen Koch des Cap-Eden übernommen wurde, begeistert das Lokal mit einer kreativen Küche zu angemessenen Preisen. Sehr lecker war der gegrillte Tintenfisch als Vorspeise, ein Gedicht der Seeteufel mit Roter Beete (29 €) als Hauptgang. Gute offene Weine. Große Terrasse. Mo und Donnerstagmittag Ruhetag. Place du Safranier, ✆ 0493348050.

Plage Keller (Restaurant Le César) 24, ein wunderbares Strandrestaurant am Cap d'Antibes. Ein breites Angebot vom Salat bis zum frischen Fisch. Mit Hauptgerichten für 30–35 € nicht gerade billig, aber dafür sitzt man direkt am Strand. Wer will, kann auch für 25 € pro Tag eine Strandliege mieten. Im Sommer tägl. 9–23 Uhr. Mitte Okt. Bis Mitte März Betriebsferien. Ähnliches Angebot nebenan im Restaurant Plage Joseph. 1035, chemin de la Garoupe, ✆ 0493613374, restaurant-plage-cesar-antibes.fr.

Chocomama 11, dieses Schokoladengeschäft ist ein Traum für alle Schleckermäuler. Hier gibt es Macarons in allen Variationen, Törtchen und Kuchen. Keine Sitzgelegenheiten. Tägl. 9–19.30 Uhr. 27, rue de la République.

Le Bar à Absinthe 14, in der Bar dreht sich alles um die grüne Fee, die für 7 € ausgeschenkt wird. Mo Ruhetag. 25, cours Masséna.

Nachtleben L'Endroit 4, coole Lounge-Bar mitten in der Altstadt. Ein durchtrainierter Türsteher selektiert die zumeist jüngeren Gäste mit kritischem Blick. 29, rue Aubernon.

Noble Strandbäder in Juan-les-Pins

Zwischen Antibes und Cannes

Juan-les-Pins

Der mondäne Nachbarort von Antibes ist weltbekannt für sein Jazz-Festival. Ray Charles, Miles Davis, Louis Armstrong, Count Basie, Dizzy Gillespie, John Coltrane und Keith Jarrett spielten schon bei dem 1960 gegründeten Festival. Hier wurde Jazz-Geschichte geschrieben!

Auch wenn heute viele moderne Gebäude das Stadtbild prägen, scheint sich die Atmosphäre von Juan-les-Pins seit 1931 nur unwesentlich verändert zu haben. Damals befanden Klaus und Erika Mann, das Flair von Juan-les-Pins sei nur schwer zu beschreiben: „Man könnte sagen, dass es eine ungefähre Mischung aus Cannes und St. Tropez ist; anspruchsloser, lustiger, harmloser als das andere; weniger Bohème, eleganter als das andere. Ausgesprochener Sommerort, der es ist, spielt hier Strand eine größere Rolle als die Promenade oder das Kasino; das Badekostüm ist wichtiger als Teekleid und Abendtoilette." Eine lange Geschichte hat Juan-les-Pins nicht vorzuweisen. Nur 50 Jahre vor Klaus und Erika Manns Besuch war das kleine

Fischerdorf vom Herzog von Albany, dem Sohn von Queen Victoria, entdeckt und auf den Namen Juan-les-Pins getauft worden. In den Zwanzigerjahren fand sich rund um den amerikanischen Schriftsteller F. Scott Fitzgerald und seine Frau Zelda Sayre ein illustrer Künstlerkreis zusammen, dem der Ort sein frivoles Flair verdankt.

Juan-les-Pins gibt sich noch heute recht ungezwungen; bis in die frühen Morgenstunden hinein gehört der Ort den vergnügungssüchtigen Nachtschwärmern. Seit den 1920er-Jahren ist Jazz die vorherrschende musikalische Stilrichtung, liebevoll wird von einem Nouvelle-Orléans-les-Pins gesprochen. *Sidney Bechet* machte den Jazz 1951 in Juan-les-Pins salonfähig, ein Jahr nach Bechets Tod wurde das berühmte Jazz-Festival erstmals eröffnet. Ein Auszug aus der Liste der aufgetretenen Stars gleicht einem „Who is Who" der Jazzmusik: Louis Armstrong, Ella Fitzgerald, Duke Ellington, Count Basie, Charlie Mingus, Stan Getz, Charlie Parker, Sarah Vaughan …

Praktische Infos

Information **Office de Tourisme,** 60, chemin des Sables, 06160 Juan-les-Pins, ✆ 0422106010, antibesjuanlespins.com.

Verbindungen Der Bahnhof liegt unweit des Zentrums in der Avenue de l'Estérel. Zugverbindungen nach Antibes, Nizza, Cannes und Marseille, nach Antibes bestehen zudem Busverbindungen im 20-Minuten-Takt.

Literaturtipp Fitzgerald, F. Scott: Zärtlich ist die Nacht. Diogenes Taschenbuch.

Unterwasserfahrt Von April bis Sept. startet mehrmals tägl. ein Ausflugsboot zum Cap d'Antibes, durch dessen 14 m lange Unterwasserfenster die Flora und Fauna des Mittelmeers beobachtet werden kann. Abfahrt vom Ponton Courbet. Fahrzeit: 1 Std. Kosten: 15 €, erm. 7 €. Weitere Informationen: visiobulle.com.

Veranstaltungen **Festival international de Jazz d'Antibes-Juan-les-Pins:** Alljährlich im Juli treffen sich die Jazz-Größen in Antibes und Juan-les-Pins.

Parc Exflora Fünf Hektar großer, öffentlicher Garten im Westen der Stadt. Üppige Vegetation mit Palmenhain, exotischem Garten und künstlichem Wasserfall.

Strände In Juan-les-Pins gibt es einen feinen, aber nur schmalen Sandstrand. Allerdings darf man sich an den meisten Stränden in Ortsnähe nur gegen Gebühr niederlassen; weicht man nach Norden in Richtung Golfe-Juan aus, findet man einen lang gestreckten, frei zugänglichen Strandabschnitt, doch herrscht hier in der Saison leider akute Parkplatznot.

Übernachten ****** Sainte-Valérie,** eine sehr stilvolle Villa mit geschmackvollen Zimmern und einem wunderschönen Garten samt beheiztem Pool. Ein herrlicher Ort zum Entspannen. Kinder unter 12 Jahren sind nicht erwünscht. 13, rue de l'Oratoire, ✆ 0493610715, hotel-sainte-valerie.fr. **€€€€**

Mein Tipp ****** Le 1932,** das im Art-déco-Stil errichtete Hotel wurde 2022 nach umfangreichen Renovierungsarbeiten wieder eröffnet und erstrahlt im alten Glanz der Côte d'Azur. Verschiedene Zimmerkategorien, alle mit Balkon oder Terrasse, in der Luxuskategorie mit eigenem Pool. Dachterrasse mit Pool und tollem Meerblick! In der wunderbaren Rotonde wird das hervorragende Frühstück serviert. Sehr schön ist das Ambiente im Dachrestaurant Quinto Cielo, das eine spanisch-mediterrane Küche serviert, wobei bei manchen Gerichten wie der *Aubergine à la Parmigiana* (24 €) noch Luft nach oben ist. 5, avenue Saramartel, ✆ 04292935454, le1932hotelspa.com. **€€€€**

****** AC Hotel,** wer Wert auf Komfort und hervorragenden Service legt, ist hier genau an der richtigen Adresse. Das Hotel schließt einen lichtdurchfluteten Atriumshof ein, sodass die geräumigen Zimmer alle einen Balkon besitzen. Man relaxt im beheizten Swimmingpool oder badet am hoteleigenen Strand. Das opulente Frühstücksbuffet lässt sich am besten auf der sonnigen Terrasse genießen, ganz ausgezeichnet speist man im Restaurant Le Cézanne. 50–52, chemin des Sables, ✆ 0492937410, marriott.com. **€€€€**

***** Mimosas,** „eine Oase der Ruhe im sonst doch etwas hektischen Urlaubsort. Riesen Pool im traumhaften tropischen Garten. Das Hotel selbst ist schon etwas in die Jahre gekommen, aber es wird durch Sauberkeit und den Garten wieder wettgemacht. Aufpreis für Zimmer mit

Balkon und Gartenblick lohnt sich", befand eine Leserin. Rue Pauline, ✆ 0493610416, hotelmimosas.com. ▪ **Lesertipp €€€**

***** Le Sud,** 2020 eröffnetes Hotel mit lichtem mediterranem Charme. Es gibt auch einen Garten mit kleinem Pool. 5, rue Marcel Paul, ✆ 049 2933260, hotellesud.com. **€€€**

***** Eden,** nettes Hotel mitten im Ort, passable Zimmer, schöne Frühstücksterrasse im ersten Stock. 16, avenue Louis Gallet, ✆ 049361 0520, hoteleden-labaigneuse.fr. **€€–€€€**

MeinTipp ***** Cecil,** sympathische Villa mit familiärem Flair mitten in einer ruhigen Seitenstraße im Ort, aber nur fünf Minuten vom Strand entfernt. Gepflegte, großzügige Zimmer mit netten Dekoakzenten. Einladende Frühstücksterrasse vor dem Haus. Keine schlechte Wahl! Nur von März bis Okt. geöffnet. 21 Zimmer. Rue Jonnard, ✆ 0493610512, hotel-cecil.com. **€€**

*** Trianon,** einfaches, aber sauberes Hotel, in einem verspielten Jugendstilhaus unweit des Bahnhofs gelegen. Allein das Treppenhaus begeistert. Ordentliche Zimmer, nette kleine Frühstücksterrasse im ersten Stock. 14, avenue de l'Estérel, ✆ 0493611811, trianon-hotel.com. **€**

Essen & Trinken **Ammos Plage,** anspruchsvolles Strandrestaurant im Westen des Ortes, bekannt für seine gute Fischküche. Boulevard du Littoral, ✆ 0630058591, Facebook.

Le Perroquet, gut geführtes Restaurant, das sich der provenzalischen Küche verschrieben hat. Große Straßenterrasse. Menüs zu 22 (mittags), 40 und 49 €. 9, avenue Gallice, ✆ 049361 0220, restaurantleperroquet.fr.

Café de la Plage, hier kann man in ungezwungener Atmosphäre entweder einfach nur einen Aperitif trinken (Aperol 11 €) und den Blick aufs Meer genießen oder sich an leckeren Salaten, Pizzen und Nudelgerichten erfreuen. 1, boulevard Baudoin, ✆ 0493613761.

Can Can, seit 1958 ein fester Anlaufpunkt für Pizzafans. Pizzen (ca. 11–17 €) mit hauchdünnem Boden. Avenue Guy de Maupassant, ✆ 0493611280.

Nachtleben In Juan-les-Pins gibt es mehrere Diskotheken mit saftigen Eintrittspreisen. Ein beliebter abendlicher Treffpunkt mit Live-Musik ist **Le Pam Pam** (137, boulevard Wilson) und das gegenüberliegende **Le Festival.**

Golfe-Juan

11.000 Einw.

Zwischen Cannes und Antibes gelegen, präsentiert sich Golfe-Juan als moderner Badeort. Abgesehen von seiner kurzen Strandpromenade und einem Jachthafen hat Golfe-Juan zwar keinerlei Attraktionen zu bieten, dafür liegt das Preisniveau deutlich unter demjenigen von Cannes und Juan-Les-Pins.

Dank *Napoléon* wurde das kleine Fischerdorf Golfe-Juan zu einem Ort der Weltgeschichte: Am 1. März 1815 landete der nach Elba verbannte Kaiser mit seiner 1100 Mann starken Leibgarde im Hafen von Golfe-Juan. Über Grenoble eilte er der französischen Hauptstadt zu, um die konstitutionelle Monarchie Louis XVIII zu Fall zu bringen. Später erwählte dann ein anderer, von seinen Körpermaßen „kleiner", aber gewiss ebenso bedeutender Mann Golfe-Juan zu seinem zeitweiligen Domizil: Die Rede ist von Pablo Picasso, der sich nach Kriegsende mit seiner damaligen Lebensgefährtin *Françoise Gilot* hier niederließ, glücklich, wieder in seinem geliebten Südfrankreich leben zu können.

Information **Office de Tourisme,** Parking du Vieux Port, 06220 Golfe-Juan, ✆ 0493637312, vallauris-golfe-juan.com.

Verbindungen Zugverbindungen nach Antibes, Nizza, Cannes und Marseille. Der Bahnhof liegt zentral, nur wenige Schritte vom Meer entfernt. An der Route Nationale befindet sich eine häufig frequentierte Bushaltestelle der Linie Nizza–Cannes, zudem bestehen Busverbindungen nach Vallauris. lignedazur.com. In der Saison drei- bis viermal tägl. Schiffsverbindungen zu den Iles de Lérins mit Riviera Lines.

 → Karte S. 114/115

Markt Freitagvormittag auf der Avenue Aimé Berger.

Strände Die sandigen Strände um Golfe-Juan sind relativ schmal und überlaufen.

Übernachten *** **Blanc Sable Hotel,** 500 m vom Strand entfernt, aber dennoch ein schönes Boutique-Hotel mit angenehmem Flair. In den Zimmern dominieren Weißtöne. Einen Pool gibt es auch. 6, impasse Beau Soleil, ✆ 0493636363, blancsablehotel.com. **€€€**

Essen & Trinken In Golfe-Juan findet man eine ganze Reihe einladender Restaurants direkt am Hafenkai. Man speist mit Blick auf die angetäuten Segeljachten. Einzig die Bedienungen können einem leidtun, müssen sie doch ständig die Straße überqueren. **Le Bistrot du Port** ist sehr zu empfehlen, 53, boulevard des Frères Roustan, ✆ 0493637064, bistrotduport.com. Ein weiteres ansprechendes Restaurant ist **Chez Gigi,** nur ein paar Häuser weiter.

Vallauris

14.000 Einw.

Wer von Vallauris spricht, muss im gleichen Atemzug den Namen Picasso nennen. Der Maler befasste sich hier in den 1950er-Jahren mit der Töpferei, die in der Stadt eine lange Tradition hat.

Kurz nach Ende des Zweiten Weltkrieges, als Picasso im nahen Golfe-Juan lebte, machte er die Bekanntschaft von Susanne und Georges Ramiès, die in Vallauris eine Töpferei betrieben. Sie luden ihn ein, ihre Madoura-Töpferei zu besuchen und sich dort an Ton zu versuchen. Picassos Interesse war schnell geweckt; nach den ersten Versuchen zeigte er sich begeistert und schuf mit Unterstützung heimischer Töpfer in den nächsten zwei Jahren weit über 2000 Tonarbeiten. Als Picasso bemerkte, dass er in der Töpferei nicht den vollendeten künstlerischen Ausdruck wie in seinen Bildern und Plastiken finden konnte, gab er dieses „Handwerk" wieder auf. Seit er 1952 im Auftrag der Stadt auch noch eine romanische Kapelle mit dem Bild „Krieg und Frieden" ausmalte, war Picassos Name in Vallauris allgegenwärtig; auf dem Marktplatz steht zudem ein Abguss von Picassos Bronzeskulptur „L'Homme au Mouton". Dass Picasso zum Ehrenbürger ernannt wurde, versteht sich fast von selbst. Vallauris hat aber noch einen zweiten berühmten Ehrenbürger: *Jean Marais*. Der Schauspieler und Cocteau-Freund fühlte sich dem Städtchen stets liebevoll verbunden. Nach seinem Tod (8.11.1998) wurde Marais seinem Wunsch gemäß auf dem kleinen Friedhof von Vallauris begraben. Das skurrile Grab ist durchaus einen Besuch wert.

Die Töpferei kann in Vallauris aber auf eine weitaus längere Tradition zurückblicken: Aufgrund der reichen Tonvorkommen in der Umgebung entstanden bereits während der Antike – der Name Vallauris leitet sich von „vallis aurea" ab – die ersten Töpferbetriebe in Vallauris. Nachdem das Dorf von der Pest entvölkert worden war, ließen sich im Jahre 1501 italienische Töpfer nieder und nahmen die Produktion wieder auf. Damals erfolgte auch der Wiederaufbau der Stadt auf einem neuen rechtwinkligen Grundriss. Zunächst wurde schwerpunktmäßig Geschirr aus glasiertem Ton hergestellt, ab dem 18. Jahrhundert widmeten sich die Töpfer verstärkt der Produktion von edlem Geschirr im Louis-XV-Stil. Noch heute wird hier auf traditionelle Weise getöpfert, wenngleich in den Geschäften des Ortes auch viele minderwertige und langweilige Tonwaren feilgeboten werden. Gerne orientiert man sich an Picasso und Fernand Léger, die in Vallauris ihre Werkstätten hatten. Regelmäßig finden die *Biennale Internationale de Céramique d'Art* und diverse Töpferfeste statt.

Sehenswertes

Château: Das aus der Renaissance stammende Bauwerk ähnelt einem provenzalischen Gutshof *(mas)*. Bis 1787 residierte hier ein Probst. Das Schloss und das benachbarte Gebäude beherbergen zwei Museen:

Musée National de Picasso: Die zum Château gehörende romanische Kapelle mit Picassos berühmtem Wandgemälde *La Guerre et la Paix* („Krieg und Frieden") wurde zum Nationalmuseum erhoben. Innerhalb von zwei Monaten hatte das Universalgenie dieses monumentale Werk (125 m²) geschaffen, das seit 1952 die Krypta der Kapelle ziert. Wenngleich manche Kritikerstimmen das Wandgemälde im Rahmen von Picassos Œuvre als eher gering einschätzen, schafft „Krieg und Frieden" in dem fensterlosen Raum eine faszinierende Stimmung. Die Kapelle, die noch den strengen romanischen Geist ihrer Bauzeit besitzt, bietet zudem einen Einblick in Picassos keramisches Werk.

■ Place de la Libération. Tägl. außer Di und an Feiertagen 10–12.15 und 14–17 Uhr, Juli bis Mitte Sept. bis 18 Uhr. Eintritt 6 €, erm. 3 € (inkl. Musée Magnelli und Musée Céramique). musees-nationaux-alpesmaritimes.fr/picasso.

Musée Magnelli et Musée Céramique: Im Mittelpunkt der Dauerausstellung steht *Alberto Magnelli* (1888–1971), ein Pionier der abstrakten Kunst. Daneben sind auch Fotografien ausgestellt, die Picasso bei den Arbeiten zu seinem Wandgemälde zeigen. Imposant wirkt ein Picasso-Foto von André Villers, das den Meister in majestätischer Pose mit verschränkten Armen und nacktem Oberkörper darstellt. In einem Flügel des Schlosses sind zudem zahlreiche Töpferarbeiten aus Vallauris ausgestellt.

■ Place de la Libération. Tägl. außer Di und an Feiertagen 10–12.15 und 14–17 Uhr, Juli bis Mitte Sept. bis 18 Uhr. Eintritt 6 €, erm. 3 € (inkl. Musée National de Picasso).

Picasso: „L'Homme au Mouton"

Praktische Infos

Information **Office de Tourisme,** 4, avenue Clemenceau, 06220 Vallauris, ✆ 049 3631838, vallaurisgolfejuan-tourisme.fr bzw. vallauris-golfe-juan.com.

Verbindungen Zehnmal tägl. verkehren Busse zwischen Vallauris und Antibes, zudem bestehen Busverbindungen nach Golfe-Juan und Cannes. Gare routière: Boulevard Maurice-Rouvier (unweit des Château), ✆ 0493641837, lignedazur.com.

Markt Tägl. außer Mo von 7 bis 12.30 Uhr auf der Place de l'homme au mouton.

Essen & Trinken **Café du Coin,** an der Ecke eines Platzes gelegen, gefällt das Café mit den grauen Metallstühlen. Mittagsmenü 22 €. Freitag gibt es Aioli. Sonntagabend und Mo geschlossen. Place Jules Lisnard, ✆ 0492902779.

Mougins

Das schmucke, einen kleinen Hügel krönende Dorf – den Wegweisern Moulin Village folgen – ist bekannt für seine ausgezeichneten Restaurants, ansprechenden Galerien und zahlreichen Kunsthandwerker.

Eine Ortserkundung nimmt nicht viel Zeit in Anspruch, es sei denn, man lässt sich zur Einkehr oder zu einem Besuch des Fotografiemuseums bewegen. Bereits die Römer besiedelten Mougins – der Name leitet sich von Mons Egnita ab –, im Mittelalter wurde der Ort mit einer Stadtmauer befestigt, deren Verlauf noch heute erkennbar ist. Bekannt wurde Mougins als Altersruhesitz Picassos, der auf einem abgeschotteten, außerhalb gelegenen Landsitz in der Nähe der Chapelle Notre-Dame-de-Vie seine letzten zwölf Lebensjahre verbracht hatte. Eine der berühmtesten Frauen Frankreichs starb zehn Jahre zuvor, im Oktober 1963, ebenfalls in Mougins: *Edith Gassion,* die alle Welt nur als „die Piaf" kannte. Ein Abstecher zu der beschaulichen Doppelgemeinde Mouans-Sartoux lohnt ebenfalls.

Sehenswertes

Centre de la Photographie: Das neue Fotokunstmuseum von Mougins zeigt in einem komplett renovierten Altstadthaus Wechselausstellungen auf zwei Etagen.

▪ Porte Sarrazine. April bis Sept. tägl. außer Di 10–19 Uhr, im Winter tägl. außer Mo und Di 13–18 Uhr. Eintritt 6 €, erm. 3 €. centrephotographiemougins.com.

Kunst gehört in Mougins zum Stadtbild

Female Artist of the Mougins Museum (FAMM): Nach einer Konzeptänderung präsentiert das in der Altstadt gelegene Museum seit Juni 2024 nur Kunst von Künstlerinnen.

▪ 32, rue Commandeur. Tägl. 10–18 Uhr. Eintritt 14 €, erm. 7 oder 5 €. mouginsmusee.com.

L'Espace de l'Art Concret in Mouans-Sartoux: Das Zentrum für konkrete Kunst in Mouans-Sartoux wurde 1990 von dem Sammler- und Künstlerpaar Sybil Albers und Gottfried Honegger gegründet, um dieser Kunstform, die sich auch mit Geometrie, Stereometrie und anderen Spielarten der Mathematik beschäftigt, ein breiteres Forum zu geben. Mit Erfolg: Um dem Ansturm der Besucher besser gerecht zu werden, wurde 2004 ein turmartiger Neubau neben dem Schloss errichtet.

▪ Château de Mouans. Mi–So 13–18 Uhr, im Juli und Aug. tägl. 11–19 Uhr. Eintritt 7 €, erm. 5 €. espacedelartconcret.fr.

Picasso wacht noch heute über Mougins

Praktische Infos

Information **Office de Tourisme,** Place des Patriots, 06250 Mougins, ✆ 0492921400, mouginstourisme.com.

Verbindungen Mehrmals tägl. fahren Busse nach Cannes und Grasse. lignedazur.com.

Parken Zahlreiche kostenlose Parkplätze unterhalb des Dorfes.

Übernachten/Essen ***** Le Manoir de l'Etang,** eine exklusive Unterkunft außerhalb von Mougins. Bereits Jean Cocteau und Jean Marais zählten zu den Gästen. Mit Schwimmbad. Ambitionierte provenzalische Küche, Mittagsmenü 45 €, abends à la carte. Von Nov. bis Feb. geschlossen, Di und Mi Ruhetag. 66, allée du Manoir, ✆ 0492283600, manoir-de-letang.com. **€€€**

La Place de Mougins, das wahrscheinlich beste Restaurant in der Altstadt von Mougins (3 Gault-Millau-Hauben). Chefkoch Denis Fetisson versteht sich auf eine kreative mediterrane Küche. Das Spektrum spannt sich von einer *Daurade en écailles* bis zu einer *Bavette de bœuf* vom schwarzen Angusrind. Helles, kunstverziertes Ambiente, schöne Straßenterrasse. Menüs mittags zu 46 €, abends 90 und 130 €. Di Ruhetag. Place du Cdt. Lamy, ✆ 0493901578, laplacedemougins.fr.

L'Amandier, direkt am Ortseingang befindet sich die günstigere Filiale von Denis Fetisson, die mit einer herrlichen Panoramaterrasse zu begeistern weiß. Auch hier gibt es mediterrane Küche mit einem Schwerpunkt auf Spezialitäten aus Nizza (*Pissaladière, Daube de bœuf, Soupe de poissons de roche* etc.). Von Lesern gelobt. Mittagsmenüs zu 27 € (*Plat du Jour,* Kaffee und ein Glas Wein), sonst 45 und 65 €. Place des Patriotes, ✆ 0493900091, amandier.fr.

La Mediterrannée, ein weiteres gutes, in diesem Fall von Michelin empfohlenes Restaurant. Lecker ist der Wolfsbarsch für 2 Personen, bestellt wird à la carte, Hauptgerichte 25–40 €. 32, place du Cdt. Lamy, ✆ 0493900347, brasseriemediterranee.fr.

Le Bistrot de Mougins, unscheinbar, inmitten des Dorfes gelegen, wird eine traditionelle provenzalische Küche gepflegt. Lecker ist der Entenschlegel mit schwarzen Oliven. Straßenterrasse. Menüs zu 39 und 49 €. Nur abends geöffnet, So Ruhetag. Place de la Mairie, ✆ 049 3757834, lebistrotdemougins.fr.

Rund um Grasse, Antibes und Cannes → Karte S. 114/115

Auribeau-sur-Siagne

3200 Einw.

Auribeau-sur-Siagne gesellt sich nahtlos in die Reihe der verträumten Bergdörfer, die hier im Südosten Frankreichs so zahlreich zu finden sind. Ein paar mittelalterliche Häuser, eine verträumte Kirche, steile Gassen und Reste der Stadtmauer – das war's. Doch verglichen mit Mougins betritt man in Auribeau beinahe touristisches Neuland, dies liegt vielleicht daran, dass das über der Siagne thronende Dorf in kaum einem Reiseführer erwähnt ist. Ein wenig Ortsgeschichte: Auribeau-sur-Siagne wurde 1125 erstmals urkundlich erwähnt, Ende des 14. Jahrhunderts nach der großen Pestepidemie verlassen und erst 200 Jahre später wieder erneut besiedelt.

Information **Syndicat d'Initiative,** Mairie, 06810 Auribeau-sur-Siagne, ☏ 0492602020, auribeausursiagne.fr.

Verbindungen Tägl. fahren rund acht Busse nach Grasse.

Übernachten/Camping ***** Parc des Monges,** angenehmer, kleiner Platz mit schönem Swimmingpool (beheizt). Schattiges Wiesengelände, 2 km vom Dorf entfernt. Von Juni bis Sept. geöffnet. 635, chemin du Gabre, ☏ 0493609171, parcdesmonges.com.

Le Cannet

41.000 Einw.

Le Cannet wird oft nicht als eigenständiger Ort wahrgenommen, allzu fließend ist der Übergang zum nahen Cannes. Im Mittelalter waren beide Orte noch relativ gleichbedeutend, erst der aufkommende Tourismus hat Le Cannet vollkommen in den Schatten der Küstenstadt gedrängt. Die Höhenlage sorgt für ein angenehmes Klima, das auch so manchen Künstler veranlasst hatte, sich hier niederzulassen. Der bekannteste Bürger war der Maler *Pierre Bonnard* (1867–1947), der mit ein paar Unterbrechungen von 1922 bis zu seinem Tod hier lebte und arbeitete. Von dem terrassenförmig angelegten Marktplatz bietet sich ein eindrucksvoller Blick auf Cannes und die vorgelagerten Iles de Lérins.

Sehenswertes

Musée Bonnard: Das im Juni 2011 eröffnete Museum widmet sich dem Werk von *Pierre Bonnard*, der hier in Le Cannet seine schönsten Bilder malte. Für mehr als 3,5 Mio. Euro wurde das ehemalige Wohnhaus renoviert und zu einem Museum umgebaut, in dem auch Wechselausstellungen gezeigt werden.

16, boulevard Sadi Carnot. Tägl. außer Mo 10–18 Uhr, Juli und Aug. tägl. außer Mo bis 20 Uhr. Eintritt 7 €, erm. 5 €. museebonnard.fr.

La Chapelle Saint-Sauveur-Tobiasse: Die Kapelle aus dem 16. Jahrhundert wurde 1989 von dem Maler Théo Tobiasse, einem Schüler Chagalls, unter dem etwas eigenartigen Titel „La vie est une fête" (Das Leben ist ein Fest) ausgemalt. Mit kräftigen Farben widmete sich Tobiasse dem Thema Holocaust, wobei sich Rot und Blau als Symbole von Leben und Tod gegenüberstehen.

74, rue Saint-Sauveur. Besuch nur nach vorheriger Reservierung unter ☏ 0493463427.

Praktische Infos

Information **Office de Tourisme,** Place Benidorm, 06110 Le Cannet, ☏ 0493453427, lecannet-tourisme.fr.

Verbindungen Sehr häufig Busverbindungen (Linien 1, 4, 10, 11, 12 und 35) nach Cannes.

Cannes: nicht nur während der Filmfestspiele exklusiv

Cannes

73.200 Einw.

Noch immer gilt Cannes als eine der schillerndsten Tourismusmetropolen der Côte d'Azur, die Restaurants und Hotels rund um die Croisette haben nicht nur während der Internationalen Filmfestspiele Hochkonjunktur.

Statt Filmstars waren es im 19. Jahrhundert noch vor allem Adelige, die Cannes besuchten. Damals hatte Cannes gerade Nizza überflügelt und galt als exklusivster Badeort an der Küste. Gekrönte Häupter gaben sich einst sprichwörtlich die Klinke in die Hand. Stéphen Liégeard, der „Erfinder" der Côte d'Azur, jubilierte: „Cannes darf sich einer eigenen geschmiedeten Sonne rühmen, einer besonders noblen Verwandtschaft: Denn Cannes ist stolz auf die empfangenen Wohltaten – und bereit, sie an die Menschen weiterzugeben." Der Erste Weltkrieg leitete den Niedergang ein; zwei Jahrzehnte sollte noch das Großbürgertum in Cannes herrschen, doch spätestens mit dem in Frankreich 1936 eingeführten bezahlten Jahresurlaub wurde Cannes zum touristischen Allgemeingut. Die mondänen Hotelpaläste an der Croisette retten als letzte Zeugen die einstige Pracht in das dritte Jahrtausend.

Dank Filmfestspielen, Kongressen und einem zahlungskräftigen Publikum gehört Cannes zwar zu den vornehmen Orten an der Côte d'Azur, doch genau besehen, hat sich Cannes in den letzten Jahrzehnten zu einer modernen Großstadt gewandelt, die zusammen mit ihren Vororten 225.000 Einwohner zählt; selbst an der Croisette wurden gesichtslose Neubauten hochgezogen. Ungeachtet dessen zehrt Cannes noch immer von seinem einstigen Ruf, hierher kommt man zum Einkaufen und Flanieren, zum Sehen und Gesehen werden. Für einen Kultururlaub ist Cannes sicher nicht der richtige Ort, die historischen Sehenswürdigkeiten lassen sich bequem an einem Nachmittag erkunden. Achtung: In Cannes legt man Wert auf die richtige Etikette. Erst unlängst ersuchte der Bürgermeister die Touristen unter Androhung einer Strafe, doch bitte nicht in Badekleidung durch die Straßen zu promenieren. Apropos: Selbiger Bürgermeister war es auch, der nach den Terroranschlägen 2016 per Dekret ein Burkini-Verbot am Strand erlassen hat.

Geschichte

Trotz seiner strategisch günstigen Lage auf einer Anhöhe in unmittelbarer Meeresnähe blieb Cannes – sieht man von einem befestigten Beobachtungsposten ab – in der Antike bedeutungslos, denn die Bucht besaß keinen natürlichen Hafen, wie er für die Gründung einer Handelsniederlassung erforderlich war. Eine kleine Siedlung entstand erst, nachdem die Mönche von Lérins im 11. Jahrhundert im Auftrag der Grafen der Provence auf dem Berg einen Turm errichtet hatten; im Spätmittelalter entwickelte sich Cannes zu einer kleinen, mauergeschützten Stadt. Immer wieder wurde Cannes in Kriegshandlungen verwickelt, zuletzt gingen 1746 im Österreichischen Erbfolgekrieg die Truppen Maria Theresias an Land.

Von der Altstadt hat man einen schönen Blick auf den Hafen

Noch zu Beginn des 19. Jahrhunderts war Cannes ein kleines Städtchen mit nicht einmal 3000 Einwohnern. Doch dann spielte der Zufall Schicksal: Als der ehemalige britische Schatzkanzler *Lord Brougham* 1834 mit seiner kränkelnden Tochter Eleonore den Winter im italienischen Nizza verbringen wollte, wurde ihm wegen der dort herrschenden Choleragefahr die Einreise untersagt. Brougham blieb in Frankreich und fand in Cannes ein geeignetes Ausweichquartier. Der Küstensaum gefiel ihm so gut, dass er darauf verzichtete, zu einem späteren Zeitpunkt nach Nizza weiterzureisen und sich in Cannes eine Villa im italienischen Stil errichten ließ. Dank Lord Broughams Fürsprache stieg Cannes bald zu einem der exklusivsten Orte an der Côte d'Azur auf. Auch beim französischen König machte Brougham seinen Einfluss geltend: Louis-Philippe ließ sich erweichen und finanzierte den Bau eines neuen Hafenbeckens. Die Reisezeit beschränkte sich damals noch ausschließlich auf die Wintermonate. *F. Scott Fitzgerald* beschrieb in „Zärtlich ist die Nacht" die sommerliche Tristesse, die in den Zwanzigerjahren vorherrschte: „Vor dem Bahnhof in Cannes schliefen ein Dutzend Droschkenkutscher in ihren Droschken. Gegenüber auf der Promenade kehrten das Casino, die eleganten Läden und die großen Hotels der sommerlichen See blinde, eiserne Masken zu. Es war unvorstellbar, dass es einmal eine ‚Saison' gegeben haben sollte ..."

Sehenswertes

La Croisette: Was die Promenade des Anglais für Nizza, ist die Croisette für Cannes. Die ab 1850 nach Nizzaener Vorbild angelegte Prachtstraße zieht sich vom Festspielpalast bis zur 2 km entfernten Pointe Croisette hinüber, deren Spitze heute das Palm-Beach Casino markiert. Im Laufe der Zeit wurde die Croisette mehrfach umgebaut; ihr heutiges Aussehen erhielt sie erst 1961. Als berühmtester Bau entlang der Promenade gilt das Carlton Hotel mit seiner schneeweißen Zuckerbäckerfassade.

Festspielpalast: Der wuchtige Bau am Beginn der Croisette wird im Volksmund „Bunker" genannt. Ein doppeldeutiger Name. Der Bau erinnert einerseits an einen solchen, während der Internationalen Filmfestspiele ist er so sicher wie ein Bunker: Nur einer erlesenen Gästeschar wird Eintritt gewährt.

Altstadt Le Suquet: Das mittelalterliche Stadtviertel ist schnell erkundet, wenige schmale Gassen ziehen sich vom Hafen bergauf zum einstigen Kastell. Die steile Rue Saint-Antoine verwandelt sich abends in einen großen Freiluftspeisesaal, die Tische der Restaurants gehen fast nahtlos ineinander über. Die größte Sehenswürdigkeit neben dem Kastell und dem Museum ist die Kirche **Notre-Dame-de-l'Espérance,** ein für die Provence typischer, spätgotischer Sakralbau mit einem romanischen Glockenturm und einer Renaissance-Pforte.

Musée des Exploration du Monde (Musée de la Castre): Das Museum im alten Kastell besitzt eine außergewöhnlich reichhaltige ethnographische Sammlung – eine Stiftung des niederländischen Barons Lycklama –, deren wertvolle Exponate aus fast allen Teilen der Welt stammen. Zum Museum gehört auch eine ansehnliche Gemäldegalerie; die Bilder zeigen ausschließlich regionale Sujets. Eine Besteigung der **Tour de Suquet,** eines quadratischen, 22 m hohen mittelalterlichen Turms, lohnt sich wegen des ausgezeichneten Blicks auf Cannes und die Croisette. Die Innenräume erreicht man über eine Tür im ersten Stock, wobei die einstige Leiter durch eine feste Außentreppe ersetzt wurde. Dieser erhöhte Eingang stellte eine letzte Vorsichtsmaßnahme dar: Bei drohender Gefahr konnte die Leiter eingezogen und eine Eroberung erschwert werden.

▪ Tägl. außer Mo von Juli bis Aug. 10–19 Uhr, Mi bis 21 Uhr, von April bis Juni sowie im Sept. tägl. außer Mo 10–13 und 14–18 Uhr, von Okt. bis März nur bis 17 Uhr. Eintritt frei.

La Malmaison: Im Erdgeschoss einer klassizistischen Villa werden direkt an der Croisette, unweit des Carlton-Hotels teilweise hochkarätige Wechselausstellungen gezeigt. Hier hat übrigens der Galerist Aimé Maeght 1945 seine erste Bilderausstellung organisiert.

▪ 47, La Croisette. Tägl. außer Mo von Juli bis Sept. 11–20 Uhr, Fr bis 22 Uhr, von April bis Juni sowie im Sept. 10–13 und 14.30–18.30 Uhr, von Okt. bis März 10–12 und 14.30–18 Uhr. Eintritt 6 €, erm. 4 €.

Rund um Grasse, Antibes und Cannes → Karte S. 114/115

Stars und Starlets

Wenn alljährlich im Mai das Kameraklicken der Paparazzi die Ankunft der aufgedonnerten Stars und Starlets auf der Croisette untermalt, ist es wieder so weit: Zehn Tage lang hält der internationale Showzirkus medienwirksam in Cannes Hof. Produzenten und Verleiher, Filmkritiker und Regisseure, tief dekolletierte Damen und Dutzende von Kinostars treffen sich auf diversen Partys zwecks Smalltalk und hartem Business. Fast könnte man meinen, dass der Wettbewerb um die „Goldene Palme" als bloße Staffage zur Nebensache degradiert ist und sich nur die wahren Enthusiasten für die mehr als 300 gezeigten Filme interessieren. Für die Filmkritiker sind die Filmfestspiele alles andere als ein leichtes Los: Wer jeden Tag mehrere Filme zu verfolgen hat, steht nach zwei Wochen kurz vor dem Zelluloid-Delirium. Doch an Cannes führt in der Kinobranche kein Weg vorbei. Dabei hatten die Filmfestspiele von Cannes einen überaus schlechten Start: 1939 als Gegenveranstaltung zu dem von Mussolini dominierten Filmfestival von Venedig gegründet, fiel die Veranstaltung erst einmal regelrecht ins Wasser, denn just am Eröffnungstag der Filmschau befahl Hitler den Einmarsch in Polen. Erst nach Kriegsende wurden die Filmfestspiele ein zweites Mal ins Leben gerufen: Anfänglich im zweijährigen Rhythmus, ab 1950 präsentierte sich Cannes dann Jahr für Jahr als das Mekka des Films. Es ist heute unvorstellbar, doch in den Anfangsjahren verirrten sich nicht allzu viele Gäste nach Cannes, die Einheimischen machten noch den größten Teil der Zuschauer aus. In den 1950er-Jahren ging es dann steil bergauf: Gina Lollobrigida, Gary Cooper, Sophia Loren, Cary Grant, Kirk Douglas und Orson Welles verliehen dem Festival einen besonderen Touch. Im Sog der Stars kamen dann die Starlets: Eine junge Engländerin namens Simone Silva stolzierte 1954 als erste barbusig über die Croisette – statt des erhofften Filmangebots musste sie jedoch eine Rüge der Festivalleitung einstecken. Im Mai '68 hielt die Revolution Einzug: Truffaut, Godard und Louis Malle besetzten die Vorführräume; in den nächsten Jahren verlagerte sich der Schwerpunkt des Filmfestivals auf Filme mit politischem oder künstlerischem Wert, weniger die Stars als die Regisseure gaben den Ton an.

Heute steht die kommerzielle Seite der Filmfestspiele entschieden im Vordergrund: Allein die funktionelle Betonburg des 1982 errichteten Palais des Festivals wirkt unheimlich ernüchternd. Die Augen der Produzenten und Verleiher sind auf die möglichst hohen Einspielquoten gerichtet, die künstlerische Qualität ist zweitrangig. Wer anspruchsvolle Kinokost sehen will, muss die Vorführungen der außer Konkurrenz laufenden Filmschauen *(Quinzaine de Réalisateurs, Semaine de la Critique, Perspectives)* besuchen.

Chapelle Bellini: Der Maler *Emmanuel Bellini* erwarb 1950 eine kleine Kapelle an der Straße nach Vallauris und nutzte sie zweckentfremdet als Atelier. Bellini, der durch seine „Kutschenbilder" bekannt geworden ist, war in Cannes als vielseitiger Künstler hoch geschätzt: Er schuf Modelle für Karnevalswagen und Bühnendekorationen genauso wie anspruchsvolle Grafiken und Karikaturen.
▪ Parc Fiorentina, 67 bis, avenue de Vallauris. Mo–Fr 14–17 Uhr. Eintritt frei!

Basis-Infos

→ Karte S. 144/145

Information **Office de Tourisme,** Palais des Festivals, Boulevard de la Croisette, 06403 Cannes Cédex, ✆ 0492998422, cannes-destination.fr bzw. cannes.fr.

Verbindungen Der **SNCF-Bahnhof** liegt mitten im Zentrum, nur wenige Minuten von der Croisette entfernt. Sehr häufig Zugverbindungen nach Nizza und Menton, zehnmal tägl. nach Saint-Raphaël, mehrmals tägl. nach Marseille und Grasse. Im Sommer auch Direktverbindungen nach Frankfurt. Der **Busbahnhof** grenzt unmittelbar an den Vieux Port, einen weiteren gibt es beim Bahnhof (palmbus.fr bzw. envibus.fr). Halbstündiger Pendelverkehr nach Grasse, Nizza und Antibes sowie zum Flughafen von Nizza. Mehrmals tägl. nach Le Cannet, Mougins und Agay. Die Buslinie 20 fährt nach Le Cannet.

Schiffe legen tägl. ab 9 Uhr vom Quai Laubeuf in Cannes aus mehrmals zu den Iles de Lérins ab. Allerdings gibt es keine Verbindungen zwischen beiden Inseln. Man muss stets nach Cannes zurückkehren. Saint-Marguerite: Fahrzeit 15 Minuten, letzte Rückfahrt meist um 17 bzw. 18 Uhr. Saint-Honorat: Fahrzeit 30 Minuten, letzte Rückfahrt meist um 17 bzw. 18 Uhr. Fahrpreis (hin und zurück) 19 €, erm. 16,50 €. cannes-ilesdelerins.com. Zudem werden von April bis Sept. Bootsexkursionen zur Corniche d'Or (Mo, Mi und Fr) sowie nach Monaco (Mi und Fr) und Saint-Tropez (Di, Do, Sa und So, in der Hochsaison tägl.) angeboten. trans-cote-azur.com.

Parken Gebührenpflichtige Parkhäuser am Bahnhof und an der Croisette (Festivalpalast und Noga Hilton).

Festivals Das berühmteste Festival sind sicherlich die **Filmfestspiele** im Mai (festival-cannes.fr). Doch nicht nur in dieser Zeit ist in Cannes viel geboten. In Konkurrenz zu Juan-les-Pins hat man 1994 das Festival **Jazz à Domergue** ins Leben gerufen (Anfang Juli). Bis jetzt waren u. a. George Benson und David Sanborn zu Gast.

Markt Auf dem Marché Forville, in einer großräumigen Halle unweit des Hafens, werden tägl. außer Mo provenzalische Köstlichkeiten feilgeboten. Trödelmarkt jeden Mo im Marché Forville sowie Sa auf der Allée de la Liberté. Ein weiterer Wochenmarkt, der Marché Gambetta, findet Di–So auf dem gleichnamigen Platz statt.

Fahrradvermietung **Elite Rent a Bike,** 32, rue Maréchal Juin, ✆ 0493943034, elite-rentabike.com.

Strände An der Croisette besitzt Cannes einen künstlich aufgeschütteten, feinen Sandstrand. Allerdings sind dies größtenteils Privatstrände (Liegen mit Schirm bis zu 30 € pro Tag). Der frei zugängliche, öffentliche Strand liegt am westl. und östl. Ende der Croisette. Ein rund 5 km langer, allerdings relativ schmaler Sandstrand erstreckt sich nach Westen in Richtung La Napoule.

Espace Miramar Wechselausstellungen für moderne Kunst und Fotografie am Ende der Croisette/Ecke Rue Pasteur. Tägl. außer Mo 14–19, im Winter 13–18 Uhr. Eintritt frei!

Übernachten

→ Karte S. 144/145

Zur Festivalzeit im Mai ist es aussichtslos, ein Zimmer zu bekommen, selbst wer ein Jahr im Voraus reservieren will, tut sich schwer, eine Bleibe zu finden. Zudem sind die Preise beinahe doppelt so hoch. Da in Cannes oft internationale Kongresse stattfinden, kann es auch zu anderen Zeiten zu Engpässen kommen. Die angegebenen Preiskategorien gelten nicht für die Festivalzeit (dann ist es bis zu dreimal so teuer).

***** **Carlton** **26**, das Traditionshotel von Cannes, selbstverständlich mit Privatstrand. Seit der jüngsten Renovierung besitzt das Carlton

Rund um Grasse, Antibes und Cannes → Karte S. 114/115

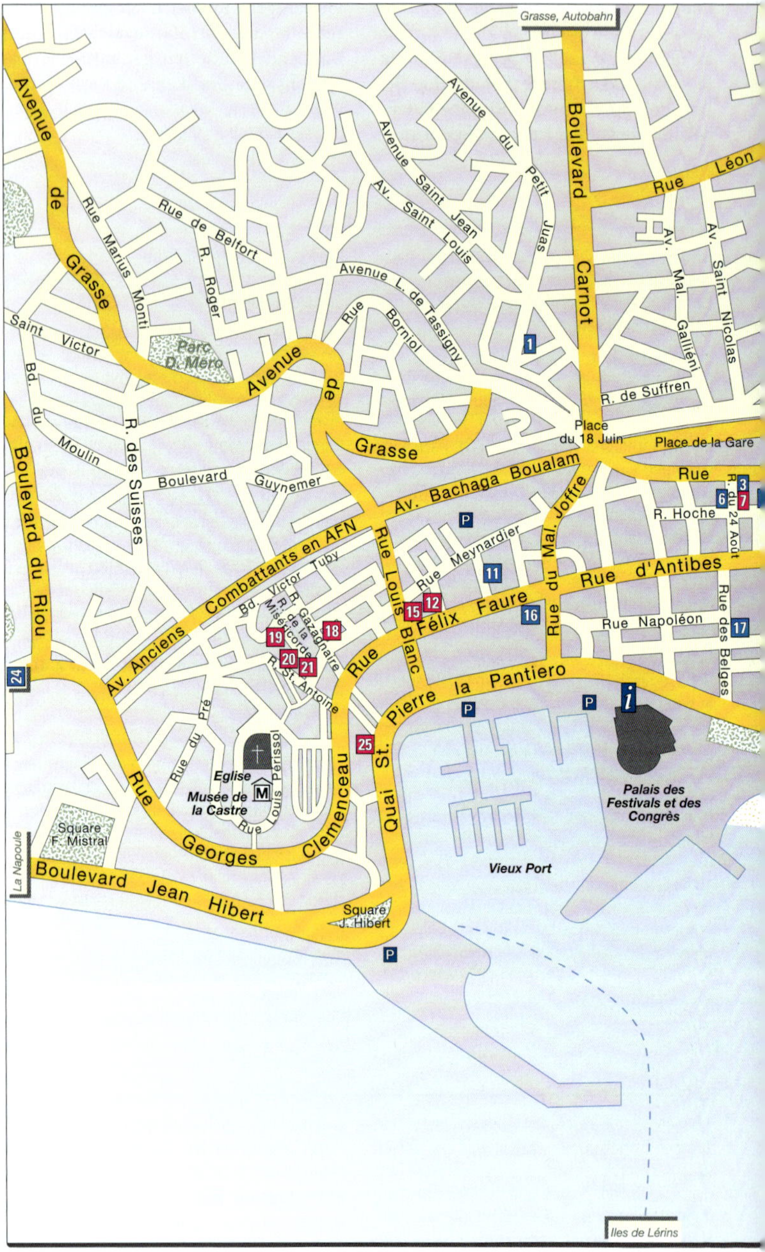

Grasse, Autobahn
Avenue de Grasse
Boulevard Carnot
Rue Léon
Avenue du Petit Juas
Avenue Saint Jean
Av. Saint Louis
Av. Mal. Galliéni
Av. Saint Nicolas
Rue de Belfort
Rue Marius Monti
R. Roger
Avenue L. de Tassigny
Rue Borniol
Saint Victor
Parc D. Mero
Bd. du Moulin
R. des Suisses
Boulevard Guynemer
R. de Suffren
Place du 18 Juin
Place de la Gare
Boulevard du Riou
Av. Bachaga Boualam
Av. Anciens Combattants en AFN
Rue du Mal. Joffre
R. Hoche
R. du 24 Août
Rue Meynardier
Rue Louis Blanc
Bd. Victor Tuby
R. de la Miséricorde
R. Gazagnaire
R. St. Antoine
Rue Félix Faure
Rue d'Antibes
Rue Napoléon
Rue des Belges
Rue Pierre la Pantiero
Quai St. Pierre
Rue du Pré
Eglise
Musée de la Castre
Rue Louis Perissol
Rue Georges Clemenceau
Square F. Mistral
La Napoule
Boulevard Jean Hibert
Square J. Hibert
Palais des Festivals et des Congrès
Vieux Port
Iles de Lérins

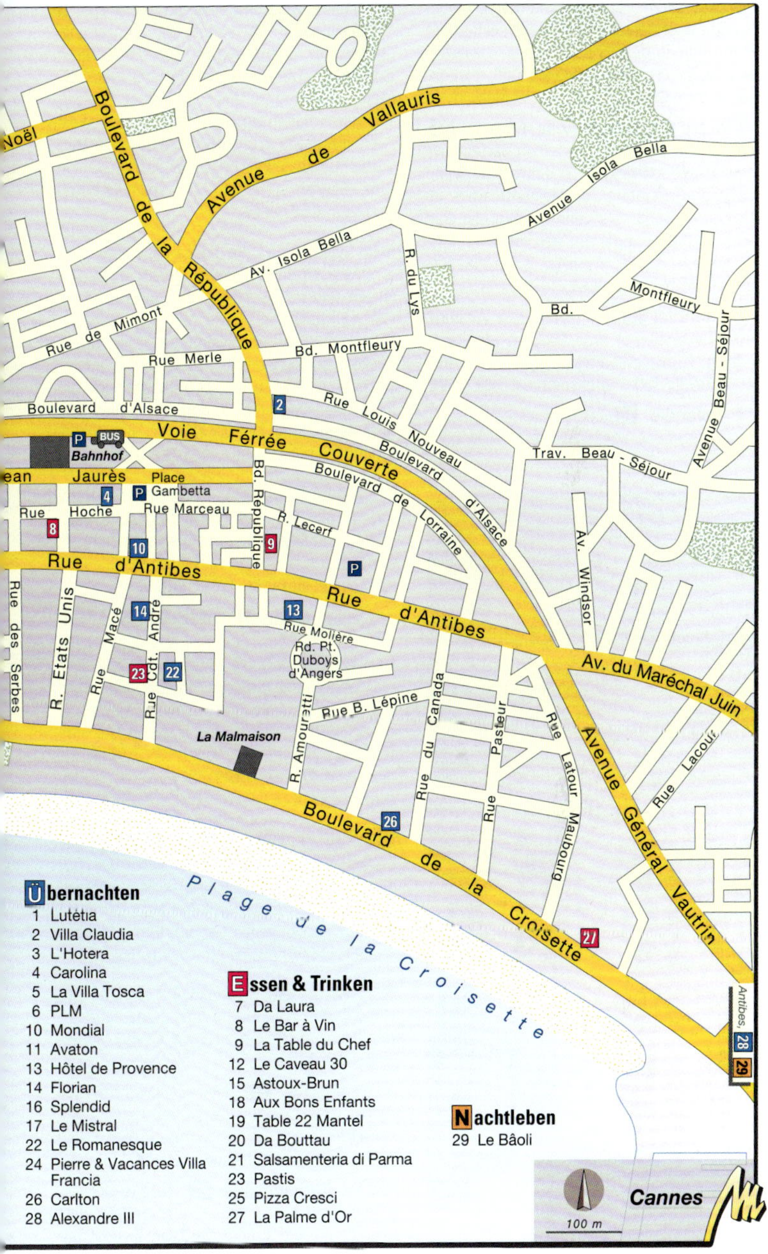

Rund um Grasse, Antibes und Cannes → Karte S. 114/115

eine Zwölf-Zimmer-Suite mit marmorverkleidetem Fitness-Center. Es gibt aber auch einfachere Zimmer, die in der NS halbwegs erschwinglich sind. 58, la Croisette, ✆ 0493064006, carltoncannes.com. **€€€€**

***** Pierre & Vacances Villa Francia 24,** harmonisch in die Landschaft integrierte Ferienanlage mit einem traumhaften Swimmingpool, Restaurant und kleinem Laden. Im Stadtteil La Bocca, nur zehn Fußminuten vom Meer entfernt. Appartements für 4–7 Pers. 33, avenue Wester Wemyss, ✆ 0492982000, pierreetvacances.com. **€€€**

****** Mondial 10,** ein Hotel (Best Western) im Art-déco-Stil, nur zwei Minuten vom Meer entfernt. Frühstücksbuffet 20 €. 77, rue d'Antibes, ✆ 0493687000, hotellemondial.com. **€€€€**

****** Splendid 16,** alteingesessenes Hotel, schräg gegenüber dem Filmpalast. Die hoch aufragende weiße Fassade aus dem späten 19. Jahrhundert überstrahlt die Umgebung. Charmantes, altertümliches Flair, die teureren Zimmer besitzen einen Balkon oder eine Terrasse. Die Zimmer mit dem alten Spiegelschränken haben durchaus Flair. Zu loben ist auch die große Frühstücksterrasse im ersten Stock. Gebührenpflichtiges WLAN. 4–6, rue Félix Faure, ✆ 0497062222, splendid-hotel-cannes.fr. **€€€–€€€€**

Keine Croisette ohne Carlton

MeinTipp ***** La Villa Tosca 5,** dieses 2004 eröffnete Drei-Sterne-Hotel gefällt nicht nur wegen seiner zeitgenössischen Einrichtung mit vielen Brauntönen – eine stilistische Reminiszenz an die 70er-Jahre – und der Designwaschbecken, sondern auch wegen seines ausgezeichneten Preis-Leistungs-Verhältnisses! Die Preise der insgesamt 22 Zimmer variieren je nach Ausstattung. Zentrale Lage. 11, rue Hoche, ✆ 0493383440, villa-tosca.com. **€€–€€€**

***** Alexandre III 28,** kleines, intimes Hotel mit nur elf Zimmern hinter der Croisette, etwa 100 m vom Strand und gut 1 km vom Zentrum entfernt. 15, boulevard Alexandre III, ✆ 049706 3737, hotel-alexandre3.com. **€€€**

***** Villa Claudia 2,** 500 m vom Strand entferntes Hotel. Eine alte Villa aus dem 19. Jh., komplett renoviert, die 18 geschmackvolle Zimmer beherbergt. Schöner Holzfußboden, tolle Bäder, wobei die mit Schwarz-Weiß-Fotos dekorierten Zimmer an die Tradition der Filmfestspiele erinnern. Parkplätze vorhanden. 37, boulevard d'Alsace, ✆ 0493383433, villa-claudia-cannes.com. **€€€**

MeinTipp ***** Hôtel de Provence 13,** eine traumhafte kleine Adresse. Familiäres Flair, fast alle Zimmer mit Balkon und Blick zum Meer. Relaxen kann man auch vor dem Haus unter den Palmen. Parken gegen Gebühr. 9, rue Molière, ✆ 0493384435, hotel-de-provence.com. **€€€**

***** Avaton 11,** in unmittelbarer Nähe des Filmpalastes. Freundliche Zimmer, die teureren mit Balkon. 6, rue Emile Negrin, ✆ 0493395390, avatonhotel.com.

*** Le Mistral 17,** kleines, geschmackvoll renoviertes Hotel im Herzen von Cannes. Ansprechende Zimmer. 13, rue des Belges, ✆ 049 3399146, mistral-hotel.com. **€€–€€€**

***** Le Romanesque 22,** bereits der gepflegte Eingang zu dem kleinen Hotel gefällt ebenso wie die strandnahe Lage. Es gibt nur acht individuelle Zimmer mit Lüstern und Spiegeln. 10, rue du Betéguier, ✆ 0493680420, hotelromanesque.com. **€€**

**** Carolina 4**, das Flair dieses Hotels tendiert ein wenig in Richtung Designhotel. Großzügige moderne Zimmer, die in dezenten Brauntönen gehalten sind, schöne Bäder. Die teureren Zimmer besitzen eine kleine Küchenecke mit Kühlschrank! Klimaanlage. 35, rue Hoche, ✆ 0493383367, hotelcarolina.fr. **€–€€**

**** PLM 6**, gut geführtes Hotel in zentraler Lage. Lobby und Frühstücksraum sind mit schönem Mobiliar ausgestattet. Eine gute Adresse! Die günstigsten Zimmer sind mit Etagendusche. Ab drei Tagen gibt es eine Ermäßigung. 3, rue Hoche, ✆ 0493383119, hotel-plm.com. **€–€€**

**** Florian 14**, eine nette Adresse, nur eine Minute von der Croisette entfernt. Das absolut saubere und sehr korrekt geführte Hotel befindet sich seit 1960 im Familienbesitz. Im Winter zwei Monate Betriebsferien. Klimatisierte Zimmer. 8, rue Commandant André, ✆ 0493392482, hotel-leflorian.com. **€–€€**

**** Lutétia 1**, mit nur acht Zimmern eher eine Pension als ein Hotel, aufgrund der geringen Kapazität und des annehmbaren Preis-Leistungs-Verhältnisses oft ausgebucht. Zum Meer und zum Filmpalast sind es nur 300 m. 6, rue Michel-Ange, ✆ 0493393574, hotel-lutetia-cannes.com. **€–€€**

*** L'Hotera 3**, funktionale moderne Unterkunft in zentraler Lage, schöne Bäder. Die Preise der Zimmer variieren je nach Ausstattung. 12, rue du 24 Août, ✆ 0493683818, hotelhotera.fr. **€€**

Camping ***** Parc Bellevue**, im Stadtteil La Bocca. Mit großem Swimmingpool, von April bis Sept. geöffnet. 67, avenue Maurice Chevalier, ✆ 0493472897, parcbellevue.com.

***** Le Ranch**, 3 km nördl. von Cannes in Le Cannet. Der Campingplatz ist von April bis Sept. geöffnet und besitzt einen Swimmingpool. Chemin Saint-Joseph, ✆ 0493460011, leranchcamping.fr.

Essen & Trinken/Nachtleben

→ Karte S. 144/145

Essen & Trinken **La Palme d'Or 27**, das Restaurant im Hotel Martinez ist laut Michelin und Gault-Millau der Feinschmeckertempel von Cannes. Der Gourmethimmel öffnet sich ab 189 €. So und Mo Ruhetag. 73, La Croisette, ✆ 0492987414, lapalmedor-restaurant.fr.

Da Bouttau 20, geht man die „Fressgasse" vom Hafen hinauf, trifft man auf das nächste anspruchsvolle Restaurant, das sich auf Grillgerichte spezialisiert hat. *Magret de Canard* 36 €. Menü zu 48 €. Straßenterrasse. 10, rue Saint-Antoine, ✆ 04932992787, dabouttau.com.

Table 22 Mantel 19, wenn sich ein Restaurant schon nach seinem Chefkoch nennt, dann deutet dies bereits ein gehöriges Selbstbewusstsein an. Bei Noël Mantel handelt es sich um einen ehemaligen Schüler von Alain Ducasse. Zu loben sind die Risotti, z. B. mit Steinpilzen, die Burrata mit grünem Spargel sowie der Petersfisch. Von mehreren Restaurantführern gelobt. So Ruhetag. Zehn Tage im Juli Betriebsferien. 22, petite rue Saint-Antoine, ✆ 049339 1310, restaurantmantel.com.

Le Caveau 30 12, an den Wänden dieser großen, im Stil der 1930er-Jahre eingerichteten Brasserie grüßen Brad Pitt und George Clooney. Der Schwerpunkt liegt auf Fischgerichten, lecker die Brochette von der Lotte. Große Straßenterrasse. Menüs zu 27 € (mittags) und 36 €. 45, avenue Félix Faure, ✆ 0493390633, lecaveau30.fr.

Astoux-Brun 15, seit 1953 eine ausgezeichnete Adresse für Fischliebhaber. Gute Qualität zu moderaten Preisen. Austern, Muscheln und andere Schalentiere in rauen Mengen …

Ein Paradies für Meeresfrüchte

Abends stehen die Gäste oft in Schlangen und mit Wartenummern vor der Tür. Große Straßenterrasse. Das *Assortiment de Fruits de Mer* für zwei Personen kostet 111 €. Durchgehender Service von 12 bis 22 Uhr. Keine Reservierung möglich. 27, rue Félix Faure, ✆ 0493392187, astouxbrun.com.

Aux Bons Enfants 18, das bereits 1935 eröffnete Lokal ist bekannt für seine bodenständige und gute Küche, bis zu den Weihen der Haute Cuisine fehlt allerdings noch ein Stück, wenngleich das Rotweinrisotto wirklich lecker war. Straßenterrasse, einfaches, aber charmantes Interieur. Menü 39 €. Bib Gourmand von Michelin. Außer in den Ferien So, Mo und Donnerstagmittag geschlossen. 80, rue Meynadier, ✆ 0618813747, aux-bons-enfants-cannes.com.

La Table du Chef 9, bodenständige Küche (z. B. Kalbsnieren mit Kartoffelbrei) in einem zeitlosen Bistroambiente. Sehr gutes Preis-Leistungs-Verhältnis. Di–Sa abends geöffnet. Mittagsmenüs zu 26 und 30 €, abends 59 €. 5, rue Jean Daumas, ✆ 0493682740, latableduchef cannes.com.

Pastis 23, im rustikalen Bistroflair mit schönen alten Holzstühlen werden leckere Salate und Pizzen (ab 13 €) und andere mediterrane Köstlichkeiten aufgetischt. Mittagsmenü 14 €. Große Straßenterrasse. 28, rue de Commandant-André, ✆ 0492989540, pastiscannes.com.

Le Bar à Vin 8, beliebte Weinbar unweit der trendigen Rue Hoche. Man sitzt auf Hochstühlen und erfreut sich an kleinen Häppchen. So und Mo Ruhetag. 3, rue Hélène Vagliano, ✆ 0493997958, le-bar-a-vin.fr.

Da Laura 7, sehr sympathischer Italiener an einer Straßenecke, der durch seine untypische Einrichtung im Retro-Style und die guten Pastagerichte (teilweise Bio, 15–25 €) gefällt. Zum Trinken gibt es natürlich auch Weine aus der Toskana oder Sizilien. Schöne Straßenterrasse mit bunt zusammengewürfeltem Mobiliar. 7.30–20.30 Uhr geöffnet, So geschlossen. 7, rue Hoche, ✆ 0493384051, Facebook.

Salsamenteria di Parma 21, in altertümlichem Ambiente werden leckere Schinken und Salamiteller sowie Gemüseplatten angeboten. Nette Metallstühle auf der Straßenterrasse. 86, rue Meynadier, ✆ 049396667, salsamenteria diparma.com.

Pizza Cresci 25, der Name ist Programm: Seit 1956 kommen hier wagenradgroße Pizzen (11,20–16,30 € pro Hälfte) aus dem Holzofen. Die Einrichtung ist zünftig-rustikal mit blankem Mauerwerk, im Sommer sitzt man bis spätabends auf der großen Straßenterrasse. Der Service ist schnell, aber nicht unbedingt charmant, zudem werden die Gerichte nicht gleichzeitig serviert. 3, quai Saint-Pierre, ✆ 049339 2256, maison-cresci.com.

Nachtleben **Le Bâoli 29**, Edeldisco am Boulevard de la Croisette. Ab 23 Uhr trifft sich hier die Upperclass. baolicannes.com.

Iles de Lérins

Die beiden kleinen, Cannes vorgelagerten Inseln sind ein beliebtes Ausflugsziel. Während die Ile de Sainte-Marguerite, das größere Eiland, vorrangig von Naturfreunden aufgesucht wird, steht die Ile de Saint-Honorat, eine der Keimzellen des abendländischen Klosterwesens, vor allem bei kulturinteressierten Touristen hoch im Kurs.

In der Antike waren beide Inseln noch unter dem Namen Lero (Sainte-Marguerite) und Lerina (Saint-Honorat) bekannt. Plinius zufolge soll sich auf der Ile de Sainte-Marguerite einst eine Römersiedlung befunden haben.

Verbindungen Mehrmals tägl. Schiffsverbindungen nach Cannes und Golfe-Juan. Die Überfahrt dauert von Cannes aus rund 15 Minuten, die Inseln werden nur getrennt angesteuert. Abfahrt in Cannes am Westrand des Vieux Port stündlich ab 9 Uhr, letzte Rückfahrt meist um 17.45 bzw. 18 Uhr. Fahrpreis nach Sainte-Marguerite 19 € (hin und zurück).

Kein Rauchen, kein FKK

Auf beiden Inseln herrscht striktes Rauchverbot, das allerdings häufig missachtet wird. Zudem wird davor gewarnt, die Hüllen fallen zu lassen. Es drohen Geldstrafen in Höhe von bis zu 15.000 €!

Der Mann mit der Eisernen Maske

Bis heute ist die Frage ungeklärt, welcher Gefangene hinter der Eisernen Maske, die genau genommen aus schwarzem Samt war, verborgen bleiben sollte. Es verwundert daher nicht, dass sich um die Person des geheimnisumwitterten Gefangenen, der von 1687 bis 1698 auf Sainte-Marguerite lebte, viele Spekulationen ranken; mit Alexandre Dumas dem Älteren und Marcel Pagnol haben zwei bekannte Autoren die Geschichte in Romanform verarbeitet.

Manche Spekulanten sehen in dem Gefangenen einen Zwillingsbruder Ludwig XIV., andere vermuten hinter der Maske einen illegitimen älteren Bruder des Sonnenkönigs. Eine weitere, immer wieder geäußerte Theorie geht davon aus, dass es sich bei dem Gefangenen um einen Arzt oder dessen Schwiegersohn gehandelt habe, der um die Zeugungsunfähigkeit Ludwigs XIII. wusste und daher den Thronanspruch Ludwigs XIV. hätte untergraben können. Die Liste ließe sich bequem um etliche Vermutungen erweitern, fest steht nur: Der prominente Gefangene wurde 1698 in die Bastille verlegt, wo er am 19. November 1703 verstarb, ohne sein Geheimnis verraten zu haben.

Ile de Sainte-Marguerite

Die Insel ist nach einer Schwester des heiligen Honoratius benannt, die hier ein Frauenkloster gegründet haben soll; es ist allerdings zweifelhaft, ob diese Schwester je gelebt hat, wahrscheinlich handelt es sich nur um eine mythische Figur. Das gesamte Mittelalter hindurch wurde das Eiland von den Mönchen von Saint-Honorat bewirtschaftet, bis das von Geldsorgen geplagte Kloster die Insel 1569 schließlich der Stadt Cannes überließ. Während des Dreißigjährigen Krieges ließ der französische König die Insel besetzen und ein mächtiges Fort errichten, das jedoch 1635 von den Spaniern erobert und zwei Jahre lang besetzt gehalten wurde. Bereits 1685 wurde die Festung zum Staatsgefängnis umfunktioniert, dessen berühmtester Gefangener der geheimnisvolle Mann mit der Eisernen Maske war.

Mit einer Fläche von rund 210 Hektar ist Sainte-Marguerite fünfmal größer als ihre Nachbarinsel. Dank ihrer üppigen Vegetation bietet sich die in Staatsbesitz befindliche Insel für geruhsame Spaziergänge an, ohne dass die Ferienstimmung durch Verkehrslärm getrübt wird; ein Grund für viele Familien aus Cannes, zum Picknicken herüber zu kommen. Es gibt aber auch Restaurants und mehrere Imbissbuden. Neben ausgedehnten Pinien- und Eukalyptuswäldern gedeiht hier auch die Aleppokiefer mit ihrer schirmförmigen Krone prächtig. Mehrere Fußpfade führen über das Eiland, auf dem *Sentier Botanique* beispielsweise, einem 7 km langen Rundweg, lässt sich das Naturparadies bequem erschließen. Ein kleiner See *(Etang de Batéguier)* ist als Vogelschutzgebiet ausgewiesen, im Unterholz wachsen Erdbeer- und Mastixbäume, Zistrosen, Thymian und Rosmarin.

abbayedelerins.com

Fort Royal: Die sich am Nordrand der Insel erhebende Festung lässt sich schon von weitem ausmachen. Ursprünglich von 1624 bis 1627 nach Plänen von Jean de Bellon errichtet, wurde die

Rund um Grasse, Antibes und Cannes → Karte S. 114/115

Anlage von den Spaniern und später noch einmal von dem berühmten Festungsbaumeister Vauban erweitert. Die um einen großzügigen Innenhof gruppierten Räumlichkeiten bieten allerdings wenig herausragendes; sie beherbergen in den Sommermonaten eine internationale Jugendbegegnungsstätte.

Musée du Masque de Fer et du Fort Royal: Das im Fort-Royal untergebrachte Museum besitzt zahlreiche archäologische Unterwasserfunde. Das Spektrum reicht von Amphoren aus einem im ersten Jahrhundert gesunkenen römischen Schiff bis hin zu Exponaten aus einem sarazenischen Wrack. Und das Schicksal des unbekannten Gefangenen mit der Maske wird auch thematisiert.

■ Tägl. von Juni bis Sept. 10–17.45 Uhr, von Okt. bis März nur bis 16.45 Uhr, zudem mittags geschlossen. Eintritt 6,50 €, erm. 3,50 €.

Wehrhaft: die Klosterburg auf der Ile de Saint-Honorat

Ile de Saint-Honorat

Von der Ile de Sainte-Marguerite weitgehend verdeckt, misst die Ile de Saint-Honorat gerade 1,5 km in der Länge und 400 m in der Breite. Eine Inselumrundung nimmt – ohne Besichtigungen – nicht einmal eine Stunde in Anspruch. An den kulturhistorischen Sehenswürdigkeiten der Insel kommt man dabei fast zwangsläufig vorbei. Zur Einkehr bietet sich die schattige Terrasse des einzigen Restaurants der Insel (Chez Frédéric) an, von der aus man die anlegenden Schiffe beobachten kann.

Monastère Fortifié de Saint-Honorat: Die imposante, direkt am Meeresstrand emporragende Mönchsburg ist eines der faszinierendsten und ungewöhnlichsten Bauwerke der Provence; ihr Aufbau entspricht einem gen Himmel gerichteten Kloster. Die ursprünglich aufgrund der Sarazenenüberfälle angelegte Trutzburg diente im 15. Jahrhundert, als die restliche Insel von Genueser Piraten besetzt war, als „Klosterersatz". Die Mönche hatten in Erwartung eines längeren Zwangsaufenthaltes den Innenhof ihrer Festung in einen zweistöckigen Kreuzgang umgewandelt und auch die üblichen klösterlichen Attribute wie Refektorium, Bibliothek und Kapelle durften nicht fehlen. Ob die Mönche allerdings den herrlichen Blick, der sich vom Dach der Anlage über die Insel und die Küstenregion bietet, zu schätzen wussten, ist nicht überliefert.

■ Tägl. 9.15–18 Uhr, im Winter 9.30–17.30 Uhr. Eintritt frei. abbayedelerins.com.

Kloster: Die romanische Klosterkirche wurde im Zuge der Wiederbelebung des Klosterlebens abgetragen und 1880 durch einen eher langweiligen „Neubau" ersetzt. Die noch vorhandene mittelalterliche Bausubstanz (Kreuzgang, Kapitelsaal und Refektorium) kann nicht besichtigt werden. Neben der

Klosterkirche ist für interessierte Privatpersonen noch ein kleines Archäologisches Museum zugänglich.

Chapelle Saint-Sauveur und Chapelle de la Trinité: Von den ehedem sieben, über die Insel verteilten Kapellen sind heute nur noch zwei erhalten; die beiden schlichten frühromanischen Sakralbauten stammen wahrscheinlich noch aus dem 8. Jahrhundert. Die Chapelle Saint-Sauveur, ein oktogonaler Zentralbau, liegt westlich des Klosters, unweit des Bootanlegestegs; die einst als Friedhofskapelle genutzte Chapelle de la Trinité befindet sich an der Ostspitze der Insel. Bis ins 11. Jahrhundert hinein war Saint-Honorat nämlich eine beliebte Nekropole: Man pflegte seine Toten vom Festland hierher zu bringen, um sie in der Nähe der Heiligen zu bestatten.

Eine Insel voller Mönche

Um das Jahr 405 zog sich *Honoratius*, der als Sohn eines römischen Konsuls in Trier geboren wurde, auf diese kleine, weltabgeschiedene Insel zurück; als Vorbild dienten ihm die asketischen Einsiedler, denen er auf seinen Reisen durch Nordafrika begegnet war. Statt der Monotonie der Wüste wählte Honoratius einen vom Wasser umspülten Ort. Doch Honoratius blieb die Einsamkeit nicht vergönnt: Innerhalb weniger Jahre hatte sich um ihn eine Gruppe Gleichgesinnter geschart. Honoratius fügte sich und gab der Mönchsgemeinschaft eine Regel, die gewährleisten sollte, dass die Mitägl.ieder auch in der Gruppe ein gottesfürchtiges Dasein führen konnten. Als der später heiliggesprochene Honoratius im Jahre 426 zum Bischof von Arles gewählt wurde, war das Kloster bereits weit über die Grenzen des Abendlandes hinaus bekannt.

Einen Höhepunkt erlebte das Kloster im frühen Mittelalter: Um das Jahr 690, dreißig Jahre nach der Einführung der Ordensregel des heiligen Benedikt, sollen rund 3700 Mönche auf der Insel gelebt haben; dank zahlreicher Schenkungen besaß die Klostergemeinschaft zudem einen ausgedehnten Grundbesitz auf dem Festland. Doch die sich bald darauf ankündigenden Sarazeneneinfälle setzten dem klösterlichen Glanz schwer zu. Mehrfach wurde Saint-Honorat geplündert und zerstört. Um den Angreifern nicht schutzlos ausgeliefert zu sein, errichteten die Mönche im 11. Jahrhundert eine Art Fluchtburg. Doch auch nachdem die Sarazenengefahr gebannt war, sollte dem Kloster kein Frieden vergönnt sein: Seeräuber und Piraten fielen auf der Suche nach fetter Beute über die Insel her. Seit dem ausgehenden Mittelalter verlor das Kloster immer mehr an Bedeutung; als nur noch vier Mönche auf der Insel lebten, wurde das Kloster aufgelöst und 1791 dem Bistum Grasse angegliedert. Nachdem sich das Eiland zeitweilig in Besitz der Schauspielerin Sainval, einer Schülerin Voltaires, befunden hatte, ließen sich 1869 wieder Zisterziensermönche auf Saint-Honorat nieder, die die klösterliche Tradition bis in die Gegenwart fortsetzen.

Einst gab es hier viele Räuberbanden: das Massif de l'Estérel

Massif de l'Estérel

Zwischen Cannes und Saint-Raphaël erstreckt sich das Massif de l'Estérel, ein uraltes Gebirgsmassiv vulkanischen Ursprungs mit auffälligen roten Porphyrfelsen. Die wilde, durch Waldbrände wiederholt in Mitleidenschaft gezogene Schönheit des Estérel-Gebirges muss man sich erwandern, da nur wenige Straßen hindurchführen.

Es ist heute kaum mehr vorstellbar, dass das gesamte Massif de l'Estérel einst von einem dichten Kork- und Steineichenwald bedeckt war. Mehrfach haben Waldbrände mit ihrer alles vernichtenden Kraft gewütet: verkohlte Berghänge und Täler bieten ein trauriges Bild der Verwüstung. An einigen Stellen wächst nicht einmal mehr Macchia nach, von Bäumen ganz zu schweigen. Angesichts des stellenweise trostlosen Landschaftsbildes versteht es sich von selbst, dass auf das Rauchen sowie das Anfachen jeglicher Feuerquellen zu verzichten ist. Schwere Schäden verursachen zudem verschiedene Insektenlarven wie *Matsucoccus Feytaudi*. Die Landschaft blieb bis in die Gegenwart weitgehend unbewohnt, denn der karge Boden ist zur Kultivierung denkbar ungeeignet. Noch im letzten Jahrhundert wurde der Gebirgszug von Reisenden gemieden, da in der menschenleeren Gegend zahlreiche Räuberbanden ihr Unwesen trieben. Der berüchtigtste Vertreter dieses Standes war ein gewisser *Gaspard de Besse*, der – Berufsrisiko – 1781 in Aix-en-Provence hingerichtet wurde. Hartnäckig hält sich seither das Gerücht,

Gaspard habe einen Schatz im Bergmassiv vergraben, der bis heute nicht gefunden werden konnte ...

Zwei Nationalstraßen schließen das Massif de l'Estérel gewissermaßen ein: Die RN 7, die über große Strecken auf der Trasse der römischen Via Aurelia verläuft, führt durch das Hinterland am **Mont Vinaigre** vorbei. Mit seinen 618 m – 600 Millionen Jahre Erosion haben ganze Arbeit geleistet – markiert dieser Berg die höchste Erhebung des rauen Gebirgszugs. Bei der kleinen Straßenkreuzung Carrefour du Testannier führt eine 3 km lange Forststraße bis fast hinauf zum Gipfel, der für seinen fantastischen Panoramablick bekannt ist. Entlang der Küste verläuft die **Corniche d'Or** (RN 98), eine traumhafte Küstenroute mit herrlichen Aussichtspunkten. Die Straße wurde erst vor knapp hundert Jahren auf Betreiben des Touring Club de France angelegt; seither begann Zug um Zug die Erschließung des Küstensaums. Auch wenn manche negativen Auswirkungen unangenehm ins Auge fallen, handelt es sich immer noch um einen der schönsten und unberührtesten Abschnitte der Côte d'Azur. Wer will, kann in einer der kleinen Badebuchten Abkühlung finden, bei den Kletterpartien über die Felsen sind Badeschuhe empfehlenswert.

Wandern

Nur wenige kleine Straßen führen durch den unwirtlichen Gebirgszug; die wohl schönste Route zweigt bei Agay von der RN 98 ab und führt rund 15 km durch das Gebirge. Auf beiden Seiten laden Wanderwege zur genaueren Erkundung des Massif de l'Estérel ein. Eindrucksvoll ist eine Wanderung zum **Pic de l'Ours** (492 m), zum **Pic du Cap Roux** (453 m) und **Pic d'Aurelle.** Eine weitere empfehlenswerte Wandertour erschließt den malerischen Canyon du Mal Infernet bis zu einem kleinen Stausee, dem Lac de l'Ecureuil (→ Wanderung 6, S. 298).

Rund um Grasse, Antibes und Cannes → Karte S. 114/115

Mandelieu-La Napoule

21.000 Einw.

La Napoule, der nördlichste Badeort des Massif de l'Estérel, ist vor allem durch sein Château und seinen imposanten Jachthafen bekannt geworden.

Mit einer Kapazität von rund 1300 Liegeplätzen ist der Jachthafen, den Schiffe bis zu einer Länge von 50 m ansteuern können, einer der größten Frankreichs. Der Strand von La Napoule – flach und kinderfreundlich – besitzt eine besondere Attraktion: Wo kann man sonst direkt vor einer Burg im Meer planschen?

Sehenswertes

Château: Der Bildhauer *Henry Clews*, Sohn eines reichen amerikanischen Börsenmaklers, erwarb 1918 die Ruine einer aus dem 14. Jahrhundert stammenden Burg, um sich damit seinen romantischen Traum von einem mittelalterlichen Schloss zu verwirklichen, wobei er leider auch das Gebäude mit eigenen Tür- und Kapitellentwürfen „verzierte", eine Basilika mit gemeißelten Sarkophagen für die Hausherren durfte auch nicht fehlen. Der exzentrische Clews, der die Arbeiten von Rodin zutiefst verehrte, führte in La Napoule mit seiner Frau Marie ein sehr zurückgezogenes Leben. Seine Witwe gründete 1951 eine Stiftung, die sich um die Förderung junger amerikanischer Künstler bemüht. Im Sommer werden gelegentlich Kunstausstellungen gezeigt. Nett ist auch der zugehörige Salon de Thé.

▪ Tägl. 10–18 Uhr, im Winter nur am Wochenende. Von März bis Okt. tägl. Führungen um 11.30, 14.30, 15.30 und 16.30 Uhr. Eintritt 7 €, erm. 5 €, Garten 4 €. chateau-lanapoule.com.

Praktische Infos

Information **Office de Tourisme,** 806, avenue Cannes, 06210 Mandelieu-La-Napoule, ✆ 0493936464, mandelieu-tourisme.com.

Verbindungen Tägl. ca. zehn Zug- sowie Busverbindungen nach Cannes und Saint-Raphaël. palmbus.fr.

Strände Netter Sandstrand im Ortsbereich.

Markt Mittwochvormittag.

Übernachten/Essen **** La Calanque,** großes, stattliches Haus mit Meerblick, das Restaurant mit seiner großen Terrasse ist recht beliebt. Zum Auftakt empfiehlt sich der provenzalische Vorspeisenteller, hinterher vielleicht Kalbsnieren *(Rognons de veau)*? Menüs zu 22 und 29 €. Im Sept. sowie Mo geschlossen. Das Hotel bietet die Möglichkeit, gleich nach dem Frühstück eine Runde im Meer zu schwimmen. Boulevard Henry-Clews, ✆ 0493499511, lacalanquemandelieu.com. **€€€**

L'Abre Jaune/Bistrot de L'Oasis, ein bekannter Gourmettempel. Ein absolut günstiges Preis-Leistungs-Verhältnis bietet das zugehörige Bistrot de L'Oasis mit einem lohnenswerten Menü für 48 €. Mo und Di Ruhetag. 26, avenue de Fréjus, ✆ 0492973110, domainedebarbossi.fr.

Le Boucanier, dieses Strandrestaurant mit seiner großen, mit schönem Holzmobiliar bestückten Terrasse befindet sich gleich beim Château und ist ein Tipp eines Lesers, der die freundliche, kompetente Bedienung genauso lobte wie die hohe Qualität und die angemessenen Preise der Speisen, Menü 49 €. Port de la Plaisance, ✆ 0493498051, boucanier.fr. **▪ Lesertipp**

Camping ***** Côte Mer,** am Ortsrand, etwa 700 m vom Strand entfernt befindet sich dieser Platz. Es gibt viele Mobile Homes und Lodges, der Platz ist in Ordnung, die Sanitäranlagen sind einfach, aber sauber. Achtung: viele Stechmücken! Beheizter Swimmingpool. Von April bis Okt. geöffnet. Boulevard du Bon Puits, ✆ 0442168990, campingcotemer.com.

Baden vor dem Schloss

Théoule-sur-Mer

1500 Einw.

Das am westlichen Ende des Golfs von La Napoule gelegene Théoule-sur-Mer ist seit alters her als guter Ankerplatz bekannt. Im Mittelalter herrschten die Herren von Villeneuve über das kleine Fischerdorf. In den letzten Jahrzehnten sind zwar ein paar Dutzend Häuser hinzugekommen, doch ist Théoule-sur-Mer ein Badeort der beschaulichen Art geblieben. Daran änderte sich auch nichts, als der Modeschöpfer *Pierre Cardin* ein extravagantes Domizil (Spottname „Rostbraunes Raumschiff") über Miramar bezog. Lohnenswert ist eine Kurzwanderung zur 2 km weiter östlich gelegenen **Pointe de l'Aiguille,** einem markanten, ins Meer ragenden Felsen mit benachbartem Strand.

Information **Office de Tourisme,** 2, avenue de la Corniche d'Or, 06590 Théoule-sur-Mer, ✆ 0493492828, theoule-sur-mer.org.

Verbindungen Mehrmals tägl. Zug- und Busverbindungen in Richtung Cannes sowie Saint-Raphaël. palmbus.fr.

Markt Freitagvormittag auf der Place du Général Bertrand.

Tauchen Centre de Plongée Armand Ferrand, ✆ 0493497433; Centre de Plongée Méditerranée Scubapro, ✆ 0493754851, miramarplongee.com.

Strände Im Ortsbereich ein gepflegter Sandstrand.

Le Trayas

800 Einw.

Zwischen Miramar und Le Trayas verläuft die Grenze der Départements Alpes-Maritimes und Var. Während sich Miramar exklusiver gibt, ist Le Trayas ein Badeort für jedermann. Aufgrund der felsigen Küste und der guten Wasserqualität ist das Meer rund um Le Trayas ein ideales Terrain für Taucher und Schnorchler.

Wanderung zum Pic de l'Ours: In der Nähe des Bahnhofs von Le Trayas führt ein Wanderweg zum Gipfel des 492 m hohen Pic de l'Ours hinauf. Für den Hin- und Rückweg sind rund drei Stunden einzuplanen.

Verbindungen Mehrmals tägl. Zug- und Busverbindungen nach Cannes und Saint-Raphaël.

Agay

Agay, das auf den griechischen Hafen Agathonis Portus zurückgeht, liegt an einer tief eingeschnittenen Bucht und eignet sich gut für einen längeren Aufenthalt im Massif de l'Estérel.

Agay besitzt einen schönen, aber grobkörnigen Sandstrand (für kleine Kinder nur bedingt geeignet, da er an manchen Stellen schnell steil ins Meer abfällt), mehrere Hotels und Campingplätze. Wem es am Hauptstrand in der Hochsaison zu voll ist, findet in der Umgebung auch einsamere Plätze zum Baden und Sonnen. Sehr schön sind beispielsweise im Westen der Strand Tiki-Plage und mehrere Badebuchten weiter östlich entlang der Estérel-Küste.

Agay ist auch ein Paradies für Taucher. Die Wasserqualität ist hervorragend, sodass man am Cap du Dramont sogar Edelkorallen finden kann. Rund

Rund um Grasse, Antibes und Cannes → Karte S. 114/115

um die Ile d'Or finden sich zahlreiche Riffe bereits in 3 m Tiefe und sind so auch für Schnorchler zu erreichen. Die Riffe sind mit roten und gelben Gorgonen und Krustenanemonen bewachsen, dazwischen tummeln sich Barsche, Muränen und Drachenköpfe. Als zusätzliche Attraktion liegen in geringer Tiefe mehrere Wracks und eine Miniaturstadt auf dem Meeresgrund, die in den 60er-Jahren als Kulisse für einen Cousteau-Film dienten.

Wandern

Rund ums Cap du Dramont: Diese eindrucksvolle Wanderung führt rund um das markante Cap du Dramont an der Estérel-Küste entlang. Ausgangspunkt ist ein Parkplatz, der sich 1 km südlich von Agay (am Wegweiser Tiki-Plage von der RN 98 abzweigen) befindet. Der teilweise sehr steinige Küstenwanderweg ist mit einem blauen Punkt markiert und bietet traumhafte Ausblicke auf das Meer. Diese faszinierende Kulisse haben in den letzten Jahren immer mehr Kletterer für sich entdeckt; die senkrecht über dem Meer ansteigenden roten Felsen bieten zahlreiche Möglichkeiten. An einem kleinen Bootshafen biegt man schließlich nach Norden ab und gelangt an einem Denkmal für die Landung der Alliierten auf dem Gehsteig entlang der Nationalstraße zurück zum Ausgangspunkt (alternativ kann man vom Bootshafen auch durch den Wald zurücklaufen). Wegstrecke: 4 km, Dauer: 1:30 Std.

Praktische Infos

Information **Office de Tourisme,** Place Giannetti, 83700 Agay, ✆ 0494820185, saint-raphael.com.

Verbindungen Mehrmals tägl. Zug- und Busverbindungen nach Cannes und Saint-Raphaël.

Markt Mittwochvormittag, gleich beim Office de Tourisme.

Veranstaltungen Jedes Jahr am letzten Wochenende im Juli feiert Agay sein **Dorffest.**

Fahrradverleih Schweißtreibend, aber eindrucksvoll: das Massif de l'Estérel mit dem Mountainbike zu erkunden. **Esterel Aventure,** 125, boulevard de la Plage, ✆ 049440 8383, esterel-aventure.com.

Freiluftkino Im Hochsommer jeden Abend um 21.45 Uhr an der Place du Relais d'Agay.

Übernachten/Essen ***** **Les Roches Rouges,** vornehmes Nobelhotel direkt am Meer an der Straße nach Saint-Raphaël. Sehr schöne Zimmer, wunderbare Frühstücksterrasse. Und zwei Pools gibt es auch noch. Im Gourmet-Restaurant (ein Michelin-Stern) kostet das Menü ab 145 €. 90, boulevard de la 36ème Division du Texas, ✆ 0479330104, hotellesrochesrouges.com. **€€€€**

**** **Pierre & Vacances (Cap Estérel),** traumhaftes Clubdorf mit zahlreichen Freizeitattraktionen und großer, reizvoller Badeanlage. Appartements für 5–9 Pers., Häuser (4–7 Pers.) ab 980 €. Cap Estérel, ✆ 0494825000, pierreetvacances.com. **€€€**

**** **Les Flots Bleus,** dieses nur durch die Uferstraße vom Meer getrennte Logis-Hotel in Anthéor gefällt durch seine in individuellen Stilen dekorierten Zimmern, die, bis auf vier Zimmer in der zweiten Reihe mit eigener Terrasse, alle über einen Balkon und Meerblick verfügen. Im Restaurant gibt es gute Fischgerichte. Von Ende März bis Anfang Nov. geöffnet. ✆ 049444 8021, hotel-restaurant-les-flots-bleus.com. **€€€**

*** **Le Relais d'Agay,** angenehmes, direkt an der Uferpromenade gelegenes Hotel, verteilt auf zwei Gebäude. Gutes Restaurant mit Garten (Côte Jardin, restaurantcotejardin.fr), Menüs mittags ab 17 €, abends ab 32 €. Von Nov. bis Ostern geschlossen. Zimmerpreise variieren je nach Lage, die mit Balkon sind naturgemäß am teuersten. Boulevard de la Plage, ✆ 049482 7820, relaisdagay.com. **€€–€€€**

Auberge de la Rade, der größte Pluspunkt des Restaurants ist seine Lage direkt am Strand. Wechselnde Gerichte, darunter viele Fischgerichte, ein ganzer Wolfsbarsch kostet 30 €. April bis Anfang Okt. geöffnet. 356, boulevard de la Plage, ✆ 0494820037, auberge-de-la-rade-restaurant-saint-raphael.fr.

Chambres d'hôtes **Villa Melodie,** diese beim Cap Dramont gelegene Unterkunft strahlt noch ein wenig das Flair der 1920er-Jahre aus und ist der Tipp einer Leserin, die „die geschmackvoll eingerichteten, sauberen Zimmer"

Agay: bekannt für seine ausgezeichnete Wasserqualität

lobte: „Das Frühstück mit selbst gebackenen Kuchen und Brot wird im Sommer auf der Terrasse serviert. Die sehr charmante Besitzerin Francesca gibt gute Tipps zu Ausflügen. Sehr schöne Strandbucht (inkl. Strandlokal) in 50 m Entfernung." Nur von März bis Okt. geöffnet. 1779, boulevard de la 36ème Division-de-Texas, ✆ 0494820665, villa-melodie.com.

▪ **Lesertipp €€–€€€**

Camping Agay ist im Juli und Aug. ein beliebtes Feriengebiet, eine Reservierung ist daher in dieser Zeit zu empfehlen.

******* Esterel Caravaning,** sehr komfortabler Campingplatz im Hinterland von Agay. Nicht nur Kinder freuen sich über die große Badelandschaft. Ein Spa, Restaurants und Bars sind ebenso vorhanden wie Tennis- und Volleyballplätze. Vom ADAC 2014 zum „Best Camping" gekürt. Es werden auch Mobile Homes vermietet. Von Ostern bis Ende Sept. geöffnet. 4481, avenue des Golfes, ✆ 0494820328, esterel-caravaning.fr.

****** Les Rives de L'Agay,** ein paar hundert Meter landeinwärts. Angenehmer, familiärer Platz mit Swimmingpool. Das ebene Gelände wird an einer Seite von einem Bach begrenzt, die Sanitärausstattung ist sauber und ordentlich, Laden und Restaurant am Platz. Mitte März bis Anfang Nov. göffnet. ✆ 0494820274, camping-lesrivesdelagay.com.

****** Vallée du Paradis,** noch einmal 500 m weiter, etwas weniger Schatten. Mitte März bis Mitte Okt. geöffnet. ✆ 0494821600, tikayan.com.

****** Azur Rivage,** kleiner Platz mit Swimmingpool, neben der Eisenbahnbrücke in Anthéor. April bis Sept. geöffnet. ✆ 0494448312, camping-azur-rivage.com.

***** Agay Soleil,** direkt am Meer mit Zugang zum Sandstrand, ziemlich hohes Preisniveau. Aufgrund der Lage aber sehr beliebt. Nur 46 Stellplätze. Ostern bis Mitte Nov. geöffnet. ✆ 0494820079, camping-agay-soleil.com.

Wanderung 6:
Zum Lac l'Ecureuil und Pic de l'Ours → S. 298

Eindrucksvolle Halbtageswanderung durch das rot leuchtende Estérel-Gebirge

Rund um Grasse, Antibes und Cannes → Karte S. 114/115

Zwischen Saint-Raphaël und Saint-Tropez

Saint-Raphaël

35.900 Einw.

Saint-Raphaël ist erst in der jüngsten Vergangenheit aus dem Schatten des älteren und bedeutenderen Fréjus herausgetreten. Große kulturhistorische Sehenswürdigkeiten sucht man hier allerdings vergeblich.

Dank Napoléon fand Saint-Raphaël gleich zweimal Eingang in die Geschichtsbücher. Der große Korse behielt den Hafen von Saint-Raphaël aber sicherlich in schlechter Erinnerung: 1799 landete er hier nach seinem gescheiterten Ägyptenfeldzug, fünfzehn Jahre später betrat er in Saint-Raphaël die Planken eines Schiffes, das ihn zu seinem Verbannungsort Elba brachte. Damals war Saint-Raphaël noch ein kleines unbedeutendes Fischerdorf, das erst durch die Fürsprache des Schriftstellers *Alphonse Karr* in der Mitte des 19. Jahrhunderts seinen Aufstieg zu einem vornehmen Ferienort nahm. Zu den auffälligsten Bauten aus dieser Epoche zählen das Casino und die im neobyzantinischen Stil errichtete Kirche Notre-Dame-de-la-Victoire.

Neobyzantinisch: Notre-Dame-de-la-Victoire

Sehenswertes

Altstadt: Ein Stück landeinwärts stößt man gleich hinter dem Bahnhof auf das mittelalterliche Zentrum. Das Ensemble mit seinen engen Gassen und der einschiffigen romanischen Eglise des Templiers steht in einem auffallenden Kontrast zu dem im 19. Jahrhundert entstandenen Stadtteil. Auf eine Initiative des Templerordens geht auch die noch bruchstückhaft vorhandene Stadtmauer zurück, die im Garten des Archäologischen Museums zu sehen ist.

Musée Louis de Funès: Nicht in Saint-Tropez, sondern in Saint-Raphaël gibt es seit dem Sommer 2019 ein Museum für den 1983 verstorbenen Schauspieler. *Louis de Funès*, der in über 140 Filmen mitspielte, ist vor allem durch seine Paraderolle als cholerischer Gendarm von Saint-Tropez bekannt geworden. Präsentiert werden 350 Stücke aus der Familiensammlung, darunter Fotos, Filmsequenzen, Plakate oder die berühmte Gendarmenmütze.

■ Rue Jules Barbier. Juli und Aug. tägl. 10–19 Uhr, Do bis 21 Uhr, im Mai, Juni und Sept. Di–Sa 10–18, So 10–12 und 14–17 Uhr, im Winter bis 17 Uhr. Eintritt 7 €, erm. 4 €. museedefunes.fr.

Musée Archéologique: Gezeigt werden prähistorische und bronzezeitliche Funde aus dem Estérel-Gebirge sowie römische und arabische Exponate, die im Rahmen von Unterwasserausgrabungen entdeckt wurden. Zudem hat man über das Museum einen Zugang zur romanischen Eglise Saint-Pierre, bei der man die Krypta besichtigen und den 30 m hohen Kirchturm besteigen kann. Herrlicher Blick über die Stadt inklusive.

■ Place de la Vieille Eglise. Di–Sa 10–18 Uhr, im Winter 9–12.30 und 14–17 Uhr. Eintritt frei!

Museale Verehrung

Basis-Infos

Information **Office de Tourisme,** 99, quai Albert 1er, 83702 Saint-Raphaël Cédex, ✆ 0494195252, saint-raphael.com.

Verbindungen Der SNCF-Bahnhof befindet sich inmitten des Zentrums an der Rue Waldeck-Rousseau, ✆ 3635. Mehrmals tägl. **Zugverbindungen** nach Cannes, Nizza und Menton sowie Marseille. Im Sommer fahren sogar Kurswagen von Frankfurt direkt nach Saint-Raphaël. Tägl. acht **Busverbindungen** vom SNCF-Bahnhof nach Saint-Tropez (1:25 Std.) mit Zwischenstopps in Fréjus, Saint-Aygulf, Sainte-Maxime und Grimaud sowie häufig Busverbindungen nach Cannes und zu den Badeorten an der Corniche d'Or. Busbahnhof (Gare routière), avenue Victor Hugo (direkt hinter dem Bahnhof), ✆ 0494445270. In den Sommermonaten herrscht an der Gare maritime ein reger **Schiffsverkehr** zwischen Saint-Raphaël und den umliegenden Küstenorten. Mehrmals tägl. nach Saint-Tropez (50 Min.) und Saint-Aygulf sowie mehrmals pro Woche nach Port Grimaud, entlang der Estérel-Küste sowie zu der Insel Port-Cros und den Inseln Sainte-Marguerite und Saint-Honorat. Weitere Auskünfte bei Les Bateaux Bleus, ✆ 0494951746, lesbateauxbleus.com.

Parken Direkt beim Hafen gibt es ein großes unterirdisches Parkhaus. Die ersten 30 Min. sind kostenlos.

Stadtführungen Das Office du Tourisme bietet wechselnde Stadtführungen durch Saint-Raphaël an.

Markt Gemüse- und Obstmarkt tägl. außer Mo auf der Place Victor Hugo und der Place de la République; Fischmarkt tägl. auf dem Cours Jean Bart und auf der Place Ortolan. Donnerstagvormittag findet zudem ein Markt auf der Place Lamartine R. Châteaudun statt.

Fahrradverleih **Electro Bike & Co,** 1361, boulevard de la 36ème Division du Texas, ✆ 0636374354, electrobike-co.fr.

Veranstaltungen Anfang Juli wird alljährlich die **Compétition Internationale de Jazz New-Orléans** veranstaltet, das **Russische Filmfestival** findet im Oktober statt.

Spielkasino Es muss nicht immer Monte Carlo sein. Auch in Saint-Raphaël werden Englisches Roulette und Black Jack von 11 bis 3 Uhr morgens geboten. Square de Gand.

Strände Im Ort selbst ein feinsandiger, aber stark frequentierter Strand (Plage de Veillat). Einsamere Badebuchten findet man in Richtung Agay, recht schön ist auch die Plage du Débarquement kurz vor dem Cap du Dramont.

Übernachten/Essen & Trinken

***** **La Villa Mauresque,** dieses an der Küstenstraße nach Agay gelegene Hotel begeistert mit seinem arabischen Ambiente und der herrlichen Lage direkt am Meer. Ein toller Garten samt Swimmingpool sorgt für einen entspannten Aufenthalt. Restaurant vorhanden. Sehr komfortable Zimmer! 1792, route de la Corniche, ✆ 0494830202, villa-mauresque.com. **€€€€**

**** **Excelsior,** ein schönes, alteingesessenes Stadthotel. Traditionell und stilvoll. 193, boulevard Felix Martin, ✆ 0494950242, excelsior-hotel.com. **€€€**

MeinTipp **Villa 418,** dieses an der Küstenstraße nach Agay gelegene, kleine Hotel gefällt durch seine individuell eingerichteten Appartements, die sich in ihrem Design an Ländern wie Bali oder Marokko orientieren. Wochenweise Vermietung. 418, route de la Corniche, ✆ 0494952300, villa418.com. **€€€**

** **Le Thimothée,** die stilvolle Villa (19. Jahrhundert) mit kleinem Swimmingpool im Osten des Zentrums garantiert einen angenehmen Aufenthalt (von Lesern gelobt). Die teureren Zimmer haben einen Balkon. 375, boulevard Christian Lafon, ✆ 0494404949, hotel-thimothee.com. **€€**

** **Du Soleil,** kleines, angenehmes Hotel mit nur zwölf schlichten, aber netten Zimmern, teilweise mit Balkon. 47, boulevard du Domaine du Soleil, ✆ 0494831000, hotel-dusoleil.com. **€€**

Le Jardin Poncet, ein ausgezeichnetes Restaurant in modernem Bistroambiente. Herrliche, versteckte Terrasse. Zentrale Lage. Mittagsmenüs zu 21 (zwei Gänge) oder 26 € (drei Gänge). Mo und Di Ruhetag. 6, angle rue Marius Allongue, ✆ 0494952500, lejardinponcet.com.

La Baia, im ersten Stock eines modernen Gebäudes direkt am Hafen über dem Fischmarkt befindet sich dieses Lokal mit asiatisch inspirierter Küche. Hauptgerichte um die 35 €, Mittagsmenü 39 €. Terrasse mit Meerblick. Nur mittags geöffnet, Do–Sa auch abends mit Livemusik oder DJ. Parvis Kennedy, Le Vieux Port, ✆ 0494446166, lebaia.com.

MeinTipp **Bouchon Provençale,** das Lokal ist bekannt für seine authentische Küche zu zivilen Preisen. Lecker ist das *Suprême de Volaille* mit weißem Spargel. Menü 38 €. Schöner Fliesenboden, große Straßenterrasse. So Ruhetag. 58, rue de la Vieille Église, ✆ 049453 8918, Facebook.

Clos Séméria, im Zentrum unweit des Museums findet sich die anerkannt beste Gourmetadresse in Saint-Raphaël. Bei schönem Wetter wird das Glasdach im Innenhof einfach geöffnet. Menüs zu 28 oder 35 (mittags) sowie zu 49, 65, 80 und 96 €. Sonntagabend und Mo geschlossen. 54, rue de la Liberté, ✆ 0494836339, clos-semeria.com.

La Table, mit Bistroambiente vor den Weinregalen und einem lang gestreckten Holztisch, an dem sich die Gäste zusammenfinden. Mittagsmenü 21,50 €. So und Mo Ruhetag. 23, rue Thiers, ✆ 0494957962, latablerestaurant.fr.

Camping *** **Le Dramont,** im Osten von Saint-Raphaël, zwischen der viel befahrenen Küstenstraße und dem pittoresken Cap du Dramont. Das große Gelände (400 Stellplätze) grenzt direkt an den Strand. Supermarkt sowie Restaurant mit Bar am Platz. Relativ teuer. Von Mitte März bis Mitte Okt. geöffnet. 986, boulevard de la 36ème division du Texas, ✆ 049482 0768, laplagedudramont.com.

Historische Parade vor der Kathedrale

Fréjus

53.700 Einw.

In keinem anderen Ort entlang der Küste ist die römische Vergangenheit so präsent wie in Fréjus. Neben diversen Ruinen und einem der ältesten französischen Sakralbauten besitzt Fréjus eine sympathische Altstadt. Zum Relaxen bieten sich mehrere Sandstrände in der näheren Umgebung an.

Das auf einem leicht erhöhten Plateau gelegene Fréjus unterscheidet sich deutlich vom benachbarten Saint-Raphaël. Fréjus ist eine traditionsbewusste Stadt, die sich nicht grundlos einen doppelgesichtigen Hermes zum Wahrzeichen erwählte, der 1970 bei Ausgrabungen entdeckt worden ist. In den Gassen der Altstadt, die nur einen Teil des römischen Fréjus einnimmt, herrscht ein beschauliches Flair, das mit der Hektik der übrigen Côte wenig gemein hat. Fréjus ist sicher nicht der Ort, um jemanden mit schriller Garderobe zu beeindrucken. Wer in der Nebensaison an einem Sonntagabend durch die Altstadt geschlendert ist, weiß, dass er wohl niemals in einer französischen Provinzstadt wohnen möchte.

Seit den 1980er-Jahren besitzt Fréjus wieder einen Hafen: Ein neuer Stadtteil entstand rund um den neu angelegten Jachthafen Port Fréjus. Die modernen, neben dem Hafenbecken im pseudomediterranen Stil errichteten Appartementhäuser strahlen zwar wenig Charme aus und sind noch teilweise unbewohnt, doch besitzt der Retortenort gleich neben den Häusern von Fréjus Plage einen schönen, lang gestreckten Sandstrand. Umweltschützer denken allerdings mit Wehmut daran, dass um des Profits willen einer der natürlichsten Küstenabschnitte der Côte d'Azur verbaut wurde.

Rund um Grasse, Antibes und Cannes → Karte S. 114/115

Geschichte

Der Name Fréjus erinnert noch an einen höchstwahrscheinlich von Caesar gegründeten Markt *(Forum Julii)*. Die verkehrstechnisch günstig gelegene Hafenstadt – sie lag an der später als Via Aurelia bezeichneten Handelsstraße, die Rom mit Spanien verband – wurde von Veteranen der 8. Legion besiedelt und nahm einen schnellen Aufstieg. Der künstlich angelegte Hafen muss schon in der Gründungszeit gewaltige Ausmaße gehabt haben, denn es ist überliefert, dass Octavian, der spätere Kaiser Augustus, nach seinem Sieg bei Actium (31 v. u. Z.) die rund 300 eroberten feindlichen Galeeren nach Fréjus bringen ließ. Die Römer befestigten die Stadt mit einer mächtigen, rund 3,5 km langen Stadtmauer, deren Verlauf noch deutlich nachvollziehbar ist. Die Größe des Amphitheaters lässt nicht nur darauf schließen, dass Fréjus damals wohl an die 40.000 Einwohner gezählt haben dürfte; ein Amphitheater dieser Größenordnung setzt auch einen gewissen städtischen Wohlstand voraus, da es fast ausschließlich private Geldgeber waren, die die Inszenierung öffentlicher Spiele finanzierten.

Doch die Blütezeit von Fréjus war nur kurz bemessen: Bereits im 2. Jahrhundert verlor die Stadt zunehmend an Bedeutung, die Römer gaben ihren erst wenige Jahrzehnte zuvor erweiterten Militärhafen auf, der östliche Teil der Stadt blieb fortan unbewohnt. Zwar wurde Fréjus im Jahre 374 zum Bischofssitz erhoben, doch scheint dies den Niedergang nicht verzögert zu haben. Im frühen Mittelalter war Fréjus wahrscheinlich nur noch ein unbedeutendes Dorf, erst nach Ende der Sarazeneneinfälle ging es wieder sichtbar bergauf: An der Wende vom 12. zum 13. Jahrhundert nahm man einen Neubau der Cathédrale in Angriff. Dem erneuten Aufstieg wurde durch eine verheerende Pestepidemie ein Ende bereitet, Fréjus kam über eine regionale Funktion nicht mehr hinaus. Der noch aus römischer Zeit stammende Hafen verschlammte im 18. Jahrhundert so sehr, dass er aufgegeben und zugeschüttet wurde; die Ausmaße des einst durch einen Kanal mit dem Meer verbundenen Hafenbeckens lassen sich noch heute im Südosten der Stadt ausmachen. Seit 1989 der neue Hafen Port Fréjus an der Einfahrt des alten römischen Hafens eröffnet wurde, liebäugelt man mit dem Gedanken, das ursprüngliche Hafenbecken mit den antiken Kaianlagen auszubaggern und Fréjus wieder mit dem Meer zu verbinden.

Eine Katastrophe aus der jüngsten Vergangenheit sei noch erwähnt: Im Dezember 1959 brach der Staudamm von Malpasset. In Windeseile brach eine gewaltige Flutwelle über Fréjus herein, die nicht nur das Amphitheater so sehr mit Schlamm überdeckte, dass es ein zweites Mal ausgegraben werden musste, sondern auch 400 Menschenleben forderte. Ein weiterer Nebeneffekt war, dass der fruchtbare Ackerboden weggeschwemmt wurde und manche Bauern aus der Not zu Campingplatzbesitzern mutierten.

Sehenswertes

Römisches Fréjus: An verschiedenen Punkten der Stadt sind noch Überreste römischer Bauten zu finden. Neben dem Amphitheater sind die Sitzreihen des römischen Theaters fragmentarisch erhalten, auch die Stadttore, die den römischen Decumanus (die Ost-West-Achse) einrahmten, sind noch auszumachen, wenngleich von der Porte de Rome nur noch ein Pfeiler existiert. Besser bestellt ist es um die Porte des Gaulles, die allerdings vermauert ist. Im Osten, vor der Porte de Rome, stehen noch ein paar Bögen eines römischen Aquädukts, zudem sind die Reste einer Thermenanlage zu bewundern. Von der bis zu 2,50 m breiten römischen Stadtmauer, die einst von halbrunden Türmen zusätzlich gesichert wurde, sind im Nordosten noch einige Abschnitte erhalten.

L'Amphithéâtre: Ein kleines Stück vor den Toren des römischen Fréjus steht das Amphitheater; es ist von seinen Dimensionen zwar weniger imposant als die Arenen von Arles und Nîmes, doch boten die einst 16 Sitzreihen annähernd 10.000 Zuschauern Platz. Das Oval der Arena misst 68 m in der Länge und 39 m in der Breite. Das bereits zu Beginn der römischen Epoche errichtete Amphitheater wurde im Mittelalter als Steinbruch genutzt und zu großen Teilen abgetragen. Seit knapp hundert Jahren finden in der restaurierten Arena wieder Veranstaltungen (Stierkämpfe, Konzerte etc.) statt.

Etwas gewöhnungsbedürftig sind allerdings die Renovierungsarbeiten der letzten Jahre: Die Sitzreihen wurden mit Lochblech und Teakholzbänken aufgepeppt, Teile des Mauerwerks mit Betonfertigteilen rekonstruiert – allerdings ist dadurch vom römischen Mauerwerk nicht mehr viel zu sehen.

▪ Rue Henri Vadon. Von Nov. bis März tägl. außer So und Mo 9.30–12 und 14–16.30 Uhr sowie von April bis Okt. tägl. außer Mo 9.30–12.30 und 14–18 Uhr. Eintritt 3 €. Kombiticket 6 €, erm. 4 €.

Kathedralenkomplex: Mit Baptisterium, Kreuzgang und Bischofspalast bildet die Cathédrale einen markanten Gebäudekomplex im Zentrum der Altstadt. Die Cathédrale betritt man durch eine schmale Vorhalle, wie sie in frühchristlichen Kirchen häufig anzutreffen ist. Linker Hand gibt ein Gitter den Blick auf das Taufbecken des Baptisteriums frei; das Baptisterium stammt aus dem 5. Jahrhundert und ist einer der ältesten erhaltenen Sakralbauten Frankreichs. Typisch für die spätantike Entstehungszeit sind das oktogonale Obergeschoss und der hohe Tambour. Dank der durch den Architekten Jules Fromigé rekonstruierten Kuppel hat der Innenraum des Baptisteriums seine

Das Amphitheater bot einst 10.000 Menschen Platz ▲
Die Kathedrale von Fréjus ▼

Monumentalität und Geschlossenheit wiedergefunden. Auffällig ist, dass sich an den Seitenwänden halbrunde und eckige Nischen abwechseln; die Monolithsäulen aus grauem Marmor tragen weiße Marmorkapitelle, die von älteren römischen Bauten stammen. Die um 1200 errichtete Cathédrale ersetzte einen älteren Vorgängerbau und besteht aus zwei, kaum miteinander harmonierenden Kirchenschiffen mit einem jeweils eigenen Patrozinium. Während das Hauptschiff der Jungfrau Maria geweiht ist, gilt Saint-Etienne als der Schutzherr des halbtonnengewölbten Seitenschiffs. Der eher karge Innenraum der Bischofskirche liegt heute deutlich unter dem Straßenniveau, da der Bau noch auf den spätantiken Grundmauern ausgeführt wurde. Zwischen Baptisterium und Cathédrale führt eine steile Treppe zum zweigeschossigen Kreuzgang, der zu Beginn des 13. Jahrhunderts angefügt wurde, um die vorhandenen Gebäude architektonisch zu verbinden. Ungewöhnlich ist, dass die später errichtete Galerie im Obergeschoss romanische Rundbögen besitzt, während im Untergeschoss gotische Spitzbögen verwendet wurden.

▪ Mai bis Aug. tägl. 10–18Uhr, sonst tägl. außer Mo 10–13 und 14–17 Uhr. Eintritt 6 €, erm. 5 €.

Musée archéologique municipale: Das Museum befindet sich direkt neben dem Kreuzgang und besteht genau genommen nur aus einem einzigen Raum. Wertvollste Exponate zur antiken Vergangenheit von Fréjus sind ein römisches Mosaik mit Leopard sowie der 1970 gefundene doppelgesichtige Hermes, das Wahrzeichen von Fréjus.

▪ Place Calvini. Tägl. außer So 10–13 und 14.30–17.30 Uhr, im Hochsommer bis 18.30 Uhr. Eintritt 2 €. Kombiticket 6 €, erm. 4 €.

Musée d'Histoire Locale: Das lokalgeschichtliche Museum zeigt eine interessante Dauerausstellung zur Alltagsgeschichte der letzten hundert Jahre mit einem alten Klassenzimmer und anderen netten Szenerien.

▪ 153, rue Jean Jaurès. Tägl. außer Mo 9.30–12.30 und 14–18 Uhr, im Winter bis 17 Uhr. Eintritt 3 €. Kombiticket 6 €, erm. 4 €.

Chapelle Cocteau (Chapelle Notre-Dame-de-Jérusalem): Die 4 km außerhalb des

Eindrucksvoll: Chapelle Cocteau

Zentrums gelegene Kapelle ist die letzte Kapelle, die das Multitalent *Jean Cocteau* entworfen und ausgeschmückt hat. Profane und sakrale Darstellungen sind hier auf erstaunliche Weise nebeneinander gestellt. Von der Licht- und Farbfülle ist der Besucher regelrecht geblendet. Da Cocteau 1963 vor der Fertigstellung verstarb, hat sein Adoptivsohn Edouard Dermit das Werk vollendet.

▪ Avenue Nicolaï, an der RN 7 Richtung Cannes. Von Okt. bis März tägl. außer Mo 9.30–12.30 und 14–17 Uhr sowie von April bis Sept. tägl. außer Mo 9.30–12.30 und 14–18 Uhr. Eintritt 3 €, erm. 1 €. Kombiticket 6 €, erm. 4 €.

Aqualand: Eine von ihren Ausmaßen her riesige Wasserlandschaft mit zahlreichen Attraktionen: Neben dem angeblich größten Wellenbad Europas gibt es mehrere, teilweise spektakuläre Rutschen sowie einen Wildwasserbach, eine Abenteuerlagune und Clownshows runden das Angebot ab. Für das leibliche Wohl stehen Fast-Food-Restaurants, Snackbars und ein Picknickgelände zur Verfügung. Vergnügungssüchtige können anschließend noch im gegenüberliegenden Lunapark Karussell fahren.

▪ Direkt an der RN 98 südl. von Fréjus. Juli und Aug. 10–19 Uhr, Juni und Sept. 10–18 Uhr. Eintritt 32 €, erm. 25 €. aqualand.fr.

Naturschutzgebiet: Etangs de Villepey

Baden im Naturschutzgebiet

Einer der schönsten Strände an der Côte d'Azur mit angenehm grobkörnigem Sand und guter Wasserqualität erstreckt sich bei Fréjus westlich des Flüsschens Argens. Der östlichste Strandabschnitt ist zum Nacktbaden ausgewiesen und daher nicht so stark frequentiert. Da der Strand durch den Fluss und ein Naturschutzgebiet mit Dünen, die **Etangs de Villepey,** begrenzt wird, ist eine direkte Zufahrt nicht möglich. 1 km nach dem Campingplatz Pont d'Argens findet sich linker Hand die Einfahrt zu einem gebührenpflichtigen Parkplatz. Von dort sind es dann nur noch ein paar hundert Meter zu Fuß. Es besteht aber auch eine Stadtbusverbindung von Fréjus aus.

Praktische Infos

Information **Office de Tourisme,** 249, rue Jean Jaurès, 83600 Fréjus Cédex, ✆ 0494518383, frejus.fr bzw. frejus-tourismus.de.

Verbindungen Der Busbahnhof (Gare routière) befindet sich auf der Place Paul-Vernet, ✆ 0494537846. Tägl. acht Busverbindungen nach Saint-Tropez (über Sainte-Maxime) sowie nach Nizza, häufig auch nach Saint-Raphaël. visitvar.fr. Der SNCF-Bahnhof liegt am südwestl. Rand der Altstadt in der Rue Martin-Bidouré.

Veranstaltungen **Roc d'Azur,** jedes Jahr im Oktober trifft sich in Fréjus die europäische Mountainbike-Elite zum preisgekrönten Wettstreit. rocazur.com.

Fahrradvermietung **Booking Bikes,** 43, rue Grisolle, ✆ 0483125264, booking-bikes.com/velos.

Stadtführungen Das Office de Tourisme informiert über thematisch wechselnde Stadtführungen. Kosten 6 €.

Markt Mittwoch- und Samstagvormittag auf der Place Paul Albert Février und der Place Formigé. Zudem findet am Sonntagvormittag ein provenzalischer Markt auf dem Boulevard d'Alger statt.

Kino **Le Vox,** Place Agricola.

Reiten **Centre Equestre de Fréjus,** rue de la Tourrache, ✆ 0494512949, cefrejus-saint raphael.ffe.com.

Base Nature Freizeitpark mit Hallenbad, Skatepark, Boulodrome und anderen Aktivitäten. 1196, boulevard de la Mer.

Übernachten/Essen ****** L'Arena,** die Zimmer des modernen, aber durchaus charmanten Hotels gruppieren sich um einen überdachten Innenhof. Mit Swimmingpool. Unweit der Arena gelegen. 139, avenue du Général de Gaulle, ✆ 0494527720, hotel-frejus-arena.com. **€€–€€€**

***** Le Flore,** charmantes, kleines Hotel inmitten des Zentrums. Meist schöner Tomette-Fußboden. 53, rue Grisolle, ✆ 0494513835, hotelleflore.fr. **€€**

***** Atoll Hotel,** eine Alternative für alle, die näher am Meer wohnen wollen: in Port Fréjus, nur 100 m vom Strand entfernt. Ansprechender sind natürlich die Zimmer mit Balkon. 923, boulevard de la Mer, ✆ 0494515377, atollhotel.fr. **€€**

L'Amandier, gleich beim Rathaus hat sich der ehemalige Chefkoch des Hotels Aréna selbstständig gemacht. Monsieur Balanec hat sein Handwerk übrigens bei den Gebrüdern Pourcel in Montpellier gelernt. Leichte saisonale Küche mit provenzalischem Schwerpunkt – das Ganze mit einem sehr guten Preis-Leistungs-Verhältnis. Menüs zu 24 (mittags), 35 und 47 €. Beim Menü zu 47 € folgte auf mit Parmesan überbackene Spargelcannelloni ein gegrillter Kaninchenrücken. Bib Gourmand von Michelin. So sowie Montag-, Mittwoch- und Freitagmittag geschlossen. 19, rue Desaugiers, ✆ 0494534877, restaurant-lamandier-frejus.com.

L'Entrée des Artists, ein ansprechendes Lokal im Herzen der Stadt, bekannt für seine bodenständige Küche. Mittagsmenü 20 € inkl. einem Glas Wein. Straßenterrasse. So und Mo Ruhetag. 63, rue Saint-François de Paule, ✆ 049 4401160. ■ **Lesertipp**

Mon Fromager, eine tolle Käsehandlung mit kleiner Straßenterrasse in der Fußgängerzone, auf der ansprechende Häppchen serviert werden. *Assiette de Fromage* mit 5 verschiedenen Käse 12,70 €. Tägl. außer So und Mo. 38, rue Sieyès, ✆ 0494406799.

La Table, kleines, liebevoll geführtes Lokal, ein paar Schritte unterhalb der Kathedrale. Hausgemachte Kost. Lecker ist die *Daube de poulpe* (Tintenfischeintopf). *Plat du Jour* 14,50 €, Mittagsmenü 18 €. Nette Straßenterrasse. So Ruhetag. 137, rue Grisolle, ✆ 0494510381.

Camping ******* La Baume,** angenehmer Komfortcampingplatz mit 500 Stellplätzen. Statt eines Swimmingpools findet man hier eine riesige, palmengesäumte Badelandschaft vor. Von April bis Sept. geöffnet. 5 km vom Meer entfernt, an der Straße nach Bangnols, ✆ 0494198888, labaume-lapalmeraie.com.

******* Holiday Green,** noch ein Stück weiter vom Meer entfernt, ebenfalls ausgezeichnete Ausstattung mit großem Swimmingpool. Chalets und Mobile-Home-Vermietung. Von Ostern bis Ende Sept. geöffnet. ✆ 0494198830, holidaygreen.com.

MeinTipp ****** La Plage d'Argens,** großzügiges Wiesengelände mit mäßigem Schatten. Auf dem Gelände gibt es ein Lebensmittelgeschäft und ein Restaurant. Das große Plus des Platzes ist neben einem beheizten Swimmingpool der direkte Zugang zu einem sehr schönen Strandabschnitt mit Nacktbademöglichkeit. Durch einen neuen Besitzer wurden umfangreiche Sanierungsmaßnahmen in Angriff genommen. Für Camper gibt es nur wenige Stellplätze. Von April bis Mitte Okt. geöffnet. ✆ 0494511497, laplagedargens.fr.

Roquebrune-sur-Argens

11.000 Einw.

Ein paar Kilometer landeinwärts, am rechten Ufer der Argens, erhebt sich Roquebrune auf einer felsigen Anhöhe. Dank der erhaltenen Reste einer Stadtbefestigung, Arkadengängen und vielen alten Häusern mit ihren Arkaden erinnert Roquebrune-sur-Argens an ein mittelalterliches Dorf. Doch glückli-

Roquebrune: Chapelle Saint-Pierre aus dem 11. Jahrhundert

cherweise ist Roquebrune nicht museal erstarrt, sondern erfreut sich eines recht vitalen Dorflebens. Neben der spätgotischen Pfarrkirche besitzt Roquebrune noch zwei romanische Kapellen. Besonders malerisch ist die wenige hundert Meter südlich des Dorfkerns gelegene Chapelle Saint-Pierre, die aus dem 11. Jahrhundert stammt. Beliebte Wanderziele in der näheren Umgebung sind die über dem Ort gelegene Kapelle Notre-Dame-de-Pitié sowie die 373 m hohen Felsen von Roquebrune. Abkühlung findet man im unweit des Dorfes gelegenen Lac de l'Aréna.

Information **Office de Tourisme,** 2540 DN7, La Gallery, 83520 Roquebrune-sur-Argens, ✆ 0494198989, roquebrunesurargens-tourisme.fr.

Markt Montag- und Freitagvormittag.

Kajak **La Base du Rocher,** von Mitte Juni bis Sept., je nach Dauer und Boot. ✆ 066141 7574, basedurocher.fr.

Ferienhäuser **Domaine des Planes,** auf ihrem Weingut vermietet Familie Rieder mehrere Ferienhäuser für 2–9 Pers. Auf dem Areal befindet sich ein 700 m² großer Schwimmteich. Preis nach Absprache, je nach Haus und Saison. ✆ 0498114900, dom-planes.com.

Camping ****** Les Pecheurs,** ebenes Wiesengelände am Seeufer. Extras: beheizter großer Swimmingpool, Kinderspielplatz und Freizeitanimation. Gepflegte Sanitäranlagen. Von Ostern bis Ende Sept. geöffnet. ✆ 0494457125, camping-les-pecheurs.com.

Saint-Aygulf

Das noch zur Gemeinde Fréjus gehörende Saint-Aygulf ist ein beliebter Ferienort, allerdings ohne besonderes Flair. Das große Kapital von Saint-Aygulf ist die Nähe zum Naturschutzgebiet Etangs de Villepey und den daran anschließenden, lang gestreckten Sandstrand. Wie die gesamte Region, so war auch Saint-Aygulf bereits in römischer Zeit besiedelt. Ausgrabungen förderten Hinweise auf römische Villen und Thermen zutage. Die Küste bei Saint-Aygulf

Rund um Grasse, Antibes und Cannes → Karte S. 114/115

gehörte zu jenen Strandabschnitten, die die alliierten Truppen für ihre Landung an der französischen Mittelmeerküste auserkoren hatten. Am 15. August 1944 erreichten um acht Uhr morgens die ersten Landungsboote mit Soldaten, Waffen und Munition das Ufer.

Information **Office de Tourisme,** Place de la Poste, 83370 Saint-Aygulf, ✆ 0494812209, saint-aygulf-tourisme.fr.

Verbindungen Tägl. acht Busverbindungen nach Saint-Tropez (über Sainte-Maxime) sowie nach Saint-Raphaël. Zudem in der Hochsaison mehrmals tägl. Schiffsverbindungen nach Saint-Raphaël. visitvar.fr.

Markt Dienstag- und Freitagvormittag auf der Place de la Poste.

Strände Nördl. der Stadt erstreckt sich (hinter dem Naturschutzgebiet Etangs de Villepey) bis zur Argensmündung ein schöner, grobkörniger Sandstrand, der im stadtnahen Bereich relativ überlaufen und kurz vor der Argensmündung als FKK-Strand ausgewiesen ist.

Übernachten/Essen **** La Petite Auberge,** kleines, familiäres Hotel (Logis) mit Restaurant und freundlicher Besitzerin. Nur 50 m vom Meer entfernt. Vom Hotel aus kann man einen schönen Spaziergang am Meer entlang zum Zentrum von Saint-Aygulf machen. Passable Menüs zu 26, 29 und 34 €. 118, rue d'Alsace, ✆ 0494810126, logishotels.com. **€–€€**

Mein Tipp ****** Le Catalogne,** angenehmes, sehr sauberes Hotel mit großem Garten und beheiztem Swimmingpool. Die Lobby und das Treppenhaus wurden unlängst sehr vorteilhaft modernisiert. Die großen, ebenfalls unlängst renovierten Zimmer sind zeitlos modern, viele haben einen Balkon, sodass man sich schnell wohlfühlt. Im Sommer frühstückt man auf der herrlichen Terrasse. Von Ostern bis Mitte Okt. geöffnet. Avenue de la Corniche d'Azur, ✆ 049 4810144, hotellecatalogne.com. **€€€**

Camping ******* L'Etoile d'Argens,** gut ausgestatteter Platz im Hinterland mit schön parzellierten Plätzen. Beheizte Poollandschaft, Tennisplätze. Ein kostenfreies Pendelboot verkehrt alle 40 Min. zum Strand. Vermietung von Mobile Homes, Bungalows und Stelzenhäusern. Von Mai bis Sept. geöffnet. 121, chemin des Etangs, ✆ 0494810141, etoiledargens.com.

****** De Saint Aygulf Plage,** gigantische Anlage mit rund 1600 (!) Stellplätzen. Nur durch die Küstenstraße vom Meer getrennt. Von April bis Okt. geöffnet. Am östl. Stadtrand gelegen. ✆ 0494176249, campingdesaintaygulf.fr.

Sainte-Maxime

14.400 Einw.

Ein kurzer Blick auf die Stadtgeschichte: Sainte-Maxime, heute ein lebhafter Badeort am Golf von Saint-Tropez, geht auf eine phönizische Siedlung zurück. Nachdem der Ort von Sarazenen und anderen Seeräubern mehrfach verwüstet worden war, nahmen im Mittelalter die Mönche von Lérins Sainte-Maxime unter ihre Obhut. Im Zeitalter des Massentourismus erlebte Sainte-Maxime einen bis dato ungebrochenen Aufschwung, der einen seither anhaltenden Dauerstau auf der direkt an der Küste vorbeiführenden Nationalstraße zur Folge hat. Der sommerliche Trubel beschränkt sich allerdings hauptsächlich auf eben diese palmengesäumte Uferpromenade und ein paar zur Fußgängerzone deklarierte Gassen im Zentrum. Die Küste rund um Sainte-Maxime hat eine ganze Reihe gut besuchter Sandstrände zu bieten, die zumeist aber recht schmal sind. Im Gegensatz zu Saint-Tropez, das am anderen Ende der Bucht in der Abendsonne glänzt, ist Sainte-Maxime ein mehr auf Familien ausgerichteter Ferienort – ein Umstand, der sich auch auf die Preise niederschlägt. Freizeitkapitänen steht ein Jachthafen mit 750 Liegeplätzen zur Verfügung.

Musée du Phonographe: 10 km außerhalb von Sainte-Maxime liegt das kleine Privatmuseum an der nach Le Muy führenden D 25. Zu der bunten Sammlung gehören rund 350 Plattenspieler,

Drehorgeln, Musikautomaten etc. Das älteste Exponat, eine „talking machine" von Thomas Edison, stammt aus dem Jahre 1878.

▪ Von Ostern bis Sept. Mi–So 10–12 Uhr, im Juli und August auch 16–18.30 Uhr. Eintritt 4 €.

Information **Office de Tourisme,** 21, place Louis-Blanc, 83120 Sainte-Maxime, ✆ 049 4557555, sainte-maxime.com.

Verbindungen Tägl. acht Busverbindungen nach Saint-Tropez sowie über Saint-Aygulf nach Saint-Raphaël. visitvar.fr. Zudem bestehen von Juli bis Sept. sehr häufig Schiffsverbindungen (Les Bateaux Verts) nach Saint-Tropez. Abfahrt an der Gare maritime, Überfahrt rund 20 Min., Hin- und Rückfahrt 15,70 €. bateauxverts.com.

Parken Es gibt zwar im Ort mehrere Parkplätze, doch ist es im Juli und Aug. – wie in allen Küstenorten – fast unmöglich, einen freien Platz zu ergattern.

Markt Donnerstagvormittag in der Altstadt sowie jeden Vormittag in der Markthalle in der Rue Fernand-Bessy.

Schwimmen **L'Archipel,** erst 2023 eröffnetes Hallenbad mit 25-m-Becken. Tägl. 9–20, Sa bis 16, So bis 13 Uhr. Eintritt 5 €. Avenue Gaston Rebuffat. larchipelsaintemaxime.fr.

Kino **Le Pagnol,** rue P. Curie.

Fahrrad- und Motorradvermietung **Rent Bike Location** (nur Fahrräder), 15, rue Magali, ✆ 0494439807, rentbike-location.com.

Strände Nördl. von Sainte-Maxime, an der felsigen Küste zwischen La Nartelle und Val d'Esquières, gibt es ein paar idyllische, kleine Felsbuchten mit Sandstränden, zu denen man teilweise aber etwas klettern muss. Schön, aber direkt an der Straße gelegen, ist die Calanque du Grand Boucharel.

Übernachten/Essen ****** Montfleuri,** sehr angenehmes Ferienhotel (Best Western) mit Restaurant, geführt von einem freundlichen Paar. Fast alle Zimmer verfügen über einen schönen Balkon mit Blick aufs Meer. Eine große Terrasse, auf der das Frühstück serviert wird, und ein Swimmingpool verschönern den Aufenthalt. Lage: einen knappen Kilometer vom Zentrum (Richtung Fréjus) und hundert Meter vom Meer entfernt. 3, avenue Montfleuri, ✆ 0494557510, montfleuri.com. **€€€–€€€€**

***** Les Palmiers,** etwas älteres Hotel, wenige Meter von Hafen und Meer entfernt, aber dafür teilweise recht laut. Die Zimmerpreise variieren je nach Ausstattung. Manche haben einen Balkon. Rue Gabriel-Péri, ✆ 0494960041, hotelespalmiers.com. **€€€**

***** Les Calanques,** etwas weiter östl. an der Küste in *Les Issambres* ist dieses Hotel der Tipp eines Lesers, der begeistert schrieb: „Das Preis-Leistungs-Verhältnis ist gut, das Haus wird von einem sehr sympathischen Paar geführt; der Wirt spricht Deutsch. Vom Hotel zur Badebucht sind es nur ein paar Meter." Mit nur zwölf nett eingerichteten Zimmern herrscht eine recht private Atmosphäre. Corniche des Issambres, rue du nid au soleil, ✆ 0498113636, hotel-les-calanques.com. ▪ **Lesertipp €€€**

La Badiane, vier Parallelstraßen hinter der Uferpromenade (bei der Markthalle) trifft man auf das kulinarisch anspruchsvollste Restaurant von Sainte-Maxime (drei Gault-Millau-Hauben). Im distinguierten, leicht unterkühlten Ambiente wird eine kreative Küche gepflegt, wobei der junge Chefkoch Geoffrey Poësson auch die regionale Kochtradition geschickt zu interpretieren weiß. Auch Klassiker wie Froschschenkel versteht er als wahren Gaumenschmaus zuzubereiten. Menüs zu 65, 82 und 130 €. Keine Terrasse. Di und Do–Sa mittags, sonst nur abends geöffnet, So Ruhetag. 6, rue Fernand-Bessy, ✆ 0494965393, restaurant-labadiane.fr.

MeinTipp **La Maison Bleue,** das einzige, was man in dem sympathischen Restaurant vermissen könnte, ist der Meerblick, da es an einer Straße hinter der Promenade liegt. Doch das ausgezeichnete Preis-Leistungs-Verhältnis und die heitere Atmosphäre mit der schönen, schattigen Terrasse lassen dieses „Manko" schnell vergessen. Mittagsmenü 22, 31 und 38 €. Selbst bei dem preisgünstigsten Menü hat man eine erstaunlich große Auswahl. Di Ruhetag, von Nov. bis Jan. ist auch Mo geschlossen. 48, rue Paul-Bret, ✆ 0494965192, Facebook.

Boho, allein die Terrasse mit dem tollen Mobiliar vor dem Lokal ist ein Traum! Serviert wird eine mediterrane Küche, als Vorspeise auch Mezze. Wer zu zweit kommt, sollte einen fangfrischen Fisch bestellen (ab 60 €). 1, place Colbert, ✆ 0494818968, boho-saintemaxime.fr.

Camping **** Les Cigalons,** kleinerer Platz, nicht weit vom Meer entfernt, 2 km nördl. beim Ortsteil La Nartelle. Von Ostern bis Ende Sept. geöffnet. 34, avenue du Croiseur Léger le Malin, ✆ 0494960551

Rund um Grasse, Antibes und Cannes → Karte S. 114/115

Saint-Tropez und Umgebung

Saint-Tropez ist der unumstrittene Glanzpunkt des westlichen Teils der Côte d'Azur. Ein Hafenbummel gehört zum Pflichtprogramm. Auf der Halbinsel von Saint-Tropez gibt es die herrlichsten Sandstrände, aber auch kleine Bergdörfer wie Ramatuelle und Gassin. Wer statt Trubel Einsamkeit sucht, findet diese im Massif des Maures mit seinen Korkeichenwäldern.

Abendstimmung in Saint-Tropez

Allein der Name Saint-Tropez bringt die Augen der meisten Reisenden zum Leuchten. Saint-Tropez steht für Luxus und Ausschweifung, Frivolität gepaart mit mediterranem Savoir-vivre. Es sind Prominente wie der verstorbene Gunter Sachs und Brigitte Bardot, die den Ruf des Küstenortes bis heute geprägt haben. Und der Vieux Port ist der schönste Hafen an der Côte d'Azur. Nicht nur wegen der großen Jachten, sondern aufgrund des einzigartigen Ambiente, das ihn umgibt. Schöner (und teurer) kann man an keinem anderen Hafen Südfrankreichs einen Café genießen. Und die schönsten Sandstrände der Côte d'Azur finden sich auch auf der Halbinsel von Saint-Tropez.

Etwas weniger Trubel gibt es in den so verträumten wie aussichtsreichen Bergdörfern Gassin, Ramatuelle und Grimaud oder in dem Retortenjachthafen Port-Grimaud. Wesentlich ruhiger geht es hingegen im dem von seinen ausgedehnten Korkeichenwäldern geprägten Massif des Maures zu. Dort gibt es mit La Garde-Freinet, dem letzten Stützpunkt der Sarazenen an der westlichen Mittelmeerküste, und Collobrières nur zwei größere Dörfer, ansonsten viel Einsamkeit. Die Kartäuser haben im 12. Jahrhundert in der Abgeschiedenheit dieser Landschaft ein Kloster gegründet.

An der Küste westlich von Saint-Tropez reihen sich mehrere für den Tourismus wichtige Orte und schöne Badestrände aneinander. Angefangen mit La Croix-Valmer über Cavalaire-sur-Mer bis hin zu Le Lavandou, wo schon Jean Cocteau und Bertolt Brecht sich am Strand erholten. Hoch über Le

Lavandou erhebt sich das mittelalterliche Bormes-les-Mimosas mit seinen steilen und gekrümmten Gässchen, überdachten Durchgängen und kleinen Plätzen.

Was anschauen?

Musée de l'Annonciade: Ein tolles Kunstmuseum in einer Kapelle am Alten Hafen von Saint-Tropez mit Werken von Signac, Matisse, Seurat, Bonnard und Dufy. **→ S. 178**

Musée de la Gendarmerie et du Cinéma: Das Kinomuseum ist ein Muss für Verehrer von Louis de Funès, Brigitte Bardot und Romy Schneider. **→ S. 178**

Citadelle: Von der Festung hat man einen beeindruckenden Blick auf Saint-Tropez und die zugehörige Bucht. **→ S. 178**

Cimetière Marin: Der Seemannsfriedhof ist einer der malerischsten Friedhöfe an der Côte d'Azur. **→ S. 179**

Chartreuse de la Verne: Ein Kartäuserkloster inmitten der Einsamkeit des Massif des Maures. **→ S. 196**

Domaine du Rayol: Ein traumhafter Park, der sich bis hinunter zum Meer erstreckt. Pflanzen aus der ganzen Welt wurden hier angepflanzt. **→ S. 199**

Was unternehmen?

Wanderung auf dem Sentier Littoral zur Plage des Salins: Leichte Küstenwanderung entlang der Strände mit Bademöglichkeiten. **→ S. 300**

Mit dem Mountainbike auf der Route des Crêtes: Eine gute Möglichkeit, das Massif des Maures mit dem Fahrrad zu erkunden. **→ S. 193**

Radtour entlang der Küste: Von La Croix-Valmer über Le Lavandou bis nach Toulon verläuft eine extra angelegte Radstrecke. **→ S. 199**

Was sonst noch?

Mit dem Schiff von Saint-Tropez nach Sainte-Maxime: Ein herrlicher Bootsausflug durch die Bucht von Saint-Tropez. **→ S. 181**

Die Bravade besuchen: Ein farbenfrohes Volksfest zu Ehren des Stadtheiligen Torpes mit dem lärmenden Aufmarsch kostümierter Seeleute. **→ S. 181**

Im Club 55 essen: Seit 1955 der Klassiker unter den Strandrestaurants von Saint-Tropez. **→ S. 184**

Maronenmus in Collobrières kaufen: Die Confiserie Azuréenne verkauft köstliches Maronenmus. **→ S. 195**

Wo baden?

Pampelonne: Der goldgelbe Hauptstrand von Saint-Tropez ist legendär. **→ S. 180**

Des Canebiers: Der Strand aller Fans von Brigitte Bardot. **→ S. 180**

L'Escalet: Angenehme, von Felsen eingerahmte kleine Bucht im Südosten von Ramatuelle. **→ S. 181**

Layet: An der Plage du Layet kann man auch hüllenlos baden. **→ S. 201**

Saint-Tropez

4100 Einw.

„Saint-Trop“ – ein lebendiger Mythos, ein verheißungsvoller Name, ein Ort voller Klischees! Zu Zigtausenden eilen die Touristen herbei, um etwas vom vermeintlichen Glanz der Reichen und Schönen zu erhaschen. In der Nebensaison präsentiert sich Saint-Tropez als beschaulicher Küstenort – aber dann ist Saint-Tropez eben nicht mehr Saint-Tropez.

„Bei aller Liebe – aber dann schon lieber Neuruppin. Dunkel sind die Gassen, ein Betrunkener durchschimpft sie, aus einem braunen Hause hört man einen Zank. Die Laternen brennen trübe. Am Hafen liegt ein Gewirr von Tauen und Segelleinwand, überall drücken sich Männer herum, es ist schmutzig und dürftig“, schrieb *Kurt Tucholsky* im November 1925 kurz nach seiner Ankunft in sein Tagebuch. Welch ein Unterschied zwischen damals und heute! Fraglos gehört das bunte Treiben in dem Küstenstädtchen seit geraumer Zeit zu den Hauptattraktionen an der Côte d'Azur. Doch auch Freunde moderner Kunst haben einen Grund, nach Saint-Tropez zu pilgern: Das Musée de l'Annonciade besitzt eine überaus beachtliche Kunstsammlung mit Bildern von Matisse und Signac sowie Skulpturen, die größtenteils aus der ersten Hälfte des 20. Jahrhunderts stammen.

Wer in den Monaten Juli und August erst am späten Nachmittag oder frühen Abend nach Saint-Tropez aufbricht, muss damit rechnen, die letzten Kilometer Stoßstange an Stoßstange im dichten Ferienverkehr zu stehen (Zum Trost für jeden Staugeplagten sei die berühmte Schriftstellerin *Colette* zitiert: „Eine einzige Straße führt nach Saint-Tropez. Um von hier wieder abzureisen, muss man dieselbe nehmen. Aber möchten Sie jemals wieder abreisen?"). Fünf Millionen Besucher werden alljährlich gezählt, an manchen Tagen bis zu 100.000! Auf dem Großparkplatz am neuen Jachthafen stapeln sich dann die Blechkarossen und eine nicht enden wollende Menschenmenge strömt der Altstadt entgegen. Am alten Hafen bieten dritt- und viertklassige Landschafts- und Portraitmaler ihre Werke feil, in den Cafés ist auch der letzte Stuhl besetzt und Mr. Gigolo versucht – meistens bleibt es nicht beim Versuch –, die Damenwelt mit dem tiefen, gleichmäßigen Blubbern seiner Harley-Davidson zu beeindrucken. Ein besonderes Schauspiel ereignet sich allabendlich am Hafenkai: Begafft vom „Pöbel", lässt sich die Hautevolee auf ihren an Ozeandampfer erinnernden Jachten – manch einer wäre glücklich, wenn er nur mit dem Beiboot die Küste entlang schippern könnte – von einer livrierten Dienerschaft ein mehrgängiges Menü kredenzen. Nirgendwo sonst an der Côte d'Azur lässt sich das Spektakel des Sehen und Gesehenwerdens besser miterleben als in Saint-Tropez; schwungvoll brodelt es rund um den Hafen bis in die frühen Morgenstunden hinein. Das anstrengende Leben gestattet einen Strandbesuch erst am frühen Nachmittag, um sich dort den nötigen Teint und die Kraft für die Freuden der Nacht zu holen ...

Wer es einrichten kann, sollte aber unbedingt einmal im Frühjahr oder Spätherbst nach Saint-Tropez kommen. Dann nämlich, wenn die Fremden nur noch paarweise statt in Horden in die Stadt einfallen und sich aus dem Lärm wieder das Klackern einzelner Absätze heraushören lässt, zeigt sich in den Gassen und auf den Plätzen das typische Leben einer französischen Kleinstadt. In den Wintermonaten dominieren die Einheimischen wieder das Stadtbild von Saint-Tropez, zahlreiche Boutiquen, Hotels und Restaurants haben geschlossen, das Leben verläuft wieder in gemächlicheren Bahnen, die Pétanque-Spieler gehen unter den Platanen der Place des Lices wieder ungestört ihrem Vergnügen nach.

Der Hafen von Saint-Tropez

Saint-Tropez und Umgebung → Karte S. 172

Die Librairie Gerstel – ein Stück Exilgeschichte

Direkt am alten Hafen von Saint-Tropez, der in den Sommermonaten den Luxusjachten und ihren Bewunderern vorbehalten ist, zweigt ein kleines Gässchen, die Rue Georges Clémenceau, ab und schlängelt sich zum Place Carnot. Wenn man die Gasse vom Hafen her betritt, ist es allzu leicht, das erste unscheinbare Haus auf der rechten Seite zu übersehen. Nur das mit dunkelbrauner Farbe über die beiden Fenster gemalte *librairie* wies noch ein paar Jahre auf die einstige Buchhandlung Gerstel hin, die im Herbst 1994 aufgegeben wurde (heute werden hier Klamotten feilgeboten). Mit der Aufgabe der Buchhandlung Gerstel ging auch eine Episode deutschen Exils in Frankreich zu Ende.

Die damalige Besitzerin *Ellen Gerstel* war nämlich eine gebürtige Berlinerin, die im August 1933, wenige Monate nach der Machtergreifung Hitlers, Berlin verlassen hatte, um mit ihrem zukünftigen Ehemann Ernest nach Paris zu gehen. Noch 1914 war Ernest Gerstel, wie so viele andere Deutsche jüdischen Glaubens, freiwillig und voller Überzeugung in den Krieg gezogen, um für sein Vaterland zu kämpfen. In den Monaten nach der nationalsozialistischen Machtübernahme war dem gebürtigen Nürnberger schnell klar geworden, dass er Deutschland verlassen musste. Da Ernest Gerstel, dessen Familie das berühmte Modehaus Gerstel mit Niederlassungen in Nürnberg, Köln, Frankfurt und Berlin gehörte, gute Verbindungen nach Paris, der Stadt der Haute Couture, besaß, bot sich die Stadt an der Seine als Zufluchtsort an. Die Zeit bis zum Kriegsausbruch war nicht einfach. Obwohl beide Arbeit gefunden hatten – er als Buchhalter, sie als Vertreterin –, verfügten die Gerstels nur über wenig Geld, um den täglichen Lebensunterhalt zu bestreiten: Schicksal vieler Deutscher im Pariser Exil. Trotz allem tauschten sie schon bald ihren deutschen Reisepass gegen einen Reisepass für Staatenlose; der Bruch mit dem nationalsozialistischen Vaterland sollte endgültig sein. Mit dem Kriegsausbruch im September 1939 gestaltete sich die Lage zunehmend kritischer. Ernest Gerstel wurde als Staatenloser deutscher Herkunft in der Nähe von Bourges in Mittelfrankreich interniert. Im Mai 1940 ereilte Ellen Gerstel das gleiche Los: Erst wurde sie dreizehn Tage mit 12.000 weiteren Frauen ins Pariser Vélodrome d'Hiver, einer überdachten Radrennbahn, gepfercht und schließlich in das berüchtigte Lager „Gurs" in die Pyrenäen gebracht, in dem sich auch Marta Feuchtwanger und viele andere deutsche Frauen befanden. Am 13. Juli 1940, wenige Wochen nachdem in Frankreich die Waffen verstummt waren, erfolgte ihre Befreiung. Ernest war in der Zwischenzeit in die Fremdenlegion eingetreten; allerdings mehr zwangsweise denn freiwillig, da ihm die französischen Behörden keine andere Wahl gelassen hatten, um einer weiteren Internierung zu entgehen. Ein knappes Jahr später wurde Ernest Gerstel in Saint-Tropez aus der Fremdenlegion entlassen, da er glücklicherweise eine feste Adresse in der unbesetzten Zone nachweisen konnte. Im April 1941 war das Ehepaar endlich wieder vereint. Zum zweiten Mal innerhalb weniger Jahre hatten sie alles verloren, doch lebten sie hier in Saint-Tropez in Freiheit und Sicherheit – vorerst.

Freiluftgalerie am Hafen

Die ersten Monate waren hart; sie wohnten zusammen in einem einzigen, engen Zimmer, verfügten weder über Tisch noch Herd und nur jeden zweiten Tag konnten sie sich eine richtige Mahlzeit leisten. Doch es ging aufwärts. Ernest Gerstel, der in München Kunstgeschichte studiert hatte, fand eine Beschäftigung als Verkäufer in der Buchhandlung Denis. Sein Gehalt war nicht üppig; er verdiente nur zehn Prozent von jedem von ihm verkauften Buch. Nicht viel, doch immerhin ein Anfang. Ellen Gerstel, die als Landarbeiterin untergekommen war, steuerte hauptsächlich Nahrungsmittel zum gemeinsamen Unterhalt bei. Noch vor Ankunft der deutschen Truppen in Saint-Tropez konnten sich die Gerstels falsche Papiere besorgen. Die Hilfsbereitschaft der Einheimischen war dabei enorm. Auf dem Gemeindeamt stellte man ihnen Pässe auf den Namen des Besitzers der Buchhandlung Denis aus. Selbst der von der Vichy-Regierung ernannte Bürgermeister deckte beide. Im November 1942 wurde Saint-Tropez besetzt. Ernest musste sich beinahe zwei Jahre lang in dem im La-Ponche-Viertel gelegenen Zimmer verstecken. Aber auch jetzt halfen Nachbarn und neu gewonnene Freunde. Der Pfarrer von Saint-Tropez brachte ihm sogar eine Soutane, damit er notfalls leichter fliehen könnte. Eine Nachbarin lieh ihnen ein Radiogerät, so konnte Ernest in seinem Versteck wenigstens die Nachrichten verfolgen. Ellen Gerstel arbeitete währenddessen an Stelle ihres Mannes in der Buchhandlung, wobei sie ständig ihre Herkunft verleugnen musste und vortäuschte, nur gebrochen Deutsch zu sprechen. Am 15. August 1944 war es soweit: Saint-Tropez wurde von amerikanischen Truppen nach einem heftigen Kampf, in dem viele Häuser am Hafen stark beschädigt wurden, befreit. Noch ein halbes Jahrhundert später leuchteten Ellen Gerstels Augen, als sie von diesem wichtigen Ereignis erzählte: Auf den Tag genau elf Jahre nachdem sie Berlin verlassen hatten, konnte das Leben der Gerstels wieder in geregelten Bahnen verlaufen.

Ein Entschluss stand fest: Auch nach Kriegsende wollten die Gerstels in Saint-Tropez bleiben. 1948 erfolgte die kostenlose Einbürgerung und beide wurden von ganzem Herzen französische Staatsbürger. Vier Jahre später übergab ihnen Herr Denis die Geschäftsführung seiner Buchhandlung. Dadurch verfügten sie über eine gesicherte Existenzgrundlage. Ernest und Ellen Gerstel konnten nun auch das Sortiment ganz nach ihren Vorstellungen gestalten. Ein breites Angebot an guter französischer, englischer und deutscher Literatur füllte die schlichten, provisorisch wirkenden Regale der kleinen Buchhandlung, die sich nur über zwei Räume erstreckte. Schnell wurde die Buchhandlung in der Rue Georges Clémenceau zu einer bekannten Adresse. Marlene Dietrich war in den Fünfzigerjahren ein häufiger und gern gesehener Gast. Inkognito, das Gesicht hinter einer dunklen, modisch geschwungenen Sonnenbrille verborgen, kam sie oft zum Schmökern hierher. „Die Dietrich" („Marlene Dietrich legte immer nur in Begleitung eines einzigen Matrosen im Hafen von Saint-Tropez an …") war aber nicht der einzige prominente Kunde. Das Besucherbuch liest sich wie ein *who is who* der Fünfziger- und Sechzigerjahre. Pablo Picasso und Max Ernst gehörten genauso zu ihren Kunden wie Walter Mehring und der frankophile Sozialdemokrat Carlo Schmid, zu dem Ellen Gerstel ein besonders herzliches Verhältnis unterhielt. Nirgendwo sonst, so stellte Ellen Gerstel im Rückblick bewegt fest, hätte sie ein so erfülltes und ereignisreiches Leben führen können wie in Saint-Tropez.

Jachten und Kunst

Seit 1966, dem Jahr, als ihr Mann gestorben war, hatte Frau Gerstel die Buchhandlung alleine weitergeführt; im fortgeschrittenen Alter brachte sie nicht mehr die Kraft auf, das Geschäft zu leiten. Es waren vor allem die Augen, die den Dienst versagten. Ein Interessent, der die Buchhandlung übernehmen wollte, war nicht zu finden. Dies lag auch daran, wie Ellen Gerstel 1994 ein Jahr vor ihrem Tod wehmütig feststellte, dass es in den letzten Jahren immer schwerer wurde, gute Literatur zu verkaufen: „Das Publikum hat sich stark verändert. Heute wird in den Ferien wesentlich weniger gelesen und wenn, dann hauptsächlich Trivialliteratur." Der Abschied von den Büchern und ihrer Buchhandlung schmerzte Ellen Gerstel verständlicherweise sehr. Und wer schon einmal in der Librairie Gerstel ein Buch gesucht und gefunden hatte, wird verstehen warum.

Geschichte

Glaubt man der Legende, so leitet sich der Name der Stadt und ihrer zugehörigen Bucht vom heiligen Torpes ab, einem römischen Offizier, der zur Zeit Neros wegen seines Glaubens enthauptet wurde; der kopflose Leichnam des Märtyrers – so jedenfalls die lokale Überlieferung – wurde am Hafen des heutigen Saint-Tropez zusammen mit einem Huhn und einem Hahn angespült. Bis ins späte Mittelalter hinein ist so gut wie nichts über Saint-Tropez bekannt; eine kleine Ansiedlung in der Bucht ist wahrscheinlich im 9. Jahrhundert einem Sarazenenansturm zum Opfer gefallen. Im 15. Jahrhundert ließen sich hier sechzig Genueser Familien nieder, die von König René, dem Grafen der Provence, mit dem Versprechen von Steuervorteilen angelockt worden waren; Saint-Tropez, das über zwei Jahrhunderte hinweg einen mit einer Republik vergleichbaren Status besaß, nahm einen bescheidenen Aufstieg. Zwei Konsuln und ein Zwölferrat regelten die Geschicke der Stadt. In der Seefahrt erprobt, besiegte eine kleine einheimische Flotte 1637 mit Glück und Geschick ein vermeintlich übermächtiges spanisches Geschwader – das siegreiche Ereignis wird alljährlich mit der „Bravade" lautstark begangen. Am Hafen steht die Statue von *Bailli Pierre-André de Suffren* (1729–1788), der als französischer Admiral von den Engländern als „Schrecken der Meere" gefürchtet war.

Saint-Tropez ist der einzige Badeort an der Côte d'Azur, den die Franzosen selbst entdeckt haben. Zuerst kamen die Maler auf der Suche nach dem Licht: *Paul Signac,* der „Erfinder" des Pointillismus, machte 1892 den Anfang, Camoin, Manguin und van Rysselberghe folgten nach, später kamen noch Matisse und Bonnard nach Saint-Tropez (Das Musée de l'Annonciade besitzt zahlreiche Gemälde aus dieser Epoche). Das kleine Küstenstädtchen wurde alsbald von einer illustren Gästeschar bevölkert, in die sich auch *Errol Flynn,* die aus den USA ausgewiesene Anarchistin *Emma Goldman* und die Schriftstellerin *Colette* einreihten; letztere blieb dem Ort über vierzehn Jahre hinweg treu und schwärmte von einem „Blau, das anderswo nur in Träumen vorkommt". Kurz nach dem Zweiten Weltkrieg war es ruhig geworden in Saint-Tropez. Die Häuser am Hafen waren kurz vor Kriegsende bei Kämpfen zwischen den alliierten Landungstruppen und den deutschen Besatzern in die Luft gesprengt worden; behutsam machte man sich an den originalgetreuen Wiederaufbau. Die Stimmung erinnerte an die 1920er-Jahre, als der kleine Küstenort noch nicht „entdeckt" worden war.

Die wenigen Gäste fanden hier ihre Vorstellung von einem unverdorbenen Fischerdorf erfüllt. Es gab noch keine Nachtclubs und Luxusherbergen; man wohnte in billigen Hotels am Hafen und kaufte sich gestreifte Fischerhemden und farbige Espandrilles. Selbst Picasso konnte damals noch in aller Ruhe einkaufen. Seit 1956 war damit endgültig Schluss. Ein Filmteam stieg in einem bescheidenen Hotel mit dem provozierenden Namen *L'Ail du Lit* ab und drehte „Und immer lockt das Weib", jenen Film von *Roger Vadim,* der *Brigitte Bardot* dank ihres Schmollmundes zum Weltstar machen sollte. Es kam zum Skandal und Saint-Tropez galt daraufhin als wahres Sündenbabel. Jeder wollte nun natürlich just aus diesem Grund nach Saint-Tropez, obwohl es in dem Städtchen damals noch ziemlich prüde zuging. Die Pariser Existentialistenszene um *Juliette Gréco* und *Françoise Sagan* – durch ihren Roman „Bonjour Tristesse" quasi über

Nacht reich und berühmt geworden – hatte bereits ein Jahr zuvor den Weg nach Saint-Tropez gefunden. In den nächsten Jahren entwickelte sich „Saint-Trop" zum Treffpunkt der Reichen und Schönen, der Playboys und Starletts; barbusige Frauen läuteten 1964 am Strand von Pampelonne ein freizügigeres Zeitalter ein, das durch die 68er-Revolte zum Allgemeingut werden sollte.

Sehenswertes

Musée de l'Annonciade: Nachdem Paul Signac 1892 den kleinen Fischerhafen entdeckt hatte, folgten ihm zahlreiche Künstlerfreunde nach, um das Licht des Südens zum Malen zu nutzen. Schenkungen von Künstlern und eine Stiftung von *Georges Grammont*, einem wohlhabenden Fabrikanten aus Lyon, ermöglichten den Aufbau eines Museums, das in der am Hafen gelegenen ehemaligen Kapelle der Weißen Büßermönche einen überaus geeigneten Ausstellungsrahmen gefunden hat. Die Sammlung umfasst Werke aus den Jahren 1890 bis 1950 von Paul Signac, Henri Matisse („Die Zigeunerin"), Georges Seurat, Henri Cross, Charles Camoin („Place aux Herbes"), Maurice de Vlaminck, Pierre Bonnard („Nackte am Kamin"), Raoul Dufy und Maurice Utrillo sowie Skulpturen von Aristide Maillol. In die Schlagzeilen kam das Museum vor gut vierzig Jahren, als bei einem spektakulären Kunstraub mehr als die Hälfte der schlecht gesicherten Exponate gestohlen wurde. Glücklicherweise konnte das Diebesgut ein Jahr später sichergestellt und dem Museum zurückgegeben werden.

▪ Place Georges Grammont. Tägl. außer Mo 10–18 Uhr, Mi Juli bis Ende Sept. tägl. 10–21 Uhr, im Winter tägl. außer Mo 10–17 Uhr. Eintritt 4 €.

Die Citadelle birgt ein ansprechendes Museum

Musée de la Gendarmerie et du Cinéma: In der alten, aus den Louis-de-Funès-Filmen bekannten Gendarmerie befindet sich heute ein Museum, das sich der Geschichte der lokalen Gendarmerie (1879–2003) ebenso widmet wie den berühmten Filmen, die in den letzten Jahrzehnten in Saint-Tropez gedreht wurden. Eine Huldigung an Brigitte Bardot und Romy Schneider darf selbstverständlich auch nicht fehlen. Mit Hilfe von zahlreichen Filmsequenzen, Fotos und Filmplakaten wird der Mythos von Saint-Tropez erklärt und Besucher können das Flair von Saint-Tropez in konzentrierter Dosis aufsaugen.

▪ 2, place Blanqui. Tägl. 10–18 Uhr, Juli und Aug. bis 19 Uhr, im Winter bis 17 Uhr. Eintritt 5 €, erm. 3 €.

Citadelle (Musée d'histoire maritime): Hoch über der Stadt und dem Golf von Saint-Tropez erhebt sich die mächtige Zitadelle. Es handelt sich um eine gut erhaltene Anlage mit zickzackförmigem Grundriss, die gegen Ende des 16. Jahrhunderts zur besseren Verteidigung der Küste errichtet wurde. Damals war Saint-Tropez nach Marseille und

La Ciotat der drittgrößte Mittelmeerhafen Frankreichs. Im Ersten Weltkrieg waren in der Zitadelle deutsche Kriegsgefangene untergebracht. Heute birgt das historische Gemäuer – in dessen Zentrum ein von drei Rundtürmen flankierter Wohnturm steht – ein Museum, das neben einer Sammlung archäologischer Fundstücke anhand von Schiffsmodellen, Gemälden und Waffen die Geschichte der französischen Marine und des Hafens von Saint-Tropez sehr anschaulich dokumentiert. Vom Dach der Zitadelle bietet sich ein faszinierender Blick über den gesamten Golf von Saint-Tropez.

▪ Tägl. 10–17.30 Uhr, von April bis Sept. 10–18.30 Uhr. Eintritt 4 €.

Cimetière Marin: Unterhalb der Zitadelle liegt einer der malerischsten Friedhöfe der Côte d'Azur, auf dem auch der Schauspieler und Regisseur *Roger Vadim* seine letzte Ruhestätte fand. Er hatte mit seiner ersten Frau Brigitte Bardot in Saint-Tropez den Klassiker „Und immer lockt das Weib" gedreht. Die weißen Grabsteine heben sich am späten Nachmittag kontrastreich von der dunkelblauen Wasseroberfläche ab. Wenn schon bis in alle Ewigkeit ruhen, dann hier ...

Maison des Papillons: Mehr als 20.000 Schmetterlinge, die von Dany Lartigue in den letzten Jahrzehnten in Frankreich gesammelt wurden, können in einem typischen Haus von Saint-Tropez (samt Innenhof) bewundert werden.

▪ 9, rue Etienne Berny. Juli und Aug. tägl. 10–12.30 und 14–18 Uhr, von April bis Juni Sa–Mi 10–12 und 14–18 Uhr. Eintritt 2 €.

Strandwanderung: Die wohl schönste Möglichkeit, um die Halbinsel von Saint-Tropez kennenzulernen, ist eine Wanderung entlang der Küste *(Sentier Littoral)*. Man startet am Hafen von Saint-Tropez, passiert den Cimetière Marin und hat in einer guten halben Stunde die Baie des Cannebiers erreicht. Von nun an geht es in direkter Meeresnähe weiter zur Plage de Tahiti, die in die Plage de Pampelonne übergeht. Ohne lange Zwischenstopps ist die Tour in drei bis vier Stunden zu bewältigen. Wer diese Wanderung zu einer sehr anstrengenden Tagestour ausdehnen möchte, kann vom Cap Camarat mit seinem Leuchtturm entlang der Küste über die Stationen Plage de l'Escalet, Cap Taillat und Cap Lardier in weiteren fünf bis sechs Stunden zum Strand von Cavalaire laufen; zurück geht es dann mit dem Bus oder Taxi. Gutes Schuhwerk ist zu empfehlen!

Saint-Tropez und Umgebung → Karte S. 172

Die berühmteste Gendarmerie Frankreichs

Durch Louis de Funès wurde die mittlerweile geschlossene, aber noch vorhandene Gendarmerie Nationale von Saint-Tropez zum Kultobjekt (am Ortseingang). 1964 tobte der unvergessliche Komiker erstmals als Polizeichef Ludovic Cruchot über die Kinoleinwand. Sein Hauptanliegen im ersten Film war es, dem drohenden Verfall der Sitten Einhalt zu gebieten und das Nacktbadeverbot durchzusetzen. Noch heute kursieren in Saint-Tropez zahlreiche Anekdoten rund um die Dreharbeiten zu den berühmten Louis-de-Funès-Filmen. Am bekanntesten ist die Geschichte von dem Bauern aus Ramatuelle, der beim Anblick einer fliegenden Untertasse seine Ente vor Schreck ins Hafenbecken steuerte und dabei fast ertrunken wäre. Der gute Mann hatte nämlich nicht mitbekommen, dass gerade „Louis' unheimliche Begegnung mit den Außerirdischen" gedreht wurde ...

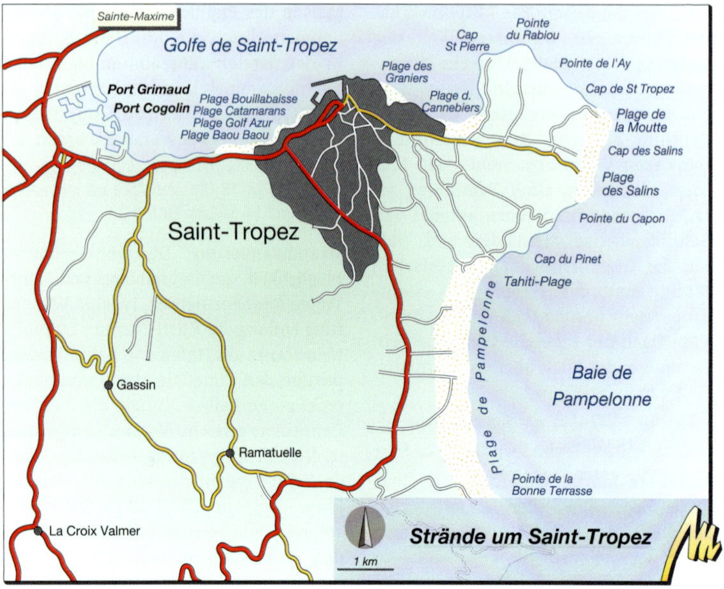

Die Strände von Saint-Tropez

La Bouillabaisse: Nicht gerade überwältigender, stadtnaher Sandstrand am Ortseingang von Saint-Tropez. Wenn der Mistral weht, finden Surfer hervorragende Bedingungen vor.

Des Graniers: Unterhalb der Zitadelle, nur wenige Fußminuten vom Zentrum entfernt, daher ist dieser kleine Kies- und Sandstrand manchmal recht überfüllt.

Des Canebiers: Der Strand aller Fans von B.B.; Brigitte Bardots berühmte Villa La Madrague befindet sich nur ein paar Schritte hinter dem wenig überlaufenen Strand. Momentan hält sich der – derzeit – mit einem Front-National-Mitglied verheiratete Mythos von Saint-Tropez allerdings nur selten hier auf.

De la Moutte: Feinkörniger, heller Strand, allerdings ohne Restaurant und Strandbar.

Les Salins: Kein besonders schöner Strand, ganz im Osten der Halbinsel, kaum überlaufen und naturbelassen, sodass der Strand außerhalb der Saison von Seegras bedeckt ist.

Pampelonne/Tahiti-Plage: Der goldgelbe Hauptstrand von Saint-Tropez liegt genau genommen auf dem Gemeindegebiet von Ramatuelle. Der größte Teil des Sandstrandes ist zwischen den sogenannten Strandclubs – halbelitäre Restaurationsbetriebe mit Sonnenschirm- und Liegenvermietung – aufgeteilt, dazwischen finden sich aber immer wieder für die Allgemeinheit frei zugängliche Abschnitte. Der nördliche Teil des Strandes ist auch unter dem Namen „Tahiti-Plage" bekannt. Die anderen Strandabschnitte sind über vier Zufahrtsstraßen zu erreichen: Route des Tamaris, Boulevard Patch, Route de l'Epi sowie Route de Bonne Terrasse (von Norden nach Süden). Mit dem Auto bietet sich noch ein Ausflug zum Leuchtturm am Cap Camarat an.

L'Escalet: Angenehme, von Felsen eingerahmte kleine Bucht im Südosten von Ramatuelle. Links und rechts relativ unberührte Felsküste.

Cap Lardier: Ein Tipp für diejenigen, die etwas abseits des allgemeinen Trubels baden wollen: An der Südspitze der Halbinsel von Saint-Tropez findet man einige wenig besuchte, felsige Buchten. Um hinzukommen, muss man den Wagen entweder in Gigaro oder L'Escalet stehen lassen und rund eineinhalb Stunden die Küste entlang bis zu einer alten Geschützstellung am Cap Lardier wandern.

Basis-Infos

→ Karte S. 182/183

Information **Office de Tourisme,** 11, quai Epi, ✆ 0494974521, sainttropeztourisme.com.

Verbindungen Der **Busbahnhof** befindet sich am Ortseingang in der Avenue du Général de Gaulle, ✆ 0494978851. Rund acht Busverbindungen tägl. nach Toulon (2:10 Std.) mit Zwischenstopps in La Croix-Valmer, Cavalaire-sur-Mer, Le Lavandou und Hyères (Linie 7801, visitvar.fr). Nach Saint-Raphaël (1:25 Std.) ebenfalls acht Verbindungen täglich. Zwischenstopps: Cogolin, Grimaud, Sainte-Maxime, Saint-Aygulf und Fréjus. Von Saint-Raphaël bestehen sehr häufig Zugverbindungen nach Cannes und Nizza. Zudem verkehren Busse (7703 und 7705 für 3 €) zur Plage de Pampelonne. Von April bis Okt. kann man zudem auf das Schiff ausweichen: **Schiffsverbindungen** nach Sainte-Maxime für 15,70 € (hin- und zurück, 15 Min., Les Bateaux Vertes, ✆ 049449 2939, bateauxverts.com) sowie nach Port Grimaud und Les Issambres (25 Min., TMR, ✆ 049 4951746, bateauxsaintraphael.com). Angesichts des allabendlichen Staus spricht neben dem Erholungseffekt auch der Zeitfaktor für das Schiff. Wer es eilig hat, muss entweder zum Helikopterflugplatz (am neuen Hafen, unweit des Busbahnhofs) oder nach La Môle bzw. Hyères und von dort weiter mit dem **Flugzeug** nach Paris.

Parken Wer mit dem eigenen Fahrzeug anreist, lässt es am besten gleich am Ortseingang auf dem gebührenpflichtigen Großparkplatz stehen. Parkplätze im Zentrum sind rar, zudem erschweren Einbahnstraßen und aufmerksame Verkehrshüter die Suche. Empfehlenswert ist zudem das überwachte unterirdische Parkhaus Place des Lices.

Veranstaltungen Das Volksfest zu Ehren des Stadtheiligen Torpes mit dem lärmenden Aufmarsch kostümierter Seeleute, der **Bravade,** wird alljährlich vom 16. bis 18. Mai gefeiert; zusätzlich findet am 15. Juni zum Gedenken an den Sieg über eine spanische Flotte die **Spanier-Bravade** statt.

Einkaufen **Rondini,** seit 1927 werden hier die berühmten *Sandales tropiziennes* handgefertigt. 16, rue Georges Clémenceau. rondini.fr.

Markt Dienstag- und Samstagvormittag provenzalischer Markt auf der Place des Lices. Fisch, aber auch Gemüse, Obst und Blumen werden täglich auf der Place aux Herbes verkauft.

Fahrrad- und Motorradvermietung **Locazur,** 9, route des Plages, ✆ 0494975785, locazur83.com.

Geheimtor zum Strand?

Kino **La Renaissance,** Place des Lices, ✆ 0836680362.

Schwimmbad **Piscine Municipale** (Hallen- und Freibad) im Complexe Sportif du Moulin Blanc an der Route des Salins.

Strände → Sehenswertes.

Tauchen **European Diving School,** Route des Plages, ✆ 0494799037, europeandiving.com.

Segelschule In der Baie des Canebiers, 2 km östl. des Zentrums. ✆ 0494977307, societe-nautique-saint-tropez.fr.

Übernachten

→ Karte S. 182/183

Saint-Tropez ist sicher nicht der richtige Ort, um sich in einem preiswerten, beschaulichen Hotel niederzulassen. Ein Blick auf das Hotelverzeichnis zeigt: Es gibt mehr Vier-Sterne-Hotels als Ein- und Zwei-Sterne-Hotels zusammen.

***** **La Bastide de Saint-Tropez** **19**, das traumhafte kleine Hotel (Relais & Châteaux) liegt nur wenige Minuten von der Place des Lices entfernt in vollkommen ruhiger Lage; es ist auf mehrere Gebäude verteilt, die sich um

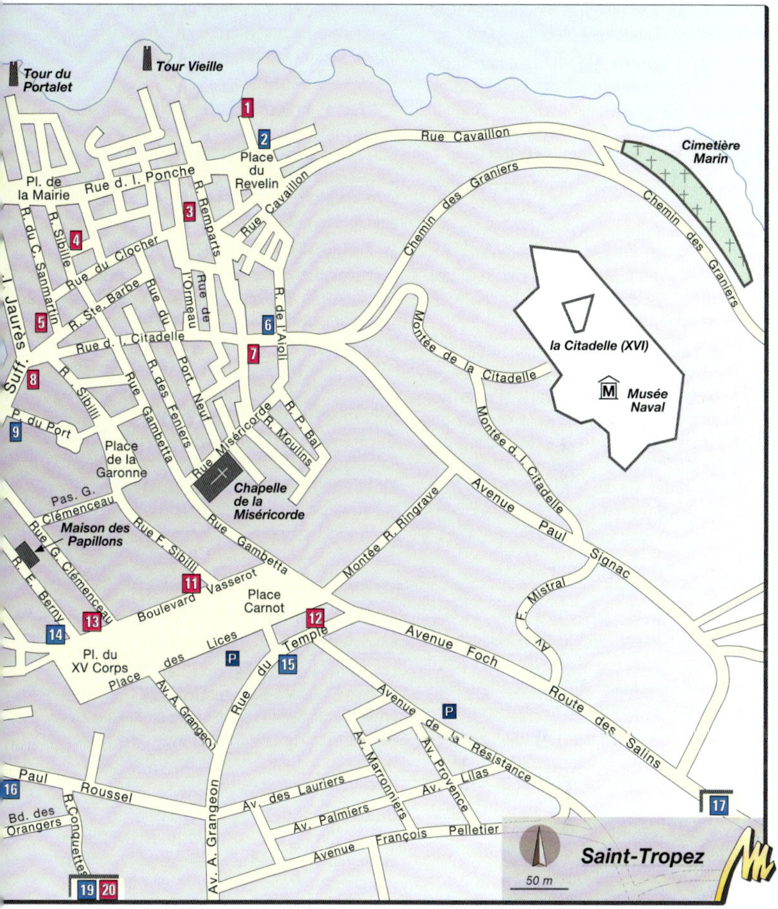

Saint-Tropez und Umgebung → Karte S. 172

einen Swimmingpool (beheizt) gruppieren. Kulinarische Köstlichkeiten gibt es im zugehörigen Restaurant Isoletta. Alle Zimmer sind individuell eingerichtet. Es werden auch Appartements und Suiten vermietet, die einen Privatgarten mit Whirlpool besitzen. Route des Carles, ✆ 049 4558255, bastide-saint-tropez.com. **€€€€**

******* Le Mas de Chastelas 18**, Neueröffnung nach Totalrenovierung für 2026 geplant. 2, chemin du Chastelas, ✆ 0494567171, chastelas.com. **€€€€**

******* La Ponche 2**, das in der Nähe des Alten Fischerhafens gelegene Hotel war jahrzehntelang die bevorzugte „Absteige" von Françoise Sagan, die hier auch einen großen Teil ihrer Memoiren schrieb. Sie mietete immer dasselbe Zimmer mit einer großen Terrasse. Und auchBrigitte Bardot wohnte hier während der Dreharbeiten zu „Et Dieu créa la femme". Das Restaurant ist ebenfalls zu empfehlen, Hauptgerichte um die 50 €. Von Mitte März bis Okt. geöffnet. Insgesamt hat das La Ponche 18 Zimmer. Place du Révelin, ✆ 0494970253, laponche.com. **€€€€**

******* Saint Amour La Tartane 17**, das kleine Nobelhotel mit großzügigem Garten und beheiztem Swimmingpool liegt an der Straße, die vom Zentrum zur Plage des Salins führt.

Mai bis Anfang Okt. geöffnet. Route des Salins, ✆ 0494972123, latartane-hotel.com. €€€€

****** Lou Cagnard 16**, nach einer Totalrenovierung präsentiert sich das Hotel jetzt als stilvolle Herberge. Kleiner, schöner Pool im Garten. 18, avenue Paul Roussel, ✆ 0494970424, hotel-lou-cagnard.com. €€€–€€€€

***** Sube 9**, das einzige, direkt am Hafen gelegene Hotel, daher besonders für diejenigen interessant, die sich am allabendlichen Treiben nicht satt sehen können. Der Hafenblick hat eben seinen Preis ... Von Mai bis Okt. geöffnet. 31 Zimmer. Sur le Port, ✆ 0494973004, hotelsubesainttropez.com. €€€€

***** Les Lauriers 15**, dieses unweit der Place des Lices und damit sehr zentral gelegene Hotel bietet 19 ordentliche Zimmer, die unlängst im Boutique-Stil aufgepeppt wurden, die Wände zieren Bilder von Brigitte Bardot. Am besten ein Zimmer im ersten Stock buchen, manche Zimmer wie die Nr. 15 im Erdgeschoss sind allerdings schlecht gelegen. Keine Parkplätze. Das einfache Frühstück wird im Garten hinter dem Haus serviert. Von Mai bis Okt. geöffnet. Rue du Temple, ✆ 0494970488, hotelleslauriers.net. €€–€€€

***** Les Palmiers 14**, das große Plus dieser Unterkunft ist die Lage, nur drei Fußminuten vom Hafen entfernt. Die Zimmer sind unspektakulär und in die Jahre gekommen. 34, boulevard Vasserot, ✆ 0494970161, hotel-les-palmiers.com. €€–€€€

B. Lodge Hotel 6, schönes Stadthotel mit zeitgenössisch-afrikanischem Touch unterhalb der Zitadelle. Die Zimmer haben viel Atmosphäre, manche (Nr. 1–4) besitzen einen schönen Balkon; die Matratzen sind ausgezeichnet. Großes Preisspektrum, am teuersten sind die Zimmer mit Balkon. Rue de la Citadelle, ✆ 0494970657, hotel-b-lodge.com. €€€

Camping Auf dem Gemeindegebiet von Saint-Tropez gibt es keine Campingplätze, dafür besitzen Ramatuelle und Gassin zahlreiche, gut ausgestattete Plätze (s. dort).

Essen & Trinken/Nachtleben

→ Karte S. 182/183

Essen & Trinken „Man lebt billig, in den kleinen Restaurants am Quai und hinten, in den Gassen, ißt man anständig für wenig Geld" – Klaus und Erika Mann erlebten zu Beginn der 1930er-Jahre noch ein anderes Saint-Tropez.

Pesquière (Le Mazagran) 1, das schönste an dem Restaurant ist die herrliche Terrasse mit Blick auf den alten Fischerhafen. Von der Küche darf man sich allerdings keine Höhenflüge erwarten. Jeden Donnerstag und Freitag gibt es Aïoli für 23,50 €. Menüs zu 28 und 39 €. Von Ende März bis Okt. geöffnet. 1, rue des Remparts, ✆ 0494970592, lapesquiere.fr.

Abendstimmung am Hafen

Le Petit Pointu 3, in einer kleinen Seitengasse werden Meeresfrüchte zu (für Saint-Tropez) günstigen Preisen angeboten. Viele Gerichte in Tapasgröße. Straßenterrasse. Kein Ruhetag. 8, rue des Remparts, ✆ 0494543678, lepointudesainttropez.com.

Bouillon Citadelle 7, es ist schwer, in Saint-Tropez günstig und passabel zu essen. Dieses Lokal unterhalb der Zitadelle gehört zu den Ausnahmen. Manche Gerichte wie der Hähnchenschlegel mit Pommes sind langweilig, aber die *Bourride de Bouillon* mit Kabeljau (20 €) ist ein sehr leckerer Fischeintopf. Große Straßenterrasse ums Haus. So Ruhetag. 1, rue Aire du Chemin, ✆ 0498234046.

Le Bagatelle 4, ein weiteres ansprechendes Lokal mit höherem Preisniveau. Serviert wird mediterrane Küche vom Tintenfischsalat bis zur gegrillten Dorade (42 €). Straßenterrasse. So Ruhetag. 2, rue de l'Église, ✆ 0489992503, bagatelle.com.

Le Club 55 20, seit 1955 der Klassiker unter den Strandrestaurants von Saint-Tropez, direkt an der Plage de Pampelonne. Viele schöne Frauen und viel Prominenz. *Plat du Jour* 28 €, Menü à la carte ab 50 €. Vom 22.3. bis 3.11. geöffnet. 43, boulevard Patch, ✆ 0494555555, club55.fr.

Sénéquier 5, die traditionsreiche, 1887 gegründete Pâtisserie – berühmt für ihr Nougat – liegt direkt am Hafen und ist wegen ihrer roten Tische und Stühle schon von weitem auszumachen. Motto: Sehen und gesehen werden. Der große Café crème kostet zwar 9,50 €, dafür gibt es jeweils ein Kännchen statt der üblichen kleinen Tasse. Für die Latte macchiato muss man stolze 10 € investieren. Tägl. 7.30–3 Uhr, im Winter bis 18.30 Uhr. Mitte Nov. bis Mitte Dez. geschlossen. ✆ 0494970090, senequier.com.

Le Gorille 8, das einst von Brigitte Bardot bevorzugte Bistro – es besitzt allerdings nur noch einen Teil seiner ursprünglichen Größe – liegt direkt neben dem Sénéquier auf der anderen Hafenseite und gewährt einen schönen Blick auf das Hafentreiben.

Le Café de Paris 10, das dritte große Café am Hafen von Saint-Tropez präsentiert sich im neobarocken Ambiente. Zudem ist auch der Service besser. Wechselnde Tagesgerichte zu gehobenen Preisen, ein Hauptgericht kostet zwischen 25 und 30 €, aber man kann ja auch nur einen Kaffee trinken oder abends einen Cocktail an der Bar. Quai Suffren. cafedeparis.fr.

La Tarte Tropézienne 13, die berühmte Torte mit der Cremefüllung wurde 1955 von einem polnischstämmigen Bäcker namens Alexandre Micka erfunden. Tägl. 6.30–21.30 Uhr. Place des Lices. latartetropezienne.fr.

Café des Arts 12, der traditionelle Treffpunkt aller Boule-Spieler von Saint-Tropez. Bedingt durch einen Rechtsstreit mit dem Vermieter, ist das berühmte Café an der Place des Lices im Januar 1996 in die Räumlichkeiten des ehemaligen Bœuf sur la Place umgezogen. Die Boule-Spieler haben für ihre Utensilien eigene Schränkchen. Auf der Terrasse wird passable Bistrokost serviert. *Plat du Jour* 19 €. Tägl. 8–2, im Winter bis 21.30 Uhr. Place des Lices, ✆ 0494970225.

Rôtisserie Tropézienne 11, kein Restaurant, dafür wahrscheinlich der beste Hähnchengrillstand der Provence. Seit 1979 werden hier leckere Hähnchen (auch Landhühner) gegrillt, und das zu zivilen Preisen (ab 14 €). Unbedingt auch das Gemüse und die Kartoffeln mitbestellen (10 € pro Kilo)! Place des Lices, ✆ 0494548505.

Die berühmteste Torte Frankreichs

Nachtleben In der Hochsaison pulsiert das Leben rund um den Hafen bis in die frühen Morgenstunden. Es ist nicht leicht, auf die aktuelle Trenddisco hinzuweisen, denn gerade in der schnelllebigen Discoszene wechseln die In-Plätze häufig. Zu den Klassikern zählen **Les Caves du Roy** (lescavesduroy.com) an der Place des Lices und **Vip Room** (Résidence du Port). Für alle Discos gilt jedoch: Die Eintrittspreise sind ziemlich happig.

Wanderung 7: Auf dem Sentier Littoral zur Plage des Salins → S. 300
Leichte Küstenwanderung entlang der Strände mit Bademöglichkeiten

Umgebung von Saint-Tropez

Gassin

2900 Einw.

Obwohl Gassin auf einem nur 201 m hohen Hügel liegt, bietet sich von dort oben eine fantastische Fernsicht über Olivenbäume, Korkeichen und Weinstöcke hinweg bis zum Meer. Bereits die Sarazenen und die Tempelritter nutzten den Ort aus diesem Grund als befestigten Aussichtsposten. Der Name Gassin soll sich auch von „Guardia Sinus“, was soviel wie „Wächter des Golfs“ bedeutet, ableiten. Die engen Gassen und Treppen sind fein herausgeputzt, fast an jeder Ecke befindet sich ein Souvenirshop; kein Wunder, schließlich ist Gassin ein beliebtes Ausflugsziel. In einer knappen halben Stunde ist der ganze Ort erkundet, dessen wehrhafter Charakter noch deutlich hervortritt. Zur Entspannung lockt die Place du Barri, eine großräumige Aussichtsterrasse mit Cafés und Restaurants.

Information **Office de Tourisme,** 20, place Leon Martel, 83350 Gassin, ✆ 0498115651, gassin.eu/de.

Übernachten/Essen **Bello Visto,** der Name weist zu Recht auf die schöne Aussicht hin; aber auch ohne diese ist das Hotel eine empfehlenswerte Adresse. Es verwundert daher nicht, dass die sieben Zimmer im Retro-Style zumeist schnell vergeben sind. Angegliedert ist auch eine recht angenehme Mischung aus Café, Bar und einem ausgezeichneten Restaurant mit Menüs zu 51 sowie 74 €. Zwei Gault-Millau-Hauben. In der NS Mittwochabend und Do geschlossen. Von März bis Mitte Okt. geöffnet. Reservierung empfohlen. Place dei Barri, ✆ 0494561730, bellovisto.fr. **€€€**

Dorf mit Aussicht: Gassin

Le Pescadou, ein paar Schritte weiter speist man in einem weiteren Aussichtsrestaurant, das sich der mediterranen Küche verschrieben hat. Wie wäre es als Hauptgang bspw. mit einem Filet von der Dorade? Menüs zu 25 € (mittags) und 44 €. Mo Ruhetag. Von Ostern bis Mitte Okt. geöffnet. Place dei Barri, ✆ 049456 1243, lepescadou-gassin.net.

meinTipp **Ferme Ladouceur,** traumhafter ländlicher Gasthof mit ausgezeichneter Küche zu zivilen Preisen. Man sitzt umgeben von Weinreben inmitten der Natur und erfreut sich an provenzalischen Tafelfreuden. Es gibt nur ein täglich wechselndes Menü für 55 € (inkl. einer halben Flasche Wein), wobei man vielleicht vorher die Frage klären sollte, wer das Auto nach dem Essen nach Hause fährt. Nur abends geöffnet, im Jan. und Feb. Betriebsferien. Unterhalb des Ortes, erst Richtung Saint-Tropez fahren, dann rechts abbiegen und nach 3 km auf der linken Seite. Ein Tipp: Es werden auch sieben charmante Zimmer vermietet (dann erübrigt sich auch die Frage, wer nach Hause fahren muss). Reservierung ratsam! Im Winter Betriebsferien. Quartier La Rouillère, ✆ 049479 2495, lafermeladouceur.com. **€€€**

La Verdoyante, dieses etwas außerhalb gelegene ländliche Anwesen beherbergt ein Restaurant, das auch gehobene Gourmetansprüche zufriedenstellt. Als Spezialität des Hauses gilt *Gratin de Moules aux épinards* (überbackene Spinatmuscheln). Schöne Aussichtsterrasse. Menüs zu 53 und 63 €. Mo sowie Dienstag- und Freitagmittag geschlossen. Anfahrt: Etwa 1 km in Richtung Saint-Tropez, dann rechter Hand dem Wegweiser folgen. Nov. bis Mitte April geschlossen. 866, avenue de Coste Bugade, ✆ 0494561623. laverdoyante.fr.

Chambres d'hôtes **Domaine des Mésanges,** eine traumhafte Adresse ein paar Kilometer nördl. in Richtung Saint-Tropez. Fünf stilvolle Gästezimmer – und einen Pool gibt es auch noch! Allée de Vivier, ✆ 0615772662, mesanges.com. **€€€€**

Camping ***** Domaine de Verdagne,** netter familiärer Platz inmitten von Weinfeldern und bewaldeten Hügeln. Swimmingpool. April bis Sept. geöffnet. Chemin du Moulin de Verdagne, ✆ 0491091027, domaine-verdagne.com.

Saint-Tropez und Umgebung → Karte S. 172

Ramatuelle

2200 Einw.

Die Nähe zu Saint-Tropez und zur Plage de Pampelonne sorgt für einen regen Ausflugsverkehr. Trotz eines von den Häuserfronten gebildeten Mauerrings wurde Ramatuelle – wie auch das benachbarte Gassin – mehrfach in seiner Geschichte von Sarazenen und Piraten heimgesucht. Der Name leitet sich angeblich von *Rahmatu 'llah*, „Geschenk Gottes", ab. Das charmante Dorfzentrum bildet die Place de l'Ormeau, auf der einst eine uralte Ulme stand, die allerdings zu Beginn der 1980er-Jahre durch einen Olivenbaum ersetzt werden musste. Große Sehenswürdigkeiten gibt es nicht, die Kirche Notre-Dame ist mit aufwändigem Mobiliar ausgestattet. Dennoch verwundert es nicht, dass Ramatuelle ein beliebter Prominentenwohnort ist. Zur Bürgerschaft gehörte beispielsweise auch der „Mädchen-Fotograf" *David Hamilton*, der einst im nahen Saint-Tropez eine Galerie geführt hat. Auf dem Dorffriedhof liegt unter anderem der Schauspieler *Gérard Philipe* begraben, der die letzten Jahrzehnte vor seinem Tod im Jahre 1959 in Ramatuelle lebte.

Information **Office de Tourisme,** Place de l'Ormeau, 83350 Ramatuelle, ✆ 0498126400, ramatuelle-tourisme.com.

Markt Donnerstag- und Sonntagvormittag.

Veranstaltungen Mitte/Ende Juli swingt der ganze Ort, **Jazz à Ramatuelle** ist angesagt; Anfang Juli bietet das zur Erinnerung an Gérard Philipe gegründete **Festival de Ramatuelle** neben modernen und klassischen Theaterstücken auch Chansons und kabarettistische Einlagen.

Fahrrad- und Motorradvermietung **Rolling Bikes,** 14, avenue Général Leclerc, ✆ 0494970939, rolling-bikes.com.

Übernachten/Essen ******* La Réserve,** ein wahrer Hoteltraum, im ruhigen Hinterland

Beliebter Treffpunkt: Café de l'Ormeau

mit herrlichen Ausblicken auf das Meer gelegen! Das aus den 1950er-Jahren stammende Gebäude wurde von dem Designer und Innenarchitekten Jean-Michel Wilmotte zu einer Nobelherberge umgebaut, dem Gast wird jeder Wunsch sprichwörtlich von den Lippen abgelesen. Die Zimmer sind wohltuend minimalistisch eingerichtet. Ein komfortables Spa, ein Fitness-Studio sowie ein 30-Meter-Pool sind auch vorhanden. Die Preise für die sieben Zimmer und 16 Suiten beginnen ab 500 €. Das zugehörige Restaurant La Voile besitzt zwei Michelin-Sterne (Menüs ab 195 €). Chemin de la Quessine, ✆ 0494449444, lareserve-ramatuelle.com. **€€€€**

Lou Castellas, dieses oberhalb des Ortes gelegene Hotel mit seinen in verschiedenen Stilen eingerichteten Zimmern liegt oberhalb des Dorfes. Wer mit Meerblick und Terrasse wohnen will, muss am meisten investieren. Route des Moulins de Paillas, Restaurant: ✆ 049479 1159, Hotel: ✆ 0494792067, ecurieducastellas.com. **€€€**

Le Vesuvio, nette Pizzeria mit schlichtem Interieur und ein paar Tischen auf der Straße. Pizzen zwischen 11 und 16 €. Di Ruhetag. 19, avenue Georges Clémenceau, ✆ 0494792160.

Saveur Sinceres, ein gutes Lokal im Dorf, das sich der mediterranen Küche verschrieben hat. Es gibt gefüllte Zucchini als Vorspeise oder Ceviche von der Dorade, zum Hauptgang dann beispielsweise einen ganzen *Loup de Mer* (36 €). Straßenterrasse. Sonntagabend und Montagmittag geschl. 31, rue Georges Clemenceau, ✆ 0494791868.

L'Esquinade, ein von Lesern empfohlenes „tolles Fischrestaurant mit Piratenatmosphäre" direkt am Strand von Pampelonne. Als Spezialität des Hauses gelten die Muscheln in zahlreichen Variationen (16,50 €). Von Okt. bis Mai nur mittags geöffnet. Chemin du Gros Vallat, ✆ 0494453489, lesquinade-plage.fr. ■ **Lesertipp**

Café de l'Ormeau, die schattige Terrasse ist ein beliebter Treffpunkt im Dorf. Tägl. 9–23 Uhr. 4, place de l'Ormeau.

Camping/Feriendörfer ******* Les Tournels,** an der Straße zum Cap Camarat, rund 2,5 km vom Meer entfernt, dafür mit großer, beheizter Badelandschaft, Hallenbad und Spa. Terrassiertes Gelände im Pinienwald. Mit 900 Stellplätzen der größte Campingplatz der Halbinsel. Restaurant, Supermarkt, Tennisplatz und schöner Kinderspielplatz auf dem Gelände. Leser lobten die ansprechenden Bungalows und Cottages. Nur von Mitte Jan. bis Mitte Feb. geschlossen. ✆ 0494559090, tournels.com.

***** La Rouillère,** kleinere, schattige Anlage (100 Stellplätze), in einiger Entfernung zum Meer. Pool vorhanden. Mobile-Home-Vermietung. Von April bis Okt. geöffnet. Quartier la Rouillère, ✆ 0494792867, camping-var-ramatuelle.com.

***** Croix du Sud,** rund 2 km vom Meer entfernt auf einem kleinen Hügel. Kleiner Pool vorhanden. Bungalowvermietung. Von April bis Okt. geöffnet. Route des Plages, ✆ 0494555123, campingramatuelle.com.

Kon Tiki, sanft abfallendes Gelände, direkt hinter dem Strand von Pampelonne. Luxuriös ausgestattet. Inzwischen gibt es nur noch Bungalows oder sehr komfortabel ausgestatte Tiki Huttes für bis zu 6 Pers. Die Lage ist einzigartig! Von Mitte April bis Okt. geöffnet. Je nach Reisezeit und Ausstattung kosten die Hütten ab 250 € pro Tag. ✆ 0494559696, tikihutte.com.

Camping à la Ferme: Auf der Halbinsel von Saint-Tropez gibt es zudem etwa zehn kleinere, ländliche Campingplätze, die zwar nicht sehr komfortabel sind, dafür aber wesentlich preisgünstiger.

Port Grimaud

Port Grimaud ist ein Kleinvenedig aus der Retorte, eine pastellfarbene Lagunenstadt mit künstlichen Kanälen und kess gespannten Brücken. Zielgruppe: Personen mit Zweitwohnsitz sowie wohlhabende Touristen, die ihr Boot am liebsten vor der eigenen Haustür vertäut sehen.

Anfangs ist man versucht, sich von der künstlichen Patina blenden zu lassen. Doch beim genaueren Betrachten fällt der gewollte Charakter des Küstendorfes schnell auf – aber schöner als ein gigantischer Wohnsilo ist die 1966 errichtete Ferienanlage allemal. Der Architekt und Bauunternehmer *François Spoerry* gab sich Mühe, Port Grimaud ein authentisches Aussehen zu verleihen; selbst die Dorfkirche mit ihrem quadratischen Turm (schöne Aussicht!) wurde im Stil einer Wehrkirche geplant, die Fenster stammen von *Vasarély*. Die Größe von Port Grimaud ist beachtlich, der Ort besitzt rund 2000 Häuser, ein 5 km langes Kanalsystem und insgesamt 8 km Hafenkai. Für die Anziehungskraft von Port Grimaud spricht, dass alljährlich mehrere hunderttausend Touristen entlang dieser Kanäle promenieren.

Parken Großer gebührenpflichtiger Parkplatz gegenüber dem Ortseingang.

Markt Donnerstag- und Sonntagvormittag.

Strände Port Grimaud besitzt einen sehr schönen gepflegten Sandstrand.

Camping *** Les Prairies de la Mer,** riesiger und daher relativ anonymer Campingplatz zwischen der verkehrsreichen Route Nationale und dem Strand. Ein Vorteil: Man spart sich die Parkgebühren. Mobile-Home-Vermietung. Von Ostern bis Okt. geöffnet. ✆ 049 4790909, riviera-villages.com/Les-Prairies-de-la-Mer.

Mit der Jacht zur Kirche?

Grimaud

4150 Einw.

Das rund 900 Jahre alte Dorf zählt zu den schönsten Flecken der Region; das haben längst auch vermögende Architekten und Rechtsanwälte bemerkt und so sind die Einheimischen im herausgeputzten Grimaud schon seit Jahren in der Minderheit. Gekrönt wird das wehrhafte Bilderbuchdorf von einer Burgruine, die einst im Besitz der Herren von Grimaldi – nicht verwandt mit den Fürsten von Monaco – war. Von dort oben bietet sich ein herrlicher Blick auf die Bucht von Saint-Tropez. Zudem besitzt Grimaud eine schöne romanische Kirche (Saint-Michel) mit dem Grundriss eines lateinischen Kreuzes, eine Kapelle der Weißen Büßer *(Pénitents Blanc)* sowie ein Haus der Tempelritter.

Information **Office de Tourisme,** 679, route Nationale, 83310 Grimaud, ✆ 049455438 83, grimaud-provence.com.

Verbindungen Tägl. acht Busverbindungen nach Saint-Tropez sowie über Sainte-Maxime nach Saint-Raphaël.

Dorfkirche Saint-Michel in Grimaud

Markt Donnerstagvormittag.

Veranstaltungen **Les Grimaldines,** ein Festival der Weltmusik mit Umzügen und Konzerten im Freilichttheater auf der Burg. Von Mitte Juli bis Mitte Aug. les-grimaldines.com.

Fahrrad- und Motorradvermietung **Cycles Evasion,** 61, avenue Georges Clemenceau, ✆ 0494547113, cycles-evasion.fr.

Übernachten/Essen ***** Pierre & Vacances Les Restanques,** wunderschönes Clubdorf mit zahlreichen Freizeitaktivitäten sowie Wasserzentrum mit Wellenbad, Sprudelbecken, Spielschwimmbad und Rutsche. Appartements für 4–7 Pers., auch Häuser für bis zu 10 Pers. Les Restanques du Golfe de Saint-Tropez, ✆ 0494556000, pierreetvacances.com. **€€€**

Les Santons, der neue Küchenchef Julien Allegre serviert in gediegenem Ambiente ansprechende Gerichte der gehobenen Preiskategorie. Als Spezialitäten gelten die *Loup de Mediterrannée* und verschiedene Lammgerichte. Nette Terrasse. Menüs mittags zu 43 €, abends 66 und 89 €. Sonntagabend und Mo geschlossen. ✆ 0494432102, restaurant-lessantons.fr.

Au Café de France, einladendes Restaurant mit schöner, großer Terrasse. *Plat du jour* 17,50 €. 1, boulevard des Alizièrs, ✆ 049443 2005.

L'Heure Bleu, direkt nebenan hinter einer weinverzierten Fassade mit ebenfalls schöner Terrasse. Tagesmenü 20 €, so ein *Faux Filet* mit Bohnen. 3, boulevard des Alizièrs, ✆ 049 4458268, heurebleuegrimaud.com.

Le Bou-Bou, eine nette Snackbar – man sitzt unter einem schattigen Olivenbaum, während daneben ein kleiner Brunnen plätschert. Viele Salate und Crêpes zu moderaten Preisen. Mi Ruhetag. Place du Cros, ✆ 0686462630.

Chez Jeff et Ju, eine schöne kleine Weinbar mit Terrasse auf der Treppe und Blick auf den Dorfplatz. Zu essen gibt es kleine Tapas. Di–Sa 11–23 Uhr. Place Neuve.

Camping ****** Charlemagne,** schöner, schattiger Platz mit kleinem Swimmingpool an der Straße nach Collobrières. Geeignet für all jene, die etwas Abstand zum Küstentrubel suchen. Von Jan. bis Mitte Dez. geöffnet. ✆ 049 4432290, camping-charlemagne.com.

Cogolin

11.500 Einw.

Zu Füßen einer Burgruine am Rand des Massif des Maures ruht Cogolin, das doppelt so viele Einwohner wie Saint-Tropez hat. Im Gegensatz zur berühmten Nachbarstadt lebt Cogolin aber nicht ausschließlich vom Tourismus, sondern erfreut sich einer regen Handwerks- und Industrieproduktion, deren Schwerpunkt auf der Fabrikation von Teppichen und Möbeln sowie Pfeifen und Korken liegt; auch die umliegenden Weinberge tragen zum Auskommen bei. Wer befürchtet, Cogolin sei ein unattraktives Industriestädtchen, der irrt. Es gibt ein einladendes Zentrum mit freundlichen Gassen, alten Häusern und einem als Schloss bezeichneten Herrenhaus aus dem 16. Jahrhundert, in dem gelegentlich Ausstellungen stattfinden.

Information **Office de Tourisme,** Place de la République, 83310 Cogolin, ✆ 0494550110, cogolin-provence.com.

Verbindungen Tägl. acht Busverbindungen nach Saint-Tropez sowie über Sainte-Maxime nach Saint-Raphaël.

Markt Mittwochvormittag auf der Place Victor Hugo, Samstagvormittag auf der Place de la République.

Kino **Raimu,** avenue Georges Clémenceau, ✆ 0494541589.

Pfeifen **Les Pipes de Cogolin,** Courrieu-Fils. Handgemachte Pfeifen. 42, avenue Clemenceau. courrieu-pipes.com.

Übernachten/Essen ***** Bliss,** Designhotel an einer lauten Kreuzung. Klassisch-nüchternes Interieur mit sehr schönen Bädern. Es gibt Standardzimmer, schöner sind die größeren Superieur-Zimmer. Place de la République, ✆ 0494541517, bliss-hotel.com. **€€€**

**** Le Coq Hôtel,** nettes, im provenzalischen Stil renoviertes Hotel (Logis) in zentraler Lage. Zwei Zimmer im obersten Stock besitzen einen netten Alkoven, ruhiger schläft man nach hinten hinaus. Place de la Mairie, ✆ 049454137, coqhotel.com. **€€€**

meinTipp **La Grange des Agapes,** wer das einfache Lokal in der alten Scheune noch kannte, wird sich wundern. Im Jahre 2007 haben sich der ehemalige Chefkoch Thierry Barrot und der ehemalige Direktor Jean-Rémy Casnedi der Bastide de Saint-Tropez zusammengetan, um im Zentrum ihr eigenes Restaurant zu eröffnen. Im Erdgeschoss herrscht Lounge-Atmosphäre, im ersten Stock der befindet sich nun das eigentliche Restaurant, das um eine halboffene und daher einzusehende Küche gruppiert ist. Geboten wird eine moderne französische Küche, die aber auch asiatische Einflüsse zeigt, wie beispielsweise bei einem Filet von der Dorade, das mit Sesam bestäubt war und auf einem Beet von Gemüse- und Sojasprossen serviert wurde. Perfekter, unaufdringlicher Service. Ausgesprochen günstig ist das Mittagsmenü für 35 €, aber auch abends isst man für 38, 40 (vegetarisch), 48 und 50 € keineswegs überteuert. Die Menüs folgen wechselnden Themen. Lohnend sind auch die zumeist samstäglichen Kochkurse. In der NS Mo und Di Ruhetag. 7, rue du 11 Novembre, ✆ 0494546097, grangeagapes.com.

Le Petit Bistrot, das Lokal gefällt mit seiner schönen Straßenterrasse, die sich wunderbar in die Fassadengestaltung einfügt. Mittagsmenü 20 €. Auf der Karte viele Nudelgerichte und Salate. So und Mo Ruhetag. 2, boulevard Michelet, ✆ 0664915984, Facebook.

Open Bistro, eine weitere gute kulinarische Adresse im Zentrum. Wie wäre es als Hauptgang mit einer *Lotte juste snacké et petits légumes?* Plat du Jour 17,50 €. Straßenterrasse. So und Mo Ruhetag. 11, rue Jean Jaurés, ✆ 049 4544180, openbistro.fr.

Le Magnan, das kleine Landhaus aus dem 16. Jahrhundert liegt inmitten der lieblichen Landschaft zwischen Cogolin und La Môle (an der RN 98). Im Sommer lassen sich die bodenständigen provenzalischen Gerichte auf der großen, schattigen Terrasse genießen. Menüs zu 49 und 59 €. Tägl. geöffnet, von Mitte Okt. bis März Betriebsferien. ✆ 0494495754, lemagnan.fr.

Côte Jardin, nichts Spektakuläres, aber der schattige Garten des versteckt im Ortszentrum gelegenen Restaurants gefällt. Einfache Salate und Burger. 1, rue Gambetta, ✆ 0494541036.

Camping ****** L'Argentière,** etwas außerhalb, an der Straße nach Saint-Maur. Naturbelassenes Gelände in einem Korkeichenwald mit Blick auf die Burg von Grimaud. Mit Pool und kleinem Laden. Von Mitte April bis Sept. geöffnet. ✆ 0494546363, camping-argentiere.com.

Saint-Tropez und Umgebung → Karte S. 172

Die Chartreuse de la Verne liegt mitten Massif des Maures

Massif des Maures

Dieser rund 60 km lange Gebirgszug, der sich im Hinterland der Côte d'Azur von Fréjus bis Hyères erstreckt, gehört mit dem Estérel-Gebirge zu den erdgeschichtlich ältesten Frankreichs. Durch Erosion und Verwitterung ist das Massif des Maures bereits stark abgetragen worden; La Sauvette, der höchste Berg, ist nur 779 m hoch.

Das Massif des Maures – der Name leitet sich übrigens nicht von den Mauren, sondern von dem provenzalischen *Maouro* ab, einer alten Bezeichnung für den dunklen, kaum erschlossenen Wald – ist ein durch seine Kargheit faszinierender Gebirgszug, der immer wieder durch dichte Kastanienwälder aufgelockert wird, die sich mit Korkeichen und Aleppokiefern abwechseln; an vielen Stellen sieht man Ginster und Sandbeerbäume – bleibende Zeugen für die stete Waldbrandgefahr, da sich die Wiederaufforstung als langwierig gestaltet. Das ungewöhnlich hohe und dichte Buschwerk erschwert Wanderungen abseits der ausgetretenen Pfade. Wer will, kann seinen Gedanken in völliger Einsamkeit nachgehen, nur unterbrochen vom Zirpen der Zikaden.

Maronenmus und kandierte Kastanien gehören zu den kulinarischen Spezialitäten der Region. Die zahlreichen Korkeichenhaine bilden hier noch immer den Rohstoff für die Produktion hochwertiger Flaschenkorken, geschälte Korkeichen – sie werden alle zehn Jahre geschält dieser „Behandlung" unterzogen – säumen allerorts den Weg. Zudem bieten mehrere Bauernhöfe den Direktverkauf von Maronenmus an. Als Standorte für Touren eignen sich

Auf der Route des Crêtes durch das Massif des Maures

Eine gute Möglichkeit, das Massif des Maures mit Mountainbike zu erkunden, ist eine Tour auf der Route des Crêtes, einer fantastischen Kammstraße. Ohne Wegweiser zweigt die Straße am Bouleplatz von La Garde-Freinet ab, an der Feuerwehr vorbei geht es anfangs steil bergauf. Wer sich von den zahlreichen Schlaglöchern nicht stören lässt, kann rund 20 km herrliche Aussichten genießen. Am Col des Fourches stößt man auf eine breitere Straße, die durch Korkeichen-, Eukalyptus- und Kastanienwälder hinunter nach Collobrières führt (nach rund 5 km bietet sich neben einem glasklaren Bach Gelegenheit zur Rast). Von Collobrières sind es noch 25 km auf der wenig befahrenen D 14 nach Cogolin, wobei man einen Abstecher zur Chartreuse de la Verne nicht auslassen sollte. Von Grimaud geht es auf der D 558 wieder zurück nach La Garde-Freinet.

La Garde-Freinet oder Collobrières, aber auch von der Küste aus lassen sich bei einem Tagesausflug weite Teile des Massif des Maures erschließen. Nicht bereuen wird man einen Ausflug zur Chartreuse de la Verne: Ein Kloster im Dornröschenschlaf inmitten eines Kastanienwaldes.

Saint-Tropez und Umgebung → Karte S. 172

La Garde-Freinet

1850 Einw.

Knapp über 400 m hoch, ringsum von den Wäldern des Massif des Maures umgeben, ist La Garde-Freinet dem lauten Treiben von Saint-Tropez spürbar entrückt. Stimmungsvoll gibt sich der Ort besonders im Herbst und im Frühjahr, wenn die Gassen am Morgen noch mit Nebelschwaden verhangen sind.

La Garde-Freinet ist hervorragend als Ausgangspunkt für Streifzüge durch das Massif des Maures geeignet. Sobald man beispielsweise die kleine Straße nach Collobrières einschlägt, taucht man ein in einen herben Landstrich, dessen Einsamkeit schnell gefangen nimmt. Bei den *Roches Blanches*, die auch zu Fuß zu erreichen sind, bietet sich eine wunderbare Fernsicht. Wenn sich aber gelegentlich die Sehnsucht nach Sonne und Strand einstellt, kann man in einer knappen halben Stunde die Plage de Pampelonne, einen der schönsten Strände an der Côte d'Azur, erreichen. Durch den lang gestreckten Marktplatz, das alte Waschhaus und die beschaulichen Gassen vermittelt La Garde-Freinet einen überaus freundlichen Eindruck.

Das Massif des Maures war ein begehrtes Rückzugsgebiet der Sarazenen, die seit dem 8. Jahrhundert eine ständige Bedrohung für die Küste darstellten. Ihren Hauptstützpunkt hatten die Sarazenen im heutigen La Garde-Freinet. Erst im Jahre 972 gelang es Wilhelm, dem Grafen der Provence, stellvertretend für den deutschen Kaiser Otto den Großen – die Provence gehörte formalrechtlich immer noch zum Heiligen Römischen Reich –, dieses „Räubernest" auszuheben; die Sarazenen hatten damit ihren letzten Stützpunkt an der französischen Mittelmeerküste verloren, wenngleich sie auch weiterhin den heute als Côte d'Azur bezeichneten Landstrich mit ihren Raubzügen heimsuchten. Die Reste ihrer Festung lassen sich noch oberhalb des Ortes bewundern.

Fort Freinet: Nach einem kurzen Fußmarsch von einer guten halben Stunde (blaue Markierung ab *Parking de la Planète*) erreicht man die Reste einer über La Garde-Freinet thronenden Burganlage sowie die Ruinen eines mittelalterlichen Dorfes. Wahrscheinlich handelt es sich um die Ruinen einer sarazenischen Befestigung; es gibt aber auch Vermutungen, die Burg sei jüngeren Datums. Wie dem auch sei, die Aussicht ist jedenfalls recht beeindruckend. Festes Schuhwerk ist empfehlenswert!

Information **Office de Tourisme,** Chapelle Saint Jean, Place de la Marie, 83680 La Garde-Freinet, ✆ 0494436741, lagardefreinet-tourisme.com. Hier gibt es auch Informationen und Wandertipps auf Deutsch. Daneben befindet sich noch ein kleines Heimatmuseum, das Conservatoire du Patrimoine du Freinet (Mo–Fr 9–13 und 14–17 Uhr, conservatoiredufreinet.org, Eintritt frei).

Verbindungen Viermal tägl. Busverbindungen über Cogolin nach Saint-Tropez.

Markt Mittwoch- und Sonntagvormittag.

Schwimmen **Piscine municipale,** chemin du Moulin, von Juni bis Aug. tägl. 10–12.30 und 13.30–19 Uhr. Eintritt 3 €.

Essen/Übernachten **Ultimate Provence,** eine noble, 2019 eröffnete Unterkunft inmitten von eigenen Weinbergen, nordwestlich von La Garde-Freinet. Sehr schöne Zimmer, zudem gibt es ein Restaurant und einen tollen großen Pool. Von Mitte Dez. bis März Betriebsferien. 7270, route de Luc, ✆ 0494852910, ultimate provence.com. **€€€**

Le Carnotzet, nettes Restaurant mit einer schönen Terrasse unter einer Metallkonstruktion von 1871. Plat du Jour mit einem Glas Wein 15 €. Viele Salate. Mo Ruhetag. 7, place du Marché, ✆ 0494436273.

Le Bar du Soleil, die Terrasse der Bar ist ein netter Ort, um das Treiben zu verfolgen. Zu essen gibt es eher Deftiges, so eine *Assiette campagnarde* für 17 €. 5, place Vieille.

Cabane, Lokal mit schöner Terrasse und ungezwungener Atmosphäre. Mittwochabend und Do geschlossen. 4, place Vieille, ✆ 078 2993736.

Le Colibri, ein liebevoll geführter kleiner Salon de thé. Nur bis 12.30 Uhr geöffnet, Mo Ruhetag. 7, rue Saint-Jacques.

Camping ****** Paradis Domaine de Miremer,** an der Straße von Grimaud nach La Garde-Freinet. Extras: Beheizter Swimmingpool (April bis Okt.), kleines Lebensmittelgeschäft und Caravanvermietung. Ganzjährig geöffnet. 4965, route de Grimaud, ✆ 0494432123, campings-paradis.com.

Collobrières

1900 Einw.

Obwohl, oder besser: Gerade weil Collobrières von der Außenwelt relativ abgeschirmt in den Wäldern des Massif des Maures liegt, kommt dem 1900-Seelen-Ort mit einer Brücke aus dem 12. Jahrhundert eine Zentrumsfunktion zu. Der schöne, spanisch anmutende Marktplatz sowie die zahlreichen Kaufmannshäuser unterstreichen diese Bedeutung; eine stattliche Platanenallee führt direkt auf die schlichte Kirche von Collobrières zu. Die Confiserie Azuréenne gilt in der gesamten Region als beste Adresse für kandierte Maronen und Konfitüre. Durch den Fahrradtourismus ist der Ort eine beliebte Etappenstation geworden.

Information **Office de Tourisme,** Boulevard Charles Caminat, 83610 Collobrières, ✆ 0494480800, mpmtourisme.com.

Verbindungen Zweimal tägl. fahren Busse nach Toulon (Linie 85) sowie nach Hyères (Linie 193).

Markt Donnerstagvormittag (klein), Sonntagvormittag (groß).

Maronenmus **Confiserie Azuréenne,** selbst gemachtes Maronenmus, aber auch andere regionale Spezialitäten. Tägl. 10–12.30 und 13.30–18.30 Uhr. Boulevard Koenig. confiserieazureenne.com.

Übernachten/Essen **Un Air de rien,** eine nette Mischung aus Bistro und Tapasbar mitten im Ort. Traumhafte Straßenterrasse. Es werden auch zwei Zimmer vermietet. 3, place de la Libération, ✆ 0494281773, unairderien.com.

MeinTipp *** Hôtel des Maures,** sehr geschmackvolle Zimmer mit tollen Bädern zu günstigen Preisen! Im Restaurant wird eine traditionelle, provenzalische Küche serviert, die die Reisekasse schont (Menüs zu 22 und 27,50 €). Schöne Terrasse hinter dem Haus. 19, boulevard Lazare Carnot, ✆ 0494480710, hotel-des-maures.fr. **€**

MeinTipp ***** Notre Dame,** die ehemalige Postkutschenstation aus dem späten 17. Jahrhundert liegt am westl. Ortseingang. Es grenzt geradezu an ein Wunder, was Nili und Olivier Fanré aus dem einst heruntergekommenen Hotel gemacht haben. Die zehn Räume wurden in komfortable Designzimmer verwandelt, die es in unterschiedlichen Ausstattungen gibt. Hinter dem Haus erstreckt sich eine traumhafte Terrasse mit Flussblick und einem kleinen Swimmingpool. Die Zimmerpreise variieren je nach Ausstattung und Größe. Nili ist Österreicherin und bekocht abends die Gäste, es gibt provenzalische Küche, so *Filets de rougets* für 19,50 €. 15, avenue de la Libération, ✆ 049 4480713, hotel-collobrieres.com. **€€–€€€**

La Petite Fontaine, unter einer schattigen Platane oder im gemütlichen Speisesaal wird ausgezeichnetes ländliches Essen zu zivilen Preisen serviert. Menüs zu 34 und 38 €. Das familiär geführte Restaurant versteht sich auf die Zubereitung von Lamm, Wild und Kaninchen, aber auch der provenzalische Schmortopf *(Daube Provençal)* begeistert. Das Restaurant ist sehr beliebt, weshalb eine Reservierung ratsam ist. Keine Kreditkarten! Sonntagabend und Mo geschlossen. 6, place de la République, ✆ 0494480012, lapetite fontaine.restaurant.

Alte Maschinen in der Confiserie Azuréenne

La Terrasse Provençale, eine Alternative im Nachbargebäude, die uns ein Leser empfohlen hat: „Das Essen ist ebenfalls deftig, aber sogar noch etwas ideenreicher als nebenan. Insbesondere gibt es Fischgerichte wie Dorade, hausgemachten Oktopussalat oder Jakobsmuscheln, die ich in der ‚Fontaine' vermisst habe. Menüs für 28 € (mittags) und 32 €. Es lohnt sich, beide Restaurants zu besuchen! Der Chef der ‚Fontaine' war übrigens am Mo (seinem Ruhetag) beim Nachbarn zum Mittagessen." Schöne Terrasse, Gasträume im ersten Stock. Geschlossen ist Dienstagabend und Mi. 8, place de la République, ✆ 0494281957. ▪ **Lesertipp**

Café Théâtre, nette Eckkneipe mit hohen Decken und einem dominierenden Tresen. Straßenterrasse. 1, cours Louis-Blanc.

Chartreuse de la Verne

Das kleine Plateau inmitten der Einsamkeit des Massif des Maures erschien den Bischöfen von Toulon und Fréjus geeignet, um hier 1170 ein Kartäuserkloster zu gründen. Trotz häufiger Waldbrände und Plünderungen im Zeitalter der Religionskriege wussten die Kartäuser ihren Besitz zu mehren. Erst die der Französischen Revolution folgende Säkularisation brachte das Klosterleben zum Erliegen. Die reiche Ausstattung wurde zerstreut; die fortan dem französischen Staat gehörende Chartreuse de la Verne verfiel trotz des 1921 verfügten Denkmalschutzes. Der Niedergang fand erst 1982 ein Ende: Die religiöse Gemeinschaft der Schwestern von Bethlehem beschloss in diesem Jahr, das abgeschiedene Kloster wieder mit religiösem Leben zu erfüllen. Mittlerweile leben schon mehr als 30 Ordensfrauen in dem alten Gemäuer, die längst überfälligen Restaurierungsarbeiten sind im Gange. Die Bausubstanz stammt aufgrund der häufigen Zerstörungen weitestgehend aus dem 17. und 18. Jahrhundert. Zu den der Öffentlichkeit zugänglichen Räumlichkeiten gehören die einstige Ölpresse, eine imposante Bäckerei sowie zwei verfallene Kreuzgänge, drei kleine Kapellen, der Klosterfriedhof mit seinen schlichten Holzkreuzen und eine restaurierte Kartause.

Portal der Chartreuse

Es gibt zwei Möglichkeiten, um zur Chartreuse de la Verne zu gelangen: Ein paar Kilometer hinter Collobrières zweigt von der D 14 eine kleine Straße zur Chartreuse de la Verne ab, die bis auf die letzten 500 m mit dem Auto befahren werden kann; als Alternative bietet sich eine Wanderung von La Môle aus an.

■ Von Juni bis Aug. tägl. 11–18 Uhr, von Sept. bis Mai tägl. außer Di 11–17 Uhr. Ostern, Pfingsten, Weihnachten sowie Januar und am 15.8. geschlossen. Eintritt 7 €, erm. 5 €. bethleem.org/monasteres/laverne.php.

Wanderung zur Chartreuse de la Verne

Um von La Môle zur Chartreuse de la Verne zu wandern, zweigt man an der einzigen Ampel des Ortes nach Norden ab und fährt immer gerade aus, anfangs auf einer Schotterpiste bis die Straße nach knapp 4 km an einer Sperre endet. Hier parkt man das Auto und wandert in Richtung Barrage de la Verne, einem kleinen Stausee, der die Region Saint-Tropez mit Trinkwasser versorgt. Baden oder Angeln ist daher verboten. Der Weg führt rund 4 km am westlichen Ufer entlang, bevor er über 2 km hinweg steil zu einem Bergkamm ansteigt. Nun sind es nur noch wenige Minuten bis zum Kloster. Auf einem anderen Pfad geht es später wieder zurück zum Ausgangspunkt. Der Wanderweg ist mit einem Piktogramm gut ausgeschildert. Ausreichend Proviant mitnehmen! Gesamtstrecke: Etwa 14 km. Gehzeit: Gut vier Stunden.

Die Küste westlich von Saint-Tropez

La Croix-Valmer

3650 Einw.

Innerhalb der letzten fünfzig Jahre wurde das ursprüngliche Dorf von modernen Ferienanlagen und der zugehörigen touristischen Infrastruktur regelrecht geschluckt. Ein Stück unterhalb von La Croix-Valmer liegt ein schöner Sandstrand *(Plage Bouillabaisse)*, der im Hochsommer allerdings überlaufen ist. Der christlichen Legende zufolge soll hier dem römischen Kaiser Konstantin ein Kreuz mit der Anmerkung *in hoc signo vinces* (in diesem Zeichen wirst du siegen) erschienen sein, das ihn – allerdings erst nach gewonnener Schlacht gegen seinen Rivalen Maxentius (312) – veranlasste, sich zum Christentum zu bekennen. Legende hin, Legende her: Konstantins Eintreten für das Christentum veränderte Europa und die Welt. Ein anderes historisches Ereignis ist besser überliefert: Zwei Infotafeln erinnern daran, dass am 15. August 1944 in La Croix-Valmer die Alliierten landeten, um Südfrankreich zu befreien.

Information **Office de Tourisme,** 287, rue Louis-Martin, 83420 La Croix-Valmer, ✆ 0494551212, lacroixvalmertourisme.com.

Verbindungen Mehrmals tägl. Busse (Linie 7801) nach Saint-Tropez sowie über Cavalaire, Le Lavandou und Hyères nach Toulon. visitvar.fr.

Markt Sonntagvormittag.

Fahrrad- und Motorradvermietung **Holiday Bikes,** 64, boulevard Georges Selliez, ✆ 0494797512, bluebikes.fr.

Strände Der Strand von Gigaro (südöstl.) ist gepflegt, aber relativ schmal. Breiter und besser besucht ist die weiter westl. gelegene Plage du Débarquement.

Schwimmen **Piscine municipale,** beheizt, mit 25-m-Becken, Avenue de Provence, von März bis Ende Nov. tägl. 10–19.30 Uhr. Eintritt in der NS (eingeschränkte Öffnungszeiten) frei!

Wandern Auf dem Sentier Littoral entlang der Küste.

Übernachten/Essen **** La Rotonde,** dieses markante Gebäude im Ortszentrum beherbergt ein modernes, zeitgenössisches Hotel mit 15 Zimmern in kräftigen Farben (keine typische gelb-blaue Provence-Idylle). Zimmerpreise je nach Ausstattung, die teureren mit Terrasse. Rue Frédéric Mistral, ✆ 0494542121, hotel-larotonde.com. **€€€**

******* Château de Valmer,** vornehmes Hotel (Relais & Château) in einer alten, stattlichen Villa. Der Clou sind allerdings zwei Baumhäuser! Ein hoteleigener Privatstrand, ein kleiner Park, Swimmingpool, Spa und Tennisplätze runden das umfangreiche Angebot ab. Im Gourmetrestaurant **La Palmeraie** (ein Michelin-Stern) wird man bei Menüs für 105, 155 und 195 € mit vielen Bioprodukten verwöhnt. Von Ostern bis Okt. geöffnet. 42 komfortable Zimmer. ✆ 0494551515, chateauvalmer.com. **€€€€**

***** La Bienvenue,** die charmante, ältere Herberge mit kleinem Garten inmitten des Dorfes wurde unlängst ansprechend renoviert. Zum städtischen Schwimmbad (Eintritt in der NS frei!) läuft man auch nur eine Minute. Sechs Zimmer haben einen wunderschönen Blick auf das Meer, eines sogar mit Balkon. Bio-Frühstück. Von April bis Anf. Okt. geöffnet. Rue L. Martin, ✆ 0494170808, hotel-la-bienvenue.com. **€€€**

mein Tipp **Marius à la Plage** und **Couleurs Jardin,** zwei beliebte, nebeneinandergelegene

Saint-Tropez und Umgebung → Karte S. 172

Strandrestaurants in Gigaro. Bei Marius sitzt man direkt mit den Füßen im Sand und erfreut sich an einem gegrillten *Loup de mer* (34 €), im Jardin ist die Küche anspruchsvoller. Von Mai bis Sept. geöffnet, Marius Mo Ruhetag. 1242, boulevard de Gigaro, Marius: ✆ 0494542505, mariusalaplage.fr; Jardin: ✆ 0494795912, de.couleursardingigaro.fr.

Camping ****** La Sélection,** etwas außerhalb von La Croix-Valmer in einem schattigen Pinienhain, nur 500 m vom Meer. Aufgrund seiner terrassenartigen Anlage auch bei vielen Gästen relativ ruhig und individuell. Gute sanitäre Ausstattung. Restaurant und beheizter Pool vorhanden. Mitte März bis Mitte Okt. geöffnet. An der Straße nach Cavalaire-sur-Mer, ✆ 0494551030, selectioncamping.com.

Cavalaire-sur-Mer

7700 Einw.

Beliebter, aber recht charakterloser Ferienort an der weit geschwungenen gleichnamigen Bucht. Cavalaire steht auf geschichtsträchtigem Boden: Die Römer unterhielten hier einst einen Hafen mit dem Namen *Heraclea Caccabaria*. Durch die Bauwut der letzten Jahrzehnte zersiedelt, lebt Cavalaire-sur-Mer heute vor allem von der Nähe zu Saint-Tropez und seinen schönen piniengesäumten Sandstränden. Ein großzügiger Jachthafen mit 1200 Liegeplätzen, der von zahlreichen Restaurants gesäumt wird, macht Cavalaire auch für Freizeitkapitäne interessant.

Information **Office de Tourisme,** Maison de la Mer, Square de-Lattre-de-Tassigny, 83240 Cavalaire-sur-Mer, ✆ 0494019210, cavalairesurmer.fr.

Verbindungen Der Busbahnhof (Gare routière) befindet sich gleich beim Rathaus. Mehrmals tägl. Busverbindungen (Linie 7801) nach Le Lavandou, Hyères und Toulon sowie über La Croix-Valmer nach Saint-Tropez. visitvar.fr.

Maison de la Nature Westlich des Ortes wurde 2024 ein Naturkundezentrum eröffnet. 454, chemin Pierre Foncin.

Markt Mittwochvormittag auf der Place Jean Moulin.

Bootsausflüge Von April bis Okt. Di und Fr, Juli und Aug. tägl. ab 9 Uhr nach Port-Cros. 39,20 €, erm. 31,50 €. vedettesilesdor.fr.

Feste Corso du Mimosa, Mimosenfest im Feb.

Mein Tipp **Übernachten** ****** Du Parc,** das alteingesessene Hotel (400 m oberhalb des Strandes) wurde 2023 komplett und sehr stilvoll mit tollen Bädern renoviert. Alle Zimmer haben einen Balkon oder eine Terrasse, ganz oben mit Meerblick. Einen Pool und einen Tennisplatz gibt es auch. Mit anderen Worten: Eine Adresse zum Wohlfühlen, und nach Saint-Tropez ist es auch nur ein Katzensprung. 7, avenue du Fleuriste, ✆ 0494640829, villa-laclarte.fr. **€€€**

Chambres d'hôtes **Villa La Clarté,** „eine echte Perle! Architektonisch überaus interessante Art-Nouveau-Villa, die Einrichtung ist todschick", schrieb uns eine Leserin über das Chambre d'hôtes mit seinen vier Zimmern. Und einen herrlichen Pool gibt es auch noch. Chemin des Vivards, ✆ 0620738115, villa-laclarte.fr. ▪ **Lesertipp €€€**

Essen & Trinken **Il Divino,** am Jachthafen gibt es zahlreiche Restaurants. Diese Brasserie gehört zu den beliebtesten Adressen. Große Straßenterrasse. Lecker ist die *Salade niçoise* mit frischem Thunfisch. Menüs ab 28 €. Place Sainte Estelle, ✆ 0494295297, ildivino-cavalaire.fr.

Camping ****** De la Baie,** mit 480 Stellplätzen der größte Campingplatz von Cavalaire. Viel Komfort (großer Swimmingpool). Vermietung von Mobile-Homes. Von Mitte März bis Mitte Nov. geöffnet. Boulevard Pasteur, ✆ 0494640815, camping-baie.com.

****** Bonporteau,** terrassiertes Gelände mit ausreichend Schatten, rund 200 m bis zum Meer. Saubere Sanitäranlagen, Wohnwagenvermietung. Von Ende März bis Mitte Okt. geöffnet. 1 km vom Ortskern entfernt, oberhalb der Küstenstraße. ✆ 0494640324, bonporteau.fr.

Zwischen Cavalaire-sur-Mer und Le Lavandou

Zwischen Cavalaire-sur-Mer und Le Lavandou schlängelt sich die Straße an einem nur mäßig bebauten Küstenabschnitt entlang. Die größte Sehenswürdigkeit sind sicherlich die Gartenanlagen der Domaine du Rayol. Schöne Strände findet man bei **Le Rayol** und **Cavalière.**

Radtour entlang der Küste: Von La Croix-Valmer über Le Lavandou bis nach Toulon verläuft eine extra angelegte Radstrecke. Dieser Parcours Cyclable führt größtenteils auf der ehemaligen Bahnstrecke entlang der Küste, mit einigen Tunneln (beleuchtet) und moderaten Steigungen.

Übernachten/Essen ****** Le Bailli de Suffren,** ein Nobelhotel in herrlicher Lage ein paar Kilometer weiter westl. in Le Rayol direkt am Meer. 2023 wurden alle Zimmer geschmackvoll renoviert, die teureren verfügen über einen Balkon. Ein beheizter Swimmingpool und ein Gourmetrestaurant dürfen auch nicht fehlen. Von Mitte Okt. bis Mitte April geschlossen. Avenue des Américains, ✆ 0498044700, lebaillidesuffren.com. **€€€€**

****** La Villa Douce,** das Hotel ein Stück oberhalb der Küstenstraße gefällt mit seinem zeitlos modernen Ambiente. Viel Style und Flair und schöne Blicke auf das Meer sind garantiert, einen beheizten Pool gibt es auch noch. Verschiedene Zimmerkategorien. 8, cornice de Paris, ✆ 0494153030, lavilladouce.com. **€€€–€€€€**

***** Cap Nègre,** dieses an der Uferstraße in Cavalière gelegene Hotel ist eine günstige Adresse für all jene, die in unmittelbarer Strandnähe wohnen wollen. Von April bis Okt. geöffnet. Die Zimmer mit Blick aufs Gebirge haben einen Balkon. Preise je nach Ausstattung, die mit Terrasse und Meerblick sind wie immer teurer. 45, avenue du Cap Nègre, ✆ 0494058046, hotel-le-cap-negre.fr. **€€€**

MeinTipp **Le Maurin des Maures,** wer sich auf kulinarisch sicheren Boden stellen will, fährt am besten ein paar Kilometer weiter nach Westen zum Küstendorf Rayol in das Restaurant Le Maurin des Maures (direkt neben der Post und nicht zu verwechseln mit dem Relais des Maures!). Dieses sehr volkstümliche Restaurant gehört zu den bestbesuchten der gesamten Umgebung, weshalb eine Reservierung trotz seiner Größe unbedingt zu empfehlen ist. Mehrere Kellner wuseln hektisch durch die Gasträume. Das Essen ist bodenständig, aber nicht ohne Raffinesse, der Schwerpunkt liegt auf Fischgerichten, und schon Jacques Chirac ließ sich hier die Bouillabaisse schmecken. Ob er als Dessert den köstlichen *Gateau au chocolat* gewählt hat, war nicht in Erfahrung zu bringen, ein Fehler wäre es sicherlich nicht gewesen. Menü zu 41 €. Kein Ruhetag, ✆ 0494056011, maurin-des-maures.com.

Saint-Tropez und Umgebung → Karte S. 172

Domaine du Rayol

Ein paar Kilometer westlich von Cavalaire-sur-Mer ließ sich der Bankier *Alfred Courmes* 1910 eine prächtige Art-déco-Villa errichten, zu der auch ein großer Park gehörte. In wirtschaftliche Schwierigkeiten gekommen, verwandelte die Familie Courmes das Anwesen zeitweise in ein Hotel, bevor es 1940 in den Besitz des Flugzeugingenieurs *Henri Potez* überging. Der Garten blühte einige Jahre in neuer Pracht, verwilderte aber nach 1950 allmählich. Erst 1989 wurde die 20 Hektar große Domaine du Rayol von dem „Conservatoire du Littoral“, einer staatlichen Organisation, die sich dem Schutz der mediterranen Flora widmet, erworben und von dem Gartenarchitekten Gilles Clément nach unterschiedlichen gestalterischen Prinzipien fantasievoll neu bepflanzt. Das gesamte Terrain ist in verschiedene „geographische Regionen" unterteilt, wobei die natürlichen Gegebenheiten sorgfältig berücksichtigt wurden. Die Parkanlage repräsentiert die vom mediterranen Klima geprägte Vegetation aus allen Teilen der Welt: Kanarische Inseln, Chile, Kalifornien, Südafrika, Australien, Neuseeland und China sind mit ihrer Flora genauso vertreten wie die mediterrane Flora. Unterhalb eines kleinen Gartenpavillons kann man an einer schönen, kleinen Bucht entspannen.

▪ Avenue des Belges. Von April bis Mitte Nov. tägl. 9.30–18.30 Uhr, im Juli und Aug. tägl. 9.30–19.30 Uhr, im Winter tägl. 9.30–17.30 Uhr. Führungen um 14 Uhr. Eintritt 14 €, erm. 10 €, Familienticket 36 €; für 2,50 € gibt es einen deutschsprachigen Audioguide. domainedurayol.org.

Domaine du Rayol

Le Lavandou

6200 Einw.

Der Schriftsteller *Walter Hasenclever*, der Ende der 1920er-Jahre nach Le Lavandou kam und sich für einige Zeit hier niederließ, würde den Ort wohl nicht gleich wiedererkennen. Zu Hasenclevers Zeiten war Le Lavandou ein kleines bescheidenes Fischerdorf, heute ist der 5700 Einwohner zählende Ort ein lebhafter Badeort mit einigen netten Gassen, der zugehörigen touristischen Infrastruktur und einem heutzutage obligatorischen Jachthafen. Vorbei sind die Zeiten, als sich André Gide, Jean Cocteau und Raymond Radiguet am Strand zerstreuten, Bertolt Brecht und Kurt Weill an der „Dreigroschenoper" arbeiteten. Lotte Lenya, Weills Frau, schrieb später über den gemeinsamen Aufenthalt: „Ich sehe Brecht noch, wie er durch das Wasser watete, die Hosen aufgekrempelt, die Mütze auf dem Kopf, im Mund die vertraute Virginia. Ich kann mich nicht erinnern, Brecht je ganz und gar untergetaucht gesehen zu haben. Er muss ein wenig wasserscheu gewesen sein."

Ein paar Kilometer südwestlich bei dem Weiler **Cabasson** gibt es noch einen weiteren schönen Strand. Das in Sichtweite gelegene **Fort de Brégançon,** eine Verteidigungsanlage aus der Zeit Ludwig XIV., dient dem französischen Staatspräsidenten als Sommersitz. Eine schöne Küstenwanderung führt von La Favière bis zum Cap Bénat. Es gibt zwar Theorien, die vermuten, der Name Lavandou leite sich von Lavendel ab, da auf dem schmalen Küstenstreifen bei Le Lavandou und auf den Hyèrischen Inseln eine seltene Lavendelart wächst, der eine große Heilkraft nachgesagt wird *(Lavandula stoechas),*

doch ist es wahrscheinlicher, dass der Name von *lavoir* (waschen) abgeleitet wurde.

Information **Office de Tourisme,** Quai Gabriel-Péri, B.P. 85, 83980 Le Lavandou, ✆ 0494004050, ot-lelavandou.fr.

Verbindungen Fast stündlich **Busverbindungen** nach Hyères und Toulon sowie mehrmals tägl. über Cavalaire nach Saint-Tropez (Linie 7801, visitvar.fr). **Schiffsverbindungen** nach Port-Cros, Ile du Levant und Ile de Porquerolles. Genaue Abfahrtszeiten erteilt die Compagnie de Transports Maritimes „Vedettes Iles d'Or", 15, quai Gabriel Péri et Gare Maritime, ✆ 0494710102, vedettesilesdor.fr.

Markt Donnerstagvormittag auf der Avenue Vincent Auriol, zudem am Sonntagvormittag ein kleiner Biomarkt vor dem Rathaus.

Maison de la Presse Rue Charles Cazin.

Fahrradverleih **Blue Bikes,** avenue du Président-Auriol, ✆ 0494151999, blue-bikes.com; **Sun Bikes,** rue des Écoles in Cavalière, ✆ 0624883041.

Fort de Brégançon Eine Besichtigung ist von Mitte Juni bis Mitte Sept. 9.30–18.15 Uhr nach Anmeldung möglich (12 €). Avenue Guy-Tézenas. fort-bregancon.fr.

Tauchen **C.I.P. du Lavandou,** Quai Baptistin Pins, ✆ 0494715457, cip-lavandou.fr.

Strände Ein breiter Sandstrand beginnt direkt am Jachthafen (Plage du Lavandou), einsamer und schöner ist der Strand von **Cabasson** (gebührenpflichtiger Parkplatz: 10 €). Lohnend auch der Strand am Cap de Léoube im Westen sowie die Strände im Osten wie die **Plage d'Aiguebelle** und die kleine versteckte **Plage de l'Eléphant**. Nudisten pilgern zur **Plage du Layet** (kurz vor Cavalière), um sich hier hüllenlos am Strand zu sonnen (es gibt auch Liegen).

Minigolf **Mini-Golf Exotique,** avenue du Grand Jardin.

Übernachten/Essen ***** L'Espadon,** ordentliches, familiäres Drei-Sterne-Hotel an der Promenade im Ortszentrum in einem charakterlosen, modernen Bau. Wer mit Terrasse und Meerblick aufwachen will, muss rund 50 Prozent mehr ausgeben. 1, chemin du Vannier, ✆ 0494710020, espadon-lavandou.com. **€€€**

***** Palmiers,** das bei Cabasson unweit der Küste gelegene Hotel (300 m zum Meer) ist der Tipp einer Leserin, die den persönlichen Service und die gute französische Küche lobte: „Wenn man an der Bucht entlang weiterwandert, findet man weitere einsame Badeplätze mit kristallklarem Wasser." Swimmingpool vorhanden. Optisch ist das Hotel allerdings nicht sehr berauschend. Es werden nur 17 Zimmer mit rustikalem Touch vermietet, von Juli bis Sept. Halbpension erwünscht. 240, chemin du Petit-Fort, ✆ 0494648194, hotel-palmiers.com. **▪ Lesertipp €€€–€€€€**

***** Le Rabelais,** Hotel mit türkisfarbenen Fensterläden am östl. Rand des Hafens. Herrlicher Meerblick von den oberen Etagen (Zimmer 12–16). Schöne Frühstücksterrasse. Die Zimmer mit Blick zur Straße sind wie immer günstiger als die mit Meerblick. Parken gegen Gebühr. Quai Baptist Pins, ✆ 0494710056, lerabelais.fr. **€€–€€€**

L'Auberge Provençale, netter Gasthof in der Altstadt. Hier speist man stilvoll unter einer hohen Balkendecke, z. B. *Filet de rouget* oder ein *Suprême de Volaille*. Menüs zu 28 und 35 €. Straßenterrasse. Mo und Di Ruhetag, bis auf So nur abends geöffnet. 11, rue Patron Ravello, ✆ 094710044, laubergeprovencale.fr.

Mein Tipp **Chez Jo,** beliebtes Strandrestaurant am Nudistenstrand Plage du Layet (4 km östl.). Es liegt nicht an den nackten Tatsachen des zugehörigen Strandes, dass sich das Restaurant eines großen Zuspruchs erfreut. Viele Fischgerichte. Nur à la carte. Nur von Mai bis Sept. tägl. 12–15 Uhr, Fr und Sa bis 18.30 Uhr geöffnet. Plage du Layet, ✆ 0494058506.

L'Arbre au Soleil, in einem geschmackvollen modernen Ambiente mit schöner Terrasse werden direkt am Hafen anspruchsvolle Gourmetfreuden (ein Michelin-Stern!) serviert. Menüs für 64, 89 und 114 €. Sonntagabend und Montagmittag geschlossen, im Winter So–Di Ruhetag. Le Port, ✆ 0494240604, larbreausoleil.com.

Camping ******* Du Domaine,** südl. von Le Lavandou, nahe dem Weiler La Favière. Riesiges Gelände mit 1200 Stellplätzen, verteilt über einen Pinienwald und Wiesenflächen. Grenzt direkt an einen mehrere hundert Meter langen Sandstrand. Bei einem Platz dieser Größenordnung ist das Vorhandensein von Restaurant, Supermarkt und Kinderspielplatz fast selbstverständlich. Die sanitären Anlagen sind gut gepflegt, Waschmaschinen stehen gegen Gebühr zur Verfügung. In der Hochsaison kostet der Stellplatz mindestens 60 €. Von April bis Okt. geöffnet. Route de Bénat, ✆ 0494710312, campdudomaine.com.

Saint-Tropez und Umgebung → Karte S. 172

Traumkulisse: Bormes-les-Mimosas

Bormes-les-Mimosas

8200 Einw.

Am Rande des Massif des Maures liegt Bormes-les-Mimosas, ein schönes provenzalisches Dorf mit einer leider nur von außen zu besichtigenden mittelalterlichen Burg, steilen und gekrümmten Gässchen, überdachten Durchgängen und kleinen Plätzen. Kein Wunder, dass Bormes-les-Mimosas im Sommer ein sehr beliebtes Ausflugsziel ist.

Das Ende des Ortsnamens erinnert an die Mimosen, die hier im Februar blühen; „Bormes" soll auf ein ligurisches Seeräubervolk namens Bormanen zurückzuführen sein, das von hier aus die Küsten verunsicherte. Ironischerweise wurde der Ort tausend Jahre später selbst mehrfach von Sarazenen heimgesucht. Von 1938 bis 1940 lebte und arbeitete der Schriftsteller *Alfred Kantorowicz* in einem kleinen Haus im Dorfzentrum von Bormes; die Erfahrungen seiner langjährigen Exilzeit hat Kantorowicz in dem Buch „Exil in Frankreich" geschildert. Eine schöne Kurzwanderung führt vom Schloss über den Chemin de Constance zur 324 m hoch gelegenen Chapelle Notre-Dame-de-Constance hinauf.

Musée Art et Histoire: Lokalgeschichtliches Museum, das nicht nur Informationen zu Bormes-les-Mimosas, sondern auch zur Chartreuse de la Verne und zum Fort von Brégançon bereit hält. Neben sakralen Kunstgegenständen gehören auch Gemälde aus dem 19. und 20. Jahrhundert zur Sammlung (darunter mehrere Werke des Landschaftsmalers Charles Cazin). Diverse Wechselausstellungen.

▪ 103, rue Carnot. Tägl. außer Mo 11–18 Uhr. Eintritt 8,50 €, erm. 6,50 €. musee-bormes.com.

Information Office Municipal de Tourisme, 1, place Gambetta, 83230 Bormes-les-Mimosas, ✆ 0494013838, bormeslesmimosas.com.

Verbindungen Fast stündlich Busverbindungen nach Hyères und Toulon sowie mehrmals tägl. über Lavandou und Cavalaire nach Saint-Tropez. Bushaltestelle im Ortsteil Le Pin. In den Sommermonaten verkehren Busse von Le Pin zum Strand von La Favière.

Parken Großes kostenloses „Parkhaus" vor dem Ort.

Markt Mittwochvormittag.

Veranstaltungen **Blumenumzug** im Feb.

Übernachten *** **Du Cigalou,** am Rand der Altstadt gelegenes Hotel. Die Zimmer präsentieren sich je nach Stil von barock bis kolonial. Die Bäder sind sehr gut, das Ambiente ist farbenfroh verspielt. Im Garten hinter dem Haus gibt es einen kleinen Swimmingpool, der sich allerdings aufgrund seiner Ausmaße nur bedingt zum Schwimmen eignet. Viele Zimmer mit Terrasse. Place Gambetta, ✆ 0494415127, hostellerieducigalou.com. **€€€**

**** **Eden Rose Grand Hôtel,** 2021 komplett renoviert, begeistert das traditionsreiche Hotel (Best Western) mit seiner wunderbaren Panoramalage und einem neuen Swimmingpool (beheizt, 3 x 15 m). Topmoderne Zimmer, im Sommer wird das Frühstück auf der Terrasse serviert. Restaurant vorhanden. 167, route du Baguier, ✆ 0494981981, edenrose-grandhotel.fr. **€€€€**

** **Le Belle Vue,** mit Blick auf die Küste. Das Restaurant mit seiner großen Aussichtsterrasse ist etwas touristisch (Menüs mittags 16 €, abends ab 29 €). Geschmackvolle Zimmer. Die teureren verfügen über Meerblick, manche haben einen Balkon. Im Dez. und Jan. geschlossen. 14, place Gambetta, ✆ 0494711515, bellevuebormes.com. **€€**

Essen & Trinken **Lou Portaou,** unter einem stimmungsvollen Gewölbe labt man sich an ausgesuchten provenzalischen Tafelfreuden. Menü zu 45 €. Donnerstag- und Freitagmittag geschlossen. 1, rue Cubert des Poètes, ✆ 0494648637, Facebook.

Le Jardin, dieses mit dem Bib Gourmand ausgezeichnete Restaurant bietet eine ansprechende Küche, etwa ein 7 Stunden geschmortes Lamm mit Pastinakencreme. Menüs zu 52 und 86 €. Sonntagabend, Mo und Di geschlossen. Im Winter Betriebsferien. 1, rue du Moulin, ✆ 0494711486, lejardinrestaurant-bormes.com.

La Tonnelle de Gil Renard, verspieltes Restaurant mit Spezialitäten der Region *(Aïoli à ma façon),* am Ortseingang gelegen. Schöne überdachte Terrasse. Menüs zu 41, 47, 55 und 75 €. Mo, Di und Sonntagabend geschlossen. 23, place Gambetta, ✆ 0494713484, restaurant-la-tonnelle.com.

Chez Sylvia, es muss nicht immer provenzalisch sein: Die italienischen Gerichte von Sylvia Giaramidaro mit sizilianischem Einschlag sind einen Abstecher wert. Ausgezeichnete Pizzen! Im Dez. und Jan. Betriebsferien, zudem Mittwochmittag und Donnerstagmittag in der NS geschlossen. An der Landstraße zwischen Bormes und Le Lavandou gelegen. 872, avenue Lou Mistraou, ✆ 0494711410, Facebook.

La Rastègue, das auch von Restaurantführern gelobte Lokal (ein Michelin-Stern!) wird von einem jungen Paar betrieben und ist ein Tipp von Lesern, die die stark am Marktangebot orientierte, mediterrane Küche als „wirklich exzellent" lobten. Im Sommer sitzt man draußen auf einem sehr netten, großen Balkon. Menü zu 58 €. Bis auf Sonntagmittag nur abends geöffnet. Mo Ruhetag. Nicht im Dorf, sondern unterhalb im modernen Bormes. Quartier du Pin, 48, boulevard du Levant, ✆ 0494151941, larastegue.com. ▪ **Lesertipp**

Camping *** **Manjastre,** mit schönem Swimmingpool, aber direkt an der Nationalstraße, wird seit 1968 von derselben Familie geführt. 120 Stellplätze, ganzjährig geöffnet. ✆ 0494710328, campingmanjastre.com.

Saint-Tropez und Umgebung → Karte S. 172

Was haben Sie entdeckt?

Haben Sie ein besonderes Restaurant, ein neues Museum oder ein nettes Hotel entdeckt? Wenn Sie Ergänzungen, Verbesserungen oder Tipps zum Buch haben, lassen Sie es uns bitte wissen!

Schreiben Sie an: Ralf Nestmeyer, Stichwort „Côte d'Azur"

c/o Michael Müller Verlag GmbH | Gerberei 19, D – 91054 Erlangen

ralf.nestmeyer@michael-mueller-verlag.de

Alpes-Maritimes

Die französischen Seealpen stellen einen reizvollen Gegensatz zu den Palmen und Strandpromenaden der Côte d'Azur dar. Einsame enge Täler mit alpiner Vegetation bestimmen das Bild, bis weit in den Frühsommer hinein sind die Gipfel mit einer Schneedecke überzogen.

In den Seealpen leben wieder Wölfe

Die Seealpen sind der am schwersten zugängliche Teil der Haute-Provence, es gibt hohe Berggipfel und schwer zugängliche Schluchten. Statt Industrie findet man in den Alpes-Martimes traditionell nur etwas Landwirtschaft und Viehzucht. In den letzten Jahrzehnten ist dann noch der Tourismus hinzugekommen.

In den Tälern entlang der Flüsse finden sich nur kleinere Dörfer wie beispielsweise das mit seinen gestapelten Häusern fast tibetanisch anmutende Touët-sur-Var. Wer verträumte Bergdörfer liebt, sollte einen Abstecher nach Roubion oder Roure unternehmen. Zu den größeren Orten der Region gehören Sospel, das mit einer ungewöhnlichen Brücke überrascht, oder Tende im oberen Roya-Tal, das erst seit 1947 zu Frankreich gehört.

Ein großer Teil der alpinen Landschaft ist Teil des Parc national du Mercantour und steht unter strengem Naturschutz. Dank seines Status als Nationalpark bleibt das hochalpine Gebiet vor Zerstörungen verschont, sodass man bei Wanderungen mit Glück sogar Enzian und andere seltene Pflanzen entdecken kann. Hier finden sich noch viele vom Tourismus vollkommen unberührt gebliebene Täler und Gipfel, in in denen sich Murmeltiere, Gemsen, Mufflons und sogar Steinböcke tummeln. Selbst Wölfe sind von Italien eingewandert. Mitten im Park befindet sich auch das durch seine Felszeichnungen berühmt gewordene Vallée des Merveilles.

Es bestehen zahlreiche Möglichkeiten, diese abseits der Haupttourismusströme liegende Landschaft zu erkunden, eine Wanderung durch den Mercantour-Nationalpark gehört sicherlich

zu den beeindruckendsten Touren. Neben der Naturszenerie der Bergwelt gibt es Dutzende von idyllischen, weltentrückten Bergdörfern zu entdecken.

Was anschauen?

Musée des Merveilles: Das Museum informiert über die rätselhaften Felszeichnungen der ligurischen „Urbevölkerung“. → **S. 211**

Notre-Dame des Fontaines: Der Freskenzyklus in der Wallfahrtskapelle ist die mit Abstand kunstgeschichtlich bedeutendste Sehenswürdigkeit in den Seealpen. → **S. 213**

Felszeichnung im Vallée des Merveilles: Faszinierende vorgeschichtliche Kunstzeugnisse. → **S. 211**

Notre-Dame de la Menour: Moosbewachsene Treppen führen zu der auf einem kleinen Bergkegel thronenden Kapelle. → **S. 219**

Massif de l'Authion: Eine rund 2000 m hoch gelegene Straße führt auf einem Rundkurs zu den Denkmälern früherer Stellungskriege. → **S. 219**

Zitadelle von Entrevaux: Die weitgehend originalgetreu erhaltene Zitadelle ist eines der bekannten Werke des Festungsbaumeisters Vauban. → **S. 231**

Was unternehmen?

Wanderung von La Brigue nach Notre-Dame des Fontaines: Leichte Rundwanderung in Flussnähe zur Kapelle. → **S. 301**

Besteigung des Mont Saccarel: Anstrengende, aussichtsreiche Tagestour vom Roya-Tal auf den Gipfel. → **S. 303**

Wanderung durch das Vallée des Merveilles und Vallée de Fontanalba: Tagestour zu den Felszeichnungen rund um den Mont Bégo. → **S. 305**

Wanderung von Cros d'Utelle zur Wallfahrtskirche Madone d'Utelle: Aussichtsreiche Tagestour mit spektakulärem Rückweg. → **S. 308**

Wanderung von der Pont du Countet zum Refuge de Nice: Reizvolle Halbtageswanderung in der Kernzone des Parc National du Mercantour. → **S. 311**

Wanderung zum Lac de Trécolpas: Herrliche Halbtageswanderung in der Kernzone des Parc National du Mercantour. → **S. 313**

Wanderung auf dem Circuit de la Lauvette: Rundwanderung um die Crête de la Chabasse mit herrlichen Ausblicken auf das Tal des Var. → **S. 315**

Was sonst noch?

Mit der Tendabahn fahren: Von Breil-sur-Roya bis Tende lässt sich das gesamte Roya-Tal mit der Eisenbahn erschließen. → **S. 207**

Le Parc Alpha: In einem umzäunten Areal lebt ein Wolfsrudel, dessen Treiben man von besonderen Beobachtungspunkten aus verfolgen kann. → **S. 227**

Gorges Supérieures du Cians: Eine Fahrt durch die spektakuläre Schlucht mit mehreren Tunnelpassagen und an steilen Felsüberhängen vorbei. → **S. 232**

Vallée de la Roya

Durch das Tal der Roya verlief einst eine bedeutende Salzstraße. Das „weiße Gold“ wurde an der Küste zwischen Hyères und Toulon gewonnen und auf Saumpfaden über den Col de Tende bis ins italienische Piemont transportiert.

Die Piemonteser benötigten große Mengen Salz, da dieses im Mittelalter nicht nur ein begehrtes Gewürz war, sondern vor allem das wichtigste Konservierungsmittel, um Fleisch und Fisch haltbar zu machen. So verwundert es nicht, dass die Städte Breil-sur-Roya, Saorge und Tende durch diesen lukrativen Salzhandel zu Reichtum und Wohlstand kamen. Da sich die Region sehr bemüht, ihre traditionellen Wurzeln zu erhalten, wurde dem Roya-Tal die Auszeichnung „Pays d'art et d'Histoire“ verliehen.

Von Breil-sur-Roya bis Tende lässt sich das gesamte Roya-Tal mit einer höchst originellen *Eisenbahn* erschließen. Die von Nizza über Sospel in das italienische Cuneo führende Tendabahn hält in Breil-sur-Roya, Fontan,

Saint-Dalmas-de-Tende sowie in Tende, eine Nebenlinie führt von Breil-sur-Roya nach Ventimiglia. Mit dem Bau der über zahllose Viadukte und durch aufwendige Tunnel führenden Bahnverbindung wurde 1883 in Cuneo begonnen; die ersten Züge fuhren allerdings erst 1928. Nach dem Zweiten Weltkrieg war die Bahnlinie so stark zerstört, dass sich die Wiederinbetriebnahme (1979) über Jahrzehnte hinzog. Ihren höchsten Punkt (1040 m) erreicht die *Tendabahn* unterhalb des Col de Tende, den sie in einem 8099 m langen Tunnel durchfährt.

Besonders schwer wurde das Roya-Tal durch das Alpenhochwasser im Oktober 2020 getroffen. Straßen, Häuser und Brücken wurden zerstört. Bis heute sind die Aufräumarbeiten zum Ärger der Bevölkerung nicht abegeschlossen, weshalb auch der Tourismus leidet.

- **Wanderkarte:** Vallée de la Roya, Vallée des Merveilles – Parc National du Mercantour, 3841OT, IGN, Maßstab 1:25.000.

Breil-sur-Roya

2200 Einw.

Das „Tor zum Roya-Tal" schmiegt sich in einer Biegung des Flusses an den Hang. Die pastellfarbenen Häuser und die durch einen Staudamm zu einem kleinen künstlichen See verbreiterte Roya sorgen für ein idyllisches Flair.

Obwohl Breil rund 25 km von der Küste entfernt ist, sind die mediterranen Elemente vorherrschend. So ist beispielsweise der Olivenanbau neben der Lederverarbeitung und dem Tourismus bis heute ein wichtiger Wirtschaftszweig geblieben. Breil besitzt eine sympathische Altstadt; die Straßenzüge folgen in ihrem Verlauf weitgehend den landschaftlichen Gegebenheiten, Reste der Stadtmauer sowie das Tor Saint-Antoine sind noch erhalten. Das Bild der Stadt erinnert an die italienische Vergangenheit – vor allem die von Arkaden gesäumte Place de Brancion. Lebhafter als dort geht es auf der zum Fluss hin geöffneten Place Biancheri zu. Der Ort wurde durch die Flut im Oktober 2020 stark in Mitleidenschaft gezogen. Der Campingplatz und das Hallenbad wurden zerstört, Hotels und Restaurants geschlossen.

Sehenswertes

Santa-Maria-in-Albis: Die von außen eher unscheinbar wirkende Kirche verblüfft durch ihre farbenfrohe Ausstattung. Der große saalartige Sakralbau

Wie das Roya-Tal französisch wurde

Das obere Roya-Tal gehört erst seit wenigen Jahrzehnten zu Frankreich. Zwar hatten sich die zur Grafschaft Nizza gehörenden Orte Tende und La Brigue in einer Volksabstimmung 1860 ebenfalls für einen Anschluss an Frankreich und somit gegen einen Verbleib beim Haus Savoyen ausgesprochen, doch konnte *Cavour,* der umtriebige Premierminister des späteren italienischen Königs *Viktor Emanuel II.,* das Gebiet unter dem Vorwand halten, es handle sich bei der wildreichen Gegend um ein exklusives Jagdgebiet seines Königs, das nicht zur Disposition stehen könne. Der französische Kaiser *Napoléon III.* akzeptierte dieses Anliegen, obwohl es Cavour natürlich in erster Linie um die Kontrolle der Bergpässe ging. Die Grenze zwischen Frankreich und Italien verlief fast ein knappes Jahrhundert mitten durch das fortan zur Abgeschiedenheit verurteilte Roya-Tal. Erst eine erneute Volksabstimmung brachte 1947 den Anschluss an Frankreich. Für die Entscheidung zugunsten Frankreichs waren neben dem Wunsch nach einer Abgrenzung vom faschistisch geprägten Italien, dessen kommunale Würdenträger auch nach Kriegsende im Amt geblieben waren, letztlich die engen Handelsbeziehungen zur französischen Küste sowie der höhere Lebensstandard in Frankreich ausschlaggebend. In den Einfärbungen des örtlichen Dialekts kann man die italienischen Wurzeln noch heute ausmachen.

wurde im 17. Jahrhundert in Form eines griechischen Kreuzes errichtet.

L'Ecomusée des Transports: Gleich beim Bahnhof gelegen, hat sich das Museum passenderweise dem Transportwesen verschrieben. In einer Halle werden mehrere historische Busse und Eisenbahnwagons präsentiert.

Di–So 13.30–17.30 Uhr. Facebook.

Praktische Infos

Information **Office de Tourisme,** Place Biancheri, 06540 Breil-sur-Roya, ✆ 0483939834, breil-sur-roya.fr.

Verbindungen Der **SNCF-Bahnhof** befindet sich 15 Fußminuten nördl. des Zentrums. Tägl. 6–8 Zugverbindungen nach Tende sowie über Sospel nach Nizza. Zwischen Tende und Menton verkehrt dreimal tägl. eine **Buslinie** (905), die Busse halten auch in Breil-sur-Roya.

Markt Dienstagvormittag.

Wandern/Canyoning Wandertouren (randonnées) zwischen einem und drei Tagen sowie Canyoning veranstalten **Roya-évasion,** 1, rue Pasteur, ✆ 0493049146 (royaevasion.com), sowie **A.E.T.Nature,** Quartier Le Foussa, ✆ 0493044764 (aetcanyoning.com). Preise: Wandertour: 35 € pro Tag; Canyoning: ab 50 € pro Tag inkl. Neoprenanzug.

Saorge

440 Einw.

Wenn man von Breil kommend entlang der Roya flussaufwärts fährt, bietet sich in den Gorges de Saorge zwischen zwei Tunneln kurzzeitig ein imposanter Anblick: Hoch über dem Tal kleben die Häuser von Saorge an einem steil abfallenden Felshang.

Die Franzosen sprechen bei einem solchen Ort von einem *Village empilé* – die mehrstöckigen Häuser sind förmlich übereinandergestapelt. Dank seiner spektakulären Lage ist Saorge zweifelsohne der schönste Ort im Roya-Tal. Die eng aneinander lehnenden Häuser lassen nur schmale Durchgänge frei, die mit Treppen verbunden sind. Aus Platzgründen wurden die Häuser mehrfach aufgestockt, sodass die Eingänge oft auf verschiedenen Ebenen liegen. Inmitten des Dorfes, auf dem Weg zum Kloster, steht ein altes Waschhaus.

Jahrhundertelang beherrschte der gut befestigte Ort das Roya-Tal, erst 1793 wurde Saorge von französischen Truppen erobert. Als die von Nizza nach Turin führende Straße im 19. Jahrhundert auf dem Grund des Tales eine neue Trasse erhielt, verlor das Dorf seine einstige Bedeutung. In den 1960er-Jahren erreichte die Landflucht ihren Höhepunkt, seither wurden zahlreiche Häuser in Saorge als Zweitwohnsitze wiederhergerichtet. Im Zuge dieser Veränderungen haben sich auch mehrere alternative Aussteiger in und um Saorge angesiedelt. Der französische Skandal-Autor Michel Houellebecq lässt ein Kapitel seines Romans „Elementarteilchen" in Saorge spielen, wohin sich die Hippie-Mutter des Protagonisten Bruno zum Sterben zurückgezogen hat.

Anfahrt: Um nach Saorge zu gelangen, muss man eine kleine, bei **Fontan** abzweigende Stichstraße einschlagen, die durch einen Tunnel führt. Die Autos müssen an dem lang gestreckten Parkplatz vor dem Ortsausgang abgestellt werden, da die Gassen von Saorge für moderne Verkehrsmittel denkbar ungeeignet sind (oberhalb gibt es noch einen Ausweichparkplatz). Südlich des Ortes gibt es eine weitere Zufahrt zum östlichen Ortseingang (Richtung Kloster), aber hier gibt es noch weniger Parkmöglichkeiten.

Sehenswertes

Bain du Sémite: Traumhaft und unbedingt empfehlenswert ist das Schwimmen im Bain du Sémite im Fluss

Alpes-Maritimes → Karte S. 206/207

Bendola. Dieses Felsbecken befindet sich kurz vor Saorge (von Breil-sur-Roya kommend) direkt an der Straße, an jener Stelle, wo der Fluss Bendola in die Roya mündet. Hier können Kinder bei kleinen Wasserfällen spielen, Erwachsene durch die Schlucht schwimmen oder von den Felsen ins glasklare Wasser springen – allerdings nur dort, wo es die Einheimischen machen!

■ saorge.fr/les-monuments/bain-du-semite.

Monastère de Saorge: Das Franziskanerkloster am Ortsende stammt – wie man an der barocken Fassade unschwer erkennen kann – weitgehend aus dem 17. Jahrhundert. Ansprechend ist der schmucke Kreuzgang mit seinen Fresken.

■ Juni bis Sept. tägl. 10–18 Uhr, sonst tägl. außer Mo 10–13 und 14–17 Uhr. Nov. und Dez. geschl. Eintritt 7 €, erm. 5,50 €. Für EU-Bürger unter 26 ist der Eintritt frei! monastere-saorge.fr.

Madonna del Poggio: Bei der ein Stück außerhalb gelegenen, ehemaligen Pfarrkirche handelt es sich um die Keimzelle von Saorge. Erst im 15. Jahrhundert wurde das Dorf an seiner heutigen Stelle errichtet. Die frühromanische Kirche – einer der ältesten Sakralbauten der Region – ist mehr als 900 Jahre alt. Als optischer Blickfang dient der im lombardischen Stil errichtete schlanke, sechsstöckige Glockenturm. Das Nordportal wird zusätzlich von einem verwitterten Wandgemälde verziert. Leider befindet sich die Kirche in Privatbesitz und ist daher nur mit viel Glück zu besichtigen.

Dicht gedrängte Häuser in Saorge

Praktische Infos

Information **Mairie,** 06540 Saorge, ✆ 0493045123, saorge.fr.

Verbindungen Unter der Woche tägl. drei Busverbindungen von Saorge nach Fontan; von dort gelangt man mit dem Zug nach Tende oder Nizza.

Markt Samstagvormittag.

Einkaufen **La Petite Épicerie,** traumhafter Tante-Emma-Laden mit angrenzendem Bistro samt Straßenterrasse, in dem wechselnde Tagesgerichte angeboten werden (17–22 €). April bis Nov. tägl. 11–14 Uhr, Fr und Sa auch 18–21 Uhr. 68, rue Révelli, ✆ 0493821083, petite-epicerie-saorge.fr.

Übernachten/Essen **Gîte Bergiron,** zehn Minuten Fußmarsch vom Kloster entfernt, trifft man auf diese schlichte, aber angenehme Unterkunft. Es gibt 5 Betten im Schlafsaal, ein Doppel- und ein Einzelzimmer. ✆ 0493045549, bergiron.fr. **€**

Ca'Da Barrera, im Roya-Tal gibt es nicht viele Chambres d'hôtes. Diese nette, mitten im Dorf gelegene Unterkunft mit ansprechenden Zimmern entdeckten zwei Leserinnen unabhängig voneinander. Für 25 € gibt es nach Voranmeldung ein Abendessen (Tables d'hôtes). 1, rue Doumergue, ✆ 0616440826, chambresdhotes-saorge.fr. ■ **Lesertipp €€**

Osteria Lou Pountin, mitten im Ort wird eine passable italienische Küche serviert (abends Pizza ab 9 €), als Spezialität des Hauses gilt die *Lasagne au pistou* (10 €). Menü zu 18,50 €, ein Glas Wein kostet 2,50 €. Im Sommer sitzt man auf der Straßenterrasse. Mitten im Dorf. Mo–Mi Ruhetag, Sept. Betriebsferien. Rue Revelli, ✆ 0493045490, Facebook.

Tende

2050 Einw.

Für diejenigen, die über die Po-Ebene und Cuneo anreisen, ist der Col de Tende das Eingangstor zu Frankreich. Das malerisch gelegene Bergdorf weist in seiner Architektur noch deutlich italienische Einflüsse auf; erst seit 1947 gehört Tende zu Frankreich, zuvor hieß der Ort Tenda.

Da heute ein Tunnel den Weg über den **Col de Tende** überflüssig macht, lässt es sich nur noch schwer nachvollziehen, wie beschwerlich einst die Überquerung des Alpenpasses gewesen sein muss. Der schottische Arzt und Schriftsteller Tobias Smollett war 1765 „sprachlos angesichts dieses berühmten und gefährlichen Berges". Die eng aneinander gebauten Häuser von Tende ziehen sich einen steilen Hang bis zum alten, terrassierten Friedhof empor. Neben dem Gottesacker erhebt sich noch ein letzter Mauerrest einer 1692 zerstörten Burganlage *(Château de Lascaris)*. Die Kirche *Notre-Dame de l'Assomption*, in der sich auch das Grab eines Herzogs von Savoyen befindet, besitzt ein reich verziertes Renaissanceportal aus graugrünem Schiefer. Dieser Schiefer, der auch sonst als Baumaterial bevorzugt wurde, erzeugt in dem vom Durchgangsverkehr unberührten historischen Ortskern (ursprünglich führte der Handelsverkehr durch die Rue de France) eine etwas düstere Atmosphäre. Tende bietet sich als Ausgangspunkt für Exkursionen in die nahe gelegene Vallée des Merveilles an. Zahlreiche der dort gefundenen Felszeichnungen können in einem ansprechenden Museum bewundert werden.

Sehenswertes

Musée des Merveilles: Das 1996 eröffnete Museum – ein moderner Bau mit 2000 m² Ausstellungsfläche – beschäftigt sich in ansprechender Weise mit den rätselhaften Felszeichnungen der ligurischen „Urbevölkerung", die das Vallée des Merveilles und das Vallée de Fontanalba berühmt gemacht haben. Mithilfe archäologischer Funde (Werkzeuge, Gefäße etc.), Dioramen und graphischer Darstellungen werden die Lebensbedingungen im Zeitraum von 8000 bis 850 v. u. Z. anschaulich dargestellt. Von den Felsen mit den bedeutendsten Felszeichnungen wurden originalgetreue Abgüsse gemacht und hier ausgestellt. Zudem wurde die mehrfach beschädigte Stele des „Stammeshäuptlings" abgetragen und ins Museum gebracht, um sie vor weiteren Zerstörungen zu schützen. Zudem bietet die Dauerausstellung Einblicke in die Naturgeschichte sowie in die regionale Volkskunst und Tradition.

■ Avenue du 16 septembre 1947. Im Sommer tägl. außer Di 10–18 Uhr, im Winter tägl. außer Di 10–17 Uhr geöffnet. Mitte März und Mitte Nov. ist das Museum für jeweils zwei Wochen geschlossen. Eintritt frei! museedesmerveilles.departement06.fr.

Wandern nach La Brigue

Ein Lesertipp: „Der Weg beginnt am Campingplatz von Tende und führt anfangs steiler, später aber langsam ansteigend zum Col de Boselia mit schönen Ausblicken auf das Tal und auf Tende. Nach ca. 90 Minuten erreicht man nach einem steilen Abstieg mit viel Geröll La Brigue. Vom Brunnen gegenüber der Eglise Saint-Martin zweigt der Weg nach Saint-Dalmas-de-Tende ab; der Abstieg ist nahe der Eisenbahnbrücke am Bahnhof, der Aufstieg zurück nach Tende beginnt am Ortsausgang von Saint-Dalmas-de-Tende

Alpes-Maritimes → Karte S. 206/207

links, kurz nach der Straßenabzweigung nach La Brigue. Die Wege sind markiert und teilweise beschildert. Man kann die Tour auch abkürzen und von Saint-Dalmas-de-Tende mit dem Zug zurückfahren. Wanderkarte: Top 25, Nr. 3841 OT Vallée de la Roya, im Buchladen von Tende zu kaufen. Gesamtwanderzeit: 4:30 Stunden."

▪ **Buchtipp:** Ein interessanter Wanderführer zur Region stammt von Sabine Bade und Wolfram Mikuteit: Grande Randonnée 52A. Le Sentier.

Praktische Infos

Information **Office du Tourisme et Maison du Parc du Mercantour,** 103, avenue du 16 septembre 1947, 06430 Tende, ☎ 0493047371, menton-riviera-merveilles.fr bzw. mercantour.eu.

Musée des Merveilles: modernes Tor zur Frühgeschichte

Verbindungen Tägl. fünf Zugverbindungen nach Nizza. Zusätzlich fahren von Anfang Juli bis Ende Aug. tägl. vier Busse (Linie 23) über Saint-Dalmas-de-Tende nach Castérino, einem geeigneten Ausgangspunkt für Wanderungen in den Mercantour-Nationalpark. Fahrtzeit: 50 Min. Abfahrt: 8, 11.05, 13.20 und 16.10 Uhr. Außerdem verkehrt dreimal tägl. die Buslinie 905 zwischen Tende und Menton. Fahrzeit: rund 2:45 Stunden.

Markt Mittwoch- und Samstagvormittag.

Fahrradverleih Mountainbikes, E-Bikes und Tipps zu Touren gibt es beim Magasin de Sports Stella Alpina, 3, rue Vasallo, ☎ 063 8344150.

Bioladen **Fiori delle Alpi,** netter Bioladen im Tante-Emma-Stil. 10, rue Sébastien Grandis.

Wandern/Canyoning **Escapade,** Compagnie des Guides du Mercantour, Cagnourina, ☎ 0493033132, guidescapade.com. Wanderungen in die Vallée des Merveilles (2–5 Tage) durch den Mercantour-Nationalpark veranstaltet **Guides des Merveilles,** ☎ 0493139334, guidesdesmerveilles.com.

Übernachten/Essen *** Le Centre,** das einfache, direkt an der viel befahrenen Durchgangsstraße gelegene Traditionshotel in einem Gebäude aus dem 17. Jh. ist wohl die beste Adresse in Tende. Es gibt 17 einfache Zimmer zur Straße und andere zum Hof (ruhiger). Viele Stammgäste. 12, place de la République, ☎ 0493046219, hotel-du-centre-tende.fr. **€**

Les Carlines, schlichte Unterkunft *(Gîte d'étape)* mit schönem Panoramablick unweit der Kirche. Sehr nette, hilfsbereite Leitung. Achtung: Die Zufahrt mit dem Auto erfolgt über sehr enge Gassen und erfordert bei Gegenverkehr fahrerisches Geschick. Geöffnet von Mitte April bis Mitte Sept. Chemin Sainte-Catherine, ☎ 0493046274, gite-tende-mercantour.com. **€**

La Margueria, ein bei Einheimischen und lokalen Honoratioren beliebtes Lokal mit wechselnder Karte und ausgezeichneter Holzofenpizza (11–16 €, auch zum Mitnehmen). Lecker sind auch die Ravioli mit Steinpilzen. Straßenterrasse. Di Ruhetag, im Juli, Aug. und Sept. kein Ruhetag. 19, avenue du 16 septembre 1947, ☎ 0493046053.

Camping *** Municipal St. Jacques,** unspektakulärer Platz, wenige hundert Meter vom Zentrum entfernt. Auch Zimmervermietung (DZ 40 €, sehr einfach). Von Mai bis Ende Sept. geöffnet. Route de la Pia, ☎ 0493047608.

Umgebung von Tende

Saint-Dalmas-de-Tende (1800 Einw.): Das auffallendste Bauwerk ist der in dem kleinen Ort deplaziert wirkende, überdimensional große, verfallene Mussolini-Bahnhof. Die Größe erklärt sich aus der Tatsache, dass es sich um einen ehemaligen Grenzbahnhof zwischen Italien und Frankreich handelt. Vom Bahnhof aus schlängelt sich eine kleine Straße (D 91) bis zum 1390 m hoch gelegenen **Lac des Mèsches** hinauf (wer will, kann auch hinaufwandern). Der Stausee eignet sich gut als Ausgangspunkt für Erkundungen des Mercantour-Nationalparks und der Felszeichnungen in der Vallée des Merveilles.

Übernachten/Essen **** Le Prieuré**, stilvolle Unterkunft mit klösterlichem Ambiente. Das Hotel wird von einer gemeinnützigen Organisation betrieben, die hier mehrere Arbeitsplätze für Minderqualifizierte geschaffen hat. Nov. bis April geschlossen. Im geschmackvoll eingerichteten Restaurant mit netter Terrasse werden Menüs ab 17 € (mittags) oder 23 € serviert. Die angebotenen Nudelgerichte lassen die Nähe zu Italien erkennen. Die teureren Zimmer besitzen ein Bad und einen schöneren Blick. Rue Jean Médicien, ✆ 0493047570, le prieure.org. **€€**

Granile: Auf dem Weg zum Mercantour-Nationalpark zweigt ein Stück hinter Saint-Dalmas eine kleine Straße ab, die sich in Serpentinen zum 5 km Granile emporwindet, wo nur noch ein Dutzend Menschen leben. Die Straße endet bei den ersten Häusern des Dorfes relativ unverhofft, man könnte glauben, hier am Ende der Welt zu sein. Da sich Fremde nur sehr selten hier hoch verirren, müssen Besucher damit rechnen, etwas verwundert zur Kenntnis genommen zu werden. In Granile gibt es weder Sehenswürdigkeiten noch ein Hotel – dafür begeistern die bauliche Einheit der Architektur mit ihren Holzbalkonen sowie die fantastische Aussicht auf das Tal der Roya.

La Brigue

700 Einw.

Das an der Levense gelegene Städtchen weist noch deutlich mittelalterliche Züge auf. Pittoreske, vor sich hin bröckelnde Häuser, schmale Gassen, eine romanische Brücke sowie eine Burgruine wissen romantische Gemüter zu erfreuen.

Seit jeher spielten die Viehzucht und der Wollhandel in dem kleinen Seitental der Roya eine große Rolle. Die üppig ausgestattete romanische Eglise Saint-Martin mit insgesamt zwölf Altären zeugt vom einstigen Wohlstand des Ortes. Auffälligste Merkmale des Sakralbaus sind neben den fast überladen wirkenden Altären ein romanischer Glockenturm sowie eine himmelblau erstrahlende Decke im Mittelschiff. Die lange Zugehörigkeit zu Italien spiegelt sich unter anderem in den von Arkaden geschmückten Häusern entlang des ausgetrockneten Flussbetts (Rio Secco) und im hiesigen Dialekt wider. Wie Tende gehört auch La Brigue erst seit 1947 zum französischen Staatsgebiet. Beachtung verdienen die zahlreichen dekorativen Türstürze aus schwarzgrünem Schiefer.

Notre-Dame des Fontaines: In einem kleinen abgelegenen Tal, 4 km hinter La Brigue, liegt die Wallfahrtskapelle Notre-Dame des Fontaines. Von außen würde wohl niemand in der schlichten einschiffigen Kirche – erstmals 1375 erwähnt – einen von seinen Ausmaßen wie auch von seiner Ausdruckskraft so überaus beeindruckenden Freskenzyklus vermuten. Das Kunstwerk ist die mit Abstand kunstgeschichtlich

Alpes-Maritimes → Karte S. 206/207

bedeutendste Sehenswürdigkeit der Region, wenn nicht sogar des gesamten Hinterlandes der Côte d'Azur. Der Zyklus ist ein Werk des aus Piemont stammenden Künstler-Priesters *Giovanni Canavesio*, der als Wandermaler in der Grafschaft Nizza hohes Ansehen genoss. Wahrscheinlich arbeitete Canavesio von 1480 bis 1492 – im Chor eventuell von seinem Kollegen *Jean Baleison* unterstützt – an den „Fresken" der Wallfahrtskapelle Notre-Dame des Fontaines. Genau genommen handelt es sich hierbei allerdings nicht um Fresken, sondern um Temperamalereien auf getrocknetem Putz. Die Temperatechnik hat den Vorteil, dass die Farben lebendiger wirken, allerdings blättert die Farbe leichter vom Untergrund ab als bei einem auf noch feuchtem Untergrund ausgeführten Fresko. Das fast fensterlose, saalartig wirkende Kirchenschiff bot ideale Voraussetzungen für ein solches Projekt. Die Szenen entstammen drei verschiedenen Themenkreisen: Während im Chor und an der östlichen Stirnwand das Leben Marias erzählt wird, sind die Seitenwände mit der Passionsgeschichte (26 Einzelszenen in zwei Reihen) bemalt; die gesamte Westwand wird vom Jüngsten Gericht eingenommen, die Auferstehung der Toten sowie Himmel und Hölle inklusive. Beeindruckend ist die realistisch wirkende Illustration mit einigen skurrilen Details: So hängt Judas, von einem dämonischen Affen aufgeschlitzt, mit blutigen Eingeweiden an einem Olivenbaum.

La Brigue: verträumte Provinz

Unterhalb der im Quellgebiet der Levense gelegenen Wallfahrtskapelle kann man die Füße nach der Besichtigung in einem ebenso kalten wie klaren Wildbach kühlen.

■ Von Mitte April bis Mitte Okt. tägl. außer Di 10–12.30 und 14–17.30 Uhr. Eintritt 4 €, erm. 3 €. Vom 8.7. bis 3.9. Busverbindungen von Tende um 11.24 und 14.20 Uhr (15 Min. Fahrt).

Information **Office de Tourisme,** Place Saint-Martin, 06430 La Brigue, ✆ 0493790934, labrigue.fr.

La Maison du Patrimoine Alltagskultur und ein wenig moderne Kunst. 26, avenue du Général de Gaulle. Öffnungszeiten: Juni bis Sept. tägl. außer Di 10–12.30 Uhr und 14.30–18 Uhr. Eintritt 3 €, erm. 2 €. patrimoine-labrigue.no-ip.fr.

Markt Sonntagvormittag auf der Place de Nice.

Übernachten/Essen **** Le Mirval,** angenehmes Logis-Hotel an der Levense mit schönem Garten zum Entspannen, direkt am Ortseingang über eine schmucke Brücke zu erreichen. Das Hotel stammt aus dem Jahr 1893. Die Zimmer für 3 Pers. verfügen über einen kleinen Balkon. Mitte Nov. bis März geschlossen. 3, rue Saint-Vincent Ferrier, ✆ 0493047570 bzw. ✆ 0493047570, lemirval.com. **€**

*** Auberge Saint-Martin,** ältere Unterkunft mit Charme und günstigen Halbpensionspreisen. Es gibt hausgemachte Nudelgerichte, so Tagliolini mit Steinpilzen für 16,90 €. Straßenterrasse. Mitte Okt. bis Mitte März geschlossen. 2, place Saint-Martin, ✆ 0493539715, hotel-labrigue.com. €

*** Fleur des Alpes,** kleines, beschauliches Hotel mit empfehlenswertem Restaurant mit Terrasse hinter dem Haus (bodenständiges Menü zu 35 €, in der NS Mo, Di und Mi Ruhetag). Das Frühstück wird im Sommer auf der sonnigen Terrasse serviert. Es gibt sechs unlängst renovierte Zimmer, besonders schön Nr. 7 mit einem kleinen Balkon. Mitte Okt. bis Mitte März geschlossen. Place Saint-Martin, ✆ 0493046105. €

Wanderung 8: Von La Brigue nach Notre-Dame des Fontaines → S. 301
Leichte Rundwanderung in Flussnähe zur Kapelle

Wanderung 9: Besteigung des Mont Saccarel → S. 303
Anstrengende, aber aussichtsreiche Tagestour vom Roya-Tal zum Gipfel

Mercantour-Nationalpark

Der Mercantour-Nationalpark erstreckt sich entlang der französisch-italienischen Grenze von den Seealpen bis hin zu den Alpes de Haute-Provence. Die unbesiedelte Kernzone des Nationalparks ist eine hochalpine Gebirgslandschaft mit tief eingeschnittenen Talkesseln, lieblichen Almen, zahllosen Gletscherseen und Moränen.

Innerhalb weniger Kilometer verändert sich die Landschaftsszenerie vollkommen: Während die südlichen Ausläufer noch vom mediterranen Klima geprägt sind, lassen sich die klimatischen Verhältnisse in den Kammlagen durchaus als arktisch charakterisieren. Der 1979 gegründete Nationalpark besitzt auf einer Gesamtfläche von 68.500 Hektar eine artenreiche Flora und Fauna. Nach der Schneeschmelze im Frühsommer blühen mehr als 2000 verschiedene Pflanzenarten (Enzian, Edelweiß, Steinbrech, Silberdistel etc.), 40 davon gelten als endemisch, das heißt, sie sind nirgendwo sonst auf der Welt zu finden. Auch die Tierwelt kann sich sehen lassen: Unter den Huftieren sind die rund 5000 Gämsen, 1000 Mufflons und 950 Steinböcke besonders hervorzuheben; rund drei Dutzend Paare der vom Aussterben bedrohten Steinadler sowie der seltene Bart- oder Lämmergeier ziehen über den kargen Gipfeln ihre Kreise. In den letzten Jahren sind zudem verstärkt freilebende Wölfe aus Italien eingewandert. Da sich die naturgeschützte Zone über die Grenze hinweg nach Italien *(Parco Naturale delle Alpi Marittime)* fortsetzt, sind hervorragende Bedingungen geschaffen worden, die für die Zukunft hoffen lassen; ein Problem stellt allerdings die Wilderei in den Randgebieten dar. Das kulturelle Herzstück des Mercantour-Nationalparks bilden zwei Täler nahe dem Mont Bégo: das Vallée des Merveilles und das Vallée de Fontanalba; beide sind für ihre bronzezeitlichen Felsenbilder berühmt.

Parc National du Mercantour, Centre d'Information, 23, rue d'Italie, 06000 Nice, ✆ 049167888, mercantour.eu.

Vallée des Merveilles und Vallée de Fontanalba

Eine Wandertour zu den **Felszeichnungen** im Vallée des Merveilles („Tal der Wunder") und im Vallée de Fontanalba gehört zu den Höhepunkten in den französischen Seealpen. Die Täler mit ihren „Graffiti" gelten zu Recht als eines der größten europäischen Freilichtmuseen für Frühgeschichte.

Den geographischen Mittelpunkt, um den die Felszeichnungen angeordnet sind, bildet der 2872 m hohe **Mont Bégo,** der sich durch sein dunkelgraues Gestein von den Nachbargipfeln abhebt. Die ihm zugeschriebenen magischen Kräfte müssen die Urbevölkerung gleichermaßen fasziniert und geängstigt haben, nicht grundlos trägt ein Seitental den Namen *Val d'Enfer* („Tal der Hölle"). Vor 4000 Jahren hat die „Urbevölkerung" in den Tälern rund um den als „Heiligen Berg" verehrten Riesen begonnen, Zeichnungen in den Fels zu ritzen. Die meisten der mehr als 35.000 Gravuren, die in einer Höhe von 2100 bis 2600 m angefertigt wurden, stammen aus den Jahren 1800 bis 1500 v. u. Z. (Beginn der Bronzezeit)

Als Erster hatte der piemontesische Historiker *Pietro Gioffredo* die Felszeichnungen im Jahre 1650 in einem Werk über die Geschichte der Seealpen erwähnt; eine systematische wissenschaftliche Erforschung begann aber erst 1879 durch die Arbeiten des englischen Naturforschers *Clarence Bicknell,* der anfangs glaubte, bei den rätselhaften Symbolen handle es sich um unbekannte Schriftzeichen. Schon bald setzte sich jedoch die Erkenntnis durch, dass die Bergbewohner realen Vorbildern nachempfundene Bilder in den Fels geritzt haben. Die Felszeichnungen wurden von der Forschung in vier, teilweise miteinander korrespondierende Kategorien eingeteilt: Waffen und Werkzeuge (7,2 %), geometrische Figuren (2,5 %), Menschendarstellungen (0,5 %) sowie Rinderhörner (79 %). Letztere, die weit mehr als die Hälfte aller Zeichnungen ausmachen, sind oft paarweise oder zu viert vor einem Pflug dargestellt. Die auffallendsten Figuren tragen verheißungsvolle Namen: „Der Stammeshäuptling", „der Zauberer", „der Priester". Trotz intensiver Bemühungen ist es bis heute nicht gelungen, eine schlüssige Interpretation für die wahrscheinlich religiös motivierten – auch dies ist umstritten – Felsgravuren zu finden. Es ist sogar unklar, ob die frühgeschichtlichen Künstler Mitägl.ieder einer Ackerbau- oder einer Jägergesellschaft waren. Zwar sind die Motive dem Lebenskreis eines Ackerbauern entlehnt, doch könnten sie auch aus rituellen Beweggründen von den mit ihnen verfeindeten Jägern angefertigt worden sein. Es ist beispielsweise schwer vorstellbar, dass die Mitägl.ieder eines Bauernstammes just in den Sommermonaten, wo jede Hand zur Feldarbeit gebraucht wurde, Zeit gefunden haben sollen, den schneefreien Berg zu erklimmen, um den Fels zu bearbeiten. Daher tendieren jüngere Forschungen dazu, sie als ein Werk transhumanter Hirten zu interpretieren.

Wie dem auch sei, es bleibt also nur noch Folgendes zu tun: abwarten, welche neuen Theorien die Forschung zutage fördert und in der Zwischenzeit hinaufwandern und sich die Zeichnungen ansehen. Zwischen Oktober und Mitte Juni sind die Felszeichnungen zumeist von einer Schneeschicht bedeckt, sodass genau genommen nur die Sommermonate Juli, August und September für Exkursionen geeignet sind. Als Ausgangspunkte für eine Wanderung – mindestens ein Tag ist zu veranschlagen – eignen sich der **Lac des Mèsches** (1390 m) sowie **Castérino** (1543 m); beide sind über Saint-Dalmas-de-Tende schnell zu erreichen (auch mit dem öffentlichen Bus). Da die offiziellen Bergführer naturgemäß am besten über die Lage der schönsten Felszeichnungen Bescheid wissen, ist es von Vorteil, sich einer geführten Wanderung anzuschließen. Vor den fatalen Folgen eines Wetterumschwungs sollte man sich auf jeden Fall in Acht nehmen. Als thematische Ergänzung zu einer Wanderung empfiehlt sich unbedingt der Besuch des Musée des Merveilles in Tende.

Um die wertvollen Zeichnungen vor Vandalismus besser schützen zu können, wurden die beiden Täler 1989 zu Naturdenkmälern erklärt. Dass die strengen Richtlinien einzuhalten sind, versteht sich von selbst: Es ist verboten, die Felszeichnungen zu berühren oder zu betreten sowie die ausgeschilderten Pfade ohne offiziellen Führer zu verlassen. Das Pflücken von Pflanzen, Feuer machen und das Mitführen von Hunden ist gleichfalls untersagt. Zuwiderhandlungen werden streng geahndet. Seltsamerweise widersprechen Jeep-Ausflüge, die durch Teile des Nationalparks angeboten werden, nach Meinung der Franzosen nicht dem Naturschutzgedanken.

Führungen/Wandern Von Juli bis Ende Aug. werden Tagestouren zu den **Felszeichnungen** angeboten, Teilnahmegebühr: 39 €, menton-riviera-merveilles.fr. **Mehrtägige Wanderexkursionen** organisieren: Guide des Merveilles (✆ 0493139334, guidesdes merveilles.com) und Guide des Vallées des Merveilles Mercantour (✆ 0607586182, guide-vallee-des-merveilles.com).

Kletterwald In Castérino gibt es einen schönen Kletterwald (Accro des Merveilles). Mai, Juni, Sept. und Okt. Mi, Sa und So 10–16.30, Juli und Aug. tägl. 10–17 Uhr. Kosten: 22 €, erm. 17 bzw. 12 €. accrodesmerveilles.com.

Übernachten/Essen ***** Chamois d'Or,** die komfortabelste Unterkunft in Castérino bietet 22 Zimmer, teilweise mit Balkon. Restaurant, Lounge und Spa vorhanden. Mitte Okt. bis April Betriebsferien. ✆ 0493046666, hotel chamoisdor.net. €€

„Graffiti" im Vallée des Merveilles

Auberge Sainte Marie-Madeleine, passable, ganzjährig geöffnete Unterkunft. Preise für DZ je nach Ausstattung, am günstigsten ist die Übernachtung im Schlafsaal *(dortoir)*. ✆ 049 3046593, casterino.com. €

Gîte Neige & Merveilles, das oberhalb des Lac des Mèsches gelegene Gîte wird von einer gemeinnützigen Organisation betrieben und ist eine gute Alternative. In der ehemaligen Bergarbeitersiedlung Minière de Vallauria, die in jahrzehntelanger Arbeit wieder aufgebaut wurde, ist Platz für bis zu 140 Pers. Selbstverständlich gibt es auch ein Restaurant. ✆ 0493046240, neige-merveilles.com. €

Berghütten Zusätzlich gibt es im Mercantour-Nationalpark noch vier Berghütten: **Refuge de Fontanalba** (2018 m, privat geführt), **Refuge des Merveilles** (2111 m, Ermäßigung für AV-Mitgl.ieder), **Refuge de Valmasque** (2221 m, Ermäßigung für AV-Mitglieder) und **Refuge de la Gordalasque** (1600 m, privat, refugegordolasque.com). Alle vier Refuges haben nur im Sommer von Juni bzw. Juli bis Okt. geöffnet. Da diese Unterkünfte im Sommer sehr begehrt sind, ist eine frühzeitige Reservierung (30 % Anzahlung!) dringend anzuraten. ✆ 0493048919 oder 04930464 64, refugedesmerveilles.ffcam.fr. €

Alpes-Maritimes → Karte S. 206/207

Wanderung 10: Durch das Vallée des Merveilles und Vallée de Fontanalba → S. 305

Tagestour zu den Felszeichnungen rund um den Mont Bégo

Sospel von seiner schönsten Seite

Sospel

3800 Einw.

Eine Stadt mit einer Bilderbuchsilhouette: Eine mittelalterliche, turmbewehrte Brücke überspannt einen Fluss, an dessen Ufer sich pastellfarbene Häuser aneinander reihen, im Hintergrund thronen die majestätischen Gipfel der Seealpen.

Sospel ist ein idealer Urlaubsstandort für all diejenigen, die ein gespaltenes Verhältnis zur lebhaften Küstenregion haben und daher einerseits das Hinterland vorziehen, jedoch nicht völlig vom heiteren Strandleben abgeschnitten sein wollen: Eine halbe Stunde benötigt man mit dem Auto für die 22 km von Sospel nach Menton, Nizza ist bequem mit dem Zug zu erreichen. Trotz ihrer 3800 Einwohner – in früheren Zeiten sollen es dreimal so viele gewesen sein – macht die Stadt einen recht verschlafenen Eindruck. An einem Kreuzungspunkt mittelalterlicher Handelsstraßen entstanden, kam Sospel durch seine mautpflichtige Brücke – der Turm diente einst als Zollhaus – zu einem gewissen Reichtum. Die pittoreske, aus dem 11. Jahrhundert stammende Brücke wurde allerdings im Oktober 1944 so stark beschädigt, dass der 1953 abgeschlossene Wiederaufbau einem Neubau gleichkam. Am rechten Ufer der Bévéra liegt der mittelalterliche Stadtkern mit der Cathédrale Saint-Michel, am linken der Faubourg Saint-Nicolas, dessen Zentrum die mit Flusskieseln gepflasterte und von Arkaden gesäumte Place Saint-Nicolas bildet. Das in der Mitte des 17. Jahrhunderts errichtete Gotteshaus ist eine etwas ungewöhnliche stilistische Verbindung von französischer Klassik und italienischem Barock, der romanische Glockenturm stammt noch von einem Vorgängerbau. Der schlechte Zustand der Kirche und die vielen leer stehenden Häuser in der Altstadt erinnern deutlich daran, dass Sospel schon bessere Tage gesehen hat.

Sospel ist ein geeigneter Ausgangspunkt für Wanderungen, das Verkehrsamt gibt hierzu eine kleine Broschüre heraus. Wer will, kann in ein paar Stunden ins italienische Olivetta wandern.

Information **Office de Tourisme,** 1, place Saint-Pierre, 06380 Sospel, ✆ 0483939570, menton-riviera-merveilles.de.

Verbindungen Tägl. fünf Zugverbindungen in Richtung Nizza sowie Tende (und weiter nach Italien). Der Bahnhof liegt südöstl. des Zentrums. Von der Place du Marché fahren tägl. mehrere Busse (Linie 15) nach Menton. zestbus.fr.

Fort Saint-Roche Teil der Maginot-Linie mit zugehörigem Musée de la Résistance. Riesige unterirdische Bunkeranlage, die von 1930 bis 1934 zum Schutz vor einer drohenden italienischen Invasion errichtet wurde. Juni bis Sept. Sa/So 14–18 Uhr, Juli und Aug. tägl. außer Mo 13.30–18 Uhr. Eintritt 5 €, erm. 3 €.

Markt Donnerstagvormittag auf der Place des Platanes.

Schwimmen Städtisches **Freibad** (beheizt) an der Straße zum Col de Castillon. Juni bis Sept. Mi, Sa und So 12–18 Uhr geöffnet.

Übernachten/Essen **Hostellerie du Pont Vieux,** direkt gegenüber der namensgebenden Brücke in einem alten Gemäuer. Sechs nette Zimmer ohne großen Komfort. Terrasse zum Fluss. 3, avenue Jean Médecin, ✆ 049387 9390. **€**

Le Picoun, eine ausgezeichnete Adresse für Pizzafreunde (9–14 €). Große schattige Terrasse zum Fluss. Mo und Di Ruhetag. 15, avenue Jean Médicin, ✆ 0493040006, picoun.fr.

Sousper, direkt nebenan, ebenfalls mit schöner Terrasse. Modernes Ambiente. Es gibt Burger oder einen *Salade de Gésiers* für 17 €. Mi, Do und Sonntagabend geschlossen. 17, avenue Jean Médecin, ✆ 0493547072.

Camping ***** Domaine Sainte-Madeleine,** der am besten ausgestattete Platz der Region. Schönes Wiesengelände in sanfter Hanglage mit Bäumen und beheiztem Swimmingpool (20 x 6 m). Caravan- und Bungalowvermietung. Liegt rund 4 km außerhalb von Sospel an der Straße zum Col de Turini. Es werden auch Chalets vermietet. Von Ostern bis Anfang Okt. geöffnet. Route de Moulinet, ✆ 049 3041048, camping-sainte-madeleine.com.

**** Le Mas Fleuri,** schöne, schattige Anlage in guter Lage, mit Restaurant und kleinem Swimmingpool. Ganzjährig geöffnet. Knapp 2 km vom Zentrum (Richtung Col de Turini) im Quartier la Vasta. Von April bis Sept. geöffnet. ✆ 049 3041494, camping-mas-fleuri.com.

Umgebung von Sospel

Die landschaftlich reizvolle D 2566 führt von Sospel durch das Bévéra-Tal zum 24 km entfernten **Col de Turini.** Auf halber Strecke taucht nach 10 km unerwartet die auf einem kleinen Bergkegel thronende Kapelle **Notre-Dame de la Menour** auf; die Kapelle mit ihrer gelben Renaissancefassade ist die wohl am schönsten gelegene Kirche der gesamten Region. Eine malerische Brücke führt über die Straße, auf moosbewachsenen Stufen geht es zur Kapelle empor. Die Szenerie erinnert ein wenig an die Chinesische Mauer. (Es existieren nur zwei Parkmöglichkeiten!) Ein paar Kilometer später gelangt man nach **Moulinet,** einem kleinen verschlafenen Bergdorf mit platanenbeschattetem Marktplatz, das sich für einen kurzen Zwischenstopp anbietet, anschließend sind dann noch knapp 800 Höhenmeter bis hinauf zum Col de Turini zu bewältigen. Der 1607 m hohe Pass ist als Etappenstation bei der *Rallye Monte-Carlo* bekannt geworden. Die engen vereisten Straßen dienen alljährlich im Januar als Schauplatz der berühmt-berüchtigten Rallye Monte-Carlo. Die Strecken rund um den Col de Turini sind dann von begeisterten Motorfreaks gesäumt und die aufgemotzten Golfs und Escorts donnern durch die ruhigen, in winterliche Pracht gehüllten Täler.

Direkt am Col de Turini zweigt nach Norden hin eine kleine, kurvenreiche Straße (D 68) zum **Massif de L'Authion** ab. Diese nur von Anfang Mai bis Ende

Alpes-Maritimes → Karte S. 206/207

November befahrbare Höhenstraße *(Circuit découverte de L'Authion)* führt dort knapp über der Baumgrenze durch eine karge und weltabgeschiedene Gegend. Dieser nur in einer Richtung zu befahrende Rundkurs eröffnet ein fantastisches Panorama, der Blick reicht weit über die Seealpen bis hin zum Mont Bégo. Ein Kriegerdenkmal und Ruinen eines ehemaligen Garnisonstützpunktes erinnern daran, dass die Kuhglocken hier oben nicht immer so friedlich geläutet haben. Bereits im österreichisch-sardischen Krieg 1793/94 bekämpften sich am Massif de L'Authion rund 30.000 Soldaten. Erst nachdem Napoléon den Gipfel umstellen ließ und dadurch den feindlichen Nachschub abschnitt, triumphierten die Republikaner. Kurz vor Ende des Zweiten Weltkrieges kam es auf dem Massif de L'Authion noch zu einem dreitägigen Gefecht zwischen Deutschen und Franzosen. In der Umgebung gibt es mehrere Wandermöglichkeiten, auch die Höhenstraße muss nicht zwangsläufig mit dem Auto erkundet werden.

Aufgang zur Kapelle Notre-Dame de la Menour

Vésubie-Tal

Bevor die Vésubie bei Plan-du-Var in den Var mündet, hat sich der Fluss ein tiefes Bett in den Fels gegraben. Aufgrund des starken Gefälles kommt es im Frühjahr zur Zeit der Schneeschmelze immer wieder zu verheerenden Hochwasserkatastrophen. Manche leidgeprüfte Gemeinde wie Roquebillière kann ein Lied davon singen.

Levens

5100 Einw.

Levens fügt sich nahtlos in die Reihe der alten, charmanten Dörfer ein, die zwischen Var und Roya die Bergkuppen des Hinterlandes krönen; in diesem Fall ist der Ort allerdings in eine Ober- und eine Unterstadt geteilt. Im 13. Jahrhundert beherrschten die Herren von Riquiers, später die Grafen von Grimaldi den Ort. Unterhalb von Levens mündet die Vésubie in den Var. Die Einwohnerzahl hat in den letzten Jahrzehnten wieder stark zugenommen, denn dank der guten Verkehrsverbindungen gehört Levens zum Einzugsbereich von Nizza, nur wohnt man hier ruhiger und günstiger. Positiv zu bewerten sind auch die Anstrengungen, den Olivenanbau mit der für die Region typischen Baumart *Caillettier* wiederzubeleben.

Information **Office de Tourisme,** 1, place Victor Masseglia, 06670 Levens, ✆ 0962668584.

Verbindungen Tägl. mehrere Busverbindungen nach Nizza.

Markt Sonntagvormittag.

Schwimmen Sehr schön gelegenes Schwimmbad, fast am höchsten Punkt von Levens. Nur im Juli und Aug. 10–19 Uhr geöffnet. Eintritt 3,50 €, erm. 2,50 €.

Übernachten/Essen **** Vigneraie,** an der Straße nach Sainte-Blaise (1,5 km südöstl.). Ländliche Herberge. Der Zimmerpreis schont die Reisekasse. Lohnend ist die Halbpension für 39 €. Mitte Okt. bis Mitte Feb. geschlossen. Route de Sainte-Blaise, ✆ 0493797046, lavigneraielevens.com. **€–€€**

Umgebung von Levens

Gorges de la Vésubie: Die in den Var mündende Vésubie hat sich zwischen Levens und **Saint-Jean-la-Rivière** tief in das Kalksteingebirge eingegraben; von ihrer eindrucksvollsten Seite zeigt sich die Schlucht auf den letzten 10 km. Die Straße am linken Ufer verläuft in mehreren hundert Metern Höhe entlang des Abgrundes, ein beliebter Zwischenstopp ist der **Saut des Français.** Es handelt sich dabei um einen 300 m tief in die Schlucht abfallenden Felsvorsprung, an dem der Überlieferung zufolge 1793 königstreue Einheimische mehrere republikanische Soldaten mit der Aufforderung „Saute pour la république" im wahrsten Sinne des Wortes über die Klinge springen ließen. Die Straße am rechten Ufer folgt nicht weniger spektakulär dem Lauf der Vésubie.

Gilette: Das kleine, beschauliche Dorf (1250 Einwohner) klammert sich oberhalb des Zusammenflusses von Var und Esteron an einen Felsvorsprung. Bei einem kurzen Bummel durch die Gassen erfreut man sich an schönen Türstürzen, Loggien, alten Häusern und verzierten Gewölben, zudem laden die Überreste der Festungsanlage Aiguille zu einer Besichtigung ein. Rund 4 km oberhalb von Gilette zweigt ein kleiner Weg ab, der beim **Pont de la Cerise** zu einer herrlichen Badestelle führt.

Alpes-Maritimes → Karte S. 206/207

Bonson: Wer mit dem Auto das Tal des Var hinauffährt, sieht den Ort – ein typisches *Village perché* – linker Hand majestätisch auf einer Bergkuppe thronen. Touristen verirren sich nur selten dorthin, daher gefällt das authentische Flair. Faszinierend ist der Panoramablick über das Tal und die umliegenden Berge.

Utelle

In mehreren engen Bergkehren führt die D 32 vom Tal der Vésubie zum 800 m hoch gelegenen Utelle. Das vom Olivenanbau lebende Dorf besitzt noch viel historische Bausubstanz. Die dem heiligen Véran geweihte Kirche präsentiert sich als Sammelsurium verschiedener Stilrichtungen: Durch eine gotische Vorhalle und eine reich verzierte Holztür betritt man das dreischiffige Kircheninnere, das neben romanischen Säulen und Kapitellen eine barocke Innenausstattung beherbergt.

Essen & Trinken **Bellevue,** das ansprechende Restaurant oberhalb des Ortes lockt mit einem Swimmingpool, den die Gäste benutzen können. Serviert wird ländliche Kost, beispielsweise ein Kaninchen in Champignonsoße. Von April bis Okt. geöffnet. Di und Mi Ruhetag. Es werden auch Appartements und Zimmer vermietet. Route de la Madone, ✆ 049303 1719, lebellevue-martinon.com. **€€**

L'Aubergerie Del Campo, wer vom Tal hinauf nach Utelle fährt, passiert bereits nach 2 km dieses Restaurant in einer Schäferei aus dem späten 18. Jahrhundert, die mit einer bodenständigen Küche und einer herrlichen Aussicht aufwarten kann. Menüs zu 29 und 44 €. Kein Ruhetag, abends nur nach Reservierung. ✆ 0622208695.

Umgebung von Utelle

Madone d'Utelle: Der schon 850 bezeugte Wallfahrtsort (Wallfahrten am Ostermontag, Pfingstmontag, 15.8. und 8.9.) ist weniger wegen seiner restaurierten Kirche, einem nicht weiter beachtenswerten Bau aus dem frühen

Bauen im Einklang mit der Natur

19. Jahrhundert, sondern wegen des fantastischen Rundblicks einen Ausflug wert. Die 6 km lange Stichstraße windet sich von Utelle auf eine Höhe von 1174 m hinauf. Die Aussicht reicht im Norden bis zu den Gipfeln der Seealpen, im Süden bis zum Cap d'Antibes.

Brec d'Utelle: Ein kleines Stück hinter Utelle zweigt von der Straße rechter Hand ein Wanderweg (GR 5) ab, der über das Castel Ginestet (1454 m) zum 1606 m hohen Brec d'Utelle führt. Hier kann man entweder den Panoramablick genießen und den gleichen Weg zurückwandern oder auf dem gut ausgeschilderten GR 5 durch die abgeschiedene Berglandschaft weiter bis zum **Mont Tournairet** (2085 m) laufen.

Wanderung 11: Von Cros d'Utelle zur Wallfahrtskirche Madone d'Utelle → S. 308
Aussichtsreiche Tagestour mit spektakulärem Rückweg

Lantosque, La Bollène Vésubie und Roquebillière

Alpes-Maritimes → Karte S. 206/207

Lantosque (1200 Einw.): Der Ort erstreckt sich auf einer Kammhöhe entlang des Vésubie-Tals, die Architektur erinnert an italienische Dörfer. Verwinkelte Gassen, gesäumt von leicht baufälligen Häusern, ziehen sich bis zur Kirche (Ende 17. Jahrhundert) hinauf.

Essen & Trinken **Bar des Tilleuls,** sympathische Café-Brasserie am Dorfeingang mit einladender Terrasse. Mittags wird ein warmes Tagesgericht serviert, ansonsten ist man auf Pizza spezialisiert. Unter den Gästen sind zahlreiche Einheimische. Von Juni bis Ok. tägl. außer Mi. Place des Tilleuls, ✆ 0493303574, tilleuls-vesubie.com.

Camping **** Des Merveilles,** 5 km südl. von Lantosque beim Weiler Le Suquet an der D 2565 mit schönem Bergpanorama. Nur 40 Stellplätze. Juli bis Sept. geöffnet. ✆ 0493031573.

La Bollène Vésubie: Vom *Cime des Vallières* überragt, liegt das kleine Dorf an einer serpentinenreichen Straße, die vom Vésubie-Tal durch den Forêt de Turini bis hinauf zum Col de Turini führt; nach knapp 2 km bietet sich der schönste Blick auf die um die barocke Kirche gruppierte Dächerlandschaft von La Bollène Vésubie. Im Dorf gibt es ein paar lauschige Ecken und Gassen sowie das wohl schönste Schwimmbad der gesamten Seealpen. Direkt vom Schwimmbecken aus kann man einen herrlichen Panoramablick über die Berggipfel genießen!

Information **Office de Tourisme,** Place Général de Gaulle, ✆ 0493036054, explore nicecotedazur.com.

Schwimmen Das unbeheizte städtische Freibad (25-m-Becken) ist Juli und Aug. tägl. 10.30–18 Uhr geöffnet. Eintritt 4 €.

Roquebillière: Die Gemeinde besteht aus einem alten *(Roquebillière Vieux)* und einem neueren Ortsteil. Mehrfach wurde Roquebillière Vieux in seiner Geschichte durch Erdrutsch und Hochwasser zerstört. Als 1926 bei einer erneuten Katastrophe 17 Menschen umkamen, entschloss man sich, den Ort aus Sicherheitsgründen auf das rechte Ufer der Vésubie zu verlegen; dort stand bereits die Kirche Saint-Michelde-Gast, ein weitgehend gotischer Bau mit romanischem Glockenturm. Der planmäßige Aufbau der ein Stück hinter der Kirche errichteten Neustadt spiegelt sich in den breiten Straßen und den weiträumigen Plätzen wider, auffällig ist auch das stattliche Rathaus.

Information **Office de Tourisme,** 26, avenue Corniglion Molinier, 06450 Roquebillière, ✆ 0493035160, vesubian.com.

Übernachten/Essen **** Le Saint Sebastien,** die schmucke Villa (Logis) an der Landstraße verspricht von außen mehr als die meist großzügigen, aber recht langweiligen Zimmer (einige mit Balkon) einlösen. Unter den Gästen finden sich viele Wanderfreaks. Schön sind die Frühstücksterrasse und der auf stattliche 29 Grad hochgeheizte Swimmingpool. Zudem gibt es einen Bouleplatz. Im Restaurant gibt es Menüs ab 19 € (Di bleibt die Küche kalt). Avenue de Verdun, ✆ 0493030901, hotel-saintsebastien06.com. €

Camping ***** Les Templiers,** einfacher, ruhiger Platz im Vésubie-Tal. Ende April bis Sept. geöffnet. Quartier de la Bourgade, ✆ 0493034028, campinglestempliers.fr.

Wandern Roquebillière eignet sich als Ausgangspunkt, um das **Vallée des Merveilles** von Westen her zu erkunden. Hierzu fährt man auf der D 171 an Obstgärten und Kastanienbäumen vorbei bis zu einem sicherlich zu Recht **Belvédère** genannten Bergdorf – die Kirche besitzt schöne Stuckornamente. Weiter geht es das **Gordolasque-Tal** bis zum 1538 m hoch gelegenen **Saint Grat** hinauf. Bei der Anreise durchquert man eine fantastische Gebirgslandschaft mit Wasserfällen (Cascade du Ray, nach 8 km) und parkt schließlich an der Pont du Countet. Die anstrengende Tageswanderung führt über den Pas de l'Arpette ins Tal der Wunder.

Berthemont les Bains: Das einzige Thermalbad in den Seealpen besitzt einen wunderbaren Panoramablick auf die Berge. Neben Schwimmbecken gibt es ein Dampfbad, eine Sauna sowie eine Panoramaterrasse mit Jacuzzi und Außensolarium.

Thermalbad Von April bis Okt. tägl. 13.30–18.30 Uhr. Eintritt 23 €, Sa/So 27 €. ✆ 0479353850, valvital.fr.

Wanderung 12:
Von der Pont du Countet zum Refuge de Nice → S. 311
Reizvolle Halbtageswanderung in der Kernzone des Parc National du Mercantour

Saint-Martin-Vésubie

1400 Einw.

Zu Füßen des mächtigen Mercantour-Massivs liegt Saint-Martin-Vésubie im Zentrum einer auch als *Suisse niçoise* bezeichneten Region. Dank seiner vom Klima begünstigten Lage wird Saint-Martin-Vésubie sowohl im Winter als auch im Sommer von Feriengästen stark frequentiert. Der Gebirgsort wird von zwei Flüssen – Boréon und Madone – eingerahmt, die sich hier zur Vésubie vereinen. Das Stadtbild von Saint-Martin-Vésubie vereint verschiedene architektonische Stilrichtungen: Manche Häuser erinnern mit ihren weit überstehenden Dächern an Schweizer Chalets, bei anderen wird der italienische Einfluss deutlich. Letzteres verwundert nicht, führte doch bis 1947 die französisch-italienische Grenze dicht an Saint-Martin-Vésubie vorbei. Aus diesem Grund versuchten auch rund tausend Juden im September 1943 vor der SS auf alten Saumpfaden ins italienische Piemont zu fliehen. Ein Gedenkstein an der Route de la Vésubie erinnert daran, dass knapp 350 der geflüchteten Juden aufgegriffen und ins Vernichtungslager Auschwitz-Birkenau deportiert wurden.

Die Rue du Docteur-Cagnoli, die den Ort als Haupteinkaufsstraße durchquert, wird von sehenswerten Häusern älteren Datums gesäumt, in ihrer Mitte rauscht das in einer Rinne geführte Wasser aus den nahen Bergen hinab. Die Place de la Fraire hinter dem Chor der Dorfkirche bietet einen schönen Ausblick auf das Tal. Im Oktober 2020 kam es zu einem gewaltigen Alpenhochwasser, dessen Zerstörungen noch immer sichtbar sind. Eine Brücke sowie mehrere Häuser wurden zerstört. Mit dem neuen Vésubia Mountain Park wurde 2021 am Ortsrand ein spektakuläres modernes Sport- und Freizeitzentrum eröffnet, das sogar die Möglichkeit zum Indoor-Canyoning bietet.

Information **Office de Tourisme,** place du Général-de-Gaulle, 06450 Saint-Martin-Vésubie, B.P. 12, ✆0493032128. Hier gibt es auch zahlreiche Wandervorschläge. Tägl. außer Sonntagnachmittag 9–12 und 14–18 Uhr. saintmartinvesubie.fr.

Verbindungen Busverbindungen nach Nizza (Bus 90) tägl. 4 Verbindungen, Fahrzeit: etwa 2 Std.

Le Vésubia Mountain Park Modernes Sportzentrum mit Hallenbad (25-m-Bahn), Sauna, Fitnessstudio sowie riesiger Indoor-Kletterwand und -Canyoning. 6, place de La Gare. vesubia-mountain-park.fr.

Wandern/Canyoning **Bureau des Guides de la Haute Vésubie,** Association des Guides et Accompagnateurs des Alpes Méridionales, Rue Cagnoli, ✆0493032660; **Escapade,** Compagnie des Guides de Mercantour, Place du Marché, ✆0493033132, guidescapade.com.

Übernachten/Essen ***** Bonne Auberge,** Logis-Hotel in einem massiven Bruchsteinhaus. Im Dez. und Jan. geschlossen. Zwölf freundliche Zimmer, manche – wie Nr. 3 – mit gemauertem Kamin. Gutes Frühstück. Allée de Verdun, ✆0493032049, labonneauberge06.fr. **€€**

**** Relais Saint Louis,** gleich neben der Bonne Auberge im Chaletstil. Die Zimmer haben einen Balkon bzw. eine Terrasse mit Blick auf einen kleinen Garten und sind sehr ruhig. Im Dez. und Jan. geschlossen. Allée de Verdun, ✆0493032717. Über Booking reservieren. **€**

Farbenfroh: Saint-Martin-Vésubie

Mein Tipp ****** Pure Montagne Resort,** eine herrliche, erst im Sommer 2021 eröffnete Residenz mit 45 gut ausgestatteten Appartements (2 bis 8 Pers.) samt Sauna und Spa oberhalb des Ortes. Sehr modern und chic mit viel Holz und noblen Materialien, sonnige Terrassen, die Zimmer teilweise mit offenem Kamin. Herrliche Bäder! Preise varriieren je nach Größe. In der zugehörigen Bar wird auch Frühstück serviert, abends Restaurantbetrieb. 219, avenue de la Marquise de Saravalle, ✆04930 40000, puremontagneresort.fr. **€€-€€€**

La Treille, mitten im Ort liegt dieses zünftige Restaurant. Neben klassischer französischer Küche wird aber auch Pizza im Holzofen zubereitet. Im Sommer sitzt man auf der herrlichen Panoramaterrasse. Menüs zu 32,50 (mittags) und 37,50 €. Mo Ruhetag. 68, rue Dr. Cagnoli, ✆0493033085, la-treille-restaurant-saint-martin-vesubie.eatbu.com.

Le Rendez-Vous, kleines Restaurant in einem Gewölbe im Zentrum (direkt unter einer ansprechenden Buchhandlung). Hier wird die regionale Küche gepflegt. Hausmannskost mit großen Portionen. Menü zu 32 €. Di Ruhetag. 58, rue Dr. Cagnoli, ✆0493033484.

Chambres d'hôtes **La Pierre Bleue,** ein ansprechendes Chambre d'hôtes mit schönen Zimmern an der Straße nach Venanson, das Frühstück wird bei gutem Wetter auf der Terrasse serviert. Juni bis Sept. geöffnet. 163, boulevard Raoul Audibert, ✆0493033786. Über Booking buchbar. **€€**

Alpes-Maritimes → Karte S. 206/207

Moonlight Chalet, direkt am oberen Ortsrand begeistert diese Lodge durch ihr Ökokonzept. Das Bett ist aus organischem Material und es wird wert auf Recycling gelegt. Statt einem gechlorten Pool gibt es einen eigenen Schwimmteich. Fünf individuelle, im „shabby chic" eingerichtete Einheiten für 2–4 Pers. werden vermietet und lassen keinen Komfort vermissen. Selbstverständlich gibt es auch Biofrühstück. 8, rue Rumpelmayer, ✆ 0493030000, moonlightchalet.com. **€€€**

Gîte d'étape La Rougière, die einfache, aber nette Unterkunft ist der Tipp einer Leserin. 6, rue Kellermann, ✆ 0493032919, rouguiere.com. ■ **Lesertipp €**

Camping ** A La Ferme Saint-Joseph, netter Platz, auch Zimmervermietung. Südl. von Saint-Martin-Vésubie an der Straße nach Nizza. Von Ende April bis Ende Sept. geöffnet. ✆ 067 0519014, camping-alafermestjoseph.com.

Umgebung von Saint-Martin-Vésubie

Venanson (180 Einw.): Das kleine, 1164 m hoch über dem Vésubie-Tal gelegene Felsennest – 5 km von Saint-Martin-Vésubie entfernt – lockt mit einer grandiosen Fernsicht. Den besten Blick hat man am Dorfende bei der Kirche und dem vorgelagerten Friedhof, der fraglos zu den schönstgelegenen Südfrankreichs gezählt werden kann. Mit der im Inneren vollständig ausgemalten Kapelle Saint-Sébastian (auch als Chapelle Sainte-Clair bezeichnet) besitzt Venanson ein außergewöhnliches kunsthistorisches Kleinod. Wie eine Inschrift an der Chorwand erläutert, wurde die Kapelle 1481 zum Dank dafür errichtet, dass der Ort von der Pest verschont geblieben ist; selbstverständlich wurde das Kirchlein dem Pestheiligen geweiht. Die Malereien sind das früheste bekannte Werk von *Jean Baleison*, der in der Grafschaft Nizza sowie im benachbarten Ligurien zahlreiche Wandgemälde geschaffen hat; wie bei der Wallfahrtskirche Notre-Dame des Fontaines in der Nähe von La Brigue handelt es sich nicht um Fresken, sondern um Temperamalereien auf getrocknetem Putz. Die meisten Bilder stellen Szenen aus dem Leben und Martyrium des heiligen Sebastian dar. Die kleine, von außen unscheinbare Kapelle befindet sich gleich am Dorfeingang, der Schlüssel ist im Hôtel Bella Vista erhältlich.

■ venanson.fr.

Madone de Fenestre: Eine schmale, nicht leicht zu befahrende Straße (D 94) zieht sich von Saint-Martin-Vésubie mit bis zu 15-prozentigen Steigungen an einem Wildbach entlang zu

Auf einem Bergsporn liegt Venanson

der kleinen, 13 km entfernten Wallfahrtskapelle empor. Madone de Fenestre liegt in 1900 m Höhe inmitten einer faszinierenden Hochgebirgslandschaft. Der Name der Kapelle, der wahrscheinlich von einer Felsbildung stammt, durch die der Himmel wie durch ein Fenster zu sehen ist, könnte sich aber auch vom lateinischen *Finis terrae* ableiten, da die Kapelle gewissermaßen am Ende der Welt steht. Bereits die Römer hatten hier oben ein Heiligtum errichtet, das die Benediktiner und später die Tempelritter wiederbelebten. Wer am 2. Juli, 15. August oder am 8. September kommt, kann sich in den Tross der Wallfahrer einreihen. Das restliche Jahr steht die Madonnenfigur in der Kirche von Saint-Martin-Vésubie.

Wanderung zum Lac de Fenestre und Col de Fenestre: Ausgangspunkt ist das CAF Refuge in Madone de Fenestre. Linker Hand geht es die Stufen empor, die erste halbe Stunde ist der Weg mit dem rot-weiß markierten Fernwanderweg GR 52 identisch, danach muss man am Wegweiser 368 rechts zum Lac de Fenestre abzweigen, der nach einer weiteren guten halben Stunde erreicht ist. Wer noch Lust hat, kann an der Westseite des Sees entlang weiter zum 2471 m hohen Col de Fenestre aufsteigen (knappe Stunde). Nach einem kurzen Blick auf die italienischen Bunker aus dem Zweiten Weltkrieg geht es nun in südwestlicher Richtung zum Pas des Ladres, der in 30 Minuten erreicht ist. Hier stößt man wieder auf den GR 52, der in 90 Minuten zurück nach Madone de Fenestre führt. Gesamtwanderung: rund 3:30 Std. Empfohlene Ausrüstung: Feste Wanderstiefel und – je nach Jahreszeit – ein warmer Anorak oder Pullover.

Le Boréon

Das abgeschiedene Bergdorf liegt an einem Stausee in 1500 m Höhe. Kurz unterhalb von Boréon stürzt ein breiter Wasserfall über 20 m den Berg hinab. Le Boréon eignet sich gut als Ausgangspunkt für hochalpine Touren durch das ehemalige Jagdrevier der italienischen Könige.

Le Parc Alpha: Nachdem im Jahr 1992 erstmals wieder Wölfe nach Frankreich eingewandert und in den französischen Seealpen heimisch geworden sind, hat man sich 2005 entschlossen, oberhalb von Le Boréon in 1500 m Höhe einen Landschaftspark einzurichten, um interessierten Besuchern die Möglichkeit zu bieten, Wölfe in ihrem natürlichen Lebensraum beobachten zu können. Die sieben Wölfe sind in Gefangenschaft aufgewachsen und leben in zwei umzäunten Arealen, die allerdings nicht sehr groß sind, sodass man sich mehr an einen Zoo erinnert fühlt als an einen Landschaftspark. Picknickplätze vorhanden.

▪ Von Feb. bis Mitte Nov. tägl. 10–17 Uhr, letzter Einlass 15 Uhr, im Juli und Aug. bis 18 Uhr (Einlass bis 16 Uhr). Nur mit Führung, nach Voranmeldung Führungen um 10, 10.30, 13.30 und 14 Uhr, Kosten 14 €, erm. 12 oder 10 €. puremontagne.fr/fr/a-voir/parc-alpha.

Verbindungen Von Saint-Martin-Vésubie aus fährt ein Bus im Juli und Aug. tägl. mehrmals ab 9.20 Uhr nach Le Boréon.

Wanderung 13: Zum Lac de Trécolpas → S. 313
Herrliche Halbtageswanderung in der Kernzone des Parc National du Mercantour mit Einkehrmöglichkeit im Refuge Cougourde

Alpes-Maritimes → Karte S. 206/207

Entrevaux: Eine Brücke führt in die Stadt

Oberes Var-Tal

Die Landschaft in den höheren Lagen rund um das obere Tal des Var ist bereits deutlich alpin geprägt, sodass sich die größeren Orte im Flusstal ausbreiten. Reizvoll ist eine Fahrt durch die engen Felsschluchten der Gorges Supérieures du Cians und der Gorges de Daluis.

Villars-sur-Var und Touët-sur-Var

Villars-sur-Var: Da Villars ein Stück von der D 6202 entfernt liegt, ist der Ort frei vom Durchgangsverkehr. Die Johannes dem Täufer geweihte Kirche besitzt einen schönen Glockenturm im lombardisch-provenzalischen Stil. Wer ein Faible für abgelegene Bergdörfer hat, dem sei ein Ausflug zu dem über 1000 m hoch gelegenen Thiéry empfohlen. Die knapp 14 km lange Anfahrt auf der kleinen D 226 führt durch eine beschauliche Gebirgslandschaft.

Information **Office de Tourisme,** 3, place Louis Victor Robini, 06710 Villars-sur-Var, ✆ 049 3057004, villarssurvar.fr.

Verbindungen Villars-sur-Var ist eine Haltestelle des **Train des Pignes.** Viermal pro Tag verkehrt der Pinienzapfenzug in Richtung Digne sowie in Richtung Nizza. Die Fahrt von Nizza nach Villars dauert eine Stunde. Der Bahnhof liegt allerdings 2 km unterhalb des Dorfes. Zudem bestehen Busverbindungen mit Nizza und anderen Orten im Tal des Var.

Touët-sur-Var: Das Dorf wird von einem Kalkfelsen dominiert, der hinter den Häusern steil in die Höhe ragt. Die kleinen, teilweise überwölbten Gassen bilden ein wahres Labyrinth; die ockerfarbenen Häuser stehen dicht gedrängt und wirken wie übereinander gestapelt, weswegen Touët-sur-Var auch gerne als „tibetisches Dorf“ bezeichnet wird. Die meisten Häuser besitzen einen nach Süden hin offenen Dachboden, *Soleilloir* genannt, der traditionell zum Trocknen von Feigen genutzt wird. Ein kleines Kuriosum hat die romanische Kirche aufzuweisen: Sie wurde direkt über einem Gebirgsbach errichtet, den man durch eine Art abgedeckten Gully unter dem Mittelgang hindurch rauschen sehen kann. Wer Lust hat, kann auf einem ausgeschilderten Wanderweg hinauf zu dem idyllischen Bergdorf **Thiéry** wandern, das von Villars auch mit dem Auto zu erreichen ist.

Verbindungen Touët-sur-Var ist nach Villars der nächste Stopp des **Train des Pignes.** Viermal tägl. geht es nach Digne-les-Bains und Nizza, mehrmals tägl. fährt auch ein Bus nach Nizza.

Essen & Trinken Chez Paul, drei Jahrzehnte lang hat das Ehepaar Meyer die Auberge des Chasseurs geführt, dann sind sie ein paar Häuser weiter gezogen, wo es mehr Platz und sogar eine Terrasse gibt. In der Küche steht Sohn Didier. Serviert werden einfallsreiche Gerichte (manchmal Wild), die auf frischen regionalen Zutaten basieren. Es gibt auch bodenständige Kost *(Rognons de Veau)* und Pizza. Schattige Terrasse, freundlicher Service. Hauptgerichte 15–20 €. Di und Mi Ruhetag, abends nur Do–Sa geöffnet. Direkt an der D 6202. 4620, avenue Général de Gaulle, ✆ 0493057103, le-restaurant-chez-paul.com.

Camping ** De l'Amitié, nur 30 Stellplätze, aber mit Sauna und Hamam, von April bis Sept. geöffnet. Route de la Pia, ✆ 0493057432, domainedelamitie.com.

Wanderung 14: Auf dem Circuit de la Lauvette → S. 315
Rundwanderung um die Crête de la Chabasse mit herrlichen Ausblicken auf das Tal des Var

Puget-Théniers

1800 Einw.

Puget-Théniers war bereits in römischer Zeit unter dem Namen *Podium Tenearum* bekannt. 1388 fiel der damals 8000 Einwohner zählende Ort zusammen mit Nizza an den Grafen von Savoyen. Der zu Füßen eines alten Grimaldi-Schlosses liegende Marktflecken hat noch immer eine hübsche Altstadt, Reste einer mittelalterlichen Befestigung sowie ein Stadtmauertor zu bieten. Geteilt wird der Ort von einem kleinen rauschenden Wildbach, der hier in den Var mündet. Kunsthistorisch Interessierte sollten der romanischen Kirche Notre-Dame-de-l'Assomption einen Besuch abstatten; sie besitzt u. a. einen schönen Altaraufsatz. Wer es mehr mit der modernen Kunst hält, kann zu einem monumentalen Denkmal (1908) von *Aristide Maillol* mit dem symbolträchtigen Titel *L'Action enchaînée*, der übersetzt soviel wie „Die angekettete Aktion“ bedeutet, pilgern. Das Denkmal erinnert an den aus Puget-Théniers stammenden *Louis-Auguste Blanqui*, einen vom Pech verfolgten Berufsrevolutionär. Der 1805 geborene Sozialist war maßgeblich an den revolutionären Aufständen von 1830, 1848 und 1870/71 beteiligt. Soviel Engagement bekam ihm allerdings weniger gut: Knapp die Hälfte seiner 76 Lebensjahre musste Blanqui hinter Gittern schmoren. Bleiben noch zwei Fragen zum Denkmal offen: Warum hat Maillol eine Frau dargestellt und

Alpes-Maritimes → Karte S. 206/207

warum wurde das Denkmal auf dem Spielplatz aufgestellt?

Information Office du Tourisme du Pays de la Roudoule, B.P. 7, Mairie, 06260 Puget-Thenièrs, ✆ 0493050260, puget-theniers.fr.

Verbindungen Puget-Théniers lässt sich bequem mit dem **Train des Pignes** erreichen: viermal tägl. von Nizza in knapp eineinhalb Stunden. Zudem bestehen Busverbindungen nach Nizza.

Markt Sonntagvormittag.

Rafting Espace Eau Vive, Route Nationale, ✆ 0684969393, raftingcotedazur.fr.

Schwimmen Städtisches Hallenbad mit 25 m-Becken.

Übernachten/Essen * Les Alizés,** modernes Logis-Hotel im Motelstil mit kleinem Swimmingpool, grenzt direkt an die D 6202. 16 Zimmer, Parkplätze vor dem Haus. 11, avenue Alexandre Barety, ✆ 0493050620, hotelles alizes.fr.

Les Acacias, traditionelle provenzalische Küche. Der Schlemmertipp: *Secca d'entrevaux,* ein raffiniert angemachtes getrocknetes Rindfleisch. Menüs zu 15 (mittags), 18, 28 und 38 €. Schattige Terrasse. Leicht zu finden: 1 km östl. des Orts (in Richtung Nizza), direkt an der RN 202. Mi Ruhetag, in der NS unter der Woche nur mittags geöffnet. ✆ 0493050525.

Camping ** Club Origan Alpes d'Azur,** gut ausgestatteter Campingplatz mit zwei Swimmingpools samt Riesenrutsche, Restaurant und Tennisplatz vorhanden. Wer die Vorzüge dieser Anlage kennenlernen will, muss allerdings die Hüllen fallen lassen, da es sich um einen FKK-Campingplatz handelt. Von Mitte April bis Mitte Okt. geöffnet. ✆ 0493050600, origan-village.com.

***** Lou Gourdan,** der städtische Campingplatz liegt am Ufer des Var. Wiesengelände, teilweise sehr gut beschattet. Von April bis Okt. geöffnet. Avenue Bischoffsheim, ✆ 049302 7740, campinglougourdan.com.

Entrevaux

800 Einw.

Das nur ein paar hundert Einwohner zählende Städtchen, in dessen unmittelbarer Nähe schon die Römer siedelten, blieb lange Zeit vollkommen bedeutungslos. Erst im Zuge der französischen Auseinandersetzungen mit dem Herzog von Savoyen wurde Entrevaux 1693 von dem berühmten Festungsbaumeister Vauban zu einem wichtigen Grenzbollwerk ausgebaut. Seither besitzt Entrevaux („Zwischen den Tälern") einen nicht zu übersehenden, wenn auch mittlerweile antiquierten, militärischen Charakter, selbst die ehemalige Kathedrale ist in den Wall integriert. Durch ein von Türmen flankiertes Stadttor gelangt heute allerdings die friedliche Invasion der Touristen in das sich noch recht ursprünglich präsentierende Zentrum, wenngleich man das Gefühl nicht loswird, dass der Ort schon bessere Zeiten gesehen hat. Dennoch gefallen die Häuser mit ihren schmiedeeisernen Balkonen und die kleinen, altertümlichen Geschäfte. Der beste Blick auf die Befestigungsanlagen bietet sich von dem Entrevaux gegenüberliegenden Hügel.

Über allem thront die Zitadelle

Der Festungsbaumeister des Sonnenkönigs

Mit *Sébastien le Prestre de Vauban* (1633–1707) verfügte Ludwig XIV. über einen der genialsten Baumeister des absolutistischen Zeitalters. Vauban, der auch Straßen, Brücken, Kanäle und Aquädukte entwarf, schuf im Auftrag des Sonnenkönigs ein wahres Festungsnetz zur Sicherung der französischen Grenzen und erwies sich so als hoch begabter militärischer Stratege. Ganz „nebenbei" betätigte sich Vauban auch als Volkswirtschaftler; außerdem gehörte er zu den Begründern der modernen Statistik. Ungewöhnlich war Vaubans Fähigkeit, anhand von Karten und schriftlichen Anweisungen den Bau zahlreicher Festungsanlagen aus der Ferne zu planen und zu überwachen. Nur so lässt sich seine unverkennbare Handschrift bei weit mehr als 300 militärischen Bauwerken erklären. Vauban verstand es zudem meisterhaft, diese Befestigungsanlagen mit einer ästhetischen Komponente auszustatten und sie in die landschaftlichen Gegebenheiten einzubinden. In Vaubans Fortifikationswesen wurde die praktische Umsetzung von Geometrie zum Staatszweck erhoben. Durch das von ihm im Osten und Südosten Frankreichs geschaffene Befestigungsnetz sicherte Vauban erstmals die territoriale Integrität eines Staates militärisch ab. Nicht zufällig entwickelte sich die Fortifikationslehre daher zu einer der großen „Schlüsselwissenschaften" des Absolutismus. Der auf Ordnung, Symmetrie und Hierarchie gegründete Herrschaftsapparat fand seine Entsprechung in der Militärarchitektur. Der alternde Vauban überschätzte allerdings seinen politischen Einfluss: Als er öffentlich die gleichen Steuersätze für jeden Bürger des Königreiches forderte, fiel er bei dem Sonnenkönig in Ungnade. Wenig später starb der fortan zurückgezogen lebende „Marschall von Frankreich" in Paris.

Sehenswertes

Zitadelle: Hoch über Entrevaux thront die Zitadelle, das Herzstück der Verteidigungsanlage. Vom Ortskern ziehen sich die Treppen zickzackförmig hinauf. Die von 1693 bis 1706 errichtete Zitadelle, eines der zahlreichen Werke Vaubans, ist weitgehend originalgetreu erhalten. Im Ersten Weltkrieg befand sich in der Festung übrigens ein Kriegsgefangenenlager, in dem deutsche Offiziere interniert wurden.

▪ 3 €, erm. 1,50 €; im Juli und Aug. finden zudem Führungen statt für 6 €, erm. 5 €.

Ehemalige Kathedrale: Entrevaux war ehedem das Zentrum der Diözese Glandève und seit dem 5. Jahrhundert Bischofssitz. Die einstige, am Rand des Ortes errichtete Kathedrale war Teil der Befestigungsmauer, der zinnenbekrönte Glockenturm kündet noch von der wehrhaften Vergangenheit. Die Kirche besitzt neben einem schönen Eingangsportal (reich verzierte Türflügel) einen der beachtlichsten Hochaltäre der Region.

Musée de la Moto: Die Sammlung umfasst rund 75 Motorräder verschiedener Hersteller, das älteste Exponat stammt

Alpes-Maritimes ⇢ Karte S. 206/207

aus dem Jahre 1901, das jüngste von 1967.

▪ Juli und Aug. tägl. 10–12.30 und 14–18 Uhr, April, Mai, Sept. und Okt. Sa/So 10–12.30 und 14–18 Uhr. Eintritt frei.

Praktische Infos

Information **Bureau d'Accueil,** Porte Royale du Pobt Levis, 04320 Entrevaux. Tägl. 10–13 und 14–17.30 Uhr. ☎ 0493054673, verdontourisme.com. Hier gibt es die Jetons für den Zugang zur Citadelle.

Verbindungen Entrevaux ist eine Haltestelle des **Train des Pignes.** Viermal am Tag verkehrt der Pinienzapfenzug in Richtung Digne sowie in Richtung Nizza, zudem bestehen tägl. mehrere Busverbindungen nach Nizza.

Stadtführung Mi–So um 14.30, 16.30 Uhr. spreadmuseum.com.

Markt Freitagvormittag von April bis Okt.

Übernachten/Essen **** Vauban,** ein altertümliches Restaurant mit schönen Fliesen und hohen Decken. Serviert werden Pizza, Burger und Nudelgerichte. Als Spezialität des Hauses gilt *Daube de Tagliatelles* (20 €). Straßenterrasse. Sonntagabend sowie Mo und Di in der NS geschlossen. Die neun Zimmer sind – bis auf ihre festen Matratzen und die modernen Bäder – wenig berauschend, aber günstig. Place Moreau, ☎ 0493021305, hotel-restaurant-levauban.com. **€**

Auberge du Planet, eine kulinarische Alternative mit schöner Terrasse inmitten der historischen Altstadt. Abends gibt es Pizza, Menü zu 23 €, Plat du Jour (rund15 €). Place Saint-Martin, ☎ 0493054689, restaurant-leplanet-entrevaux.fr.

Camping ***** Camping du Brec,** der von einem Holländer geführte, mit einzelnen Bäumen ausgestattete Campingplatz – beliebt bei Kajakfahrern – wird vom Var durch hohe Hochwasserdämme und zumeist breite Kiesbänke abgegrenzt. Am Platz gibt es zudem einen Badesee mit Strand und Insel sowie eine kleine Kneipe mit Imbiss. Hier können auch Baguettes für das Frühstück vorbestellt werden. Bungalowvermietung. Mitte Mai bis Mitte Okt. geöffnet. 2 km nordwestl. von Entrevaux. ☎ 0493054245, camping-dubrec.com.

Guillaumes

580 Einw.

Der kleine, am Ufer des Var gelegene Ort erstreckt sich entlang eines breiten Straßenmarktes. Die Häuser stellen eine liebevolle Mischung aus alpenländischer Architektur und provenzalischer Farbenfreude dar.

Die Dorfkirche besitzt einen wohlproportionierten Glockenturm und ist reich verziert. Guillaumes wurde um das Jahr 1000 von den provenzalischen Grafen gegründet. Hoch über dem Ort ragen die Ruinen einer mittelalterlichen Burg empor; sie erinnern daran, dass das vom savoyischen Territorium eingeschlossene Guillaumes keinen leichten Stand hatte. Auch heute liegt Guillaumes etwas abseits vom touristischen Trubel, im Frühjahr und Herbst machen die Schafherden der Umgebung auf dem Weg zur und von der Sommerweide Station in dem beschaulichen Marktflecken.

Information **Office de Tourisme,** 06470 Guillaumes, ☎ 0493055776, guillaumes.fr.

Verbindungen Tägl. Busverbindungen nach Nizza und zu anderen Orten im Tal des Var.

Schwimmen Kleines Freibad im Ort. Nur Juli und Aug. tägl. außer Di 10–17 Uhr geöffnet.

Essen & Trinken **Les Chaudrons,** die Tische auf der Straßenterrasse laden zur Rast ein. Lecker ist die Bergforelle Müllerinart oder das Kaninchen. Plat du Jour 15 €. 23, place de la Provence, ☎ 0493055001.

Camping Gegen Gebühr darf man seinen Wohnwagen oder das Wohnmobil auf einem kleinen Platz neben dem Spielplatz abstellen. Sanitäre Anlagen sind nicht vorhanden, Strom gibt es gegen Entgelt.

Umgebung von Guillaumes

Gorges Supérieures du Cians: Die von der D 6202 zu dem Bergdorf Beuil führende Landstraße (D 22) folgt in ihrem

Verlauf dem tosenden Wildbach Cians, der sich tief in das Gebirgsmassiv eingegraben hat. Auf rund 20 km braust der Cians über 1000 Höhenmeter hinunter, um seine Wassermassen oberhalb von Touët schließlich dem Var zuzuführen. Die rot schimmernden Felsen bilden einen herrlichen Kontrast zur spärlichen Vegetation. Durch mehrere Tunnel und an steilen Felsüberhängen vorbei zeigt sich der Himmel oft nur als ein schmales blaues Band. Am Ende der Schlucht wartet eine reizvolle alpine Berglandschaft. An zwei Stellen, Petit Clue und Grand Clue, kann man anhalten und ein kleines Stück am Wildbach entlang laufen. Wer verträumte Bergdörfer liebt, kann von Beuil die D 30 in östlicher Richtung fahren und gelangt erst nach **Roubion** und später in das noch abgelegenere **Roure.**

meinTipp Übernachten/Essen **Auberge Quintessence,** zwischen Beuil und Roubion liegt dieser kulinarische Geheimtipp in der Einsamkeit der Bergwelt. Am besten man bleibt gleich über Nacht. Das Lokal wurde 2019 mit einem Michelin-Stern ausgezeichnet, hat ihn dann aber wieder verloren. Menü zu 77 €. Do–Mo abends geöffnet, nur mit Reservierung. Es werden auch sieben moderne Zimmer mit schönen Bädern vermietet. Route du Col de la Couillole, ✆ 0493020260, auberge-quintessence.com. **€€**

Gorges de Daluis: Etwas weniger spektakulär als die Schlucht des Cians, aber allemal einen Ausflug wert sind die Gorges de Daluis. Die von ihrem rötlichen Gestein geprägte Schlucht führt von Guillaumes ebenfalls hinunter zur D 6202. Die kurvenreiche Straße verläuft, an schmalen Durchlässen vorbei, direkt neben dem Var, streckenweise hoch über dem Fluss. Wagemutige Bungee-Springer stürzen sich im Sommer vom Pont de la Marièe 85 m in die Tiefe. Beide Schluchten lassen sich bequem zu einem rund 80 km langen Rundkurs, der auch über Valberg, Guillaumes, Entrevaux und Puget-Théniers führt, verbinden.

Gorges Supérieures du Cians

Im Bergdorf Èze gibt es zahlreiche Kunstgalerien

Nachlesen

& Nachschlagen

Abendstimmung in der Bucht von Saint-Tropez

Klima und Reisezeit

„Es ist notwendig, daß der Nordländer seine Gewohnheiten in Hinsicht auf die veränderten klimatischen und sozialen Verhältnisse modifiziere; jedoch darf er sich nicht unbedingt die Weise der Südländer zur Richtschnur nehmen." (Baedeker, Die Riviera, 1902)

Die Region Côte d'Azur ist geprägt von einem milden, mediterranen Klima, selbst im Winter zeigt sich die Küste zwischen Menton und Cannes von ihrer angenehmsten Seite, das Thermometer klettert hier häufig auf Werte über 10 °C, selbst 20 °C sind keine Seltenheit. Die Temperaturen im Hinterland sowie in den höheren Lagen verleiten im Winterhalbjahr allerdings kaum zum Sonnenbaden, die Berggipfel liegen bis weit in das Frühjahr hinein unter einer Schneedecke begraben. An der Küste beginnt der **Frühling** schon Ende Januar mit der Blüte der Mandel- und Mimosenbäume, im Hinterland dagegen erst zwei Monate später. Die **Sommer** sind recht trocken, die letzten richtigen Regentage gibt es in der ersten Maihälfte. Der Herbst wird geprägt von plötzlich einsetzenden, heftigen Regenschauern, die häufig zu Überschwemmungen führen. Glücklich können sich jene schätzen, die an den passenden Regenschutz gedacht haben. Über das ganze Jahr gesehen ist die Côte d'Azur aber ein von der Sonne verwöhnter Landstrich: Durchschnittlich scheint sie zwischen 2700 und 2900 Stunden pro Jahr, bis weit in den **Herbst** hinein sorgt ihre Kraft für angenehme Temperaturen, erst im November künden Regenschauer und kühleres Wetter den **Winter** an. Der Winter selbst ist – von regionalen Abweichungen abgesehen – mild und trocken, zu Nachtfrost kommt es nur in höheren Lagen.

Bis weit in das 20. Jahrhundert hinein war die „französische Riviera" ausschließlich ein Winterreiseziel. Hauptsächlich wohlhabende Engländer verbrachten die Wintermonate an der vom Klima verwöhnten Küste. Dieses Reiseverhalten hat sich grundlegend verändert. Zwar geht von der Küstenregion im Winter noch immer ein unwiderstehlicher Reiz aus, doch ziehen die Touristen – mit Ausnahme der Wintersportgebiete in den Seealpen – andere Reiseziele vor. Beinahe unverständlich, wenn man bedenkt, dass es in Nizza bei den ersten Sonnenstrahlen bereits im Februar möglich ist, seinen Café im Freien zu trinken.

Die Reisesaison an der Côte d'Azur beginnt an Ostern und endet im Oktober. Die günstigste Reisezeit variiert je nach Interessenlage. Die Monate April, Mai und Juni eignen sich vorzüglich für einen Entdeckungsurlaub, aber auch für Besichtigungen der bekannten Sehenswürdigkeiten sowie für Streifzüge durch die in der Hochsaison überlaufenen Tourismuszentren. Die Wassertemperaturen erreichen allerdings erst im Juni die magische 20-Grad-Grenze; dafür steht im Frühling die gesamte Region in Blüte. Im Juli und August, wenn die Franzosen Ferien machen, platzt die Côte d'Azur aus allen Nähten. Die Hotels und Campingplätze sind restlos ausgebucht, die Strände überfüllt, die Kellner gestresst, die Autos stehen an der Küstenstraße im Dauerstau und die Preise klettern teilweise in schwindelerregende Höhen; nur im Hinterland geht es etwas gemächlicher zu. Allerdings wird der Drang zur Aktivität durch die hohen Temperaturen regelrecht gelähmt. Im September und Oktober kehrt dann allmählich wieder Ruhe ein, die Abende werden kühler, tagsüber heizt die Sonne aber noch kräftig ein. Wasserratten kommen bei Temperaturen um die 20 Grad noch immer auf ihre Kosten. Das Wetter ist im Herbst allerdings nicht mehr so beständig, mit heftigen Regenschauern muss vor allem in der zweiten Septemberhälfte gerechnet werden.

■ Wettervorhersagen von Météo France nach Region oder Département geordnet findet man unter meteofrance.com.

Nizza

Monat	Ø Luft-temperatur (Min. in °C)	Ø Luft-temperatur (Max. in °C)	Ø Nieder-schlag (in mm)	Ø Tage mit Nieder-schlag ≥ 1 mm	Ø tägl. Stunden mit Sonnen-schein	Ø Wasser-temperatur (in °C)
Januar	5,3	13,1	69	6	5,1	13
Februar	5,9	13,4	45	5	6,1	12
März	7,9	15,2	39	5	7,0	13
April	10,2	17,0	69	7	7,5	14
Mai	14,1	20,7	45	5	8,6	16
Juni	17,5	24,3	34	4	10,2	20
Juli	20,3	27,3	12	2	11,2	22
August	20,5	27,7	18	2	10,2	23
September	17,3	24,6	73	5	8,1	21
Oktober	13,7	21,0	133	7	6,0	19
November	9,2	16,6	104	7	5,0	16
Dezember	6,3	13,8	93	6	4,5	14
Jahr	**12,4**	**19,6**	**733**	**61**	**7,5**	**17**

Flora, Fauna und Naturschutz

Die Côte d'Azur kann nicht unbedingt als letztes Refugium für bedrohte Tier- und Pflanzenarten gerühmt werden. Dennoch bietet die Region eine außerordentliche Bandbreite mediterraner Pflanzen; Tierfreunde können entlang des Grenzkammes des Mercantour-Nationalparks sogar häufig auf einen Steinbock treffen.

Besonders charakteristisch für den Südosten Frankreichs ist die **Garrigue,** eine typische mediterrane Landschaft mit immergrünen Zwergsträuchern, die vor allem auf trockenen, felsigen Böden prächtig gedeihen. Die Garrigue ist nach zahlreichen Waldbränden vielerorts allerdings schon von der **Aleppokiefer,** einer sich schnell ausbreitenden Pionierpflanze, verdrängt worden. Typisch für das Massif des Maures und – mit Abstrichen – für das Massif de l'Estérel sind die ausgedehnten **Korkeichenwälder.** Alle zehn Jahre wird ein Teil der Korkschicht vom Stamm abgelöst, die daraufhin wieder nachwächst. Das Schälen erfordert allerdings höchste Aufmerksamkeit, denn sobald die darunter liegende Baumrinde verletzt wird, stirbt die Korkeiche ab.

An der Côte d'Azur gedeihen zudem zahlreiche Pflanzenarten, die ursprünglich nicht in Frankreich heimisch waren. Während die Olivenbäume und die Weinstöcke bereits in griechischer Zeit eingebürgert worden sind, betrieben die Engländer im 19. Jahrhundert einen regen Import exotischer Pflanzen. Am auffälligsten sind wahrscheinlich die diversen **Palmenarten,** die die Strandpromenaden zieren; sie stammen zumeist aus dem Südosten der USA (Washingtonia und Sabal-Palme) oder von den Kanarischen Inseln (Kanarische Dattelpalme). Doch auch Kakteen und anderen Sukkulenten, wie beispiels-

Wanderpfad zur Madone d'Utelle

weise der Agave, bekommt das milde Küstenklima prächtig. Nicht grundlos ist das klimatisch so verwöhnte Menton für seine Zitronen- und Orangenbäume bekannt.

Die bis zu 3000 m hohen Seealpen weisen wiederum eine ganz spezielle Flora und Fauna auf. Mehr als 2000 Pflanzenarten, darunter Enzian, Silberdistel, Edelweiß, Rittersporn und Steinbrech sowie seltene Tiere wie Steinbock, Steinadler und Bartgeier können sich in der Bergwelt ungestört ausbreiten. Sogar Wölfe sind in den letzten Jahren aus dem nahen Italien wieder eingewandert. Da spektakuläre Großtierarten nicht heimisch sind, müssen sich Naturliebhaber mit auf den ersten Blick eher „bescheidenen" Tierarten begnügen. Das Massif des Maures ist das letzte französische Rückzugsgebiet der **Griechischen Landschildkröte.** Im Schatten der Korkeichenwälder finden die bis zu 20 cm großen Reptilien einen idealen Lebensraum vor, dennoch sind spezielle Brutstätten vonnöten, um den Bestand langfristig zu sichern. Wer mit offenen Augen durch das Massif wandert, entdeckt vielleicht das eine oder andere Exemplar an einem Bachlauf bei seinem morgendlichen Sonnenbad.

Wie ein Damoklesschwert schwebt alljährlich in den heißen Sommermonaten die **Waldbrandgefahr** über der Côte d'Azur. Unterstützt durch starke Winde, vernichtet die sich schnell ausbreitende Feuerwalze wertvolles Busch- und Heideland. Angepasste Pflanzenarten überstehen die Brandkatastrophe zwar relativ gut, die Auswirkungen auf die Tierwelt sind jedoch fatal: Kleinere und wirbellose Tiere können dem Feuer nicht entgehen, zudem macht der Nahrungsmangel die verbrannten Flächen für Kleinstlebewesen lange Zeit unbewohnbar. Wie im Massif de l'Estérel eindrucksvoll zu sehen ist, dauert es Jahrzehnte, bis sich die Landschaft von den Folgen erholt hat. Den Behörden gelingt es nur schwerlich, die drohende Waldbrandgefahr in den Griff zu bekommen. Dies liegt allerdings nicht nur an der groben Fahrlässigkeit mancher Einheimischer und Touristen, sondern an der kriminellen Natur des einen oder anderen

Bunt blüht es auf den Bergwiesen

Bauunternehmers, der auf diesem Wege erfolgreich versucht, an billiges Bauland heranzukommen. Zwar wurde 1990 per Gesetz die Bebauung von verbranntem Grund und Boden für mehrere Jahre untersagt, doch fallen nach wie vor im Sommer zigtausend Hektar Wald durch Brandstiftung den Flammen zum Opfer. Aber nicht nur die Waldbrandgefahr macht umfassende Naturschutzmaßnahmen erforderlich. Die natürlichen Ressourcen der Region werden besonders von den Segnungen der modernen Zivilisation bedroht. Um der Nachwelt eine möglichst intakte Umwelt zu erhalten, wurden weite Teile der Seealpen zum **Nationalpark** *(Parc National du Mercantour)* erklärt.

Wirtschaft

Nicht grundlos wird die Côte d'Azur als das „Kalifornien Frankreichs" bezeichnet, hat sich doch ein Großteil der hier angesiedelten Industrie mangels Platz auf Hightech spezialisiert. Im Hinterland von Antibes entstand mit Sophia-Antipolis beispielsweise ein Wissenschafts- und Technologiepark mit futuristischem Zuschnitt.

Rund um Nizza hat sich in erster Linie die Elektro- und Nahrungsmittelindustrie angesiedelt, während in Cannes Flugzeuge gebaut werden. Die Landwirtschaft ist relativ bedeutungslos, sieht man einmal von der Parfüm- und Aromaherstellung in Grasse sowie der Blumenzucht ab. Der größte Teil der Ernte bleibt zwar in der Region, doch werden die Mimosen der Côte d'Azur auch in Paris und im europäischen Ausland verkauft. Ähnlich verhält es sich mit der **Fischerei.** Die Küchenchefs preisen zwar gerne ihre „fangfrischen" Produkte an, doch nicht jeder Fisch, der einem an der Côte d'Azur vorgesetzt wird, kommt tatsächlich aus dem Mittelmeer. Die Bedeutung der Fischerei ist in den überfischten Küstengewässern schon seit Jahren stark rückläufig. Auf knapp 14.000 Tonnen, hauptsächlich Thunfisch und Sardinen, wird die jährliche Ausbeute der französischen Mittelmeerfischer geschätzt.

Gewissermaßen zum Ausgleich ist der **Tourismus** in den letzten Jahrzehnten zu einem der bedeutendsten französischen Wirtschaftszweige aufgestiegen und dient noch vor dem Nahrungsmittelsektor als Hauptdevisenquelle. Als wichtigste Tourismusregion Frankreichs gilt dabei nach wie vor die Côte d'Azur, die alljährlich von mehr als neun Millionen Touristen besucht wird. Zahllose Franzosen und Ausländer besitzen einen Zeitwohnsitz an der sonnenverwöhnten Küste: Künstliche Urlaubswelten wie Port Grimaud und Villeneuve-Loubet-Plage entstanden völlig abgetrennt von den vorhandenen Infrastrukturen. Auf hundert Hauptwohnsitze kommen vielerorts deutlich mehr als 25 Zweitwohnsitze, in manchen Gemeinden überwiegen gar die Zweitwohnsitze.

Politik und Verwaltung

Lange Zeit galt der Südosten Frankreichs als linke Bastion, doch seit den Achtzigerjahren hat sich das Wählergefüge deutlich verschoben: Die rechtsradikalen Rattenfänger des Front National verzeichnen einen regen Zulauf.

Hier im Südosten Frankreichs haben zwei besondere politische Strömungen ihre Heimat: Auf der einen Seite stehen die eher unbedeutenden Vertreter einer linken okzitanischen **Regionalpolitik,** die vehement gegen den Pariser Zentralismus eintreten; sie empfinden ihre Politik gar als Fortsetzung des antikolonialen Kampfes der Völker der Dritten Welt. Auf der anderen Seite ist die Region Provence-Côte d'Azur die unbestrittene Hochburg des französischen **Rechtsradikalismus** à la Le Pen. Marine Le Pen, die 2011 den Vorsitz des Front National (jetzt Rassemblement National) übernahm, erreichte in manchen Wahlbezirken der Provence bei der Präsidentschaftswahl 2022 sogar mehr als 50 Prozent der Stimmen ...

Infolge der Revolution wurde Frankreich 1790 in zahlreiche kleine Verwaltungseinheiten, die sogenannten **Départements,** eingeteilt, die allerdings erst durch das Reformgesetz von 1982/83 mehr Entscheidungsmöglichkeiten zugestanden bekamen. Neben den alten Zuständigkeiten, wie beispielsweise für die Départementstraßen und die Sozialwohnungen, kam durch die Reform die Verantwortung für den größten Teil des Sozial-, Gesundheits- und Transportwesens sowie die Bereiche Schule, Kultur und Sport hinzu. Neben den 101 Départements (5 davon in Übersee) gibt es seit 2016 noch 18 sogenannte Regionen (5 davon ebenfalls in Übersee). Die wesentlichen Aufgabengebiete der Regionen betreffen die Wirtschaft, die Berufsausbildung und das gymnasiale Schulwesen. Die Côte d'Azur setzt sich aus den Départements Alpes-Maritimes (ganz) und Var (teilweise) zusammen und gehört zur Region **Provence-Alpes-Côte d'Azur.** Jedes französische Département besitzt eine eigene, in alphabetischer Reihenfolge vergebene Nummer; sie ist auch (inzwischen freiwilliger) Bestandteil des Autokennzeichens und bildet die ersten beiden Ziffern der jeweiligen Postleitzahl: Das Département Alpes-Maritimes hat die „06", das Département Var die „83".

Am Strand von Menton

Brauchtum, Feste und kulturelle Veranstaltungen

An der Côte d'Azur wird ausgesprochen gerne gefeiert, neben zahllosen kleineren Dorffesten haben sich mehrere Veranstaltungen mit internationalem Renommee wie die Filmfestspiele von Cannes und der Karneval von Nizza etabliert.

Januar

Rallye Monte-Carlo: PS-Fans werden von der renommierten Internationalen Automobil-Rallye magisch angezogen.

Februar

Karneval in Nizza: Am Faschingsdienstag wird in Nizza ein buntes Spektakel mit Umzügen und Konfettischlachten inszeniert. Den Abschluss bildet ein aufwändiges Feuerwerk.

Mimosenfest in Mandelieu-la-Napoule

Zitronenfest in Menton: mit farbenprächtigem Festzug.

Zirkusfestival in Monaco: Die besten Zirkusartisten der Welt geben Einblicke in ihr Können.

Festival der klassischen Musik in Cannes

März/April

Jazz-Festival in Antibes

April

Tennis-Grand-Prix-Turnier in Monaco: Die internationale Sandplatzelite ist alljährlich vertreten.

Karfreitagsprozession in Roquebrune: Die Dorfbewohner spielen in den festlich erleuchteten Straßen die Grablegung Christi nach.

Mai

Internationales Filmfestival von Cannes: berühmtes Stelldichein der Stars und Starlets des Filmbusiness.

Grand Prix de Monaco: Die Highsociety und alles, was sich dazu zählt, ist versammelt, wenn die Formel-1-Piloten durch das Steuerparadies donnern. Caroline und Stephanie sitzen natürlich auch auf der Tribüne – bloß neben wem?

Bravade in Saint-Tropez: Das Volksfest zu Ehren des Stadtheiligen Tropes mit dem Aufmarsch kostümierter Seeleute wird alljährlich vom 16. bis 18. Mai gefeiert.

Rosenfest in Grasse

Juni

Schneckenprozession in Gorbio: An Fronleichnam zur *Procession aux escargots* stehen auf den Straßen und Fensterbänken von Gorbio kleine, mit Öl gefüllte Schneckenhäuser.

Fête de la Musique: Am 21. Juni liegt Musik in der Luft. In allen größeren Städten werden kostenlose Konzerte gegeben.

Spanier-Bravade in Saint-Tropez: am 15. Juni.

Internationales Werbefilmfestival in Cannes

Juli/August

Internationales Jazz-Festival in Juan-les-Pins: Seit 1960 treffen sich die Jazz-Größen alljährlich im Juli in der Pinède de Juan.

Musiknächte von Suquet in Cannes

Jazz-Festival von Nizza: Das römische Amphitheater im Stadtteil Cimiez dient als stimmungsvoller Rahmen.

Nuits du Sud: An neun Wochenenden ertönt in Saint-Paul-de-Vence Musik aus Kuba, Maghreb und Schwarzafrika.

Procession de la Passion in Roquebrune: Am 5. August wird mit einer Passionsprozession der Rettung des Dorfes vor einer Pestepidemie gedacht.

Kammermusikfestival in Menton: Den gesamten August hindurch werden stimmungsvolle Abendkonzerte vor der Eglise Saint-Michel geboten.

September

Fête des Baguettes in Peille

November

Nationalfeiertag im Fürstentum Monaco: Am 19. November sind die Straßen beflaggt und Paraden werden abgehalten, der Souverän hält Hof.

Festival des Unterwasserbildes in Antibes

Boulespielen in Saint-Tropez

Villefranche: Im Mittelalter gewährte die Rue Obscure Schutz vor feindlichen Angriffen

Geschichte

Von den Anfängen bis zur griechischen Kolonisation

Der liebliche Küstenabschnitt zwischen Saint-Tropez und Menton und das zugehörige Hinterland müssen schon in Urzeiten eine besondere Anziehungskraft ausgeübt haben; nicht umsonst gehört die Region zu den ältesten Siedlungsgebieten der Menschheitsgeschichte. In den Grimaldi-Grotten im Osten von Menton wurden nicht nur Werkzeuge aus der mittleren Steinzeit gefunden, sondern zudem zahlreiche Skelette des **Cromagnon-Menschen,** einem Jäger- und Früchtesammler, der als direkter Vorfahre des *homo sapiens* gilt. Ein paar Kilometer weiter westlich, unweit des Hafens von Nizza, konnten in einer Grotte am Westhang des Mont Boron Überreste einer vor 1.500.000 bis 100.000 Jahren bewohnten Feuerstätte nachgewiesen werden. Genauso eindrucks- wie geheimnisvolle Zeugnisse aus der **Bronzezeit** besitzt das in den Seealpen gelegene Vallée des Merveilles: Mehr als 30.000 Felsbilder hat die kelto-ligurische Urbevölkerung rund um den Mont Bégo in den Fels geritzt.

Im Zuge der griechischen Kolonisation, die die **Griechen** zuvor schon an die Küsten Kleinasiens, Süditaliens und Siziliens geführt hatte, gründeten die Bewohner der ionischen Stadt Phokaia 620 v. u. Z. *Massalia* oder *Massilia,* das heutige Marseille. In den nächsten Jahrzehnten entstanden an der französischen Mittelmeerküste weitere griechische Städte, darunter auch Monoecus (Monaco) und Theline (Arles), später kamen mit Nikaia (Nizza), Antipolis (Antibes) und Olbia (Hyères) zahlreiche Handelsniederlassungen hinzu. Die Griechen trafen bei ihrer Expansion auf eine tausend Jahre zuvor eingewanderte ligurische „Urbevölkerung", die einen von Marseille bis Genua reichenden Küstenstreifen und das Hinterland besiedelte, kulturell aber teilweise noch neolithisch geprägt war. Dies erklärt auch, warum nur wenige Spuren erhalten geblieben sind. Zwei oder drei Jahrhunderte später – also ungefähr zu dem Zeitpunkt, als die Griechen die Küste besiedelten – breiteten sich aus dem Norden kommende keltische Volksstämme aus. Zwischen Kelten und Ligurern kam es zu kriegerischen Auseinandersetzungen, die aber letztendlich eine Verschmelzung beider Volksgruppen nach sich zogen, wobei die kulturell überlegenen Kelten dominierten. Je näher diese kelto-ligurischen Völker an der Küste lebten, desto mehr gerieten sie unter den Einfluss der Griechen.

Römische Provinz

Als Marseille im 2. Jahrhundert vor unserer Zeitrechnung von den Salyern, einem kelto-ligurischen Volksstamm, angegriffen wurde, suchte die Stadt bei den verbündeten Römern um Hilfe nach. Die Römer standen den Griechen erfolgreich militärisch bei; doch zogen sie danach nicht wieder ab, sondern gründeten unterhalb des noch heute zu besichtigenden Oppidums Entremont die Stadt *Aquae Sextiae*, das heutige Aix-en-Provence. Teile Südfrankreichs wurden im Jahre 121 v. u. Z. schließlich zur **Provincia Gallia Narbonensis** (daher auch der Name Provence) erklärt und zügig romanisiert, wenngleich der jahrhundertealte griechische Einfluss noch lange Zeit spürbar blieb.

Gleichwohl darf nicht übersehen werden, dass die Sicherung des für Nachschub und Handel eminent wichtigen Landwegs zwischen Italien und der Provence erst nach zähen Kämpfen zu Beginn der Regierungszeit von Kaiser Augustus unter römische Kontrolle kam. Zuvor hatten die in den schwer zugänglichen Alpentälern lebenden ligurischen Volksstämme immer wieder die Alpenpässe blockiert und den Durchgangsverkehr bedroht. Da man gewohnt ist, die antike Geschichte aus Sicht der Römer und Griechen zu betrachten, wird zumeist vergessen, die Leistungen der ligurischen Bevölkerung entsprechend zu würdigen: Über drei Generationen hinweg hatten es die Ligurer vermocht, dem schier übermächtigen römischen Imperium die Stirn zu bieten. Die Römer erkannten die Bedeutung des schwer errungenen Sieges: Neben der Via Aurelia ließ der römische Senat beim heutigen La Turbie zu Ehren des Kaisers Augustus eine monumentale Siegestrophäe *(Trophée des Alpes)* errichten, die an die Unterwerfung der Alpenvölker erinnert und durch ihren Gigantismus den Glanz und die Macht des römischen Imperiums hervorheben sollte. Als *Provincia Alpes Maritimae* wurde das neu hinzugewonnene Territorium dem Römischen Reich eingegliedert und von *Cemenelum* (Cimiez) aus verwaltet, später dehnte sich die Provinz weiter nach Norden und Nordwesten aus, weshalb die Hauptstadt nach *Eburodunum* (Embrun) verlegt wurde.

Die zwei Jahrhunderte nach Augustus' Tod gelten als die eigentliche Blütezeit der Provinzen *Gallia Narbonensis* und *Alpes Maritimae*. Es folgte eine lange Periode des Friedens und der wirtschaftlichen Prosperität. Doch bereits seit der Mitte des 3. Jahrhunderts deuteten die Alemanneninvasionen das Ende der römischen Herrschaft an. Ungefähr zeitgleich mit dem sich ankündigenden Niedergang des Römischen Reiches breitete sich das **Christentum** im späten zweiten und dritten Jahrhundert in Südfrankreich aus. Zu Beginn des 5. Jahrhunderts gab es in Gallien bereits 113 Bischofssitze, von denen aber bei weitem nicht alle bis in unsere Tage erhalten geblieben sind. Der heilige Honoratius zog sich 410 mit ein paar Anhängern auf eine kleine, dem heutigen Cannes vorgelagerte Insel zurück und rief dort ein Kloster ins Leben, das alsbald zu einem Zentrum des religiösen Lebens in Gallien und darüber hinaus werden sollte. Von den ersten Kirchenbauten sind nur Spuren erhalten; das Baptisterium von Fréjus stammt bereits aus dem 5. bzw. 6. Jahrhundert und zählt zu den ältesten Sakralbauten Frankreichs. Die Sorgfalt, mit der der Bau dieser Taufkapelle betrieben wurde, zeugt von der hohen Bedeutung, welche die christliche Glaubensgemeinschaft diesem Initiationsritus damals beigemessen hatte.

Mittelalter

Auch nach dem Zusammenbruch des Weströmischen Reiches blieb die spätrömische Verwaltungsstruktur und Wirtschaftsordnung in der Provence weitgehend in Takt. Das lag unter anderem am schnellen Herrscherwechsel: Die Westgoten, die 471 Arles erobert hatten, wurden kurzzeitig von den Burgundern und diese wiederum von den Ostgoten in ihrer Vormachtstellung abgelöst. Die südfranzösischen Städte erholten sich relativ schnell von den durch die **Völkerwanderung** ausgelösten Invasionen des 5. Jahrhunderts. Marseille, Arles und Fréjus besaßen eine hohe Bevölkerungsdichte und dienten unter der Herrschaft der Ostgoten weiterhin nicht nur als administrative und kirchliche Zentren, sondern blieben auch wichtige Handels- und Gewerbestandorte. Wie archäologische Funde gezeigt haben, waren es vor allem die Töpfereien, Webereien sowie das Kunstschmiedehandwerk, die mit Gewinn betrieben wurden. Darüber hinaus zählten die südfranzösischen Mittelmeerhäfen Marseille, Nizza und Fos im 6. Jahrhundert zu den wichtigs-

In Cimiez oberhalb von Nizza ist die römische Vergangenheit noch gegenwärtig

ten Wirtschaftszentren des Mittelmeerraumes. Gehandelt wurde hauptsächlich mit Luxuswaren: Edle Gewürze, feine Textilien, Schmuck, Edelsteine und Papyrus wurden umgeschlagen und gelangten auf den bewährten Römerstraßen entlang der Rhône bis in den Norden Frankreichs.

Seit dem 9. Jahrhundert wurden die europäischen Mittelmeerküsten immer wieder von den aus Nordafrika stammenden **Sarazenen** heimgesucht und verwüstet. Marseille wurde 838, Arles vier Jahre später angegriffen und geplündert; beide Städte mussten sich nur wenige Jahre danach eines erneuten Ansturms erwehren. Anders als beispielsweise in Sizilien konnten sich die Araber nur punktuell festsetzen. Als Hauptstützpunkt für Raubzüge in das Rhônegebiet diente ihnen ab 888 die Festung Fraxinetum, eine im Hinterland von Saint-Tropez, beim heutigen Bergstädtchen La Garde-Freinet, gelegene Höhenburg. Erst im Jahre 972 gelang es dem Grafen der Provence stellvertretend für den deutschen Kaiser Otto den Großen – die Provence gehörte formalrechtlich immer noch zum Heiligen Römischen Reich –, dieses „Räubernest" auszuheben und die Provence nachhaltig von der arabischen Bedrohung zu befreien. Die arabischen Eroberungsstreifzüge hatten langfristig gesehen katastrophale Auswirkungen: Marseille, Arles und Avignon vegetierten in wirtschaftlicher Bedeutungslosigkeit dahin; Fréjus, Toulon und Antibes verschwanden für lange Zeit von der Landkarte, Cimiez gar bis ins 19. Jahrhundert. Die Vertreibung der Sarazenen begünstigte den nun einsetzenden wirtschaftlichen Aufschwung.

Aus einem Reisebericht von 1763

Der ganze Südosten Frankreichs und die Grafschaft Nizza zählten im 18. Jahrhundert zu den ärmsten Regionen Europas. Der Schotte Tobias Smollett hatte die wirtschaftliche Not auf einer 1763 unternommenen Reise deutlich erkannt: „Die Armut der Menschen in diesem Landstrich, wie überhaupt im Süden von Frankreich, kann man an der äußeren Erscheinung ihrer Haustiere ablesen. Die Zugpferde, Maultiere und Esel der Bauern sind bemitleidenswert mager. Ich habe keinen einzigen Hund in einem erträglichen Zustand gesehen, und die vielen Katzen sind geradezu der Inbegriff der allgemeinen Hungersnot, erschreckend dürr und gefährliche Räuber. Erstaunlicherweise sind die Hunde friedfertig und fressen keine kleinen Kinder. Es gibt einen weiteren Beweis für diese Bedürftigkeit, die unter dem gemeinen Volk herrscht: Man kann den ganzen Süden von Frankreich durchqueren, genauso wie den Bezirk Nizza, wo kein Mangel an Hainen, Wäldern und Anpflanzungen herrscht, ohne irgendwo den Gesang einer Amsel, Drossel, Hänfling, Stieglitz oder sonst einem Vogel zu hören. Die armen Vögel sind vernichtet oder haben in anderen Landstrichen Zuflucht gesucht, grausam vertrieben und verfolgt von diesen Menschen, die keine Mühe scheuen, sie um des eigenen Ueberlebens willen zu fangen und zu töten."

Tobias Smollett

In der zweiten Hälfte des 14. Jahrhunderts wurde die Provence durch Erbstreitereien im Hause Anjou tief greifend erschüttert. Zwei Potentaten, der vom Papst unterstützte Karl von Durazzo und Ludwig von Anjou, ein Sohn des französischen Königs, kämpften um die Herrschaft der Provence. Die westlichen Teile der Provence favorisierten Ludwig von Anjou, während östlich des Var das Herz für die Sache des Papstes schlug. Diese Streitereien waren die Spitzen eines Konfliktes zwischen dem um Ausdehnung seines Herrschaftsgebietes bemühten französischen Königshaus und einem nach mehr weltlicher Macht strebenden Papsttum. Letztlich konnte sich zwar *Ludwig von Anjou* durchsetzen, doch verloren seine Erben 1388 die Grafschaft Nizza und die Gegend um Barcelonnette an den aufstrebenden Grafen von Savoyen. Bis 1860 blieb diese Region zweigeteilt, wobei vor allem Nizza, das damals schon 10.000 Einwohner zählte und durch die schwer überwindbaren Seealpen von Savoyen abgeschnitten blieb, aufgrund seiner geographischen Randlage mit erheblichen wirtschaftlichen Nachteilen zu kämpfen hatte.

Revolution und Napoléon

Innerhalb der relativ kurzen Zeitspanne von Mai bis Oktober 1789 brach das *Ancien Régime* in Frankreich völlig zusammen. Am 14. Juli 1789 erfolgte der Sturm auf die Bastille – ein symbolischer Akt, der diesen Niedergang in spektakulärer Weise besiegelte. Übrigens paarte sich an diesem Tag revolutionäre Leidenschaft mit der Unzufriedenheit des einfachen Volkes: Am 14. Juli war das Brot teurer als jemals zuvor im 18. Jahrhundert! Mit ihrem politischen Glaubensbekenntnis **„Freiheit, Gleichheit, Brüderlichkeit"** sorgten die französischen Republikaner in den ersten Jahren der Revolution für eine bahnbrechende Umwälzung des französischen Staatssystems, von deren politischen und gesellschaftlichen Folgen die Welt bis heute geprägt wird. Jeder Franzose sollte von nun an vor dem Gesetz gleich sein; die Privilegien des Adels und des Klerus wurden genauso abgeschafft wie das Zunftwesen. Das Steuersystem wurde vereinheitlicht, der Kirchenzehnte abgeschafft, das Land in neue Verwaltungsbezirke, die noch heute bestehenden Départements, eingeteilt, das Bildungssystem reformiert und die Gewerbefreiheit eingeführt. Geistige Besitztümer wurden konfisziert, jahrtausendealte Bistümer verschwanden von der Landkarte, Klöster wurden aufgelöst und fielen in großer Zahl dem Verfall anheim.

Im Windschatten der Revolution begann der Aufstieg eines kleinen korsischen Leutnants namens *Napoléon Bonaparte:* Am 18. Dezember 1793 machte **Napoléon** erstmals von sich reden, als er die englische Besatzung von Toulon, dem bedeutendsten französischen Militärhafen am Mittelmeer, erfolgreich beendete. Zum Dank für diesen unerwarteten Sieg wurde Napoléon in den Generalsrang erhoben. Napoléons Stern stieg in den nächsten Jahren höher und höher am französischen Himmel empor: Seit dem 9. November 1799 hatte er die faktische Herrschaft übernommen, am 2. Dezember 1804 krönte er sich selbst zum Kaiser. In der Provence erfreute sich Napoléon allerdings keiner uneingeschränkten Zustimmung. Die Küstenorte, insbesondere Marseille, hatten durch die Kontinentalsperre erhebliche finanzielle Einbußen hinnehmen müssen und sympathisierten weiterhin mit dem alten Königshaus. Dies war auch ein Grund, weswegen Napoléon, als er im Februar 1815 aus seiner Verbannung von der Insel Elba floh, nicht etwa in einer der großen französischen Hafenstädte, sondern am 1. März bei dem unbedeutenden Golfe-Juan an der südfranzösischen Küste an Land ging. Da er fürchtete, im Rhônetal auf Widerstand zu stoßen, reiste Napoléon über Grasse nach Grenoble, das er eine Woche später erreichte. In Lyon wurde er mit den Rufen „Es lebe der Kaiser" empfangen. Am 20. März zog Napoléon unter Beifallsstürmen in Paris ein. Die Erinnerung an seine militärischen Erfolge und sein Engagement für das Programm und die Symbolik der Revolution führten ihm schnell zahlreiche Anhänger zu. Am 18. Juni 1815 endete auf dem Schlachtfeld von Waterloo die Herrschaft der „Hundert Tage", nach vier weiteren Tagen dankte Napoléon ab und schiffte sich drei Wochen später nach Sankt-Helena ein.

Die „Entdeckung" der Côte d'Azur

Bereits in der ersten Hälfte des 18. Jahrhunderts nahmen die ersten Reisenden aus dem regenverhangenen Norden die beschwerliche Fahrt in das gelobte Land, in dem die Zitronen blühen, auf sich. Doch es waren nur eine Handvoll, zumeist adeliger Persönlichkeiten, die die französische Mittelmeerküste aufsuchten; als eigentlicher „Entdecker" gilt zu Recht der schottische Arzt und Reiseschriftsteller *Tobias Smollett*. Smollett war der erste „Tourist", der aus gesundheitlichen Gründen Bäder im Meer nahm: „Die Leute wunderten sich sehr, als ich mit dem Monat May anfing zu baden. Es kam ihnen fremde vor, dass ein Mann, der die Auszehrung zu haben schien, ins Meer stieg, zumahl wenn es kalte Tage waren: und einige Aerzte prophezeieten mir einen schleunigen Tod. Wie man aber sahe, dass es sich nach dem Bade mit mir besserte, versuchten es einige Schweizerofficiers gleichfals, und es währte nicht lange, so folgten verschiedene Einwohner der Stadt unserem Beyspiele." Auf der Basis penibler Aufzeichnungen versuchte Smollett 1763, einen Zusammenhang zwischen den Wetterverhältnissen und dem Zustand seiner kranken Lungen herzustellen. Er fertigte hierzu eine meteorologische Tabelle an, um die Verbesserung seines Gesundheitszustandes wissenschaftlich begründen zu können. Da Smollett von der gegenseitigen Einflussnahme überzeugt war, verwundert es nicht, dass sich sein Zustand aufgrund des guten Klimas schnell verbesserte. Wie dem auch sei, die Veröffentlichung von Smolletts 1767 erschienenen Reiseaufzeichnungen trug erheblich dazu bei, dass Nizza in den nächsten Jahrzehnten zum begehrtesten Reiseziel der Engländer avancierte. Die Einheimischen lernten schnell: Wohnraum an eine Familie von „Hivernats" zu vermieten, war lukrativer und einfacher, als sich um die Olivenernte zu bemühen. Bereits 1787 waren es 115 englische Familien, die regelmäßig in Nizza überwinterten. Niemand ahnte damals, dass man es mit den ersten Vorboten einer neuen Völkerwanderung zu tun hatte. Alsbald entstanden ganze Villenviertel, tropische Pflanzen wurden akklimatisiert und weitläufige Gärten angelegt. Offiziell suchte man die Riviera noch immer der Gesundheit wegen auf, doch die Zeitgenossen wussten um die wahren Motive der Müßiggänger: „Weil es Mode ist oder aus Langeweile und aus Vergnügungssucht reisen genauso viele Leute hierher wie wegen ihres schlechten Gesundheitszustands", empörte sich 1870 ein Engländer und der Schweizer Kunsthistoriker *Jakob Burckhardt* setzte süffisant hinzu. „Was die Riviera betrifft, so müsste dieselbe, wenn die jetzigen Zeiten des Luxus fortdauern, in wenigen Jahren nichts als ein einziges Hotel werden, wo das ganze reiche und kränkelnde Europa den Winter zubrächte. Sobald das Meer ruhig wäre, würde man nichts mehr als Husten hören." Für viele kranke Gäste hatte der sonnige Aufenthalt negative gesundheitliche Folgen, da das milde Mittelmeerklima fälschlicherweise als ideal zur Heilung von Lungenkrankheiten galt. Die Zugehörigkeit der Grafschaft Nizza zu Frankreich (1860) und der daraus resultierende Anschluss an das französische Eisenbahnnetz zogen eine regelrechte Touristenschwemme nach sich.

Ihren heutigen Namen erhielt die französische Riviera erst relativ spät: 1887 hatte *Stéphen Liégeard*, eine illustre Persönlichkeit, aber nur mittelmäßiger Dichter, ein Buch unter dem Titel „La Côte d'Azur" publiziert. In überschwänglichen Tönen lobte Liégeard den lieblichen „Küstensaum", den er geografisch noch wesentlich weiter fasste als er heute unter der Bezeichnung Côte d'Azur verstanden wird: „Mögen andere das blonde Menton preisen, das sich träge auf einem Felsen erstreckt, umwunden von Zitronenbäumen; mag das ausschweifende Nizza, das hinter einem nach Veilchen duftenden Fächer lächelt, den Passanten mit dem ganzen Rausch seiner Vergnügungen tränken! Ohne zu zögern, ziehen wir Cannes vor ... Cannes kann sich der Sonnenglut rühmen, die eigens für Herzoginnen entfacht wurde. Ja, die Lieblingstochter der Sonne ist Cannes, eine Patrizierin höchsten Ranges, zurückhaltend mit ihrem Willkommen, anfangs ein wenig stolz, deren Gunst man nur durch Eleganz oder durch Verdienste erringt." Ungefähr zeitgleich mit der Namensbildung Côte d'Azur genoss der Küstenabschnitt selbst in den höchsten Adelskreisen einen ausgezeichneten Ruf: Die englische Königin *Victoria* und der belgische König *Leopold II.* zählten zu den Wintergästen; Schriftsteller und Künstler wie *Nietzsche, Tschechow, Signac* und *Renoir* wussten die südliche Atmosphäre und das Licht zu schätzen. Einen letzten, entscheidenden Impuls erhielt die Côte d'Azur nach Ende des Ersten Weltkrieges: Die Hotels öffneten nun auch im Juli und August, der Sommerurlaub an der Küste wurde salonfähig!

Das 19. Jahrhundert

Nach der Niederlage von Waterloo (1815) und der Verbannung Napoléons auf Sankt-Helena kehrte langsam wieder Ruhe ein; dank Talleyrands geschickter Verhandlungsführung auf dem **Wiener Kongress** hatte Frankreich seine Großmachtstellung auf dem europäischen Parkett behaupten können, musste allerdings die annektierte Grafschaft Nizza und das Fürstentum Monaco wieder an den König von Sardinien bzw. an die Familie Grimaldi zurückgeben. Einer Anekdote zufolge soll *Talleyrand* 1816 bei einem Nizzabesuch bedauernd geäußert haben: „Wenn ich gewusst hätte, wie schön dieser Flecken ist, hätte ich mich auf dem Wiener Kongress seiner Rückgabe an Savoyen widersetzt." Doch war sich Talleyrand – wie ganz Frankreich – darüber im Klaren, dass der verlorene Krieg bei weitem negativere Folgen hätte nach sich ziehen können. Erst 1860 wurde Nizza endgültig französisch. Gewissermaßen als Preis für die Verwirklichung von Garibaldis Einheitstraum trat das italienische Königreich die Grafschaft Nizza mit Ausnahme des oberen Royatals – dieses Gebiet sollte noch bis 1947 zu Italien gehören – an Frankreich ab. Mit der Abtretung „bedankte" sich der 1861 geschaffene italienische Einheitsstaat für die französische Unterstützung im Kampf gegen Österreich, wodurch Italien um die Lombardei erweitert wurde. Zur demokratischen Legitimation wurde noch eine Volksabstimmung initiiert: 25.743 stimmten für den Anschluss an Frankreich, nur 160 dagegen. Die überwältigende Zustimmung nährte allerdings den begründeten Verdacht, bei der Abstimmung sei nicht alles mit rechten Dingen zugegangen. Betrug hin oder her, der Anschluss an Frankreich brachte jedenfalls für die einstige Grafschaft Nizza den lang erhofften Aufschwung, die Wirtschaft begann in bis dato unbekanntem Ausmaße zu florieren.

Niederlage, Vichy und Résistance

Der Südosten Frankreichs gehörte bis November 1942 zur unbesetzten Zone und wurde daher schnell zum Sammelbecken für politisch und ethnisch Verfolgte. Schon ab 1933 entwickelte sich das kleine Fischerdorf Sanary-sur-Mer zum begehrten Domizil zahlreicher, aus dem nationalsozialistischen Deutschland geflohener Literaten. Zu Dutzenden trafen sich deutsche Schriftsteller, darunter Persönlichkeiten wie Thomas Mann und Lion Feuchtwanger, in den Cafés am Hafenkai; eine kleinere Kolonie entstand auch in Nizza, wo Theodor Wolff, Heinrich Mann, Hermann Kesten und Joseph Roth lebten. Für wenige Jahre galt Südfrankreich als das gelobte Land der deutschen Exilliteratur.

Am 10. Mai 1940 begann die **deutsche Offensive** gegen Frankreich; in einem „Blitzkrieg" überwand Hitlers Armee die französischen Stellungen. Die Nazis marschierten in kürzester Zeit in Paris ein, der gesamte Norden des Landes befand sich in deutscher Hand. Am 22. Juni wurde in Compiègne der Waffenstillstand unterzeichnet; nur der Südosten Frankreichs blieb als unbesetzte Zone vorerst vom direkten deutschen Zugriff verschont. Im Juli 1940 wurden Marschall Pétain in Vichy von der Nationalversammlung die Regierungsvollmachten übertragen. Pétain und seine Mitstreiter versuchten, einer antiquierten, „nationalen Revolution" den Weg zu ebnen; „Gott, Familie und Vaterland" sollten von nun an wieder den französischen Lebensmittelpunkt bilden, Scheidungen wurden erschwert, Abtreibungen mit drastischen Strafen belegt, republikanisch gesinnte Würdenträger rigoros der Macht enthoben, Freimaurerlogen aufgelöst, Kommunisten bedroht und antisemitischen Ressentiments freier Lauf gelassen. Ohne deutschen Druck wurden die „Juden französischer Nationalität" diskriminiert und systematisch vom öffentlichen Leben ausgeschlossen. Am 24. Oktober verkündete Pétain im Rundfunk, das Vichy-Regime habe sich zur *Collaboration d'Etat* mit Deutschland entschlossen.

Allmählich begann sich der Widerstand gegen die Regierung Pétain zu formieren. Einige wenige überzeugte Hitlergegner hatten ihren Unmut mit Sabotageakten und Protesten schon kurz nach der Kapitulation Frankreichs

Einnerungen an die Landung der Alliierten bei Agay

zum Ausdruck gebracht, aber erst in der zweiten Hälfte des Jahres 1941 wurden die **Widerstandsaktionen** koordinierter und wirkungsvoller. Nach dem Angriff Hitlers auf die Sowjetunion brachten die Kommunisten ihre Untergrunderfahrung ein und wurden zum militärisch schlagkräftigsten Arm der *Résistance*. Mit der sich im weiteren Kriegsverlauf immer deutlicher abzeichnenden Niederlage Deutschlands nahm auch die Zahl der Résistancekämpfer zu. Zuletzt dürften 100.000 bis 200.000 Personen am aktiven Widerstand beteiligt gewesen sein.

Nach dem Einmarsch der Alliierten in Nordafrika (November 1942) hob Hitler die „freie" Zone auf; die französische Flotte versenkte sich selbst im Hafen von Toulon, um nicht in die Hände der Nazis zu fallen, die entgegen der Waffenstillstandsvereinbarungen versuchten, sich der Flotte zu bemächtigen. Für ein knappes Jahr agierten italienische Soldaten als Besatzer, bevor nach der Kapitulation Italiens die Deutschen an ihre Stelle traten. Von Anfang an sahen sich die Deutschen mit Gerüchten einer bevorstehenden Invasion an der französischen Mittelmeerküste konfrontiert; in Toulon und Marseille wurden Truppen zusammengezogen, um eine Landung der Alliierten zurückschlagen zu können. Doch die Alliierten besannen sich anfangs auf ihre Luftüberlegenheit und überzogen den Küstenstreifen ab dem 28. April 1944 mit Bombenangriffen. Am 6. Juni begann die alliierte Großoffensive bekanntlich in der Normandie; als dann mehr als zwei Monate später, am 15. August 1944, **alliierte Landungstruppen** an einem mehr als 50 km breiten Küstenabschnitt östlich von Toulon mit der Eroberung Südfrankreichs begannen, waren die Würfel schon gefallen. Angesichts der aussichtslosen Lage ergab sich General Neuling bereits am 17. August in Draguignan. Innerhalb weniger Wochen wurden alle größeren Städte Südfrankreichs mit tatkräftiger Unterstützung der Résistance zurückerobert, am 12. September trafen in Châtillon-sur-Seine die Invasionstruppen aus der Normandie und der Provence zusammen; die Befreiung Frankreichs war abgeschlossen.

Literaturtipps

Die passende Urlaubslektüre ist genauso wichtig wie der Strandhut. Da die Literatur über die Côte d'Azur in ihrer Fülle nur schwer überschaubar ist, möchte die folgende Auflistung einige Hilfestellungen geben. Auf Bücher, die thematisch sehr eng mit einer bestimmten Stadt oder Region verbunden sind, wird in den jeweiligen Ortskapiteln noch einmal speziell hingewiesen.

Belletristik

Bayer, Thommie: Sieben Tage im Sommer. Piper Verlag, München 2023. Eine hintergründige Geschichte um ein 30 Jahre zurückliegendes Ereignis, die in einem Ferienhaus an der Côte d'Azur spielt.

Fitzgerald, Scott F.: Zärtlich ist die Nacht. Diogenes Taschenbuch, Zürich 2007. Spielt im Antibes der 1920er-Jahre.

Gallo, Max: Engelsbucht. Fischer Verlag, Frankfurt 1977. Historischer Roman über drei Brüder aus dem kargen Piemont, die im 19. Jahrhundert in das aufstrebende Nizza kommen, um ihr Glück zu machen. Gallo schildert ausführlich die politisch-gesellschaftlichen Verhältnisse der Belle Époque. Nicht mehr im Handel erhältlich.

Houellebecq, Michel: Elementarteilchen. List Taschenbuch, München 2001. Ein Kapitel von Houellebecqs Skandalroman spielt in Saorge.

Kantorowicz, Alfred: Exil in Frankreich. Fischer Taschenbuch, Frankfurt 1986. Derzeit nicht mehr lieferbar.

Koeppen, Wolfgang: Reisen nach Frankreich. Suhrkamp Taschenbuch, Frankfurt 1992. Das wohl schönste Reisebuch Koeppens. Eine literarische Hommage an Frankreich und seine südlichen Regionen.

Langer, Tanja: Cap Esterel. Volk und Welt, Berlin 1999. Ein junger Architekt fährt an die Côte d'Azur, um die große Tragödie seiner Kindheit zu verarbeiten, die wie ein übermächtiger Schatten auf seinem Leben liegt.

Laporte, René: Hôtel Solitude. dtv, München 2014. Eine verworrene Liebesgeschichte, die in einem fast verlassenen Grandhotel hoch über Monaco spielt.

Nestmeyer, Ralf: Roter Lavendel. Emons Verlag, Köln 2015. Stimmungsvoller Provence-Krimi, der zu einem längst vergessenen Verbrechen aus der Résistance-Zeit führt.

Nestmeyer, Ralf (Hg.): Provence und Côte d'Azur, ein literarischer Reisebegleiter. Insel Verlag, Frankfurt 2002.

Olmi, Véronique: Die Promenade. Antje Kunstmann Verlag, München 2009. Einfühlsam wird hier das Schicksal einer russischen Immigrantin im Nizza der 1970er-Jahre erzählt.

Paris, Gilles: Der Glühwürmchensommer. Berlin Verlag 2016. Eine unterhaltsame Familiengeschichte, die am Cap-Martin spielt.

Sagan, Françoise: Bonjour Tristesse. Ullstein 1996. Das Melodram um eine berechnende 17-jährige Bürgerstochter und ihre zukünftige Stiefmutter spielt in den 1950er-Jahren im mondänen Milieu der Côte d'Azur.

Süskind, Patrick: Das Parfüm. Diogenes Taschenbuch, Zürich; mehrfach aufgelegt. Megabestseller um den psychopathischen Mörder Jean-Baptiste Grenouille. Schauplatz: Paris und Grasse im 18. Jahrhundert.

Reiseliteratur

Anker, Daniel: Côte d'Azur. Rother Wanderführer. München 1998. 45 ausführlich beschilderte Wandertouren entlang der Côte d'Azur.

Bade, Sabine/Mikuteit, Wolfram: Grande Randonnée 52A. Le Sentier panoramique du Mercantour. Ein interessanter Wanderführer zur Region. fernwege.de.

Clarke, Stephen: Ein Engländer in Saint-Tropez. Piper Taschenbuch, München 2009. Eine heitere Reise durch die Provence und Côte d'Azur.

Eichinger, Katja: Das große Blau. Blumenbar Verlag 2024. Eine persönliche Betrachtung der Côte d'Azur als Sehnsuchtsort.

Hynek, Françoise/Urban-Halle, Peter: Jahreszeiten in der französischen Küche. Wagenbach Verlag 2013. Zu einer kulinarischen Reise mit 77 Rezepten laden die Autoren mit ihrem Buch ein. Ansprechende Rezepte, ein wenig Landeskunde und literarische Anspielungen machen die Lektüre zu einem Vergnügen.

Mann, Erika und Klaus: Riviera. Unveränderter Nachdruck von 1931. Silver & Goldstein, Berlin 1989. Das berühmte Geschwisterpaar auf Erkundungstour entlang der Riviera zwischen Marseille und Genua.

Merian: Monaco. Côte d'Azur. Hoffmann und Campe, Hamburg 1981. Nur noch antiquarisch erhältlich.

Merian: Französische Riviera. Hoffmann und Campe, Hamburg 1961. Nur noch antiquarisch erhältlich.

Nestmeyer, Ralf: Provence und Côte d'Azur. Literarische Reisebilder aus dem Midi. Ehemals Klett-Cotta, jetzt als E-Book-Version. Stimmungsvolle Einführung in die Literatur Südfrankreichs.

Nestmeyer, Ralf: 111 Orte an der Côte d'Azur, die man gesehen haben muss. Emons Verlag, Köln 2025. 111 große und kleine Überraschungen, die Geschichte erzählen und Ungewöhnliches entdecken lassen – ideal als Ergänzung zum Reiseführer!

Raddatz, Fritz J.: Nizza mon amour. Arche Verlag, Zürich 2010. Eine Hommage an die Côte d'Azur und ihre ungekrönte Hauptstadt, geschrieben von einem großen Feuilletonisten, der den Winter in Nizza verbringt.

Rosteck, Jens: Gebrauchsanweisung für Nizza und die Côte d'Azur. Piper Verlag, München 2007. Sehr hintergründig und fundiert, daher besser alles viele andere Titel der Reihe „Gebrauchsanweisung für ...".

Scherer, Hans: Côte d'Azur. Schöffling & Co, Frankfurt 1998. Amüsante und kurzweilige Essays aus der Feder eines hervorragenden deutschen Reisejournalisten.

Wunderlich, Heinke: Spaziergänge an der Côte d'Azur der Literaten. Arche Verlag, Zürich 1993. Mit zahlreichen Schwarz-Weiß-Fotos bebildert.

Geschichte und andere Sachbücher

Blume, Mary: Côte d'Azur. Geschichte und Geschichten von der Belle Époque bis zur Gegenwart. Heyne Verlag, München 1993. Locker geschriebene kulturgeschichtliche Abhandlung über den Mythos Côte d'Azur.

Braudel, Fernand/Duby, Georges/Aymard, Maurice: Die Welt des Mittelmeers. Fischer Taschenbuch, Frankfurt 1993. Hommage an eine Kulturlandschaft.

Chevallier, Raymond: Römische Provence. Die Provinz Gallia Narbonensis. Atlantis Verlag, Zürich und Freiburg 1979. Ansprechende Bestandsaufnahme der römischen Hinterlassenschaften in der Provence. Nur noch in Bibliotheken.

Corbin, Alain: Meereslust. Erschienen im Wagenbach Verlag sowie als Fischer Taschenbuch, Frankfurt 1993. Ausgezeichnetes kulturgeschichtliches Werk über die europäische Sehnsucht zum Meer und die Anfänge des Küstentourismus.

Corbin, Alain: Pesthauch und Blütenduft. Eine Geschichte des Geruchs. Ebenfalls im Wagenbach Verlag sowie als Fischer Taschenbuch erschienen. Diese faszinierende kulturgeschichtliche Abhandlung beschreibt die durch die Revolution bedingte Wahrnehmungsveränderung von Düften. Das Werk diente Patrick Süskind als Inspiration für seinen Roman „Parfüm".

De Courcy, Anne: Coco Chanels Riviera. Insel Verlag, Berlin 2022. Lieben, Leben und Überleben an der Côte d'Azur. Man erfährt viel über das Leben der Modelegende, aber auch viel Tratsch.

Flügge, Manfred: Wider Willen im Paradies. Deutsche Schriftsteller im Exil in Sanary-sur-Mer. Aufbau Taschenbuch, Berlin 1996.

Hachmeister, Lutz: Hotel Provençal. C. Bertelsmann, München 2021. Am Beispiel Juan-les-Pins wird die Geschichte der Côte d'Azur erzählt.

Loth, Wilfried: Geschichte Frankreichs im 20. Jahrhundert. Fischer Taschenbuch, Frankfurt 1992. Informiert kompetent über die Grundzüge der modernen französischen Geschichte.

Nestmeyer, Ralf: Alles Mythos! 16 populäre Irrtümer über Frankreich. Theiss Verlag 2014. Von den Galliern über Napoleon und die Französische Revolution werden hier bekannte Stereotypen der französischen Geschichte auf den Prüfstand gestellt und hinterfragt.

Die Côte d'Azur im Film

Nicht nur durch die Internationalen Filmfestspiele von Cannes hat sich der Süden Frankreichs einen festen Platz in der Kinogeschichte erobert. Der Bahnhof von La Ciotat diente beispielsweise als Drehort für den ersten Film der Kinogeschichte. Im Jahr 1895 filmten die Brüder Lumière dort mit großem Erfolg die Ankunft eines Zuges *(L'Entrée du train en gare de La Ciotat)*. Die Filmstudios von Marseille und Nizza genossen vor dem Zweiten Weltkrieg einen ausgezeichneten Ruf und auch nach Kriegsausbruch wurde weiter gedreht: In den Victorine-Studios in Nizza entstand Marcel Carnés Klassiker *Les Enfants du Paradis* („Kinder des Olymp"), die Hauptrollen spielten Arletty und der unvergessene Jean-Louis Barrault. Später waren es dann Alfred Hitchcock mit „Über den Dächern von Nizza" und Roger Vadim, die die Côte d'Azur als ideale Filmkulisse entdeckten; Letzterer machte durch „Und immer lockt das Weib" Brigitte Bardot zum Superstar. Als die amerikanische Filmschauspielerin Grace Kelly kurze Zeit danach von den „Dächern Nizzas" ins fürstliche Gemach nach Monaco wechselte, um dort die weibliche Hauptrolle zu spielen, war die Scheinwelt des Kinos gar zur glitzernden Wirklichkeit geworden. Die Côte d'Azur diente zudem als Schauplatz zweier James-Bond-Filme: „Sag niemals nie" mit Sean Connery und „GoldenEye" mit Pierce Brosnan.

Der Grenzübergang zu Italien ist fließend

Anreise

Mit dem Auto oder Motorrad

Für Österreicher, Schweizer und Süddeutsche ist die An- und Abreise mit dem eigenen motorisierten Fahrzeug durchaus in einem Tag zu bewältigen; wer jedoch in Norddeutschland wohnt bzw. aus Kostengründen oder des gemächlichen Tempos wegen nur Landstraßen benutzen will, sollte eine Übernachtung einplanen.

Allgemeine Hinweise für Frankreichfahrer

Alkohol am Steuer Wie in Deutschland und den meisten anderen Ländern Europas gilt auch in Frankreich eine Grenze von 0,5 Promille.

Autobahngebühren Die Gebühren sind an den mit *Péage* angekündigten Mautstellen entweder bar (Kleingeld bereit halten!) oder mittels Kreditkarte (Eurocard, Mastercard, Visa) zu entrichten. Darüber hinaus gibt es ein System der elektronischen Erfassung von Mautgebühren (Télépeage), für das speziell markierte Fahrspuren („t") zur Verfügung stehen. Das System kann auch von Touristen genutzt werden. Dazu besorgt man sich die mit einem Chip ausgestattete Plakette, aktiviert und bringt sie an der Windschutzscheibe an (vor der Durchfahrt gibt der Chip einen Piepton aus, die Ampel schaltet auf Grün und die Schranke öffnet sich). Kosten: einmalig 20 € sowie 1,70 € für jeden Monat, in dem man fährt. Bestellen kann man die Plakette online unter bipandgo.com/de. Eigentlich lohnt sich das System aber nur für Vielfahrer.

Als Richtgröße kann man davon ausgehen, dass der Autobahnkilometer etwa 7 Cent kostet (rund um die größeren Städte werden in der Regel keine Gebühren erhoben). Von Saarbrücken bis an die Côte d'Azur summieren sich die Autobahngebühren so auf etwa 60 €. Auf das Ticket sollte man stets gut aufpassen; wer es nicht vorweisen kann, muss den höchsten theoretisch möglichen Preis entrichten. Ein Tipp: An den mit „CB" für *Carte Bancaire*

(Kreditkarten) ausgewiesenen Spuren – zumeist ganz links – sind oft erheblich kürzere Schlangen als an den Bargeld-Schaltern.

Benzin und Gas Am teuersten sind auch in Frankreich die Tankstellen an den Autobahnen, billiger sind die Tankstellen bei den großen Supermärkten; dort wird allerdings keinerlei Service geboten. Die Preisunterschiede zu den Markentankstellen können bis zu 12 Cent pro Liter betragen!

Die Homepage carbeo.com ermöglicht einen Vergleich, wo man im jeweiligen Département günstig tanken kann. Wer über einen Gastank verfügt, kann sich vorab auf gas-tankstellen.de über die Lage der entsprechenden Tankstellen informieren. Hybrid- und Elektrofahrzeuge „tanken" an einer E-Ladestation, die in Frankreich *Station de recharge* oder *Borne électrique* genannt wird. Über die Homepage reveocharge.com/fr findet man leicht die nächste Ladestation.

Bußgelder Zwischen Deutschland, Österreich, Frankreich und Italien gibt es ein „Vollstreckungsabkommen", mit dessen Hilfe Verkehrssünder auch in ihren Heimatländern zu Bußgeldern herangezogen werden können. „Voraussetzung" ist allerdings, dass das Bußgeld mindestens 70 € beträgt. Die Bußen sind happig, so kostet es mindestens 90 €, wenn man im innerstädtischen Verkehr zu schnell unterwegs ist (56 km/h minus 5 km/h Toleranz reichen bereits aus, wie der Autor aus eigener Erfahrung zu berichten weiß).

Fahrzeugpapiere Der nationale Führerschein und der Fahrzeugschein genügen vollauf; die internationale Grüne Versicherungskarte kann aber bei Unfällen sehr hilfreich sein.

Kreisverkehr Der im deutschsprachigen Verkehrsraum relativ seltene Kreisverkehr *(rond point)* erfreut sich in Frankreich als Alternative zur ampelgesteuerten Kreuzung großer Beliebtheit, wobei das bereits im Kreisverkehr befindliche Fahrzeug fast immer Vorfahrt hat.

Pannenhilfe Auf den Autobahnen kann die Pannenhilfe über die Notrufsäulen angefordert werden, bei Unfällen hilft der Polizeinotruf, ✆ 17.

Parken Bevor man seine Blechkarosse am Straßenrand abstellt, sollte man sich vergewissern, dass das Auto nicht in einer gelben Zone (Streifen am Straßenrand) steht – dies bedeutet nämlich strengstes Parkverbot. Blaue Zonen weisen darauf hin, dass man eine Parkscheibe *(disque)* verwenden muss; das Parken in einer Zone mit der Beschriftung *Payant* ist kostenpflichtig. Vorsichtig sollte man vor allem im Fürstentum Monaco sein. Falschparkern rückt die Polizei mit der Reifenkralle auf die Pelle: freie Fahrt erst gegen Barzahlung!

Sicherheitsweste In Frankreich sind eine signalfarbene Sicherheitsweste und ein Warndreieck Pflicht. Die Weste muss bei einem Unfall oder einer Panne sofort angezogen werden.

Tempolimit Während auf den französischen Autobahnen eine Höchstgeschwindigkeit von 130 km/h (bei Nässe 110 km/h) erlaubt ist, darf auf Schnellstraßen mit zwei Fahrbahnen in jeder Richtung nicht mehr als 110 km/h (bei Nässe 100 km/h) und auf Landstraßen nicht schneller als 80 km/h gefahren werden. Innerhalb geschlossener Ortschaften gilt die bekannte Geschwindigkeitsbegrenzung von 50 km/h. Führerscheinneulinge, die ihren Schein noch kein ganzes Jahr besitzen, dürfen auf allen Straßen nicht schneller als mit 90 km/h dahinbrausen. Geblitzt wird vor allem mit fest installierten Radaranlagen, deren Anzahl in den letzten Jahren deutlich erhöht wurde. Bei Überschreitung der vorgegebenen Höchstgeschwindigkeit werden satte Geldbußen verhängt.

Umweltzone Seit 2017 müssen auch ausländische Fahrzeuge in manchen Städten (Paris, Lyon, Grenoble) die Umwelt- oder Feinstaub-Plakette Crit'Air tragen, die es in 6 verschiedenen Kategorien gibt. Weitere Städte sollen folgen. Bestellen kann man die Plakette für 4,80 € beim französischen Umweltministerium unter certificat-air.gouv.fr/de.

Verkehrshinweise Über den Rundfunksender FM 107,7.

Anfahrtsrouten

Je nach Wohnort bieten sich mit dem eigenen Fahrzeug verschiedene Anreisemöglichkeiten. Abgesehen von den persönlichen Interessen (z. B. Zwischenstopp am Gardasee oder Mont Blanc, Einkaufsbummel in Mailand etc.) stellen die jeweilige Anreisezeit, die anfallenden Reisekosten sowie die Zielregion die Hauptentscheidungskriterien dar. Prinzipiell gilt: Wer die Landstraße wählt, spart Geld, verliert aber viel Zeit.

Anfahrt via Frankreich

Wer auf der **Autobahn** an die Côte d'Azur fahren will, entschließt sich aus Kostengründen zumeist dafür, erst bei Mulhouse (Mühlhausen) die Grenze zu überqueren. Für die Strecke von Mulhouse bis nach Nizza sind zwar immer noch mehr als 50 € an Gebühren – Motorradfahrer reisen rund 40 Prozent billiger – fällig, aber schneller und nervenschonender als auf der Autobahn geht es nun einmal nicht. Für Rheinländer bietet es sich selbstverständlich auch an, über Saarbrücken, Metz und Nancy gen Süden zu fahren. Die ersten Autobahnabschnitte bis Beaune sind relativ wenig befahren, danach wird der Verkehr dichter. Zusammen mit den Reisenden aus dem Großraum Paris geht es ab Lyon auf der viel besungenen *Autoroute du Soleil* (A 7) nach Süden. Unbedingt vermeiden sollte man diese Anreiseroute allerdings an den beiden berüchtigten Wochenenden (um den 14. Juli und 1. August), an denen scheinbar alle Franzosen in die Ferien aufbrechen, gigantische Staus sind dann vorprogrammiert. Vor Marseille zweigt schließlich die A 8 ab, auch *La Provençale* genannt, die über Aix-en-Provence auf direktem Weg zur Côte d'Azur führt.

Auf den **Nationalstraßen** *(Routes Nationales)* geht es ebenfalls – außer an den Tagen, an denen alle fahren – gut und zügig voran; es besteht bei der Anreise über Mulhouse zudem die Möglichkeit einer Abkürzung (N 83) von Besançon über Lons-le-Saunier und Bourg-en-Bresse nach Lyon. Die dreispurigen – die mittlere Spur kann von beiden Fahrtrichtungen zum Überholen genutzt werden – Nationalstraßen im Rhône-Tal befinden sich über weite Strecken in einem ausgezeichneten Zustand. Zu bedenken bleibt allerdings, dass die Anreise erheblich länger dauert, da die zahlreichen Ortsdurchfahrten zeitraubend sind. Dafür kann man die gesparten Autobahngebühren von rund 50 € bequem in ein Doppelzimmer in einem günstigen Hotel investieren.

Von den Beschwerden des Reisens

„Reisen im Postwagen", so vermerkte Johann Georg Heinzmann 1793 in seinem „Rathgeber für junge Reisende", „ermatten eben so sehr den Geist, als sie für den Körper schädlich sind. Wer nur ein paar Tage und eine Nacht im Postwagen gefahren ist, wird zu allen muntern Gesprächen nicht mehr fähig seyn, und alles was um und neben ihm vorgehet, fängt ihm an gleichgültig zu werden. Das unbequeme enge Sitzen, oft bey schwüler Luft, das langsame Fortrutschen mit phlegmatischen und schlafenden Postknechten, der oft pestilenzialische Gestanck unsauberer Reisegesellschaften, das Tobackdampfen und die zottigen schmutzigen Reden der ehrsamen bunten Reisekompagnie, lassen uns bald des Vergnügens satt werden, und verursachen schreckliche Langeweile und gänzliches Übelbefinden in allen Gliedern. Wer acht Tage so gefahren ist, wird fast ein ganz andrer Mensch geworden seyn; wunderlich, träge, gelähmt am ganzen Körper, wachend wird er schlafen, die Augen eingefallen, das Gesicht aufgedunsen, die Füsse geschwollen; der Magen ohne Appetit, das Blut ohne Spannkraft; der Geist abwesend und zerstreut, und wie im Taumel redend."

Route Napoléon: Eine landschaftlich sehr attraktive Anreisevariante bietet die Route Napoléon (N 85; route-napoleon.com), die von Grenoble über Gap, Sisteron, Digne und Grasse nach Cannes führt. Napoléon benötigte 1815 bei seiner Rückkehr aus der Verbannung auf Elba genau eine Woche, um in umgekehrter Richtung von Cannes nach Grenoble zu gelangen. Die rund 330 km lassen sich heute zwar wesentlich schneller bewältigen, doch wäre es schade, würde man die Route Napoléon einfach durchbrausen. Sisteron, Digne sowie Castellane bieten sich als interessante Zwischenstopps an.

Route des Grandes Alpes: Eine Alternative vor allem für Motorradfahrer und Gebirgsfreunde ist die Route des Grandes Alpes (grande-traversee-alpes.com). Sie führt von Thonon-les-Bains am Genfersee bis nach Menton. Auf der rund 700 km langen Strecke sind 17 Alpenpässe (sechs über 2000 m) zu bewältigen, darunter der Col de l'Iseran, der mit seinen 2770 m als höchster Straßenpass der Alpen gilt. Achtung: Witterungsbedingt ist die Route nur von Juni bis 15. Oktober befahrbar.

Anfahrt via Italien

Für Österreicher ist die Anreise über Italien die günstigste Möglichkeit. Wiener fahren über Graz, Villach und Venedig nach Verona – Tauerntunnel sind gebührenpflichtig –, die anderen über den Brenner. Für Reisende aus Bayern und Sachsen, die an die Côte d'Azur wollen, ist die Anreise via Brenner ebenfalls zu empfehlen. Über Verona und Piacenza geht es dann zügig durch die Po-Ebene. Noch vor Alessandria zweigt die Autobahn nach Genua ab. Von Genua geht es weiter auf der tunnelreichen Küstenstrecke bis zur französischen Grenze. Zwischen Brenner und Nizza betragen die Autobahngebühren insgesamt rund 60 € (einfach). Wer kostenlos über den Brenner will, muss die Autobahn bei der Ausfahrt Innsbruck-Süd verlassen und die parallel verlaufende alte Brennerstraße nehmen. Die italienischen Landstraßen zu benutzen, ist ebenfalls zeitraubend; entlang der Küste von Genua nach Ventimiglia benötigt man zudem ein besonders strapazierfähiges Nervenkostüm. Wer die Seealpen zum Ziel hat, sollte bei Asti die Autobahn verlassen und über Cuneo die Grenze zu Frankreich beim Col de Tende überqueren (Achtung, der Tunnel ist bis Ende 2025 gesperrt!). Diese Variante spart zudem rund 25 € Autobahngebühren.

- Bei Anfahrt durch Österreich ist die Vignettenpflicht auf Autobahnen zu beachten: 1-Tages-Vignette 8,60 €, 10-Tages-Vignette 11,50 €, 2-Monats-Vignette 28,90 €, Jahresvignette 96,40 €.

Ein Klassiker: die Route Napoléon

Anfahrt via Schweiz

Eine interessante Alternative. Da allein schon die Autobahnvignette für die Schweiz mit 40 sfr (ca. 41 €) zu Buche schlägt, summieren sich allerdings die Autobahngebühren – über den San Bernadino und Turin – bis nach Nizza auf rund 80 € einfach. Eine andere Variante ist die Strecke Lindau–Chur–Bellinzona–Mailand. Es rechnet sich aus Zeitgründen nicht, den Kauf der ein Jahr gültigen Autobahnvignette zu umgehen und die Schweiz auf Landstraßen zu durchqueren.

Der Bahnhof von Nizza

Mit dem Zug

Es gibt zwei alternative Anreiserouten: Über Frankreich geht es meist schneller, die Zugfahrt durch Italien lohnt sich nur, wenn man nach Menton oder Monaco will.

Bis in die zweite Hälfte des 19. Jahrhunderts hinein war eine Reise in den vom Klima verwöhnten Süden Frankreichs ein überaus beschwerliches Unterfangen; mit der Postkutsche Rhôneabwärts zu reisen, brachte die Entbehrungen einer tagelangen Fahrt über holprige, schlecht ausgebaute Straßen mit sich, mit der Gefahr, dass ein Achsenbruch die Reise an der nächsten Biegung beenden würde.

Erst die Erfindung der Eisenbahn und der Ausbau des Eisenbahnnetzes revolutionierten das Transportwesen; in „Windeseile" fuhren die immer luxuriöser werdenden Züge von London über Paris an die Côte d'Azur. Der Privatzug der englischen *Königin Victoria* war mit Seide ausgekleidet und im Louis-Seize-Stil möbliert; allmorgendlich standen die Räder allerdings eine Stunde still: Ihre königliche Hoheit wollte sich nämlich in Ruhe ankleiden und die Männer des Begleittrosses sollten Gelegenheit haben, sich ohne Verletzungsgefahr zu rasieren. Ein dem Orientexpress vergleichbarer Klassiker war der wegen seiner blau-gold lackierten Schlafwagen *Train Bleu* genannte Zug, der von Calais zur Côte d'Azur rollte.

Heute heißt das Zauberwort im französischen Eisenbahnwesen **TGV** *(Train à Grande Vitesse)* – jedoch nur, wenn man über Paris anreist. Der Hochgeschwindigkeitszug (Reservierungspflicht!) bewältigt die Strecke zwischen dem Pariser Gare de Lyon und Marseille in sagenhaften 3 Stunden und 10 Minuten, dabei wird eine Höchstgeschwindigkeit von 270 km/h erreicht. Auf den anderen Strecken geht es etwas gemächlicher zu: Von Avignon nach Nizza beträgt die Fahrzeit 3:04 Stunden. Es gibt inzwischen keine direkten Bahnverbindungen mehr von Deutschland aus in die Provence. Fast alle Wege führen über Paris, wobei man dort vom Bahnhof Paris Est noch zum Bahnhof Paris Lyon wechseln muss, was mit öffentlichen Verkehrsmitteln aber leicht zu bewältigen ist. Seit März 2012 startet ein TGV von Frankfurt nach Marseille (7:43 Stunden), eine weitere Verbindung zwischen Basel und Marseille folgte.

Auskunft: Weitere Informationen zu Verbindungen und Vergünstigungen in Frankreich gibt es bei der Reiseauskunft der Deutschen Bahn unter der bundeseinheitlichen Rufnummer ✆ 030/2970 (0,14 €/Min.) sowie im Internet unter folgenden Adressen: bahn.de, oebb.at, sbb.ch, de.oui.sncf/de.

Fahrradmitnahme: Im internationalen Bahnverkehr mit Frankreich ist eine Fahrradmitnahme nur in speziell gekennzeichneten Zügen (TGV) möglich. Man benötigt hierzu eine internationale Fahrradkarte für 10 €. In Regionalzügen kann man Fahrräder kostenlos mitnehmen.

▪ de.oui.sncf/de/hilfe-de/fahrrad-mitnahme

Mit dem Flugzeug

Der Flughafen von Nizza (Nice-Côte d'Azur) wird regelmäßig direkt von Deutschland und der Schweiz aus angeflogen. Einen kleineren nationalen Flughafen gibt es auch in Toulon/Hyères. Wer einen eigenen Helikopter besitzt, kann zusätzlich auf den Héliports von Monaco und Saint-Tropez landen …

Wer sich um die CO_2-Emission seines Fluges sorgt, kann eine Spende in Höhe der Umweltbelastung für Klimaprojekte leisten: atmosfair.de bzw. myclimate.org.

Auf rund zweieinhalb Stunden verkürzt sich die Anreise mit dem Flugzeug. Dennoch ist diese Art der Anreise nur unter bestimmten Voraussetzungen attraktiv (Alleinreisende, Kurzurlauber, fest gebuchte Unterkunft etc.). Die meisten internationalen Flugverbindungen bestehen mit dem Flughafen von Nizza, der nach dem Pariser Flughafen „Charles de Gaulle" mit rund 9 Millionen Fluggästen pro Jahr der größte und modernste in Frankreich ist. Die *Lufthansa*, *Air France* sowie *Swiss* fliegen **Nizza** (NCE) – teilweise täglich und teilweise direkt – im Sommer oft von mehreren deutschen Städten an. Direkte Flugverbindungen nach **Marseille** (MRS) gibt es von Frankfurt, München sowie weiteren deutschen Städten. Wer von einem der kleineren Flughäfen abfliegen will, muss zumeist in Frankfurt bzw. in Zürich oder Genf umsteigen, bei der *Air France* und *KLM* fungieren Paris und Amsterdam als Drehkreuz.

Menton: Baden vor bunter Kulisse

Mobil vor Ort

Da die abgeschiedenen Landstriche der Seealpen mit öffentlichen Verkehrsmitteln nur sehr schwer – wenn überhaupt – zu erreichen sind, erkunden die meisten Touristen den Südosten Frankreichs mit dem eigenen Fahrzeug. Motorradfreaks kommen angesichts der kurvenreichen Straßen voll auf ihre Kosten.

Mit dem eigenen Fahrzeug

Das Straßennetz bereitet im Allgemeinen keine Probleme, nur in den Seealpen ist es aufgrund der natürlichen Gegebenheiten weitmaschiger. Besonders gut ausgebaut sind die mit N-Nummern markierten Nationalstraßen, während die mit einer D-Nummer versehenen Départementе-Straßen schmäler und gelegentlich auch etwas holprig sind.

Mietwagen: In allen größeren Städten der Region, insbesondere in den Touristenzentren der Côte d'Azur, sind international bekannte Verleihagenturen sowie kleine örtliche Vermieter zu finden. Dies gilt selbstverständlich auch für die Flughäfen und großen Bahnhöfe. Grundvoraussetzungen für das Mieten eines Leihwagens sind ein Mindestalter von 21 Jahren und der einjährige Besitz des Führerscheins. Für eine Kaution benötigt man eine Kreditkarte. Zumeist ist es preisgünstiger, schon im Heimatort einen Wagen bei den internationalen Verleihfirmen und Internetplattformen im Voraus zu buchen. Die französische Bahn (SNCF) sowie die Fluggesellschaften halten mit *Rail & Drive* bzw. *Fly & Drive* ebenfalls preiswerte Angebote bereit.

Bahn

Entlang der Côte d'Azur ist die Bahn ein gleichwertiges Verkehrsmittel, das sich wegen der häufigen Verbindungen auch motorisierten Touristen für Ausflüge anbietet. Ruckzuck ist man in Nizza oder Cannes, ohne dass man sich über Parkplätze, Strafzettel oder Autoaufbrüche Gedanken machen muss.

Im Großen und Ganzen beschränkt sich das Eisenbahnnetz im Südosten Frankreichs aber auf Verbindungen zwischen den größeren Städten, ausgesprochen gut kommt man im Tal der Rhône und entlang der Côte d'Azur voran. Zwischen Menton und St. Raphaël besitzen beispielsweise fast alle Orte einen eigenen Bahnhof, nach Saint-Tropez fahren Busse. Da die Züge im Stundentakt verkehren, lassen sich Ausflüge gut organisieren. Bei den Bahnhöfen ist ein kostenloser Fahrplan

(Guide régional des Transports) erhältlich, der einen Überblick über die wichtigsten regionalen Zug- und Busverbindungen bietet. Fahrkarten kauft man mit der SNCF-Connect-App. Kinder bis 4 Jahre fahren kostenlos, von 4 bis 12 Jahren ist der halbe Fahrpreis zu entrichten. Von Juli bis September kann man im Département Alpes-Maritimes mit der Carte Isabelle für 12 € einen Tag unbegrenzt Bahn fahren.

▪ de.oui.sncf/de; ter.sncf.com/sud-provence-alpes-cote-d-azur

Drei landschaftlich überaus reizvolle Strecken sollen hier besonders hervorgehoben werden:

Menton → Nizza: Ohne Frage eine der schönsten Küstenbahnlinien der Welt! Eine Fahrt mit der bis zu 70-mal am Tag verkehrenden *Metrazur* bietet fantastische Ausblicke auf die Küste, die den Autofahrern größtenteils verwehrt bleiben. Die Nahverkehrszüge fahren so häufig, dass die Linie stark an die heimischen S-Bahnen erinnert. Fahrtzeit: etwa eine halbe Stunde.

Nizza → Digne: Auf einer eingleisigen Nebenstrecke erschließt der *Train des Pignes* („Pinienzapfenzug", weil man früher angeblich während der Fahrt Kiefernzapfen sammeln konnte) das Hinterland der Côte d'Azur und die Haute Provence. Entfernung: 151 km; einfache Fahrtzeit: 3:15 Stunden; vier Verbindungen täglich.

Nizza → Tende: Diese mit dem „Pinienzapfenzug" vergleichbar schöne Bahnlinie kämpft sich das Roya-Tal bis zur italienischen Grenze hinauf und führt dann weiter nach Cuneo. Verbindungen: vier- bis fünfmal täglich.

Bus

Die öffentlichen Busverbindungen sind eine wichtige Ergänzung zur Eisenbahn, denn im Hinterland verkehren Züge nur auf wenigen Strecken. Alle größeren sowie viele kleinere Orte sind aber an das öffentliche Busnetz angeschlossen.

Die kleineren Orte werden meist nicht häufiger als zweimal täglich vom Linienverkehr bedient, an Sonn- und Feiertagen fahren so gut wie keine Busse über Land. Wichtig ist auch, sich nach dem Abfahrtsort zu erkundigen, da nicht alle Busse von der *Gare routière,* dem Busbahnhof, abfahren. Innerhalb der einzelnen Départements sind die Busverbindungen hervorragend und zudem sehr günstig (viele Fahrten für 1 oder 2 €), schwieriger sind eher die Verbindungen zwischen den einzelnen Départements.

Luxusjachten in der Bucht von Saint-Tropez

Schiff

In den Sommermonaten werden die kleinen, der Küste vorgelagerten Inseln (Iles des Lérins, Iles d'Hyères, Ile de Bendor) sehr häufig von Ausflugsbooten angefahren. Von Nizza aus ist es zudem problemlos möglich, mit der Fähre nach Korsika überzusetzen. Entlang der Côte d'Azur bestehen ebenfalls zahlreiche Möglichkeiten, ein Motor- oder Segelboot zu mieten.

Taxi

Taxis können entweder auf offener Straße angehalten werden, oder man steigt an einem mit „T" gekennzeichneten Taxistand zu. Wird ein Taxi über eine Taxizentrale bestellt oder am Bahnhof bzw. Flughafen bestiegen, kommt zum Fahrpreis eine Anfahrtspauschale hinzu. Alle Gepäckstücke über 5 Kilogramm werden zusätzlich berechnet (1 €).

Fahrrad

Es ist sicher nicht jedermanns Sache, die Seealpen mit dem Fahrrad zu erklimmen, wer aber die sportliche Herausforderung liebt, findet hier mit Sicherheit das geeignete Terrain. Gemächlicher radelt es sich entlang der – allerdings weitaus stärker befahrenen – Küste.

Zwar ist Frankreich das Land der *Tour de France*, doch Franzosen, die eine ausgedehnte wochenlange Radtour mit Gepäck und allem Drum und Dran unternehmen, trifft man nur selten an – deutschsprachige Touristen schon eher. Zum Vergnügen wird eine Radtour durch den Südosten Frankreichs allerdings nur für gut trainierte Radfahrer, denn die häufigen und starken Steigungen sowie die sommerliche Hitze zehren schnell an der Substanz.

In mehr als 2000 Regionalzügen, die im Fahrplan durch ein Fahrradsymbol gekennzeichnet sind, ist das kostenlose Mitführen von Fahrrädern im Gepäckwagen bzw. -abteil möglich. Hinweis für größere Gruppen: In einigen Nahverkehrszügen können nur maximal 3 Fahrräder befördert werden.

In den meisten größeren Städten bieten private Fahrradverleiher ihre Dienste an. Die Preise variieren je nach Mietdauer, Saison und gewähltem Drahtesel. Wer sich ein Mountainbike ausleihen möchte, muss sich nach einem *vélo tout terrain* oder abgekürzt *VTT* erkundigen. Für manche Regionen, wie das Roya-Tal oder das Tal der Vésubie, sind vor Ort spezielle Karten (Maßstab 1: 25.000) für Mountainbiker erhältlich.

Radfahrer müssen in Frankreich nachts sowie bei schlechter Sicht (Nebel, Regen) auch am Tag außerhalb geschlossener Ortschaften eine Warnweste tragen. Wer gegen die Warnwestenpflicht verstößt, riskiert eine Geldbuße in Höhe von 35 €.

Was haben Sie entdeckt?

Haben Sie ein besonderes Restaurant, ein neues Museum oder ein nettes Hotel entdeckt? Wenn Sie Ergänzungen, Verbesserungen oder Tipps zum Buch haben, lassen Sie es uns bitte wissen!

Schreiben Sie an: Ralf Nestmeyer, Stichwort „Côte d'Azur"

c/o Michael Müller Verlag GmbH | Gerberei 19, D – 91054 Erlangen

ralf.nestmeyer@michael-mueller-verlag.de

Übernachten

Im Juli und August sind viele Orte an der Côte d'Azur bis auf das letzte Bett ausgebucht. Kein Wunder, denn alljährlich verbringen zwischen 85 und 90 Prozent aller Franzosen ihren Urlaub im eigenen Land.

Von regionalen Verschiebungen abgesehen, bietet die Côte d'Azur die gesamte Unterkunftspalette an: Von der Nobelherberge in Cannes über das gediegene Schlosshotel bis hin zur einfachen, familiär geführten Herberge auf dem Land ist alles vorhanden; Campingfreunde haben ebenfalls eine Vielzahl von Plätzen zur Auswahl. Was das Preisspektrum der Unterkünfte betrifft, setzt neben persönlichen Vorlieben nur der eigene Geldbeutel Grenzen: Manch einer gibt für eine Nacht im Luxushotel mehr Geld aus als andere während ihres gesamten Ferienaufenthaltes. Zweifellos ist der Südosten Frankreichs keine preisgünstige Urlaubsregion, doch soll dies nicht heißen, dass man sein Haupt – vor allem im Hinterland – nicht auch preiswert betten kann. Das gesamte Erscheinungsbild der Küstenregion ist durch die lange Fremdenverkehrstradition geprägt und verändert worden; in vielen Orten verbreiten ausgedehnte Feriensiedlungen eine nicht zu übersehende Monotonie. Zwar gibt es wie im Falle der Lagunenstadt Port Grimaud sowie Port Fréjus halbwegs gelungene Beispiele für künstliche Urlaubsparadiese, aber vom gigantisch-futuristischen Terrassen-Betonbau der 1970 erbauten Ferienanlage Marina-Port-des-Anges in Villeneuve-Loubet kann man sich nur mit Schaudern abwenden.

Cannes: Filmmotive im Zimmer

Preiskategorien für Unterkünfte

€	bis 80 Euro
€€	80–140 Euro
€€€	140–200 Euro
€€€€	über 200 Euro

Die im Buch bei den einzelnen Unterkünften genannten Preiskategorien beziehen sich auf **Standard-Doppelzimmer** zur Hauptreisezeit von Mai bis Sept. und sind als Anhaltspunkt zu verstehen. Das Frühstück ist in der Regel nicht enthalten und schlägt noch einmal mit 8–25 € pro Person zu Buche.

Hotels

Wie überall in Frankreich sind die Hotels in fünf mit Sternen gekennzeichnete Kategorien eingeteilt. Die **Klassifizierung** reicht vom Luxushotel über die gehobene Mittelklasse bis hin zum durchschnittlichen Zwei-Sterne-Hotel und dem einfachen Ein-Sterne-Hotel. Die Sterne beziehen sich nur auf den Komfort, nicht auf die Preise. Doch sollte man sich nicht allzu sehr von den Sternen leiten lassen, ein niedriger eingestuftes Hotel kann einem „sternreicheren" durchaus bezüglich Sauberkeit, Ausstattung und Flair überlegen sein. Neben den klassifizierten Hotels gibt es auch Beherbergungsbetriebe ohne Stern – dies muss aber keineswegs bedeuten, dass die Ausstattung schlechter wäre als die eines Ein-Stern-Hotels. Wer sich gerne mit eigenen Augen von der Lage und Ausstattung des Zimmers überzeugen möchte, sollte ruhig fragen, ob er das Zimmer sehen kann. In der kälteren Jahreszeit ist es ratsam, sich vorab zu erkundigen, ob das erwünschte Zimmer über eine Heizung *(le chauffage)* verfügt. Häufig handelt es sich um Elektroheizungen, Zentralheizungen sind in einfacheren Herbergen wenig verbreitet.

Die **Preise** sind von mehreren Faktoren abhängig: Neben der Ausstattung der Zimmer spielt die Reisezeit sowie die Lage des Hotels eine Rolle: Hotels an der Küste sind oft deutlich teurer als im Hinterland. Bei einem längeren Aufenthalt sowie in der Nebensaison wird oft ein Preisnachlass gewährt. Das folgende grobe Schema soll als Orientierungshilfe dienen: Ein Doppelzimmer ohne Frühstück kostet in einem der wenigen Ein-Stern-Hotels 50–70 €, in einem Zwei-Sterne-Hotel 60–120 €, in einem Drei-Sterne-Hotel 80–190 €; ein Zimmer in einem Vier-Sterne-Hotel ist nicht unter 150 € zu bekommen. In den Fünf-Sterne-Hotels ist preislich beinahe alles möglich.

Die Franzosen unterscheiden zwischen einem Zimmer mit zwei Betten *(une chambre à deux lits)* und einem Zimmer mit einem breiten französischen Bett *(une chambre avec un grand lit)*; Letzteres ist in der Regel etwas günstiger. Allerdings ist das französische Bett in der Regel nur 135 oder 140 cm breit, sodass sich eine gewisse nächtliche Nähe fast zwangsläufig einstellt. Hinzu kommt, dass es nur eine Bettdecke gibt und man anstelle von zwei Kopfkissen *(oreiller)* mit einer fürchterlichen „Bettwurst" *(traversin)* vorlieb nehmen muss. Wer also nicht als Liebespaar unterwegs ist, sollte darauf Wert legen, ein Zimmer mit zwei Betten zu reservieren. Einzelreisende werden durch die Übernachtungspreise häufig benachteiligt, da zumeist für das Zimmer bezahlt wird, gleichgültig, ob man alleine oder zu zweit im Bett liegt. Wenn überhaupt, ist ein Einzelzimmer nur unwesentlich günstiger als ein gleich ausgestattetes Zweibettzimmer.

Unterkunftstipps von anno dazumal

„Wer irgendwo Winterstation macht, prüfe genau die zu wählende Wohnung und ziehe den Arzt zu Rate, ehe er den unentbehrlichen Mietkontrakt unterzeichnet. Die Wohnung muß vor allen Dingen trocken und nach Süden gelegen, der in der Regel steinerne Fußboden muss mit dicken Teppichen versehen sein. Fenster und Thüren müssen gut schließen. Kamine und Öfen sind auf ihre Güte (insbesondere ob sie nicht rauchen) zu prüfen, denn sie sind in der kältesten Zeit unentbehrlich. Der Deutsche, weit eher als der weniger luftscheue Engländer, versieht es jedoch häufig darin, dass er viel zu früh im Vorwinter zu heizen anfängt, die Zimmer zu stark erwärmt und sich länger, als es für die Gesundheit erforderlich ist, in ihnen aufhält. An der Riviera ist es geradezu zur Unsitte geworden, dass die Kranken die Morgenstunden, oft die beste Zeit zum Luftgenuß, versäumen und erst gegen Mittag ihr Zimmer verlassen"; mit diesen praktischen Ratschlägen versehen, schickte der Baedeker 1902 seine Leser an die französische Riviera.

In den Zimmerpreisen ist nur in seltenen Fällen das **Frühstück** *(Petit déjeuner)* inbegriffen. In der Regel kann man davon ausgehen, dass für ein Frühstück zwischen 10 und 20 Prozent des Übernachtungspreises veranschlagt werden.

Besitzt das jeweilige Hotel ein eigenes Restaurant, wird es gerne gesehen, wenn die Gäste dort auch zu Abend essen. Allerdings besteht keine Verpflichtung zu der preislich nicht unattraktiven Halbpension.

Hotelketten und -vereinigungen

Die zahlreichen Häuser der Hotelketten (Ibis, Novotel, Campanile, Nuit d'Hôtel etc.), die zumeist in Gewerbegebieten an den Autobahnausfahrten und Nationalstraßen zu finden sind, eignen sich zwar nicht für einen Ferienaufenthalt, sind aber zum Übernachten auf der Durchreise geradezu ideal. Am preisgünstigsten sind die über 300 französischen **F-1-Hotels.** Man kann zwar über die „Hotelcontainer" verächtlich die Nase rümpfen, aber der Einheitspreis von etwa 45 € pro Zimmer und Nacht ist unschlagbar. Für das wenig berauschende Selbstbedienungsfrühstück (keine Pflicht) werden 6 € berechnet. Duschen und Toiletten sind Gemeinschaftseinrichtungen. Wegen der großen Nachfrage empfiehlt sich eine Reservierung (Achtung: Die Rezeptionen sind nur von 6.30 bis 10 Uhr und von 17 bis 22 Uhr besetzt). Für ungefähr 49 € verfügen die Hotels (z. B. Premiere Class, Ibis Budget) sogar über eine eigene Dusche und ein eigenes WC im Zimmer.

Weitere Hotelketten **Relais & Châteaux:** Erlesener Kreis exklusiver Hotels. Informationen: relaischateaux.com.

Logis (Logis de France): Gemütliche, nicht allzu teure Hotels; es handelt sich zumeist um familiär geführte Unterkünfte der Zwei-Sterne-Klasse mit angegliedertem Restaurant, das sich auf die Zubereitung lokaler Spezialitäten versteht. logishotels.com.

Chambres d'hôtes: In kleineren Städten und Dörfern werden häufig auch Gästezimmer mit Frühstück vermietet. Sie sind vergleichbar mit dem englischen *Bed and Breakfast*. Diese rund 5000 – steigende Tendenz! – in der Region Provence-Côte d'Azur angebotenen Unterkunftsmöglichkeiten bieten viel Kontakt zu den Gastgebern, Sprachkenntnisse vorausgesetzt. Obwohl in einem *Chambre d'hôtes* höchstens fünf Gästezimmer angeboten werden dürfen, leben manche Vermieter hauptsächlich von diesen Einnahmen. Für ein Doppelzimmer sind dabei je nach Komfort zwischen 70 und 120 € (inkl. Frühstück) zu veranschlagen. Gelegentlich gibt es auch sehr luxuriöse Zimmer in historischen Gemäuern, zu denen fast wie selbstverständlich ein Swimmingpool gehört. Der große Komfort lässt dann auch einen Preis von bis zu 150 € für das Doppelzimmer als gerechtfertigt erscheinen. Diese Luxusvariante wirbt auch gerne unter der Bezeichnung *Maison d'hôtes* oder *Demeure d'hôtes*. Gelegentlich erwartet die Gäste nach Voranmeldung ein landestypisches Abendmenü im Kreise der Gastgeber *(Table d'hôtes),* das zum Preis von 25–40 € oft auch die Getränke beinhaltet.

Information: gites-de-france.fr, chambres-hotes.org, fleursdesoleil.fr und chambresdhotes.fr.

Gîte d'étape: Diese speziell auf Wanderer eingestellten Unterkünfte trifft man vor allem in den entlegeneren Regionen an. Zumeist erfolgt die Unterbringung in Mehrbettzimmern; da nicht immer Bettwäsche und Handtücher gestellt werden, sollte man sich über die Serviceleistungen zuvor informieren oder sicherheitshalber einen Hüttenschlafsack im Gepäck mitführen. Der Standard ist unterschiedlich und wird mit Ähren anstatt mit Sternen angegeben. gite-etape.com.

Ferienhäuser und -wohnungen

Frankreich besitzt das dichteste Netz von Ferienhäusern und -wohnungen in ganz Europa. Das Angebot ist schier unüberschaubar und reicht von pompösen Villen über modern ausgestattete Appartements in einer luxuriösen Ferienanlage (Swimmingpool und diverse Freizeitaktivitäten inbegriffen) bis zum einfachen, schnuckeligen Bauernhaus.

Die von der Lage und Ausstattung abhängigen **Preise** schwanken je nach Saison beträchtlich, in der Hauptsaison wird meist das Doppelte verlangt. In

Viele Chambres d'hôtes laden zum abendlichen Mahl

der Regel sind Wohnungen oder Häuser entlang der Côte d'Azur teurer als im Hinterland. Einen wichtigen Preisfaktor stellen auch die Nebenkosten dar. Strom, Wasser, Heizung, Bettwäsche und die Endreinigung lassen den Mietpreis schnell um 50 € steigen. Das Preis- und Leistungsspektrum ist enorm: Einfache, kleine Ferienwohnungen kosten je nach Saison pro Woche zwischen 300 und 600 €, für eine große, luxuriöse Villa mit eigenem Swimmingpool wird im August pro Woche leicht 2000 € und mehr berechnet – dafür ist dann aber auch eine Haushälterin im Preis inbegriffen ...

Professionelle Agenturen **Alpimar,** alpimar.com.

Casammundo, casamundo.de.

France Vacances, france-vacances.de.

E-Domizil, e-domizil.de.

Gîtes de France, gites-de-france.fr.

Inter Chalet, interchalet.de.

Lagrange, lagrange-holidays.de.

Novasol, novasol.de.

Tui Ferienhaus, tui-ferienhaus.de.

Jugendherbergen

In Südfrankreich existiert ein halbwegs dichtes Jugendherbergsnetz. Jugendherbergen gibt es beispielsweise in Fréjus/Saint-Raphäel und in Nizza. Eine Übernachtung in einer *Auberge de Jeunesse* setzt auch in Frankreich den Besitz eines internationalen Jugendherbergsausweises voraus, eine Altersbegrenzung gibt es hingegen nicht. Der internationale Jugendherbergsausweis kann entweder beim Deutschen Jugendherbergswerk oder seinem französischen Pendant erworben werden. Die französischen Jugendherbergen sind in vier durch Bäume gekennzeichnete Kategorien eingeteilt. Die Preise der Herbergen variieren je nach Ausstattung; eine Übernachtung kostet derzeit zwischen 22 und 32 €, das Frühstück *(Petit Déjeuner)* ist in der höchsten Kategorie inbegriffen, ansonsten werden 6 € zusätzlich berechnet, ein warmes Abendessen kostet in der Regel 14 €. Der Jugendherbergsschlafsack ist bei zwei Übernachtungen im Preis inbegriffen.

Manche Jugendherbergen bieten ihren Gästen Preisnachlässe für diverse Freizeitaktivitäten; in den Sommermonaten kann eine rechtzeitige Reservierung hilfreich sein. Aktuelle Verzeichnisse zu Jugendherbergen hält neben dem jeweiligen Landesverband auch das französische Fremdenverkehrsamt bereit.

Weitere Informationen **Deutsches Jugendherbergswerk,** Leonardo-da-Vinci Weg 1, 32760 Detmold. jugendherberge.de.

Fédération Unie des Auberges de Jeunesse (FUAJ) Centre National, 27, rue Pajol, 75018 Paris. fuaj.org.

Camping

Bei mehr als 9000 Campingplätzen in ganz Frankreich treffen Camper besonders im Süden des Landes auf nahezu ideale Voraussetzungen. Einen Platz zu finden, bereitet außerhalb der Hochsaison keine Schwierigkeiten, an manchen Abschnitten der französischen Mittelmeerküste sind die Campingplätze gar wie Perlen aneinandergereiht. Trotz dieses riesigen Angebots sind im Juli und August viele Zeltplätze hoffnungslos überfüllt. Bis auf wenige Ausnahmen haben alle Campingplätze von Juni bis Ende September geöffnet, manche sogar das ganze Jahr über. Auch wer ohne eigenes Zelt oder Motorhome nach Südfrankreich reist, findet auf komfortablen Zeltplätzen, die sich auch gerne als *Hôtels de plein air* bezeichnen, Übernachtungsmöglichkeiten vor. Neben voll ausgestatteten Familienwohnzelten werden oft auch Wohnwagen, Chalets und Bungalows vermietet.

Die französischen Campingplätze sind ähnlich den Hotels mittels Sternen in fünf Kategorien eingeteilt. Die Anzahl der Sterne spiegelt einzig den Standard der Ausstattung wider, sie sagt nichts darüber aus, ob die Campinganlage in einer reizvollen Landschaft liegt bzw. ob die Plätze schattig sind. Manch schlichter *Camping Municipal* ist daher einem Vier-Sterne-Luxus-Platz mit Swimmingpool, Tennisplatz und allabendlicher Animation an Atmosphäre bei weitem überlegen. Prinzipiell gilt: Ausstattung und Preis nehmen mit der Zahl der Sterne zu.

Zwei Personen mit Auto und Zelt bzw. einem Wohnmobil müssen für eine Übernachtung auf einem komfortablen Vier-Sterne-Platz 30 bis 40 €, in der Hochsaison gar bis 70 € zahlen, auf einem bescheidenen Ein-Stern-Platz kostet die Nacht zwischen 15 und 20 €.

Camping à la ferme: Camping auf dem Bauernhof; eine kleine Wiese, wenig sanitärer Komfort, aber viel Flair. Aufgrund der geringen Stellplatzzahl sind diese Campingmöglichkeiten im vorliegenden Reiseführer nur selten aufgeführt. Hinweistafeln beachten!

Wildzelten ist hingegen wegen der Waldbrandgefahr verboten, ein Verstoß wird streng geahndet. Wer abseits der öffentlichen Plätze campen will, holt sich am besten beim Grundstückseigentümer die Erlaubnis. Besitzer von Wohnmobilen werden oft Schwierigkeiten haben, ihr Fahrzeug auf einem Parkplatz in Strandnähe abzustellen, da die Gemeinden, um kostenloses Übernachten zu verhindern, durch Höhenbarrieren nur niedrigen Fahrzeugen die Zufahrt ermöglichen. Leute, die am Strand schlafen, sind nicht gern gesehen; vor allem in den Tourismusmetropolen wie Cannes und Nizza muss man damit rechnen, von der Polizei am frühen Morgen recht rüde geweckt zu werden. Wer nicht sofort senkrecht in seinem Schlafsack steht, bekommt einen Eimer Meerwasser ins Gesicht.

***** Sanitäre Minimalausstattung, meist nur Kaltwasserduschen. Unbewachte Anlage.

****** Das Campingareal ist für gewöhnlich gut erschlossen und parzelliert, Warmwasserduschen und individuelle Waschbecken mit Steckdosen sowie ein Kinderspielplatz sind meist ebenfalls vorhanden.

******* Komfortabler, rund um die Uhr bewachter Campingplatz zumeist mit kleinem Lebensmittelgeschäft. Die Stellplätze besitzen einen eigenen Stromanschluss. Ein Kinderspielplatz gehört zur Grundausstattung, häufig stehen ein Swimmingpool sowie ein Tennisplatz zur Verfügung.

******** und ********* Luxus-Camping mit fast obligatorischem Swimmingpool und diversen Sport- und Animationsangeboten (Disco etc.). Die sanitäre Ausstattung lässt nichts zu wünschen übrig. Die Geschäfte ähneln gelegentlich kleinen Supermärkten, ein Restaurant – oftmals eine Pizzeria – ist ebenso vorhanden.

Tafeln wie Gott in Frankreich

Essen und Trinken

Rosmarin, Thymian, Majoran, Oregano, Estragon, Fenchel, Basilikum und Salbei – mit anderen Worten, die berühmten Herbes de Provence sind ein unverzichtbarer Bestandteil der bodenständigen Küche.

Küche und kulinarische Spezialitäten

Neben den klassischen Kräutern der Provence, die selbstverständlich nicht wahllos in ihrer Gesamtheit Verwendung finden, sondern gekonnt zur Verfeinerung der Speisen eingesetzt werden, kommt aber auch kein Koch ohne Pfeffer, Olivenöl und Knoblauch aus. Die beiden Letzteren bilden zusammen mit Eigelb und Zitronensaft die Grundlage des allgegenwärtigen *Aïoli,* einer würzigen Knoblauchmayonnaise, die nicht als Zutat eines Gerichtes verwendet wird, sondern im Mittelpunkt einer Mahlzeit steht, zu der meist Fisch (aber auch Lammkoteletts), Kartoffeln und verschiedene Gemüsearten gereicht werden. Zum Salzen verwendet man gerne Meersalz aus der Camargue, besonders beliebt ist das *Fleur de Sel,* denn die in Handarbeit von der Wasseroberfläche abgeschöpfte „Salzblume" zeichnet sich durch einen besonders milden Geschmack aus. Besonderen Wert legt man an der Côte d'Azur auf frische Zutaten, Tiefkühl- und Dosenkost sind verpönt, wenngleich die Mikrowelle ihren Triumphzug bis ins letzte Dorf hinein fortgesetzt hat. Neben Gemüsegerichten wie *Ratatouille* – ein aus Auberginen, Paprika, Zucchini, Zwiebeln und viel Knoblauch bestehender Gemüseeintopf – spielen **Meeresfrüchte** und **Fisch** traditionell eine große Rolle: Da die Fanggründe des Mittelmeers heute nicht mehr sehr ergiebig sind, wird zwangsweise Atlantikfisch importiert.

Fleischgerichten kommt an der Côte d'Azur nicht die gleiche Bedeutung zu wie im übrigen Frankreich. Sehr häufig wird eine leckere *Daube* angeboten, ein in Rotwein geschmortes Rindfleischragout. Um manche deftigen Spezialitäten wie *Pieds et Paquets*, in Weißwein und Kalbsfond gekochter Schweinebauch mit Pansen sowie Lammfüße und -kutteln, werden viele einen Bogen machen, doch gehören sie zu den typisch provenzalischen Gerichten. Weil es kaum Wälder gibt, spielen Wildgerichte traditionell nur eine unbedeutende Rolle. Sehr beliebt sind hingegen Lammgerichte; das auf den würzigen provenzalischen Weiden gezüchtete **Lamm** *(Agneau)* genießt in Feinschmeckerkreisen einen ausgezeichneten Ruf. Suppenliebhaber werden vor allem an zwei Gerichten ihre helle Freude haben: Unbedingt versuchen sollte man die *Soupe au Pistou*, im Namen schwingt noch das ligurische *Pesto* mit: Die **Suppe** erhält ihren unverkennbaren Geschmack durch eine Paste aus Basilikum, Knoblauch, Olivenöl und Käse. Ebenfalls sehr lecker ist *Aigo-boulido* („gekochtes Wasser"), eine Knoblauchsuppe, die mit Olivenöl, Eigelb, Salbei und anderen Kräutern verfeinert wird. Typische Snacks, die zum Aperitif gereicht werden, sind **Tapenade** und **Anchoïade**, die entweder aufs Brot gestrichen werden oder in die man Gemüse dippt. Für alle, die dies vor oder nach dem Urlaub ausprobieren wollen, hier sind zwei Rezepte:

Strandlokal in La Croix-Valmer

Rezepte zum Nachkochen

Tapenade: 6–9 Sardellenfilets und 50 Gramm Kapern so klein wie möglich schneiden, nachher zusammen mit 300 Gramm schwarzen (entsteinten) Oliven in einer Küchenmaschine zu einer Paste reduzieren. Dann einen Teelöffel von dem Püree aus zuvor blanchierten und zerdrückten Knoblauchzehen daruntermischen und das Ganze je nach gewünschter Konsistenz mit etwas Olivenöl verfeinern. Anschließend mit gerösteten Baguettescheiben servieren.

Anchoïade: 300 Gramm Sardellenfilet in einer Küchenmaschine zu einer Paste verarbeiten, ganz langsam einen halben Liter Olivenöl zugeben. Dann sechs Teelöffel von den zuvor blanchierten und zu einem Püree zerdrückten Knoblauchzehen sowie zwei Teelöffel Dijon-Senf und drei Teelöffel Rotweinessig dazugeben. Anschließend noch zwei Teelöffel klein geschnittenes Basilikum darunterrühren und mit Gemüsestreifen (Blumenkohl, Karotten, Fenchel, Sellerie) servieren.

Trotz ihrer geographischen Kleinräumigkeit besitzt die Côte d'Azur auch ihre kulinarischen **Spezialitäten.** So weist die Küche in der einstigen Grafschaft Nizza noch deutlich italienische Züge auf. Leckere Teiggerichte wie Ravioli, aber auch Gnocchi versteht man frisch und kenntnisreich zuzubereiten. Ein Klassiker ist natürlich die *Salade Niçoise*, wobei die Meinungen über das Urrezept deutlich divergieren. Als unverzichtbar gelten aber Tomaten, Pfefferschoten, Sellerie, ein hartgekochtes Ei, Anchovisfilets, Thunfisch und schwarze Oliven. Typisch für Nizza ist auch die *Socca*, ein gebackener Fladen aus Kichererbsenmehl. Oft haben auch kleinere Städte und Dörfer ihre eigenen Spezialitäten, ein traditionelles Gericht aus Grasse ist beispielsweise *Fassum*, ein mit Schweine- und Rindfleisch sowie Erbsen gefüllter Kohl.

Wer die Abwechslung liebt, findet in den größeren Städten mehrere Restaurants mit internationaler Küche, wobei die nordafrikanischen, vietnamesischen und thailändischen Lokale auf kulinarische Weise an die koloniale Vergangenheit Frankreichs erinnern. Selbstverständlich gibt es in allen Städten zahlreiche Fast-Food-Stände, doch dieses Thema soll hier dezent ausgespart bleiben.

Preise, Gänge und Menüs

Ein durchschnittliches Menü mit Vorspeise, Hauptgericht und Dessert schlägt mit mindestens 20 € zu Buche, in der Regel wird man mit 25 bis 45 € rechnen müssen. Es gibt nur wenige ländliche Restaurants, die diese 20-Euro-Grenze geringfügig unterschreiten. Wer hingegen in edlem Ambiente über vier oder fünf Gänge hinweg dinieren möchte, wird leicht das Doppelte los. Die Preisspannen der bekannten Gourmetrestaurants bewegen sich ab 60 € aufwärts. *À la carte* zu bestellen, lohnt sich nur in den seltensten Fällen, meist ist eine selbst zusammengestellte, dreigängige Mahlzeit mindestens eineinhalbmal so teuer wie ein vergleichbares Menü. Deutlich günstiger sind die Preise für ein Mittagsmenü, in sehr touristischen Regionen ist allerdings Vorsicht angebracht, da sie oft nicht halten, was sie versprechen. Ein

Traumhaft: Apéritif am Meer

Tipp für alle, die mit einer eher knapp bemessenen Reisekasse unterwegs sind, aber anspruchsvolle Gaumenfreuden nicht missen möchten: Statt 15 € für ein langweiliges 08/15-Menü ohne Wein zu zahlen, empfiehlt es sich, zur Mittagszeit in einem wohlfeilen Restaurant zu tafeln – die Rechnung für ein Mittagsmenü oder Tagesgericht *(Plat du Jour)* fällt dann nämlich nur unwesentlich höher aus, die Qualitätsunterschiede können jedoch beachtlich sein. Die für mittags angegebenen Preise beziehen sich fast immer auf Werktage.

Andere Länder, andere Sitten

Der Gemeinplatz „andere Länder, andere Sitten" charakterisiert wohl am treffendsten die Esskultur eines Landes. Die französischen **Essgewohnheiten** unterscheiden sich in vielerlei Hinsicht von denen ihrer deutschsprachigen Nachbarländer. Das Frühstück *(Petit Déjeuner)* beispielsweise fällt wie in allen romanischen Ländern eher karg aus, eine Schale Milchkaffee und ein

Croissant genügt den meisten Franzosen bis zum Mittagessen *(Déjeuner)*. Auch pflegen die Franzosen in der Regel später als die Deutschen zu essen. Mittags füllen sich die Restaurants erst ab 12.30 Uhr, mit dem Abendessen *(Dîner)* wird kaum vor 19.30 Uhr begonnen. Zum Essen sollte man viel Zeit mitbringen, da sich ein Menü mit drei oder vier Gängen leicht über zwei Stunden erstrecken kann. Aus diesem Grund werden die Tische in guten Restaurants pro Abend nur einmal vergeben. Wer mittags nur schnell eine Kleinigkeit zu sich nehmen will, ist daher in einem Café, einem Bistro oder einer Brasserie besser aufgehoben.

Die französische Höflichkeit gebietet, dass der Gast im Restaurant nicht einfach den nächstbesten freien Tisch ansteuert, sondern sich am Eingang geduldet, bis ihm ein Platz angeboten wird; eigene Wünsche können selbstverständlich geäußert werden. Die Bedienung wird mit Madame beziehungsweise Monsieur angesprochen. Wer dem Wirt etwas mitteilen will, wendet sich an den *Patron*. Im Restaurant wird erwartet, dass man sich zumindest für ein dreigängiges Menü entscheidet, mittags kann man allerdings – falls angeboten – problemlos nur das Tagesgericht *(Plat du Jour)* ordern. Obwohl eine Karaffe mit einfachem Leitungswasser *(Eau plate)* – das leider oftmals stark nach Chlor schmeckt – sowie Brot (zumeist *Baguette*) kostenlos zu jedem Essen gereicht werden, bestellen die Franzosen zum Wein oft noch ein kohlensäurearmes Mineralwasser. Zwar verkündet ein geflügeltes deutsches Sprichwort, Käse schließe den Magen, die Franzosen lassen auf den Käsegang aber meist noch ein Dessert oder Obst folgen. Zum Ausklang genehmigt man sich häufig einen kleinen Kaffee ohne Milch.

Zitronenstadt Menton

Die Rechnung *(Addition)* wird erst nach Aufforderung gebracht, wobei man dies diskret andeutet oder höflich darum ersucht: *L'addition, s'il vous plaît!* In Frankreich ist es nicht üblich, getrennt zu bezahlen. Wer also in einer größeren Gruppe Essen geht, sollte sich vorher absprechen, wer die Rechnung begleicht, und erst hinterher den Betrag aufteilen. Die Bedienung ist im Restaurant zwar ausnahmslos im Preis inbegriffen *(Service compris)*, zwischen 5 und 10 Prozent **Trinkgeld** *(Pourboire)* sind je nach Zufriedenheit dennoch angemessen; sich Minimalbeträge herausgeben zu lassen, gilt als unhöflich. Das Bedienungspersonal ist wegen seines geringen Grundlohns auf Trinkgeld angewiesen, das man üblicherweise nach der Bezahlung auf dem Tisch zurücklässt.

Prädikat: UNESCO-Welterbe

Frankreichliebhaber haben es schon immer gewusst: Die französische Küche ist etwas ganz Besonderes! Im November 2010 wurde die stilbildende Folge von Aperitif, Vorspeise, Hauptgericht, Nachtisch, Käse und Kaffee von der UNESCO als „immaterielles Weltkulturerbe" geadelt.

Exponierte Lage: Èze

Wein

Neben den Amphitheatern und Tempeln zählt der Weinbau zu den herausragendsten kulturellen Hinterlassenschaften der Griechen und Römer. Die in Gallien lebenden Römer betrieben den Weinbau mit solchem Eifer, dass Kaiser Domitian eine Ausdehnung der Weinfelder untersagte, um die heimischen Weine vor der Konkurrenz zu schützen.

Die Zeiten ändern sich bekanntlich: Heute versuchen die französischen Weinbauern, ihre Produkte durch das Gütesiegel **A.O.P.** *(Appellation d'Origine Protégée)*, das eine bestimmte Herkunft garantiert, zu schützen. Dies bedeutet aber nicht, dass ein Landwein *(vin de pays)* ohne A.O.P.-Siegel automatisch von minderwertiger Qualität sein muss, genauso wenig verspricht jeder A.O.P.-Wein höchsten Trinkgenuss. Lokalen Wein sollte man unbedingt direkt beim Produzenten kaufen. Dies hat nicht nur den Vorteil, dass man den Wein probieren kann, auch das Preisniveau liegt deutlich unter den üblichen Marktpreisen. Hinweisschilder *(dégustation)* laden zu kostenlosen Verkostungen ein.

Wer ein Faible für die leichteren Rosé-Weine hat, die vor allem bei sommerlichen Temperaturen angesagt sind, dem sei der **Côtes de Provence** empfohlen. Auf einer, größtenteils zum Département Var gehörenden Fläche von 18.000 Hektar wird der Côtes de Provence angebaut. Mit einer jährlichen Produktion von rund 80 Millionen Flaschen handelt es sich um eines der größten französischen Weingebiete; fast zwangsweise kommen dabei auch körperlose, langweilige Weine in den Handel und auf die Tische der Restaurants. Weist ein Rosé einen Alkoholgehalt von nicht einmal 11,5 Prozent auf, sollte man ihn lieber gleich im Regal stehen lassen. 75 Prozent der Ernte werden als Rosé, 20 Prozent als Rot- und 5 Prozent als Weißwein verkauft. Die bevorzugten Rebsorten für Rosé- und Rotweine sind Syrah, Cinsault, Cabernet, Carignan, Mourvèdre, Tibouren und Grenache, für den Weißwein greift man auf Rolle, Sémillon, Ugni-Blanc und Clairette zurück. Die guten Rosé-Weine mit dem Côtes de Provence A.O.P.-Siegel zeichnen sich durch ihren eleganten trockenen, aber dennoch fruchtigen Geschmack aus und werden zumeist in schwungvoll geformte Flaschen abgefüllt. Weißweine sind, abgesehen von den im Hinterland der Côte d'Azur angebauten **Bellet** und **Villars-sur-Var,** eher selten.

Ein Speise- und Getränkelexikon finden Sie ab S. 323.

Outdoor, Sport und Strände

Die Möglichkeiten, sich sportlich zu betätigen, sind beinahe grenzenlos. Die Palette reicht vom Bungee-Jumping und anderen extremen Sportarten (Canyoning) bis hin zum ganz „gewöhnlichen" Tennisspielen. Wassersport genießt an der Côte d'Azur selbstverständlich einen hohen Stellenwert.

Angeln und Fischen

Am Meer erfreut sich das Fischen ebenfalls einer großen Beliebtheit, eine Erlaubnis ist nicht erforderlich. Wer seine Angel allerdings in einem der vielen Flüsse und Seen auswerfen will, muss bei den Kommunen oder der *Association de Pêche et Pisciculture* des jeweiligen Départements einen Angelschein erwerben.

- federationpeche.fr.

Canyoning

Bereits seit mehreren Jahren erfreut sich diese Sportart in Frankreich eines regen Zuspruchs. Man seilt sich zumeist in einen engen Canyon ab und folgt dem Lauf des Flusses. Auf dem Weg entlang der steil aufragenden Felsformationen muss man sich immer wieder abseilen, stellenweise von Felsvorsprüngen in dunkle Wasserlöcher hinabspringen und gefährliche Strudelwannen überwinden, bevor sich irgendwann wieder eine Möglichkeit bietet, der Schlucht zu entsteigen.

Da die wenigsten wagemutigen Touristen die für das *Canyoning* notwendige Ausrüstung und das entsprechende technische Know-how mitbringen, bieten mehrere Veranstalter organisierte Canyon-Tagestouren mit spektakulären Höhepunkten an (beispielsweise im Roya- oder Vésubie-Tal). Wer sich mit einer Gruppe auf eigene Faust auf den Weg machen will, braucht einen speziellen Neoprenanzug, rutschfeste Profilschuhe, einen wasserdichten Rucksack sowie einen Sitzgurt und Abseilgerätschaften. Ohne die nötige Praxis ist allerdings davon abzuraten, eine unbekannte Schlucht zu erkunden. Bei drohender Gewittergefahr oder vorausgegangenen starken Regenfällen sollte man ebenfalls keinerlei Risiko eingehen.

FKK

An Frankreichs Mittelmeerküste tummeln sich zahlreiche FKK-Freunde, „Oben ohne" ist ohnehin nirgendwo tabu. Entlang der Küste finden sich aber noch zahlreiche abgelegene Stellen, an denen man problemlos alle Hüllen fal-

len lassen kann. Beliebte ausgewiesene Strände finden sich auch bei Fréjus. Um niemanden zu provozieren, sollte man sich an Stränden, die nicht speziell für Nudisten ausgewiesen sind *(naturistes)*, danach richten, wie es die Strandnachbarn handhaben. Achtung: Nacktbaden kann mit Bußgeld geahndet werden. FKK-Anhänger können Informationen zu speziellen Ferienzentren und -clubs bei der *Fédération Française du Naturisme* anfordern.

- ffn-naturisme.com.

Golf

Bereits 1891 entstand in Cannes-Mandelieu der erste Golfplatz der Côte d'Azur. Ein attraktives Angebot für Golffans hält das Département Var bereit.

Kanu- und Wildwassersport

Mehrere Flüsse in den Seealpen bieten sich zur Erkundung mit dem **Kanu** an. Die Wildgewässer wie Estéron, Roya, Loup, Siagne und Var eignen sich aber nur bedingt zum beschaulichen Wasserwandern, Können und Geschick sind gefragt. Beliebt ist auch das **Wildwasserschwimmen:** Mit Flossen, Neoprenanzug und -stiefeln sowie einem schildartigen Schwimmbrett ausgerüstet, stürzen sich Wagemutige in die Fluten. Noch ein Hinweis: Der Wildwassersport ist übrigens von Dezember bis Februar gesetzlich verboten – die Wassertemperaturen dürften im Winter aber sowieso nur wenige locken.

- Fédération Française de Canoe-Kajak. ffck.org.

Klettern

Bei Sportkletterern und Alpinisten steht Südfrankreich dank mehrerer großer Klettergebiete und der Bandbreite der Schwierigkeitsgrade dort hoch im Kurs. Mehrere Kletterführer zu Südfrankreich mit genauen Touren-

Futuristisch: Marina Baie des Anges

beschreibungen (Schwierigkeitsgrad etc.) und diversen Tipps rund um das Klettern hat der *Rotpunkt-Verlag* in seinem Programm. Die Führer sind in Fachbuchhandlungen sowie einschlägigen Sportgeschäften erhältlich. Auskünfte über das Sportklettern in den verschiedenen Départements erteilt zudem die Fédération Française de la Montagne et de l'Escalade unter ffme.fr.

Segeln und Surfen

Zahlreiche Segel- und Surfschulen bieten in den internationalen Fremdenverkehrsorten ihre Dienste an; auch Surfbretter sind dort zahlreich vorhanden (rund 15 € Ausleihgebühr für den halben Tag). Und eines ist sicher: Es hat seinen Reiz, das Segeln an der Côte d'Azur zu erlernen; Segelkurse dauern in der Regel ein bis zwei Wochen. Wer mit dem eigenen oder geliehenen Segelboot die Côte d'Azur entlang schippert, kann allein zwischen Menton und Théoule an 37 verschiedenen Jachthäfen mit mehr als 15.000 Ankerplätzen anlegen. Die Liegeplatzgebühren sind allerdings relativ teuer. Zum Windsurfen bietet sich ebenfalls reichlich Gelegenheit.

- Fédération Française de Voile, ffvoile.net.

Nur für Schwindelfreie ...

Skifahren

Skifahren im Hinterland der Côte d'Azur ist alles andere als abwegig. Selbst an der Küste kommt es gelegentlich zu heftigen Schneefällen. Im Februar 1955 meldete Antibes eine Schneehöhe von 31 cm! 1991 wurden dort beachtliche 15 cm gemessen. Allerdings währt die weiße Pracht an der Küste nicht allzu lange. Ausgezeichnete Skigebiete gibt es vor allem in den Seealpen, beispielsweise in Auron oder Valberg – dort ging 1937 die erste Seilbahn der Seealpen in Betrieb – sowie in dem Retortenskidorf Isola 2000, dessen Liftanlagen von 1800 bis auf 2610 m Höhe reichen. Insgesamt 115 Skilifte und 220 km Langlaufloipen stehen in den Seealpen zur Verfügung. Der Wintersportort Gréolieres-les-Neiges ist beispielsweise von Cannes und Nizza aus in kürzester Zeit zu erreichen. Snobs kommen im Frühjahr auf ihre Kosten: bis zum frühen Nachmittag über die Pisten wedeln, rein ins Auto und knapp zwei Stunden später Après-Ski unter Palmen ...

Strände

Die Côte d'Azur erstreckt sich zwischen Menton und Saint-Tropez auf einem rund 120 km langen Küstenstreifen. Angefangen bei schier endlosen Sandstränden (Fréjus-Plage, Pampelonne) über Kiesstrände (Nizza) bis hin zur Felsküste (Estérel) bietet die Côte d'Azur alles, was das Herz begehrt: Liebhaber einsamer Buchten kommen genauso auf ihre Kosten wie diejenigen, die sich lieber an Privatstränden mit mondäner Atmosphäre in der Sonne aalen wollen.

Zwar sind in Frankreich alle Urlauber vor dem Sonnengott gleich, doch bedeutet das im Alltag nur, dass dem Gesetz zufolge ein Spaziergang am Meer überall möglich sein muss. Manche sind aber „gleicher" und können sich deshalb für bis zu 30 € pro Tag eine Liege mit Sonnenschirm und Windschutz leisten. Knausern sollte man auch an den Privatstränden nicht, denn ohne üppiges Trinkgeld weist der Strandboy einem Sonnenhungrigen in der Regel nur den windigsten Platz zu.

▪ plagesmed.com.

Tauchen

Die felsigen Küstenabschnitte der Côte d'Azur, beispielsweise in der Nähe des Estérel-Gebirges bei Agay sowie am Cap d'Antibes, sind reizvolle Reviere für Taucher und Schnorchler. Wer im Reisegepäck keinen Platz für Taucherbrille, Schnorchel und Flossen hat, dem sei als Ersatz eine gute Schwimmbrille empfohlen. Tauchen will gelernt sein: Daher sollte man sich ohne einen speziellen Tauchkurs nicht in die Tiefe wagen. Tauchschulen und Nachfüllstationen finden sich beispielsweise in Antibes, Cannes, Golfe-Juan, Menton, Nizza, Saint-Raphaël und Saint-Tropez. Last but not least: Unterwasserjagd bitte nur mit der Kamera betreiben!

Wandern

Die Côte d'Azur ist ein geradezu ideales Wandergebiet. Von der einfachen Küstenwanderung bis hin zu Hochgebirgstouren in den Seealpen bietet die Region etwas für jeden Geschmack. Ausgesprochen schöne Wandergebiete sind das Massif des Maures sowie der Mercantour-Nationalpark nahe der italienischen Grenze. Weite Teile der Region lassen sich auf einem der gut ausgeschilderten Fernwanderwege – **GR** für Sentiers de **G**rande **R**andonnée – erschließen. Wer beispielsweise auf dem GR 5 nicht gleich von Holland bis

Beliebt: Wandertouren durch die Seealpen

zur Côte d'Azur wandern will, kann dem GR 5 auch erst in Utelle oder Levens bis nach Nizza folgen. Wir stellen Ihnen 14 schöne Touren im Wanderführer des Buches vor, dort finden Sie auch alle notwendigen Tipps zum Wandern in dieser Region (→ „Kleiner Wanderführer" ab S. 284). Auch in den einzelnen Ortskapiteln finden Sie unter der Rubrik Wandern den ein oder anderen Wandertipp.

▪ Ein Gesamtverzeichnis der französischen Fernwanderwege (Grande Randonnée) mit Karte und den jeweiligen Stationen sowie Telefonnummern der Wanderherbergen findet man im Internet unter der Adresse: gr-infos.com. bzw. ffrandonnee.fr. Für das Département Alpes-Maritimes gibt es eine nützliche Homepage, die zahlreiche Wanderungen inkl. Karte vorstellt: randoxygene.org.

Reisepraktisches von A bis Z

Adressen

Die Franzosen geben grundsätzlich die Hausnummer vor dem Straßennamen an. Ein Beispiel: *55, rue de la Gare*. Besitzt das Haus zusätzlich einen Nebeneingang, so lautet dessen Anschrift *55bis, rue de la Gare;* ein zweiter Nebeneingang würde mit *55ter* markiert sein. Die gängige Abkürzung für Avenue lautet „av.", für Boulevard „bd.". Fremdenverkehrsämter und andere größere Institutionen sind postalisch oft per Postfach (B.P.) zu erreichen.

Barrierefreiheit

Wer mit Handicap unterwegs ist, steht bei manchen Hotels und Restaurants vor im wahrsten Sinne des Wortes unüberwindbaren Hindernissen. Hilfe bietet eine kostenpflichtige Broschüre, die von der *Association des Paralysés de France* herausgegeben wird. Personen mit Schwerbehinderten-Ausweis sollten in Museen und eintrittspflichtigen Sehenswürdigkeiten (Klöster, Schlösser, bei Veranstaltungen etc.) ihren Ausweis vorzeigen. In den meisten Fällen gibt es einen reduzierten Eintrittspreis für die betreffende Person, manchmal auch für ihre Begleitung.

- apf-francehandicap.org.

Diplomatische Vertretungen

Deutschland: Deutsche Botschaft, ✆ 015383 4500, allemagneenfrance.diplo.de. Deutsches Konsulat, 10, place de la Joliette, 13002 Marseille Cédex 8, ✆ 0491167520, allemagne enfrance.diplo.de. Deutsches Honorarkonsulat, 34, avenue Matisse, 06000 Nice, ✆ 049383 5525. Deutsches Konsulat, 2, rue du Téano, Monaco, ✆ 00377/97974965.

Österreich: Österreichische Botschaft, ✆ 014 0633063, bmeia.gv.at/oeb-paris. Österreichisches Generalkonsulat, 27, cours Pierre-Puget, 13006 Marseille, ✆ 0491530208. Österreichisches Honorarkonsulat, 5, rue de la Préfecture, 06000 Nice, ✆ 0493870131. Österreichisches Konsulat, 7, boulevard des Moulins, Monaco, ✆ 93302300.

Schweiz: Schweizer Botschaft, ✆ 0125556700, eda.admin.ch. Schweizer Generalkonsulate in Marseille und Nizza, Helpline ✆ 004180 0247365.

Feiertage

Banken, Büros und Geschäfte, aber auch fast alle Museen und Sehenswürdigkeiten haben an den beweglichen Feiertagen wie beispielsweise **Ostermontag** und **Pfingstmontag**, an lokalen Festtagen sowie an folgenden Tagen geschlossen:

1. Januar	Neujahr
1. Mai	Tag der Arbeit
8. Mai	Waffenstillstand 1945
14. Juli	Nationalfeiertag
15. August	Mariä Himmelfahrt
1. November	Allerheiligen
11. November	Waffenstillstand 1918
25. Dezember	Weihnachten

Geld

Zwar zahlt auch Frankreich mit dem Euro, die kleinere Einheit, der Cent, wird aber noch vielerorts wie zu den Zeiten des Franc „Centime" genannt. **Kreditkarten** – vor allem Eurocard und Visa – sind weit verbreitet; sie werden von den meisten, jedoch nicht von allen Hotels und Restaurants angenommen. Bei den immer seltener werdenden **Reiseschecks** beträgt die Tauschgebühr zumeist ein Prozent. Wegen der umständlichen Prozeduren am Bankschalter erweist sich eine **EC-Karte mit Geheimzahl** oder eine Kreditkarte als sehr hilfreich, denn Geldautomaten sind überall vorzufinden. Wer Geld mit seiner Kreditkarte abhebt, muss in der Regel mit zwei Prozent des Betrags

Die Place Masséna in Nizza: Drehscheibe zwischen Altstadt und Meer

bzw. mindestens 5 € Gebühren rechnen. Inhaber von **Postsparbüchern** können mit der Postbank SparCard 3000plus zehnmal pro Jahr gebührenfrei Geld im Ausland abheben.

- **Sperrnummer für Bank- und Kreditkarten:** ✆ 0049/116116. Diese einheitliche Sperrnummer gilt mittlerweile für eine Reihe von deutschen Banken. sperr-notruf.de

Gesundheit

Zwischen Deutschland sowie zwischen Österreich und Frankreich besteht ein gegenseitiges Versicherungsabkommen. Für gesetzlich Versicherte gilt die Rückseite ihrer Versichertenkarte als Europäische Krankenversicherungskarte; dennoch muss der Arztbesuch zunächst vor Ort bezahlt werden. Die Rechnung beziehungsweise die Quittungen der Apotheke werden dann später der heimischen Krankenversicherung zur Erstattung vorgelegt. Wegen der umständlichen Prozedur und des teilweise hohen Eigenanteils – abgerechnet wird nämlich nach dem französischen System – empfiehlt es sich, vor der Reise eine günstige Zusatzversicherung abzuschließen, die oft schon für 7,50 € zu bekommen ist. Fast jedes größere Dorf besitzt eine eigene, mit einem grünen Kreuz gekennzeichnete **Apotheke** *(Pharmacie)*. Außerhalb der normalen Öffnungszeiten (ca. 9–12.30 Uhr und 14–18.30 Uhr) informiert ein Hinweisschild, welche Apotheke gerade Nacht- oder Sonntagsdienst hat. In den Apotheken sind auch **Präservative** *(Préservatifs)* erhältlich.

Kriminalität

Vorsicht ist bekanntlich die Mutter der Porzellankiste. Vor allem am Strand und in großen Städten wie Nizza empfiehlt es sich, ein paar Verhaltensregeln zu beachten: Im geparkten Auto sollten niemals Wertsachen zurückgelassen oder dieser Anschein erweckt werden – durch das Autofenster hindurch kann man beispielsweise nicht sehen, dass die Kameratasche leer ist. Sinnvoll ist es zudem, das Handschuhfach offen zu lassen, damit erst gar keine Spekulationen aufkommen können. Um beim Stadtbummel nicht das Opfer eines Langfingers zu werden, sollte man Pass, Kreditkarten und Geld lieber „unsichtbar" am Körper tragen.

Landkarten

Die gebräuchlichste Landkarte für die Region Provence-Côte d'Azur ist die Michelin-Karte *Regional* Nr. 527 im Maßstab 1:200.000. Ihr großer Vorteil beispielsweise gegenüber der ADAC-Karte liegt in der Darstellung der gesamten Region inklusive der Haute-Provence. Wer nur einen Teil der Region bereisen möchte, kann sich auch für die Michelin-Reihe *Local* entscheiden, die Teile der Region inkl. Stadtpläne und Index im Maßstab 1:75.000 bzw. 1:150.000 abbildet. Eine weitere Alternative sind die Reliefkarten aus der grünen Reihe (1:100.000) des Nationalen Geographischen Instituts (IGN). Sehr praktisch zum Wandern ist die blaue Serie des IGN, dank des Maßstabs von 1:25.000 sind auch die kleinsten Wege eingezeichnet.

Märkte

Der Besuch eines Wochenmarktes gehört zu den schönsten Eindrücken einer Reise durch die Provence. Noch bevor sich der erste Kunde nähert, stapeln sich leere Kisten und Pappkartons im Rinnstein. Salate, Kräuter und Gemüse werden zu bunten Kaskaden aufgebaut. Der Duft von reifem Rohmilchkäse und frischen Meeresfrüchten lässt das Wasser im Mund zusammenlaufen. Es gibt Stände, die Dutzende von Honigsorten und Olivenöle aus verschiedenen Herkunftsregionen anbieten, aber auch Textilien und gebrauchte Klamotten sind zu finden.

Bei den praktischen Informationen zu jedem Ort sind daher die Markttage aufgeführt, bei größeren Städten auch die Straße beziehungsweise der Platz, wo der Markt stattfindet.

Museen

Die Côte d'Azur ist ein Eldorado für Kunstliebhaber, in weit mehr als hundert Museen warten Kulturschätze auf neugierige Besucher. Wer einen Museumsbesuch zwischen Mittwoch und Sonntag in der Zeit von 10 bis 12 oder 14 bis 17 Uhr plant, steht bei größeren Museen nur selten vor verschlossenen Türen. Fast alle Museen haben an einem Tag der Woche, zumeist Montag oder Dienstag, geschlossen. Im Gegensatz zu Deutschland sind die gesetzlichen Feiertage in Frankreich nicht für einen Museumsbesuch geeignet, denn auch das Museumspersonal legt dann einen freien Tag ein. Jugendliche unter 18 Jahren haben zumeist freien Eintritt.

Notruf

Im Falle eines Falles gelten in ganz Frankreich folgende Notrufnummern: ✆ **17** für die **Polizei** *(Police)* und ✆ **18** für die **Feuerwehr** *(Sapeurs-pompiers)* sowie die in allen EU-Ländern geltende Notrufnummer ✆ **112 (Polizei, Feuerwehr und Sanitäter).**

Öffnungszeiten

In Frankreich gibt es keine gesetzlich vorgeschriebenen Öffnungszeiten; man kann aber davon ausgehen, dass die meisten Geschäfte zwischen 9 und 12 sowie zwischen 14.30 und 19 Uhr geöffnet haben. Große Supermärkte schließen gar erst um 21 oder 22 Uhr. Die Mittagspause wird, abgesehen von den großen Supermarchés (*Carrefour, Géant Casino, Mammouth* etc.) und den Großstadtgeschäften, strikt eingehalten. Viele Geschäfte haben montags ganz- oder vormittags geschlossen, dafür kann man sich auch am Sonntagvormittag mit Lebensmitteln und Brot eindecken. Der Samstag gilt als ganz normaler Werktag. Für **Banken** gelten andere Öffnungszeiten. Sie haben von Dienstag bis Freitag in der Regel von 9 bis 12 und 14 bis 16 Uhr geöffnet, montags ist oft kein Publikumsverkehr möglich. Die **Post** macht nicht nur zumeist eine Stunde früher auf und zwei Stunden später zu, sondern sie öffnet auch Samstagvormittag ihre Pforten.

Post

Briefmarken und Telefonkarten *(télécarte)* sind in allen französischen Postämtern sowie in den **Bureaux de Tabac** erhältlich. Das Porto für eine Postkarte *(carte postale)* oder einen Brief *(lettre)* bis 20 Gramm beträgt 0,95 € bzw. 1,10 €. Die hellgelben Briefkästen besitzen zumeist zwei Einwurfschlitze, einen für die jeweilige Stadt oder die nähere Umgebung, den anderen *(autres destinations)* für den Rest der Welt.

Radio

Wie in Deutschland wird der französische Rundfunk von zahlreichen kommerziellen Lokalsendern bestimmt. Das Programm zeichnet sich in gewohnter Weise durch wenige Wortbeiträge, durch Werbung und aktuelle Chartmusik aus. Eine Ausnahme macht *F I P* (in Cannes auf 103.8 FM zu empfangen): keine Werbung und ein absolut anspruchsvolles Musikprogramm, das größtenteils mit Jazz und World Music bestritten wird, dazwischen Independent, Blues und Soul, ab und an auch Klassik oder ein Oldie (mit anderen Worten: der erklärte Lieblingssender des Autors und der Lektorin).

Wer an Nachrichten aus Deutschland interessiert ist, kann täglich von 8 bis 9 und 19 bis 20 Uhr die Deutsche Welle auf der Mittelwellenfrequenz 702 empfangen. Als praktisch für die An- und Abreise erweist sich das auf 107.7 FM ausgestrahlte *Radio Traffic;* der Verkehrsfunksender berichtet jede Viertelstunde über den aktuellen Verkehrsfluss in Südfrankreich, zur vollen und halben Stunde wird der Service durch Informationen in englischer Sprache ergänzt.

Rauchen

Rauchen ist in Bars, Restaurants und Diskotheken verboten. Wer trotzdem raucht, muss 75 € Strafe zahlen, der

Eine Postkarte als Alternative zur E-Mail?

Verantwortliche der betreffenden Einrichtung das Doppelte. Es ist außerdem verboten, im Auto zu rauchen, wenn Minderjährige im Fahrzeug sitzen.

LGBT+

Die Agentur Gay Sejour hat sich auf Reisen und Touren für die queere Community spezialisiert. Auf der ansprechenden Website gibt es auch Hotel- und Restauranttipps.

- gay-sejour.com

Sprache und Sprachkurse

Mit Deutsch und Englisch kommt man in Südfrankreich nicht allzu weit. Ein großer Teil der Bevölkerung besitzt entweder keine oder nur mäßige Fremdsprachenkenntnisse. Da erschwerend hinzu kommt, dass sich

Franzosen – auch wenn sie es können – im eigenen Land nur ungern des Englischen bedienen, ist es ratsam, sich zumindest französische Grundkenntnisse anzueignen. Dies hilft bei der Suche nach einer Unterkunft und erleichtert die alltäglichen Einkäufe beim Bäcker und im Lebensmittelgeschäft ungemein. Allein der Versuch, sich in der Landessprache verständlich zu machen, wird wohlwollend zur Kenntnis genommen. Pluspunkte lassen sich auch durch den häufigen Gebrauch von *s'il vous plaît* sammeln. Denn im Gegensatz zu Deutschland gilt es in Frankreich als unhöflich, das Wörtchen *bitte* zu vergessen.

Telefonieren und WLAN/WiFi

Telefonieren und Surfen mit dem Mobiltelefon ist an der Cote d'Azur problemlos möglich. Ähnlich wie in Deutschland ist der Empfang nahezu flächendeckend. In Frankreich spricht man nicht von WLAN, sondern wie im Englischen von WiFi *(Wireless Fidelity)*. Fast alle Cafés bieten ihren Gästen einen kostenlosen Zugang.

Vorwahlen aus Frankreich: 0049 (nach Deutschland), 0043 (nach Österreich), 0041 (in die Schweiz). Die Null der Ortskennzahl entfällt jeweils.

Vorwahl nach Frankreich: 0033.

Vorwahl nach Monaco: Seit 1996 besitzt Monaco eine eigene Vorwahl, die 377. Wer somit von Frankreich sowie vom übrigen Ausland aus nach Monaco telefonieren will, muss die 00377 vor der in diesem Führer angegebenen achtstelligen Nummer wählen.

Touristeninformation und Websites

Französische Fremdenverkehrsämter *(Atout France)* schicken auf Anfrage Prospektmaterial und helfen vor Reiseantritt mit allgemeinen Auskünften gerne weiter. Hat man bereits eine bestimmte provenzalische Urlaubsregion im Auge, so ist es ratsam, sich direkt an die **Tourismusbehörde des jeweiligen Départements** *(Comité départemental du Tourisme)* zu wenden. Die jeweiligen Adressen sowie Telefonnummern des zuständigen **Office de Tourisme** sind bei den einzelnen Orten angegeben. Zahlreiche **Provence-Websites** informieren im Internet über die Region.

Fremdenverkehrsämter

In Deutschland: Atout France, de.france.fr/de

In Österreich: Atout France, at.france.fr/de

In der Schweiz: Atout France, ch.france.fr/de

In der Provence-Côte d'Azur: tourismepaca.fr

Websites der Départements

Alpes-Maritimes: cotedazurfrance.fr

Var: visitvar.fr

Weitere Websites

frankreich-sued.de

frankreich-info.de

provence-online.com

westalpen.wordpress.com

myprovence.fr

Waldbrände

Jahr für Jahr sorgen in den Sommermonaten große Flächenbrände für Schlagzeilen. Ein Funke genügt und die ausgedörrten provenzalischen Landschaften gehen in Windeseile in Flammen auf. Um Waldbrände zu vermeiden, ist es daher strengstens verboten, bei Wanderungen und Ausflügen glimmende Zigaretten oder glühende Streichhölzer wegzuwerfen – obwohl sich dies eigentlich von selbst verstehen sollte. Untersagt ist es auch, ein offenes Feuer zu entfachen sowie Glas liegen zu lassen (Selbstentzündungsgefahr!). Wildcampen in Gebieten mit Waldbrandgefahr wird verständlicherweise mit drastischen Geldstrafen geahndet.

Zeitungen/Zeitschriften

Die überregionalen deutschsprachigen Tages- und Wochenzeitungen (Süddeutsche Zeitung, Frankfurter Allgemeine Zeitung, Spiegel, ZEIT) sind in den größeren Städten sowie touristischen Zentren in der Regel einen Tag nach Erscheinen in den gut sortierten *Maisons de la Presse* erhältlich. Deutschsprachige Zeitungen sind manchmal auch in den *Bureaux de Tabac* zu finden; dort liegen auch die renommierten überregionalen französischen Zeitungen wie *Le Monde*, *Le Figaro* oder *Libération* aus.

Die meistgelesenen Tageszeitungen der Region sind der eher rechtsliberal einzustufende *Var-Matin* sowie der *Nice-Matin*. Die regionalen Zeitungen sind wegen ihrer Monopolstellung nicht unbedeutend: So ist der *Nice-Matin* mit einer Auflage von knapp über 250.000 die zehntgrößte französische Tageszeitung. Wer des Französischen mächtig ist, findet darin Hinweise zu aktuellen Veranstaltungen und bekommt einen Einblick in die Lokalpolitik. Das Niveau dieser Regionalzeitungen ist allerdings nicht gerade überwältigend.

Zollbestimmungen

Seit dem 1. Januar 1993 existieren an den Binnengrenzen der Europäischen Union keine mengenmäßigen Ein- und Ausfuhrbeschränkungen mehr. Tabak, Alkohol und andere Waren können problemlos eingeführt werden, soweit erkennbar ist, dass sie ausschließlich für den Privatgebrauch bestimmt sind. Als Richtmenge gelten 800 Zigaretten bzw. 400 Zigarillos, 200 Zigarren oder 1 Kilo Tabak, 10 Liter Spirituosen sowie 90 Liter Wein und 110 Liter Bier. Für Schweizer gelten die üblichen Mengenbeschränkungen: 50 Gramm Parfüm oder 0,25 Liter Eau de Toilette, 1 Liter Spirituosen oder 2 Liter Wein, 200 Zigaretten oder 100 Zigarillos oder 50 Zigarren oder 250 Gramm Tabak.

Saint-Tropez: Überall wird Kunst angeboten

Obelisk auf dem Gipfel des Mont Saccarel

Wandern

an der Côte d'Azur und in den Alpes-Maritimes

GPS-kartierte Touren sind mit dem Symbol GPS gekennzeichnet. Download der GPS-Tracks inkl. Waypoints unter mmv.me/53934

Übersicht der Wanderungen

Kleiner Wanderführer

Die Côte d'Azur und die sich dahinter erhebenden Seealpen sind ideale Wandergebiete. Von einfachen Strandwanderungen entlang der Küste bis hin zu Hochgebirgstouren bietet die Region etwas für jeden Geschmack.

Für Wanderer mit guter Kondition sind die Alpes-Maritimes geradezu ein Paradies. Es locken herrliche Gipfel wie der Mont Saccarel oder Touren durch den Mercantour-Nationalpark rund um den 2872 m hohen Mont Bégo, der für seine prähistorischen Gravuren im Vallée de Fontanalba und Vallée des Merveilles bekannt ist. Landschaftlich besonders reizvoll sind Touren zu dem auf 2156 m Höhe gelegenen Lac de Trécolpas oder zum Refuge de Nice. Schweißtreibend ist auch der Anstieg von der Vésubie-Schlucht zur Wallfahrtskirche Madone d'Utelle, während man auf dem Circuit de la Lauvette immer wieder schöne Ausblicke auf das Tal des Var genießen kann. Oberhalb von Èze-Village, auf dem Baou de Saint-Jeannet oder im Estérel-Gebirge kann man sich beim

Wandern sogar immer wieder an Passagen mit Meerblick erfreuen. Nicht versäumen sollte man auch eine Tour durch die Gorges du Loup, die mit ihren zahlreichen Tunneldurchquerungen vor allem Kinder begeistert! Und auch unmittelbar an der Küste wie in Monaco und Saint-Tropez kann man seine Wanderschuhe schnüren und andere Einblicke in die Touristenmetropolen gewinnen.

Die küstennahen Wanderungen sind das ganze Jahr über möglich, während man die Hochgebirgstouren in der Regel nur zwischen Mai und September unternehmen kann, da die Wege sonst vereist oder verschneit sind. Bei ausgedehnten Tagestouren darf das Risiko eines Wetterumschwungs nicht unterschätzt werden. Vor allem im Hochgebirge kann es bei Nebel und Regen sehr schnell zu drastischen Temperatureinbrüchen kommen, die lebensbedrohlich sein können. Wichtig ist die richtige Kleidung und Ausrüstung. Es empfiehlt sich auch, die aktuellen Wettervorhersagen zu erfragen. Neben regenfester und warmer Kleidung ist festes Schuhwerk unerlässlich. Zudem sollte man in seinem Rucksack Verpflegung und Getränke mitführen. Falls es unterwegs Einkehrmöglichkeiten gibt, ist dies bei den einzelnen Wanderungen vermerkt.

Gutes Kartenmaterial ist ebenfalls unverzichtbar. Sehr praktisch zum Wandern ist die Série Bleu des Nationalen Geographischen Instituts (IGN), dank des Maßstabs von 1:25.000 sind auch die kleinsten Wege eingezeichnet. Ein Fernglas erleichtert das Beobachten der alpinen Tierwelt. Zuletzt sollte man auch seine eigenen Leistungsgrenzen nicht überschätzen. Als Richtschnur bei Bergtouren gelten bei trainierten Wanderern 300 Höhenmeter pro Stunde.

Die von uns vorgestellten Touren variieren in Länge und Schwierigkeitsgrad. Die Zeitangaben sind reine Gehzeiten, Pausen nicht mitgerechnet, und nur als Richtwerte zu verstehen. Die Karten wurden mithilfe von GPS (Global Positioning System) erstellt.

Zusätzlich zu den hier ausführlich vorgestellten Wanderungen finden Sie im Buch an mehreren Stellen kürzere Wandertipps oder Wanderempfehlungen.

Traumlage: Refuge de Nice (Wanderung 12)

GPS-Wanderung 1

Von Monaco nach La Turbie

Charakteristik: Wer denkt beim Thema Wandern schon an Monaco? Dennoch hat das kleine Fürstentum einen eigenen Alpenverein, die Alpenkonvention unterschrieben und ist Anfangspunkt des neuen Fernwanderwegs **Via Alpina.** Mit Kontrasten, wie sie schärfer nicht ausfallen könnten – vom monegassischen Häusermeer bis zu den darüber liegenden unverbauten Hängen mit Ausblicken über die Buchten zwischen Cap d'Ail und Cap Martin –, nutzt diese mittelschwere Tour einen Teil der Via Alpina hinauf zum im Jahre 7/6 v. Chr. erbauten römischen Siegesdenkmal Trophée des Alpes in La Turbie. **Länge/ Dauer:** 10,5 km, ca. 4 Std. **Auf-/Abstieg:** 565 m. **Markierung:** **1** bis **4** Via-Alpina-Hinweisschilder, **4** bis **5** weiß-rot (GR 51 B), **5** bis **6** gelb, **6** bis **9** unmarkiert, **9** bis **5** gelb. **Einkehr:** in La Turbie. **Ausgangspunkt:** Place du Palais in Monaco. **Variante:** Wenn man den Rückweg mit dem Bus zurücklegt, verkürzt sich die Dauer auf gut 2 Std. (Buslinie 114 verkehrt Mo–Sa zwischen La Turbie und Monaco Place d'Armes).

Wegbeschreibung: Von der Westseite des **Schlossplatzes** **1** folgt man den mannshohen Hinweisschildern für die **Via Alpina** vorbei an der Kathedrale, dem Musée Océanographique und der Porte Neuve im Gegenuhrzeigersinn um die Altstadthalbinsel Monacos herum. Am Jachthafen entlang, geht man über die Place d'Armes auf der linken Straßenseite der Avenue du Prince Pierre weiter in die Innenstadt, wo ein Treppenaufgang hinauf zum Boulevard Rainier III führt. Dort rechts, beginnt nach wenigen Metern der Treppenaufgang des Chemin des Revoires, über den es hinauf bis zum Boulevard du Jardin Exotique **2** geht. Auf diesem läuft man links entlang weiter, bis gegenüber dem **Jardin Exotique** **3** eine kurze Treppe zum Parc Santé hinaufführt. An dessen Ausgang gelangt man an die Fortsetzung des Aufgangs hinauf zur **Moyenne Corniche** **4**.

Mächtig: Trophée des Alpes

Etwa 30 m weiter rechts führt auf der anderen Straßenseite ein Weg in Richtung „La Turbie/Trophée Auguste" weiter aufwärts. Von nun an kann man der weiß-roten Markierung des Fernwanderweges GR 51 B folgen und gelangt so in stellenweise recht heftiger Steigung an eine **Gabelung** **5**. Hier biegt man links ab in Richtung „Haute Monte Carlo/La Turbie" (über den geradeaus weiterführenden Weg erfolgt später der Abstieg). Der nun gelb markierte Wanderpfad verläuft – von Olivenbäumen und viel Ginster flankiert, mit toller Aussicht hinunter auf Monaco und die umliegenden Buchten –

ansteigend zunächst in südwestlicher, dann nach einer scharfen Kehre in nordwestlicher Richtung. Kurz vor La Turbie weitet er sich zum breiten, erdigen Fahrweg und endet schließlich an einem kleinen schattigen **Park** **6** mit Picknickplätzen in **La Turbie.**

Hinter dem Park geht man, nun wieder über Asphalt, geradeaus weiter und gelangt so direkt an den (verschlossenen) Hintereingang des monumentalen, zu Ehren Kaiser Augustus errichteten Siegesdenkmals **Trophée des Alpes** **7**. Kurz dahinter biegt man rechts in ein Altstadtgässchen ein, hält sich in der Folge stets rechts und trifft so auf den Cours Albert I., an dessen Ende sich der Haupteingang **8** zur Trophée des Alpes befindet.

Mehr zur Trophée des Alpes → S. 52

Für den Rückweg geht es auf dieser Straße kurz zurück in Richtung Altstadt, dann rechts hinunter auf die Place de la Cremaillière und weiter in Richtung „Chemin Romain, Beausoleil/Monaco". Der **Römerweg** **9** beginnt scharf rechts von der Straße abzweigend und führt, oft von Trockensteinmauern begrenzt, in gut angelegten Serpentinen abwärts. Immer weiter Richtung Beausoleil/Monaco geht der Weg in den asphaltierten Chemin de Sotto Baou über, von dem wenig später rechts ein Pfad **10** abzweigt. Diesem folgend gelangt man wieder an die **Gabelung** **5**, an der beim Aufstieg in Richtung Haute Monte Carlo abgezweigt wurde. Der letzte Abschnitt der Wanderung, die wieder hinunter zum **Schlossplatz** **1** führt, ist identisch mit dem Aufstieg.

GPS-Wanderung 2

Zum Fort de La Revère

Charakteristik: Mit einer noch grandioseren Aussicht auf die Côte d'Azur als das mittelalterliche Felsennest Èze kann das darüber liegende, um 1880 errichtete Fort de La Revère aufwarten. Auf dieser reizvollen, leichten Kurzwanderung findet man darüber hinaus schnell, was im Zentrum von Èze stets Mangelware ist: Ruhe. **Länge/Dauer:** 4 km, ca. 2 Std. **Auf-/Abstieg:** 400 m. **Markierung:** **1** bis **2** unmarkiert, ab **2** gelb. **Einkehr:** keine Einkehrmöglichkeit unterwegs, bitte ausreichend Wasser mitführen. **Ausgangspunkt:** gebührenpflichtiger Parkplatz an der Moyenne Corniche in Èze-Village.

Wegbeschreibung: Vom zentralen **Parkplatz** **1** in **Èze-Village** geht man zunächst in östlicher Richtung noch ein Stück auf der Moyenne Corniche entlang und biegt dann links in die Avenue de la Marne **2** ein. Nach wenigen Metern beginnt an einem Eisenkreuz der gut ausgeschilderte und gelb markierte Wanderweg zum Fort de La Revère.

Schön schattig unter Olivenbäumen schlängelt sich der Pfad aufwärts, kreuzt dann die **Grande Corniche** **3** und führt auf der anderen Straßenseite weiter. Schatten spendende Bäume sucht man nun leider vergeblich, was durch eine immer bessere Aussicht hinunter auf Èze-Village und Cap Ferrat aufgewogen wird. Kurz darauf gelangt man an eine **Gabelung** **4**: Links hinunter wird später der Rückweg nach Èze erfolgen, nun geht es hier zunächst rechts hoch zum Fort. Auf grobem Schotter in weiten Kehren erreicht man ein Asphaltsträßchen, dem man ganz kurz nach links folgt, bis ein getreppter Pfad beginnt. Als Teil des **Sentier de Découverte Historique** kürzt dieser lediglich eine Kehre der Straße ab, über die man das **Fort de La Revère** **5** erreicht, das aus militärischen Gründen errichtet wurde. Die hier aufgestellte Panoramatafel sorgt für die nötige Orientierung, Platanen für schattige Plätzchen an den vielen Picknicktischen.

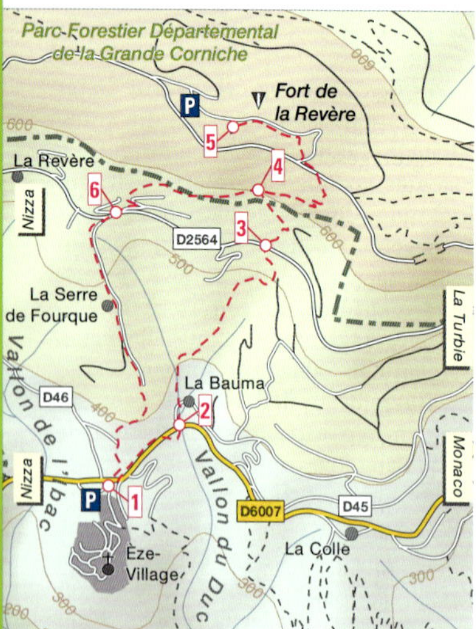

GPS-Wanderung 2
Zum Fort de La Revère

Der Rückweg bis zur **Gabelung** **4** erfolgt über den Aufstiegsweg. Nun läuft man hier geradeaus hangparallel in westlicher Richtung weiter, dann sachte abwärts nach Südwesten. Der Weg geht in eine asphaltierte Nebenstraße über und trifft kurz darauf auf die **Grande Corniche** **6**. Einige Meter weiter rechts beginnt der asphaltierte Chemin Serre de Fourque, auf dem es an Einfahrten zu Luxusvillen vorbei in heftigem Gefälle abwärts geht. Die

Straße geht kurz in einen Waldweg über, bevor Èze wieder erreicht ist. Über Treppenstufen gelangt man – direkt gegenüber dem **Parkplatz** **1** – wieder auf die Moyenne Corniche in **Èze-Village.**

GPS-Wanderung 3

Von Peillon nach Peille

Charakteristik: Mit Peillon und Peille stehen zwei pittoreske mittelalterliche Villages Perchés (Bergdörfer) par excellence auf dem Programm, die mit verwinkelten Gässchen, überbauten Treppengängen und vielen kleinen Kapellen aufwarten. Zwei unterschiedliche Wanderwege verbinden die beiden Dörfer: Der eine führt über einen malerischen Maultierpfad, der bereits in römischer Zeit genutzt worden sein soll, östlich um die 804 m hohe Cime de Rastel herum. Der andere verläuft westlich davon hoch über den Hängen des Paillon-Tals. Miteinander verknüpft entsteht so eine sehr reizvolle und zudem wenig anstrengende, leichte bis mittelschwere Rundtour. **Länge/Dauer:** 10,4 km, ca. 3:30 Std. **Auf-/Abstieg:** 560 m. **Markierung:** von **2** bis **4** und von **7** bis **2** gelb markiert (ansonsten unmarkiert). **Einkehr:** in Peille **6**. **Ausgangspunkt:** Parkplatz am Ortseingang von Peillon. **Anfahrt:** Von Nizza aus erreicht man Peillon über die D 2204 und die D 21. Aus dem Paillon-Tal führt eine schmale Stichstraße hinauf nach Peillon und endet dort am Ortseingang am großen Parkplatz **1**.

Wegbeschreibung: An der Stirnseite des **Parkplatzes** **1** am Ortseingang von **Peillon** geht man, noch vor dem eigentlichen Ortskern, gleich links den steinernen Treppenaufgang hinauf (Wanderwegweiser). Kurz darauf hält man sich am nächsten Wegweiser halb links und trifft wenig später auf die **Gabelung** **2**, an der sich die beiden nach Peille führenden Wege voneinander trennen: Rechts beginnt der gelb markierte Pfad Richtung „Peille Village/ Chapelle Saint Pancrace", über den nach links abknickenden Weg „par le Faquin" erfolgt der Rückweg.

In vielen kleinen Serpentinen windet sich der schöne Maultierpfad zwischen Olivenhainen, vereinzelten Kiefern und riesigen Kakteen langsam aufwärts und gewährt einen fantastischen Ausblick auf Peillon. Vorbei an den **Falaises du Baus Roux,** an deren senkrecht aufragenden Wänden man Kletterer beobachten kann, wird nach etwa 0:30 Std. an der Abzweigung in Richtung „Les Lacs/S. Martin de Peille" eine sehr gut erhaltene alte **Steinbrücke** **3** überquert. Geradeaus weiter nähert man sich der Häusergruppe von **Bompin,** der Weg ist nun grob geschottert und geht schließlich in eine asphaltierte Nebenstraße über, die in die D 53 mündet **4**. In diese Straße, die von La Turbie heraufführt, biegt man nun links ein. Vorbei am **Col de Saint-Pancrace** (etwas oberhalb die gleichnamige Kapelle) und einem schattigen **Picknickplatz** **5**, gelangt man auf ihr in gut 0:30 Std. durch drei kurze, in den Fels geschlagene Tunnel nach **Peille.**

Man folgt der Straße durch eine lang gezogene Linkskurve und gelangt an den Treppenweg zur Ruine des **Chateau Feodal** **6**. Dabei handelt es sich um eine im 14. Jahrhundert angelegte Befestigungsanlage, die während der Revolutionskriege fast vollständig zerstört wurde. Statt jedoch dort

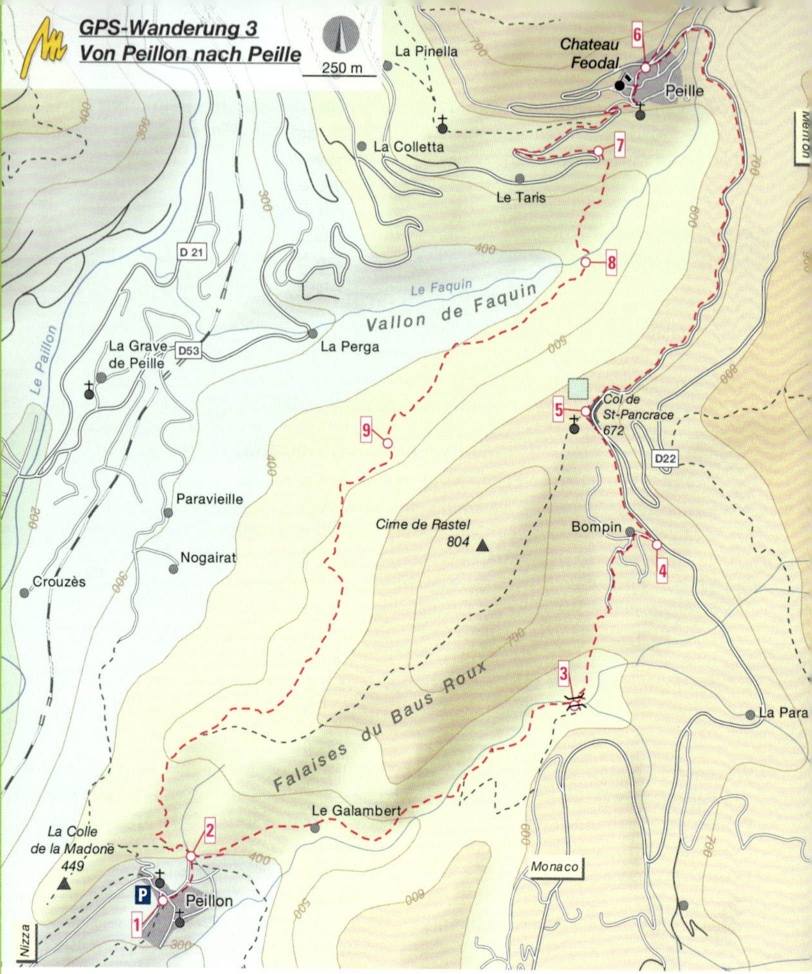

hinaufzugehen, folgt man dem gegenüberliegenden Treppenabgang hinunter in den historischen Ortskern von Peille. Die zentrale **Place Carnot** beim Bürgermeisteramt (früher die Chapelle Saint Sébastien der Confrèrie des Pénitents) ist rasch erreicht und bietet mit Restaurant, einer Bäckerei, die Lavendelbiscuits herstellt, und Brunnen die Gelegenheit, eine wohlverdiente Pause einzulegen.

Weiter geht es auf der Verlängerung des Treppenabgangs hinunter. Durch die Rue du Pons gelangt man direkt am Ortsausgangsschild auf die D 53, die hinunter in das Paillon-Tal führt. Auf ihr wird eine lang gezogene Kehre durchlaufen. Direkt im Scheitel der nächsten Kehre **7** beginnt der gelb markierte Trampelpfad zurück nach Peillon. Es geht zunächst über Ackerterrassen und unter Olivenbäumen hindurch abwärts um die tiefer am Hang liegenden Häuser von Peille herum, im weiteren Verlauf schön schattig durch Laubwald. An der tiefsten Stelle des **Vallon de Faquin** angelangt, wird das meist ausgetrocknete **Bachbett** **8** überquert. In stetigem Auf und Ab verläuft der Weg am östlichen Hang des Vallée de Paillon nur leicht ansteigend durch dichten Wald, bis etwa auf halber Strecke ein **Geröllfeld** **9** erreicht wird, von dem aus beim Blick zurück die wunderschöne Hanglage von Peille erkennbar ist. Die nun folgende Wegstrecke ist aussichtsreicher: Neben der Straße und der Bahnlinie unten im Tal ist auch der Steinbruch von La Grave de Peille gut auszumachen. Erst spät erfolgt der serpentinenreiche Abstieg hinunter nach **Peillon.** Der nächste Wegweiser zeigt nach links Richtung „Peillon Village", das aber kaum noch zu verfehlen ist. Kurz danach erreicht man, vorbei an der **Gabelung** **2**, wieder den Ausgangspunkt **1** der Tour.

GPS-Wanderung 4

Über den Baou de Saint-Jeannet

Charakteristik: Der Baou de Saint-Jeannet ist mit 800 m der höchste und bekannteste Felsen im Haut Pays Vençois und eine beliebte Kletterdestination. Wanderer nähern sich seinem verkarsteten Hochplateau auf einfachem Weg von Norden meist nur für eine kurze Stippvisite zur Panoramatafel mit 360-Grad-Ausblick auf Seealpen und Küste. Viel schöner ist es dagegen, den Gipfel in eine mittelschwere Rundtour einzubinden, die abseits des Trubels über ausgedehnte Karstflächen auch zur Ruine von Le Castellet führt. Die Ursprünge dieses befestigten Hofguts über dem westlich von Saint-Jeannet gelegenen Vallée de la Cagne sollen auf das 13. Jahrhundert zurückgehen. **Länge/Dauer:** 10 km, knapp 4 Std. **Auf-/Abstieg:** 520 m. **Markierung:** von **1** bis **2** Hinweisschilder, von **2** bis **5** weiß-rot (GR 51), von **5** bis **8** gelb, von **8** bis **9** weiß-rot, von **9** bis Wegweiser 8 am Ortseingang von Saint-Jeannet gelb, dann unmarkiert bis **1**. **Einkehr:** keine Einkehrmöglichkeit unterwegs, bitte ausreichend Wasser und Proviant mitführen. **Ausgangspunkt:** Parkplatz Saint-Jeannet. **Anfahrt:** Man erreicht Saint-Jeannet von Vence aus über die D 2210, von der eine Zufahrtsstraße hinauf in den direkt unterhalb des Baou de Saint-Jeannet liegenden Ort führt.

Wegbeschreibung: Ausgangspunkt der Tour ist der zentrale **Parkplatz** **1** auf der Place René Veyssi in **Saint-Jeannet,** wo sich auch das Büro der Touristinformation befindet. Ein Treppenaufgang führt hinauf zur Rue du Vallon, wo bereits der erste Wanderwegweiser zum „Baou de St-Jeannet" steht.

Auf dieser Straße geht es in den **Ortskern,** wo man hinter der Place Sainte Barbe am ersten Gässchen am Hinweisschild **2** rechts abzweigt. Nun kann man der weiß-roten Markierung für den Fernwanderweg GR 51 folgen und gelangt zur Rue du Baou. Die schraubt sich, bald in eine Staubpiste übergehend, kurvenreich aufwärts. Am Wegweiser 2 hält man sich halb links **3** und steigt weiter auf durch das **Vallon de Parriau,** zwischen dem **Baou de Saint-Jeannet** zur Linken und dem **Baou de la Gaude** zur Rechten. Von viel Ginster und der typischen Garrigue gesäumt, bietet der Weg einen guten Ausblick auf Saint-Jeannet. Am Wegweiser 3 **4** geht es nochmals halb links weiter, bis wenige Minuten später bei Wegweiser 4 **5** der nördlichste Punkt des Aufstiegswegs erreicht ist.

Hier verlässt man den GR 51 nach links und läuft auf dem nun gelb markierten Stichweg durch eine

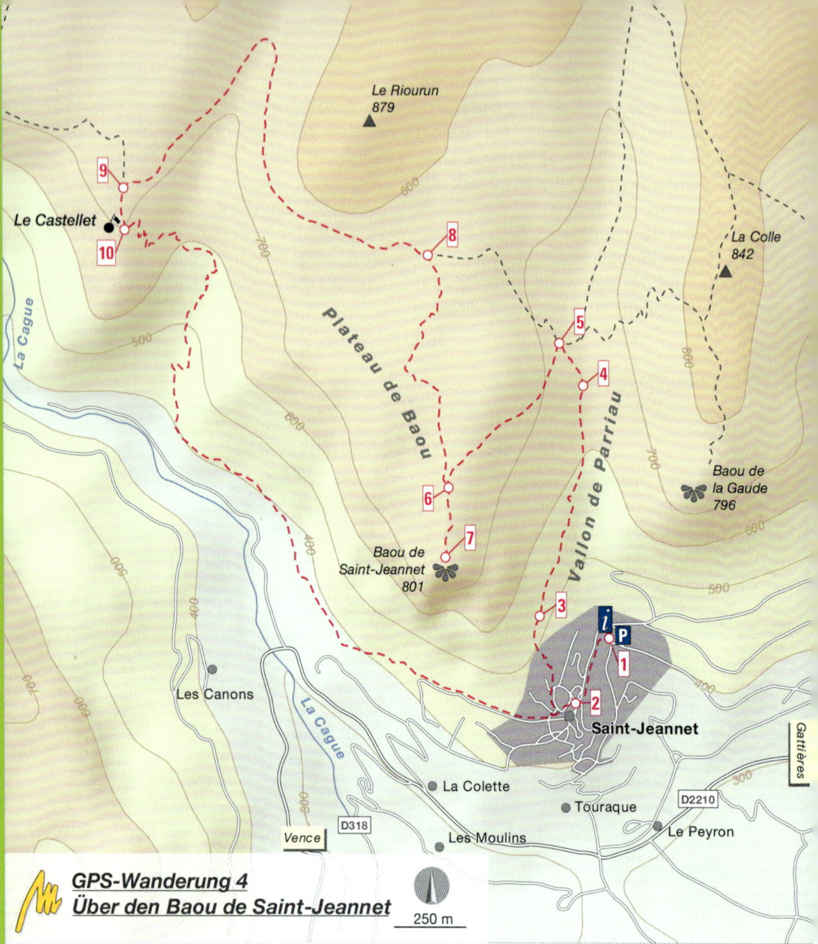

GPS-Wanderung 4
Über den Baou de Saint-Jeannet

faszinierende, fast weiße **Karstlandschaft:** Das verwitterte Kalkgestein weist nach dem Motto „Steter Tropfen höhlt den Stein" vielfältige Vertiefungen und Rillen auf. Vorbei an einer **Gabelung** bei Wegweiser 5 **6**, an dem später der Weg nach Le Castellet fortgesetzt wird, erreicht man an der Panoramatafel den **Gipfel des Baou de Saint-Jeannet** **7**. Die Aussicht lässt nichts zu wünschen übrig und schließt im Süden den Küstenstreifen zwischen Esterel-Gebirge und Mont Gros, im Norden die Gipfel der Seealpen mit der Cime du Gelas und der Cime de l'Argentera mit ein.

Zurück an der **Gabelung** **6** biegt man nun halb links ab und geht über das **Plateau de Baou,** eine leicht gewellte Hochebene mit vielen längst aufgelassenen Ackerterrassen und den typischen Trockensteinmauern. Zwischen vereinzelten Kiefern und Wacholdersträuchern hindurch, schlängelt sich der auch mit Steinmännchen markierte Pfad weiter leicht abwärts. Hinter einem kleinen **Trockenmauerwerk-Rundbau** (auch: „Borie" oder „Cabane de Pierre Sèche" genannt) wird am Wegweiser 6 **8** wieder der GR 51 erreicht. Ihm folgt man nun nach links und geht in westlicher Richtung unterhalb des **Le Riourun** (879 m) weiter. Wenige Minuten später kann man bereits den ersten Blick auf die Ruine des Hofguts Le Castellet werfen. Um dort hin zu gelangen, muss zunächst der Taleinschnitt des Vallon de Castellet am Hang entlang in einer langen Nordschlaufe umlaufen werden. Bei Wegweiser 7 **9** wird der GR 51 in Richtung „St-Jeannet directe" wieder verlassen, und kurz darauf steht man an der **Ruine von Le Castellet** **10**. Die Ursprünge dieses befestigten Hofguts sollen auf das 13. Jahrhundert zurückgehen, der viergeschossige Turm und das, was heute noch zu erkennen ist (die Anlage wurde im Zweiten Weltkrieg großteils zerstört), aus dem 18. Jahrhundert stammen.

Kurz vor dem Turm zweigt links ein gelb markierter **Pfad** ab, der in vielen kleinen Serpentinen erst in östlicher, dann in südlicher Richtung auf einem Waldweg talwärts führt. Vorbei am Wegweiser 7a wird schließlich der **Baou de Saint-Jeannet** noch südlich umrundet. Schließlich gelangt man nach einem kurzen Wiederaufstieg bei Wegweiser 8 wieder nach **Saint-Jeannet** und geht durch die Gässchen zurück zum **Parkplatz** **1**.

Aufstieg zum Baou de Saint-Jeannet

GPS-Wanderung 5

Balcons du Loup

Charakteristik: Schon Erika und Klaus Mann priesen in ihrem 1931 erschienenen Buch von der Riviera das „Rötlich-Gelblich-Grau" der Felswände in den Gorges du Loup. Ganz nah an diesen entlang führt diese überaus reizvolle, leichte, kinderfreundliche Kurzwanderung auf den Balcons du Loup neben dem Aqueduc du Foulon – durch 22 Tunnel hindurch! – durch die Schlucht. **Länge/Dauer:** 8,7 km, knapp 3 Std. einfache Strecke (Rückweg ca. 2:30 Std.). Der Rückweg erfolgt per Rufbus. **Auf-/Abstieg:** 340 m/75 m. **Markierung:** **2** bis **4** gelb,, Rest unmarkiert. **Einkehr:** keine Einkehrmöglichkeit unterwegs, bitte ausreichend Wasser mitführen. **Ausgangspunkt:** Parkplatz Pont-du-Loup. **Anfahrt:** Pont-du-Loup liegt etwa auf halbem Weg zwischen Vence und Grasse und ist über die D 2210 zu erreichen. Parkmöglichkeiten stehen direkt hinter der Brücke über den Loup gegenüber dem Bürgermeisteramt zur Verfügung **1**. **Hinweis:** Taschenlampe mitnehmen wegen der Tunnel! Im Jahr 2021 war die Wanderung nur bis zur Hälfte möglich, da im Tunnel 16 zu viel Wasser stand. Renovierungsarbeiten sind geplant.

Wegbeschreibung: Der kleine Ort **Pont-du-Loup** wird von auffälligen Pfeilern dominiert. Es sind die Reste des Pont du Loup, einer über 300 m langen und 55 m hohen Steinbogenbrücke, über die früher die Eisenbahnverbindung der

Linie Central Var von Nizza ins Département Bouches-du-Rhône verkehrte. Am 24. August 1944 sprengten deutsche Truppen den elfbögigen Viadukt.

Vom **Parkplatz** **1** aus geht man wenige Meter entlang der D 2210 in Richtung Bar-sur-Loup, bis rechts ein Treppenaufgang **2** beginnt. Ab hier ist der Weg gelb markiert. So gelangt man auf eine asphaltierte Nebenstraße, die sich kurvenreich – vorbei an einem kleinen Bronzemodell des gesprengten Viadukts – steil den Hang hinaufzieht. Wenn man den ehemaligen **Bahnhof Loup** passiert, wird deutlich, dass die nun gerade verlaufende Straße auf der Trasse der früheren Eisenbahnlinie verläuft. 700 m später gelangt man an den Beginn des nach Gourdon führenden **Chemin du Paradis** **3**, auf dem es jetzt aufwärtsgeht.

Nach etwa halbstündigem Anstieg auf diesem idyllischen, oft von Trockensteinmauern gesäumten Steinpfad passiert man eine Kreuzung und geht

Geländer schützen an den gefährlichsten Stellen

weiter bergan auf dem Chemin du Paradis. Rund zehn Minuten später erreicht man eine **Wasserleitung,** wo sich auch ein Wasserhahn und eine breite Holzbank befinden. Hier wird der Paradiesweg nach rechts verlassen. Man steigt auf den Betonsockel, über den die Leitung verläuft, und schlendert auf ihm entlang. Für die nächsten knapp 1:30 Std. verläuft der Weg als Panoramastrecke par excellence in fast genau nördlicher Richtung an der Leitung entlang durch die **Loup-Schlucht.** Er zieht sich dabei durch 20 grob in den ockerfarbenen Kalkstein geschlagene **Tunnel** (Taschenlampe nicht vergessen!). Und wenn es allzu nah an den senkrecht abfallenden Wänden der Schlucht entlang geht, sind vorsorglich Geländer angebracht. Aktuell sind nur ein halbes Dutzend Tunnel passierbar, bereits in Tunnel 18 steht nach 1 km entlang der Röhre das Wasser knöchelhoch, ab Tunnel 16 ist der Weg offiziell gesperrt. Die Leitung gibt auch noch die Route vor, wo sie nach einem leichten Schwenk in westliche Richtung durch Laubwald verlegt wurde.

Einige Minuten später passiert man die Abzweigung **5** hinunter nach Saut-du-Loup und folgt dem Hauptweg in Richtung Bramafan. Kurz darauf kreuzt der Weg eine asphaltierte Nebenstraße **6** und verläuft danach noch durch zwei weitere Tunnel. Direkt vor den Stufen zu einem Leitungswartungshäuschen zweigt rechts ein schmaler Pfad **7** ab. Diesem folgt man durch den Wald hinunter zur **Brücke** **8** über den Loup bei **Bramafan,** dem Ende dieser Tour.

Zurück zum Ausgangspunkt kann man sein Glück entweder beim Autostopp versuchen (klappt in der Regel gut) oder sich vorab den Rufbus ordern und so für 1 Euro zurück nach Pont-du-Loup fahren (Haltestelle direkt bei **8**, ✆ 0492197633, envibus.fr). Wer zurückwandern will, braucht insgesamt 5:30 Std.

GPS-Wanderung 5
Balcons du Loup
350 m
Bramafan
Les Prés
Le Pous
D603
D503
Loup
Saut-du-Loup
Grotte du Revest
Cascade de Courmes
Courmes
D3
Barres de Cavaillore
Balcons du Loup
Gorges du Loup
Barres des Courmettes
D6
Le Nougairel
L'Encarlet
Le Colombier
Saint Pons
Gourdon
Pont du Loup
La Frache
Le Bousquet
Chemin du Paradis
Le Réal
D2210
Chorane
Le David
Grasse
1
2
3
4
5
6
7
8

GPS-Wanderung 6

Zum Lac l'Ecureuil und Pic de l'Ours

Charakteristik: Eine herrliche, mittelschwere Wanderung durch das Esterel-Gebirge, anfangs durch einen wasserführenden Canyon zu einem Stausee, später folgt ein steiler Aufstieg zum Pic de l'Ours. Durch eine schattige Schlucht geht es zurück zum Lac l'Ecureuil. **Länge/Dauer:** 15,5 km, 4:30 Std. **Auf-/Abstieg:** 480 m. **Markierung:** 1 bis 5 keine, von 5 bis 6 weiß-rot, 6 bis 4 gelb, 4 bis 1 keine. **Einkehr:** keine Einkehrmöglichkeit, ausreichend Getränke und Proviant mitführen! **Ausgangspunkt:** Col de Belle Barbe. **Anfahrt:** An der D 100 kommt nach etwa 5 km von Agay aus ein kleines Hinweisschild „Massif de l'Esterel". Der Abzweigung folgt man für etwa 2 km, dann stößt man am Fuß des Col de Belle Barbe linker Hand auf einen kleinen Parkplatz. **Variante:** Man kann auch nur bis zum Lac l'Ecureuil 4 laufen und wieder zurück (Gesamtwanderzeit 2 Std.).

Wegbeschreibung: Vom **Parkplatz 1 Col de Belle Barbe** geht es nach Osten an einer grün-weißen Metallschranke vorbei. Ein Hinweisschild weist zudem den Weg in Richtung „Lac l'Ecureuil".

Nach etwa 0:15 Std. überquert man an einer kleinen **Brücke 2** den Flusslauf und folgt weiter dem breiten, leicht steinigen Forstweg. Linker Hand plätschert ein paar Meter tiefer der Bach und bildet immer wieder kleine Becken, in denen man auch (bedingt) baden kann. Die Felsen rücken näher und man biegt in den grünen **Canyon du Mal Infernet** ein. Nach weiteren 0:30 Std. wird eine **Betonbrücke 3** erreicht, die je nach Wasserstand leicht überspült wird. Inzwischen ist man auf die weiß-roten Markierungen des Fernwanderwegs GR 51 gestoßen. Kurz

Balcons du Loup: Chemin du Paradis (Wanderung 5)

Ein Bach führt durch den Canyon du Mal Infernet

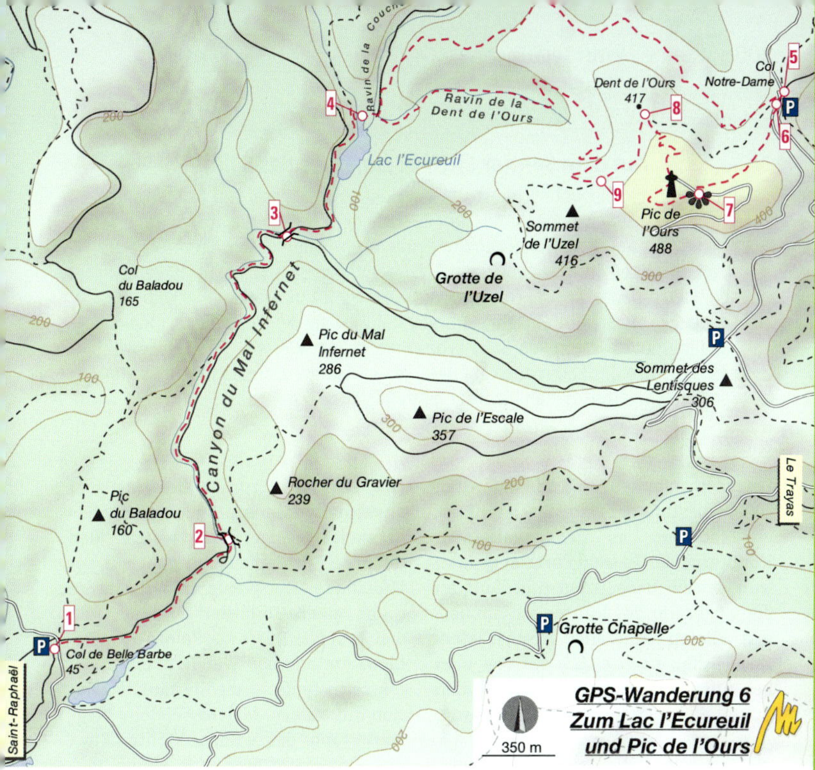

darauf gelangt man zum **Lac l'Ecureuil,** einem Stausee, der seit mehreren Jahren weitgehend ausgetrocknet ist. Der See wird am erhöhten Westufer umrundet. Schließlich geht es hinunter und über einen Bachlauf **4**, danach für ein paar Meter nach Norden und über ein zweites Bachbett. Jetzt läuft man auf dem Fernwanderweg knapp 100 m oberhalb des Bachs nach Norden und steigt einen schmalen Weg mit Geröll erst steil, dann moderat bergan.

Nach einer knappen Stunde wird der **Col Notre-Dame** **5** erreicht, wo auch Autos parken. Nun geht es, der gelben Markierung folgend, hinauf zum 492 m hohen Pic de l'Ours, wobei man nach 50 m links **6** abzweigt und dem Wegweiser „Pic de l'Ours direct" folgt. Der Weg bis kurz unterhalb des nicht zugänglichen Gipfels ist schattenlos und schweißtreibend. Oben angelangt, erreicht man einen asphaltierten Weg **7**. Nach der Überquerung der kleinen Straße umrundet man den von einem Signalmast gekrönten **Gipfel** und steigt dann zu dem markanten **Dent de l'Ours** hinunter. Unterhalb des Felszahns zweigt ein Weg nach links **8** ab und führt an der Bergflanke entlang bis zu einer **Weggabelung** **9**. Dort folgt man nicht der gelben Markierung nach links, sondern geht rechts in Kehren auf einem schattigen Pfad zur Schlucht **Ravin de la Dent de l'Ours** hinunter. Am Wegrand blühen Schleifenblumen, Johanniskraut, Taubenkropf und Nelken. Nach rund 0:30 Std. werden wieder die beiden Bachläufe **4** erreicht, die schon vor dem Aufstieg passiert wurden.

Der Weg bis zum Ausgangspunkt ist mit dem Hinweg identisch – im Bach lassen sich herrlich die Füße kühlen.

GPS-Wanderung 7

Auf dem Sentier Littoral zur Plage des Salins

Charakteristik: Die wohl schönste Möglichkeit, die Halbinsel von Saint-Tropez kennenzulernen, ist eine Wanderung entlang der Küste. Diese abwechslungsreiche, leichte Küstenwanderung mit mehreren Bademöglichkeiten führt an den berühmten Stränden von Saint-Tropez entlang. Badesachen nicht vergessen! **Länge/Dauer:** 14 km, ca. 4 Std. **Auf-/Abstieg:** 14 m. **Markierung:** gelb, nur **6** bis **7** unmarkiert. **Einkehr:** Strandrestaurant an der Plage des Graniers. **Ausgangspunkt:** Hafen von Saint-Tropez. **Varianten:** Wer will, kann den Weg von der Plage des Salins auch auf dem Sentier Littoral zurücklaufen. In weiteren 0:30 Std. erreicht man die Plage de Tahiti.

Wegbeschreibung: Am Ende des Alten Hafens beginnt der gelb markierte Küstenwanderweg an dem markanten Rundturm, der **Tour du Portalet** **1**. Man wendet sich nach Osten und läuft an der Rückseite der Häuser auf steinernen Fliesen zum alten Fischerhafen. Doch schon nach 5 Min. verlässt man bei einer einfachen **Holzhütte** **2** den Strand und geht auf der Straße entlang.

Der Weg führt direkt oberhalb des **Cimetière Marin** vorbei. Unmittelbar nach dem Friedhof geht es geradeaus auf einer Sandpiste zur **Plage des Graniers** **3** mit Strandrestaurant und weiter entlang der Bucht zur **Plage des Canebiers.** Der Name geht auf den Hanf (frz. „chanvre“) zurück, der einst hier angebaut wurde. Am Ende des Strands **4** verlässt man kurz zweimal den direkten Küstenpfad und geht auf der Uferstraße. Ein wenig später geht es durch einen Torbogen hindurch und weiter an der Küste zur **Pointe de la Rabiou.** Entlang des Wanderpfads findet man eine typische mediterrane Vegetation mit Nelken, Malven, Disteln, Wegwarte und der wilden Möhre. Etwa 0:15 Std. später wird eine kleine, verträumte **Badebucht** **5** erreicht. Am **Cap de Saint-Tropez** **6** vorbei, gelangt man nach insgesamt knapp 2:30 Std. zur weitgehend naturbelassenen **Plage des Salins** **7**.

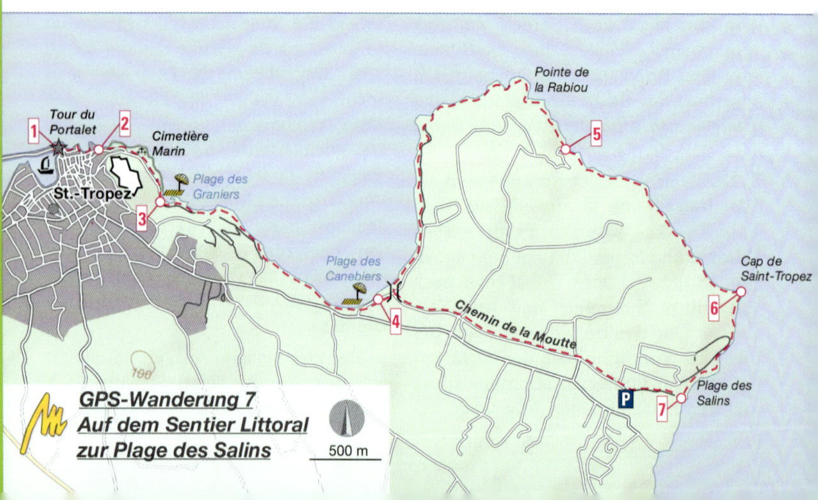

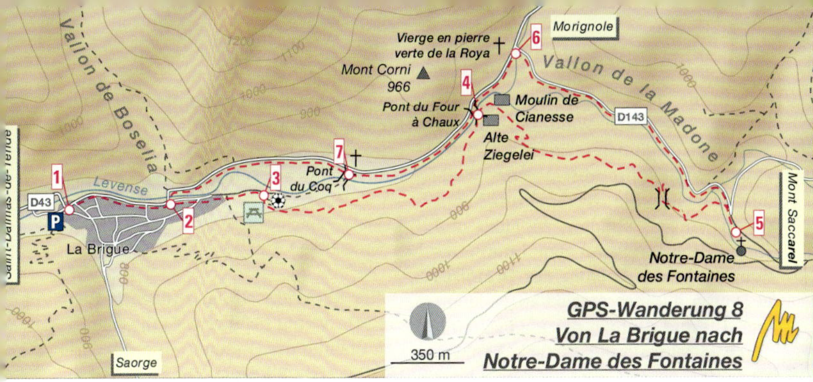

Vom Strand wendet man sich landeinwärts, kommt nach 3 Min. zu einem Parkplatz und läuft immer geradeaus auf dem **Chemin de la Moutte,** bis man nach gut 0:30 Std. an einer **Brücke** auf die Straße stößt, die vom Hinweg bekannt ist. Der Rückweg ist jetzt mit dem Hinweg identisch. In knapp einer Stunde steht man wieder im Hafentrubel von **Saint-Tropez** an der **Tour du Portalet** 1.

GPS-Wanderung 8

Von La Brigue nach Notre-Dame des Fontaines

Charakteristik: Auf dem Chemin des Oratoires et Sentier d'Interprétation gelangt man in einer kurzen Runde im oberen Roya-Tal von der kleinen Gemeinde La Brigue zur weit über die Landesgrenzen hinaus bekannten Sanctuaire Notre-Dame des Fontaines, die wegen flächendeckender Fresken und Temperamalereien auch „Sixtinische Kapelle der Seealpen" genannt wird. Eine Wanderung mit eindeutigem Spaziergangcharakter, die auf dem Rückweg auch am Pont du Coq vorbeiführt, einer wegen ihrer kühnen Steinkonstruktion bekannten Brücke aus dem 15. Jahrhundert. **Länge/Dauer:** 8,5 km, ca. 2:30 Std. **Auf-/Abstieg:** 275 m. **Markierung:** gelb markiert nach 3 bis 5; ansonsten unmarkiert. **Einkehr:** keine Einkehrmöglichkeit unterwegs, Wasser und Proviant mitnehmen. **Ausgangspunkt:** Parkplatz Place Saint-Martin in La Brigue. **Anfahrt:** Von der durch das Roya-Tal verlaufenden D 6204 zweigt in Saint-Dalmas-de-Tende die D 43 nach La Brigue ab, die direkt in den Ortskern führt. Parkplätze am Ausgangspunkt der Wanderung. **Tipp:** Diese Tour eignet sich auch als Ausflug im Anschluss an eine Fahrt mit dem Train des Merveilles: Vom Bahnhof La Brigue geht man auf der D 43 ins Ortszentrum und gelangt so zum Ausgangspunkt der Wanderung.

Wegbeschreibung: Von der zentralen **Place Saint-Martin** 1 in **La Brigue** folgt man zunächst der D 43 in östlicher Richtung. Vor der Brücke über die **Levensa** 2 (über diese kehrt man am Ende der Wanderung zurück) verlässt man an einem in Richtung „Notre-Dame des Fontaines" weisenden Hinweisschild diese Straße und geht geradeaus auf einer Nebenstraße weiter. Sie führt leicht ansteigend und nach kurzer Zeit geschottert zum **Ortsrand** 3.

Hier biegt man rechts ab und geht – zwischen Fußballfeld zur Linken und

Grünfläche mit Picknicktischen zur Rechten – auf den Waldrand zu. Der hier links beginnende gelb markierte **Wanderweg** führt direkt zur Wallfahrtskapelle. Als Naturlehrpfad mit vielen Hinweisschildern zu Flora und Fauna deckt er damit den Interpretationsaspekt des **Chemin des Oratoires et Sentier d'Interprétation** ab. In leichtem Auf und Ab folgt der Pfad schattig durch Mischwald mit Kiefern, Tannen, Kastanienbäumen und vielen Mehlbeerensträuchern dem Verlauf der Levensa. Am **Pont du Four à Chaux** **4** kommt man ihr bei der alten **Ziegelei** ganz nah, folgt aber dem Weg weiter geradeaus. Kurz dahinter – der Weg steigt nun an und knickt südöstlich ins Tal Vallon de la Madone ab – erkennt man die **Moulin de Cianesse.** Diese Mühle aus dem 17. Jahrhundert wurde 1908 zu einem kleinen Wasserkraftwerk umgebaut, um La Brigue mit Strom für die Straßenbeleuchtung zu versorgen.

In vielen kleinen Serpentinen steigt man weiter leicht an, die Bäume geben nun von Zeit zu Zeit den Blick frei auf den französisch-italienischen Grenzkamm mit dem Mont Saccarel (→ Wanderung 9). Wieder leicht abwärts, führt der Weg über eine Steinbrücke, hinter der es rechts einige Meter die Böschung hinauf geht. Oben angelangt, sind es nur noch wenige Meter zur Kapelle **Notre-Dame des Fontaines** **5**.

Mehr zur Kapelle Notre-Dame des Fontaines → S. 213

Die Rückkehr erfolgt zunächst über die sehr wenig befahrene D 143, die in den Chemin des Oratoires eingegliedert ist. Der erste **Bildstock** für Notre Dame de Laghet wird gleich nach wenigen Minuten erreicht. Kurz danach, wenn die Straße in die nach La Brigue zurückführende D 43 mündet **6**, trifft man noch auf eine kleine Marienstatue, die **Vierge en pierre verte de la Roya.** Im weiteren Verlauf folgt ein Gebetsstock für den Heiligen Sankt Bernhard, Schutzheiliger der Alpinisten, und für Saint Elme genau gegenüber dem **Pont du Coq** **7**. Diese Steinbogenbrücke aus dem 15. Jahrhundert ist mit einer Gesamtlänge von 63 m und ihrer geschwungenen Konstruktion ein beliebtes Fotomotiv.

Weiter auf der Straße erreicht man **La Brigue,** überquert die **Levensa** **2** und kehrt an den Ausgangspunkt der Tour zurück **1**.

Die Kapelle Notre-Dame des Fontaines

St. Bernhard – Schutzheiliger der Alpinisten am Chemin des Oratoires

GPS-Wanderung 9

Besteigung des Mont Saccarel

Charakteristik: Der Mont Saccarel im Nordosten des Roya-Tales gilt mit 2201 m als der höchste Berg Liguriens, sein Gipfel befindet sich jedoch in Frankreich. Um ihn zu besteigen, müssen mehr als 1300 Höhenmeter bewältigt werden. Dafür bieten sich auf dem technisch sehr einfachen Weg immer wieder spektakuläre Ausblicke auf die Seealpenkette mit dem Mont-Bégo-Massiv. Oben nahe dem Gipfel steht auf Geheiß von Papst Leo XIII. seit dem Jahr 1901 mit „Il Redentore" eine knapp 10 m hohe Christusstatue, die die umliegenden Täler beschützen soll. **Länge/Dauer:** 20 km, ca. 8 Std. (hin und zurück). **Auf-/Abstieg:** 1330 m (einfach), 70 m (einfach). **Markierung:** von 1 bis 6 gelb, von 3 bis 6 zusätzlich rot-weiß-rot (AV), bis 7 rot-weiß-rot. **Einkehr:** unterwegs keine Einkehrmöglichkeit, bitte ausreichend Wasser und Proviant mitführen. **Ausgangspunkt:** Parkplatz an der Wallfahrtskapelle Notre-Dame des Fontaines. **Anfahrt:** Von der durch das Roya-Tal verlaufenden D 6204 zweigt in Saint-Dalmas-de-Tende die D 43 nach La Brigue ab. Hinter dem kleinen Städtchen fährt man weiter zur Wallfahrtskapelle Notre-Dame des Fontaines. Entlang der Straße bestehen Parkmöglichkeiten 1. **Variante:** Der einzige durchgängig befahrbare Pass zwischen Frankreich und Ligurien erlaubt es, diese sehr lange Wanderung stark abzukürzen. Auf der bei Notre-Dame des Fontaines beginnenden, sehr breiten Staubpiste erreicht man nach 13 km den Grenzkamm (1707 m) und kann dort nach Norden noch 4 km auf der Grenzkammpiste bis 3 weiterfahren. Verbleibende Wegzeit dann ca. 3:30 Std.

Wegbeschreibung: Direkt gegenüber der **Kapelle Notre-Dame des Fontaines** beginnt am **Wegweiser 266** 1 der Pfad hinauf zum Pas de Colle Ardente, einem Zwischenziel auf dem Weg zum Mont Saccarel. Der Aufstieg verläuft anfangs zügig und überwiegend schattig durch Laubwald auf einem stets gut erkennbaren, sparsam gelb markierten Maultierpfad. Nachdem die ersten ca. 300 Höhenmeter bewältigt sind, führt der Weg nahezu auf gleichbleibender Höhe über die Hänge des Castillon und über das Rinnsal des **Torrent des Fraches** 2. Der weitere Aufstieg verläuft in Serpentinen unter Lärchen und Kiefern bis hinauf zum französisch-italienischen Grenzkamm, der etwas nördlich des **Pas de Colle Ardente** am Wegweiser 270 3 nach ca. 2:30 Std. erreicht ist.

In die über den Kamm verlaufende Staubpiste – sie wurde unter Mussolini in den 1930er-Jahren erbaut – biegt man nach links in nördlicher Richtung ein. Der weitere Weg zum Gipfel entspricht nun nicht nur einem aus Realdo heraufführenden Kreuzweg, sondern ist auch ein Teilstück der **Alta Via dei Monti Liguri.** Er ist entsprechend rot-weiß-rot „AV" markiert, verlässt bereits nach wenigen Metern rechts die Piste wieder und schneidet in der Folge mehrere ihrer Kehren.

Bei **Wegweiser 270a** 4 folgt man zunächst einem breiten, rechts von der Piste abknickenden Forstweg, von dem kurze Zeit später nochmals rechts ein schmaler Pfad abzweigt. Vorbei an Grenzsteinen und Kreuzwegsymbolen windet er sich den bewaldeten Hang steil aufwärts, bis sich bei ca. 1800 m die Bäume lichten. In weit ausladenden Kehren zieht sich der Weg über den grasbewachsenen Westhang des Mont

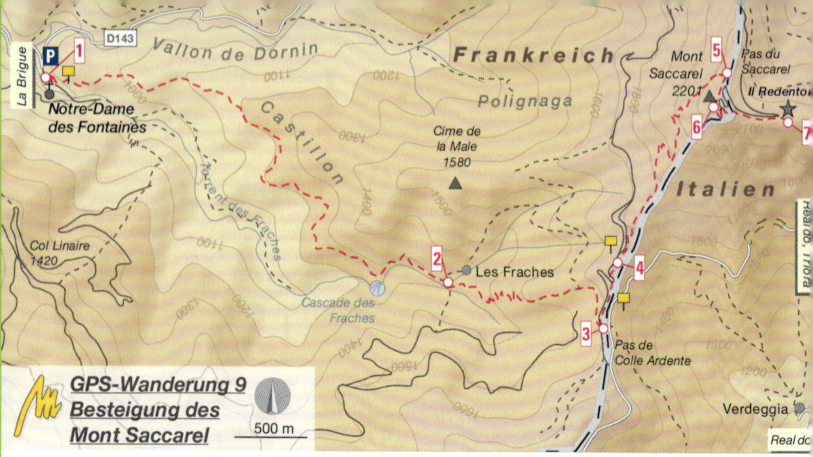

Saccarel und bietet dabei mit den Seealpen und dem Mont-Bégo-Massiv ein überragendes, allerdings lediglich französisches Territorium umfassendes Panorama. Das ändert sich, wenn der **Pas du Saccarel** **5** erreicht ist: Hier liegt Ihnen nun Italien zu Füßen. Um vom Gipfel den 360-Grad-Panoramablick über alle umliegenden Täler zu erhalten, geht man rechts auf einem Trampelpfad weiter und erreicht in wenigen Minuten den weißen **Gipfelobelisken** **6**.

Vom eher unscheinbaren Gipfel aus geht es weiter zur Christusstatue. Vorbei an Relikten einer um 1900 errichteten Geschützstellung, kurz über einen Trampelpfad, dann über eine Staubpiste (von Italien aus ist der Berg mit dem Auto anfahrbar) erreicht man innerhalb weniger Minuten den hoch aufragenden **Il Redentore** **7** Der Mont Saccarel ist einer jener Berge, auf die die Wahl fiel, als Papst Leo XIII. im Vorfeld des Heiligen Jahres 1900 entschied, auf 20 Gipfeln Italiens Erlöserstatuen aufzustellen.

Der Rückweg ist mit dem Aufstieg identisch und führt in knapp 4 Std. zurück zum Parkplatz an der Kapelle **Notre-Dame des Fontaines** **1**.

Einfach der Weg, spektakulär die Aussicht auf die Seealpenkette

GPS-Wanderung 10

Durch das Vallée des Merveilles und Vallée de Fontanalba

Charakteristik: Einmal rund um den 2872 m hohen Mont Bégo – diese Tour führt durch faszinierende, seenreiche Hochgebirgslandschaft in das Herzstück des Mercantour-Nationalparks: zu den berühmtesten prähistorischen Gravuren des Vallée de Fontanalba und des Vallée des Merveilles. Dabei sollte die Länge der Wanderung nicht abschrecken: Unterwegs bieten drei Hütten Übernachtungsmöglichkeiten (Achtung: Am Wochenende sind die Hütten fast immer vollkommen ausgebucht.), zudem lassen sich Teilstrecken auch gut zu kürzeren Tagestouren auskoppeln (→ Varianten). **Länge/Dauer:** 30 km, ca. 10 Std., durch mehrere Übernachtungsmöglichkeiten gut auf 2 Tage verteilbar. **Auf-/Abstieg:** 1610 m. **Markierung:** 1 bis 8 gelb und gelb/grün; zwischen 8 und der Piste zum Refuge des Merveilles (kurz vor 9) Steinmännchen; zwischen 9 und Wegweiser 95 weiß-rot (GR 52), dahinter bis 12 wieder gelb und gelb/grün; Rest entlang der Straße bis 1 unmarkiert. **Einkehr:** im Refuge de Fontanalba 4, Refuge des Merveilles 9 und Refuge de Valmasque (Abzweig bei 11). **Ausgangspunkt:** Parkplatz in Castérino. **Anfahrt:** Von der durch das Roya-Tal verlaufenden D 6204 zweigt in Saint-Dalmas-de-Tende die D 91 nach Castérino ab (13 km). Dort stehen große Wanderparkplätze zur Verfügung 1. **Hinweis:** Die Wanderung führt in die Kernzone des Nationalparks, in der das Mitführen von Hunden nicht erlaubt ist! **Varianten: 1.** Von Castérino zu den Gravuren des Vallée de Fontanalba; hin und zurück ca. 3:30 Std. **2.** Von Castérino zum malerisch oberhalb des Lac Vert stehenden Refuge de Valmasque (von 1 direkt bis 12, dann bei Wegweiser 98 den Weg zur Hütte einschlagen); hin und zurück ca. 4 Std. **3.** Man startet bereits am Lac des Mèsches (1390 m, ca. 4 km vor Castérino) und geht von dort aus auf hervorragend ausgeschilderten Wegen hinauf zum Refuge des Merveilles und weiter ins Vallée des Merveilles; hin und zurück ca. 6:30 Std.

Wegbeschreibung: In Castérino geht man vom **Parkplatz** 1 gegenüber der Touristen-Information wenige Meter talauswärts zum **Wegweiser 391** 2, an dem der Weg zum Refuge de Fontanalba beginnt. Er verläuft gelb oder gelb/grün markiert gleichmäßig ansteigend unter Lärchen über eine holperige Piste, die leider auch für den öffentlichen Verkehr freigegeben ist, allerdings wenig befahren wird. Am **Wegweiser 390** 3 ist die Grenze zur Kernzone des **Parc National du Mercantour** erreicht. Hier zweigt links ein Pfad ab, der in Serpentinen innerhalb weniger Minuten zum **Refuge de Fontanalba** 4 und dann weiter in Richtung des Sattels Baisse de Vallaurette führt.

Am **Wegweiser 387** 5 gelangt man rechts über eine kleine Steinbrücke in die wegen ihrer vielen, teilweise aus der Bronzezeit stammenden Steinritzungen speziellen Schutzzone des **Vallée de Fontanalba.** Hier direkt unterhalb des von Mythen umrankten **Mont Bégo** gelangt man zur **Voie Sacrée.** Auf diesem kurzen, sog. heiligen Weg häufen sich die Felsritzungen, die jedoch durch Witterungseinflüsse und Steinschlag nur noch schlecht erkennbar sind. Nach kurzem Aufstieg zu einer Panoramatafel (herrlicher Rundblick!) erreicht man die **Gias des Pasteurs** 6, eine kleine Hütte inmitten von Wiesen, Ausgangspunkt geführter Touren durch das Gebiet. Ein sehr idyllischer Pfad führt in einer Schleife an den langsam verlandenden **Lacs Jumeaux** vorbei zu einem weiteren interessanten **Gravurenweg.** Über diesen geht es zurück zur **Brücke** **5**, wo der Aufstieg nach rechts fortgesetzt wird. In kurzen Serpentinen passiert man zuerst eine halbverfallene Kaserne und steht kurz darauf auf einem Sattel, der 2279 m hohen **Baisse de Vallaurette** **7**.

Der Abstieg in das **Vallon de la Minière** erfolgt über sanft gewellte Grashänge, wobei man einige Minuten hinter der Gias de Vallaurette (Wegweiser 384) an ein sehr großes **Steinmännchen** **8** gelangt, an dem rechts (kein Wegweiser) der Weg zum Refuge des Merveilles abzweigt. Dieser Pfad ist auch in der Folge lediglich mit Steinmännchen markiert. Er führt über diverse Furten hinweg zum vom Lac des Mèsches heraufkommenden Weg in das **Vallée des Merveilles.** In diesen biegt man schließlich rechts ein und erreicht kurz darauf das **Refuge des Merveilles** **9** am Lac Long Supérieur.

Der Weg ist jetzt identisch mit dem Fernwanderweg GR 52, dessen weiß-rote Markierung in nördlicher Richtung über die malerische Hochebene leitet, auf der nur wenige, zum Teil jahrhundertealte Lärchen stehen. Vorbei an Steilwänden mit Graffiti neueren Datums und kurzen Stichwegen zu den wohl bekanntesten **Gravuren** des Vallée des Merveilles – „Christ" und „Chef du Tribu" (Replik, das Original befindet sich in Tende im Museum) – geht es am Ufer des Lac des Merveilles entlang und dann steil hinauf zur 2549 m hohen **Baisse de Valmasque** **10**, wo der Blick freigegeben wird auf den tiefer liegenden **Lac du Basto.**

Beim Abstieg verlässt man den GR 52 an der Abzweigung zur Baisse du Basto (Wegweiser 95) und läuft geradeaus auf nun wieder gelb oder gelb/grün markiertem Weg am Ostufer

Hinauf zur Baisse de Vallaurette

des Sees entlang. Über dazwischen liegende Anhöhen passiert man danach Lac Noir und Lac Vert. An Letzterem liegt aussichtsreich auf einem Hügel das **Refuge de Valmasque.** Wer dort einkehren möchte, schlägt den am Wegweiser 97 links abzweigenden Pfad ein **11**.

Nun beginnt der Abstieg in das **Vallée de Castérino,** zunächst über einen Pfad an mehreren Wasserfällen vorbei, danach auf einer Schotterpiste. Wenn die Parkgrenze erreicht ist, mündet der Weg in eine asphaltierte Straße **12**, auf der es rechts entlang zurück nach Castérino geht **1**.

Mehr zu den Felsgravuren in beiden Tälern → S. 216

Zu Führungen durch das Gebiet → S. 217

GPS-Wanderung 11

Von Cros d'Utelle zur Wallfahrtskirche Madone d'Utelle

Charakteristik: Hoch über der Vésubie-Schlucht thront auf einem knapp 1200 m hohen Felssporn die Wallfahrtskirche Sanctuaire de la Madone d'Utelle. Von dort bietet sich ein 360-Grad-Panorama, das sich kaum toppen lässt: vom Cap d'Antibes und den Iles des Lérins im Süden über den Brec d'Utelle bis hin zur Kette der Seealpen mit Mont Mounier, Cime de l'Argentera und Mont Bégo. Für den hier vorgeschlagenen mittelschweren bis schweren Rundkurs ab Cros d'Utelle muss zunächst ein recht gewaltiger Aufstieg bewältigt werden, der weitgehend schattenlos durch nur von Sträuchern durchsetztes Kalkgestein verläuft. Fast entspannend fällt dagegen der Rückweg aus, der zudem eine spektakuläre Passage aufweist: Hoch über den Gorges de la Vésubie ist ein Pfad in den Fels gehauen, der fantastische Tiefblicke hinunter in die Schlucht erlaubt. **Länge/Dauer:** 14 km, ca. 5:30 Std. **Auf-/Abstieg:** 950 m. **Markierung:** von **1** bis **7** gelb markiert (Ausnahme: das kurze Stück auf Asphalt zwischen Wegweiser 117 und der Sanctuaire), danach weiß-rot (GR 5). **Ausgangspunkt:** Parkplatz am Friedhof von Cros d'Utelle. **Einkehr:** Einkehr- und Übernachtungsmöglichkeit in der Hôtellerie du Sanctuaire (madone dutelle.com) **6**. **Anfahrt:** Von Süden erreicht man den ca. 35 km nördlich von Nizza liegenden Ausgangsort der Wanderung über die RD 6202 durch das Var-Tal, biegt bei Plan-du-Var auf die durch die Vésubie-Schlucht führende RD 2565 ab und fährt bis zur Abzweigung Richtung Le Cros d'Utelle. Über die schmale D 67 gelangt man hinter der Kirche an den Parkplatz am Friedhof **1**.

Wegbeschreibung: Vom **Parkplatz** **1** am Friedhof folgt man der Straße bis zur nächsten Haarnadelkurve, verlässt sie dort und geht geradeaus an einer Nebenstraße entlang auf eine Häusergruppe zu. Dort beginnt hinter dem rechten Haus der gelb markierte Wanderweg. Zunächst durch terrassierte Olivenhaine, dann etwas rutschig über mit Kiefern bestandene graue Schutthänge zieht sich der Weg den Hang hinauf und bietet dabei in der Rückschau eine schöne Aussicht hinunter auf Cros d'Utelle und die Vésubie-Schlucht. Kurz hintereinander werden zwei allein stehende Gehöfte bei Le Suc passiert, bevor unsere Route eine Erdpiste kreuzt **2**. Weiter den Hang hinauf gelangt man wenige Minuten später an eine Gabelung mit eisernem **Jungfrauenkreuz** **3**. Der Wegweiser 104 weist nach rechts in Richtung **Collet de la Signora** auf einen serpentinenreichen Pfad weiter aufwärts. Außer immergrüner Strauchheide wächst wenig im kargen Kalkgestein.

Eine Panoramatafel erklärt die umliegenden Berggipfel

GPS-Wanderung 11
Von Cros d'Utelle zur Wallfahrtskirche Madone d'Utelle

Das ändert sich erst, wenn man auf eine sattgrüne **Anhöhe** **4** gelangt, die Schäfern als Hochweide dient. Hier öffnet sich der Blick Richtung Norden: Hinter der Crête de la Madone, auf der nun auch bereits die Wallfahrtskirche zu erkennen ist, kommen einige Gipfel der Seealpen in Sicht. Um das Ziel zu erreichen, muss noch ein Abstieg von ca. 100 Höhenmetern und ein anschließender Aufstieg von ca. 200 Höhenmetern absolviert werden. Dafür folgt man dem breiten Erdweg in Richtung Norden auf eine verfallene **Bergerie**

(Schafhaltungsbetrieb) zu, biegt dort links ab und erreicht so den **Col d'Ambellarte** **5** (zu diesem Punkt kommt man nach der Wanderung zur Wallfahrtskirche wieder zurück und setzt den Rundweg fort).

Kurz darauf gelangt man an eine unscheinbare Gabelung, hält sich dort rechts und steigt zur **Crête de la Madone** an. Oben am Wegweiser 117 angekommen, kann man nach links zum 1933 errichteten Kiosque mit der Orientierungstafel gehen – wir aber steuern nach rechts direkt die Kirche an. Neben der **Sanctuaire de la Madone d'Utelle** **6** bietet die Hôtellerie du Sanctuaire Getränke und kleine Snacks für die wohlverdiente Rast und auch Übernachtungsmöglichkeit.

> Mehr zur Wallfahrtskirche Madone d'Utelle → S. 222

Bis zum **Col d'Ambellarte** **5** ist der Abstieg mit dem Aufstieg identisch. Hier geht es jetzt weiter Richtung Chapelle Saint-Antoine/Le Cros d'Utelle. Ein Steinpfad schlängelt sich gelb markiert leicht abwärts durch Mischwald, über Wiesen und aufgelassene Ackerterrassen in nordöstlicher Richtung, bis an einer **Gabelung** **7** der Fernwanderweg GR 5 erreicht ist. In ihn biegt man rechts ein und folgt nun bis Cros d'Utelle dessen weiß-roter Markierung.

Wenig später passiert man zunächst ein großes Holzkreuz und erreicht kurz darauf die an aussichtsreicher Stelle im Jahr 1686 errichtete **Chapelle Saint-Antoine** **8**. Danach führt der Weg in südlicher Richtung für etwa 1 Std. unmittelbar oberhalb der **Gorges de la Vésubie** entlang, was faszinierende Tiefblicke erlaubt. Vereinzelte Eschen säumen den in den Fels gehauenen und teilweise auch untermauerten Pfad, der sich in vielen Serpentinen abwärts windet. Le **Cros d'Utelle** ist bereits fast wieder erreicht, wenn an einem **Eisenkreuz** **9** die Abzweigung nach La Villette rechts liegen gelassen wird. Etwa 10 Min. später gelangt man an der **Dorfkirche** **10** in den Ort, biegt dort rechts in die Straße ein und kehrt an den **Parkplatz** **1** zurück.

Ein Paradies für Schafe

GPS-Wanderung 12

Von der Pont du Countet zum Refuge de Nice

Charakteristik: landschaftlich eindrucksvolle, mittelschwere Wanderung hinauf in den von der Cime du Gélas (3143 m) und der Cime de la Malédie (3059 m) überragten Talschluss des Gordolasque-Tales. Hier in der Kernzone des Parc National du Mercantour steht auf 2232 m Höhe auf einem Felsrücken oberhalb des Lac de la Fous das Refuge de Nice. **Länge/Dauer:** 10 km, ca. 4 Std. **Auf-/Abstieg:** 565 m. **Markierung:** von **1** bis **2** gelb und gelb/grün; von **2** bis **3** Steinmännchen; von **3** bis **4** gelb und gelb/grün; von **4** bis **5** weiß-rot (GR 52); von **4** bis **7** gelb und gelb/grün; danach unmarkiert. **Einkehr:** Refuge de Nice (CAF) **5**, nette Terrasse mit Seeblick, bewirtschaftet 1.6. bis 30.9., kein Telefon, 80 Schlafplätze, Online-Reservierung über cafnice.org/site/refuge/nice, dort auch Preisliste. **Ausgangspunkt:** Parkplatz an der Pont du Countet. **Anfahrt:** Von Süden erreicht man den ca. 60 km nördlich von Nizza liegenden Ausgangsort der Wanderung über die RD 6202 durch das Var-Tal, biegt bei Plan-du-Var auf die durch die Vésubie-Schlucht führende RD 2565 ab und fährt bis zur Abzweigung Belvédère/St-Grat. Die D 171 führt von dort durch das Gordolasque-Tal, vorbei am beeindruckenden Wasserfall Cascade du Ray, und endet am 1694 m hoch gelegenen Parkplatz Pont du Countet **1**. **Hinweis:** Die Wanderung führt in die Kernzone des Nationalparks, in der das Mitführen von Hunden nicht erlaubt ist!

Wegbeschreibung: An der Stirnseite des großen **Wanderparkplatzes** steht der Wegweiser 411 **1**. Hier beginnt links der zum Refuge de Nice führende gelb markierte Wanderweg, der dem Verlauf des tosenden **Gordolasque-Bachs** ansteigend folgt. Bereits nach wenigen Minuten wird die besonders geschützte Kernzone des **Mercantour-Nationalparks** überschritten (Schautafeln mit Verhaltensregeln). Der breite, aber recht steinige Pfad schlängelt sich über mit großen Felsbrocken übersäte Wiesen nordwärts in Richtung Talschluss.

Am **Wegweiser 413** **2** gabelt sich der Weg: Nach rechts führt über einen Holzsteg der offizielle Weg zum Refuge de Nice, über den später der Rückweg erfolgen wird. Am nach links abzweigenden Pfad ist ein Hinweisschild angebracht, das auf eine „Passage délicat“ aufmerksam macht. Zumindest im Sommer 2011 war jedoch keine einzige Stelle auszumachen, die Gefahrenpotenzial aufwies: Der Pfad ist zwar keine „Wanderautobahn“, aber weder

Glückliche Begegnungen

ausgesetzt noch werden Schwindelgefühle erzeugt. (Wer dennoch den vom Nationalpark als Hauptweg ausgewiesenen Weg präferiert, folgt dem Wegpfeil nach rechts über den Bach und orientiert sich an der Beschreibung zwischen 7 und 8).

Links abzweigend verbleibt man auf derselben Hangseite und steigt in vielen kleinen steinigen Serpentinen auf.

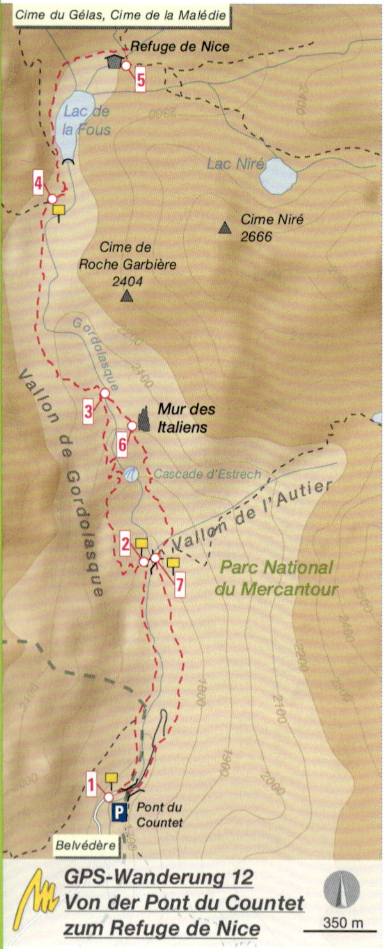

Der Pfad wird von Steinmännchen markiert und bietet eine großartige Aussicht auf die **Cascade d'Estrech** am Gegenhang. Ab einer Höhe von ca. 1980 m zieht der Pfad über ein Wiesenplateau mit Gelbem Enzian, bis er an einer kaum erkennbaren Gabelung 3 in den Hauptweg einmündet. Nun geht es wieder recht steinig zur nächsten Höhenstufe hinauf, bis man an die nächste Gabelung mit dem Wegweiser 416 gelangt und auf den weiß-rot markierten Fernwanderweg GR 52 4 trifft. Der Weg führt rechts entlang weiter und weitet sich auf Höhe der Staumauer des **Lac de la Fous** zu einer Schotterstraße. Hier ist bereits das **Refuge de Nice** auf einem Felsrücken oberhalb der gegenüberliegenden Seite des Sees erkennbar. Auf dem Uferweg (wegen Verschüttung kurze, gut markierte Umleitung) wird die von der Cime du Gélas (3143 m) und der Cime de la Malédie (3059 m) dominierte Hütte 5 erreicht.

Bis zur **Gabelung** 3 verläuft der Rückweg über die Aufstiegsroute. Jetzt bleibt man auf dem breiteren Hauptweg nach links und erreicht die **Mur des Italiens** 6, einen früher befestigten Felsrücken. Der weitere Abstieg erfolgt auf steinigem Pfad nah vorbei an der **Cascade d'Estrech** und erreicht, vorbei an der Abzweigung zum Lac Autier, den Wegweiser 413 7. Ausgeschildert ist der Weg zurück zum Pont du Countet nach rechts, wo man kurz hinter dem Holzsteg über den Gordolasque auf die Weggabelung 2 trifft. Um etwas mehr Abwechslung zu haben, schlagen wir vor, nun geradeaus weiter zu gehen. Die hier beginnende, früher asphaltierte Piste lässt bei sehr angenehmem Gefälle entspanntes Schlendern zu. Am Ende muss lediglich eine lang gezogene Kehre weglos über die Wiese abgekürzt werden. Über die Holzbrücke **Pont du Countet** gelangt man wieder an den Ausgangspunkt 1 der Wanderung.

GPS-Wanderung 13

Zum Lac de Trécolpas

Charakteristik: Diese auch „Circuit du Trécolpas" genannte mittelschwere, familienfreundliche Runde durch die eindrucksvolle Hochgebirgslandschaft des Parc National du Mercantour zählt mit Fug und Recht zu den schönsten Touren der Region. Im herrlich auf 2156 m Höhe gelegenen Lac de Trécolpas kann man die Füße baumeln lassen und sich später im Refuge de la Cougourde unterhalb der markanten Gneiskuppel der Caïres de Cougourde stärken. Mit ein wenig Glück trifft man dort auch Steinböcke an. **Länge/Dauer:** 8,7 km, ca. 4 Std. **Auf-/Abstieg:** 530 m. **Markierung:** Kurz hinter **1** bis **5** weiß-rot (GR 52); von **4** bis **6** und weiter bis **3** gelb und gelb/grün, dann bis kurz vor **1** weiß-rot. **Einkehr:** Refuge de la Cougourde (CAF), nette Terrasse und wirklich angenehme Atmosphäre, bewirtschaftet von Mitte Juni bis Mitte September, kein Telefon, 40 Schlafplätze, Online-Reservierung möglich über cafnice.org/site/refuge/cougourde, dort auch Preisliste. **Ausgangspunkt:** Parkplatz Supérieur du Boréon, 3 km östlich des Stausees von Le Boréon. **Anfahrt:** Von Süden erreicht man den ca. 70 km nördlich von Nizza liegenden Ausgangsort der Wanderung über die RD 6202 durch das Var-Tal, biegt bei Plan-du-Var auf die durch die Vésubie-Schlucht führende D 2565 ab und fährt bis kurz hinter Saint-Martin-Vésubie, wo die D 89 in das Hochtal von Le Boréon abzweigt. Vorbei am Lac du Boréon und am Wolfszentrum Alpha-Loup (→ S. 227) erreicht man den Parking Supérieur du Boréon **1**. **Hinweis:** Die Wanderung führt in die Kernzone des Nationalparks, in der das Mitführen von Hunden nicht erlaubt ist!

Wegbeschreibung: An der Stirnseite des großen **Wanderparkplatzes** (1670 m) steht der Wegweiser 420 **1**. Hier beginnt der Wanderweg, der zunächst über einen geschotterten, für den öffentlichen Verkehr gesperrten Fahrweg durch Nadelwald führt. Wenn dieser nach rechts abknickt, geht es auf

Am Lac de Trécolpas

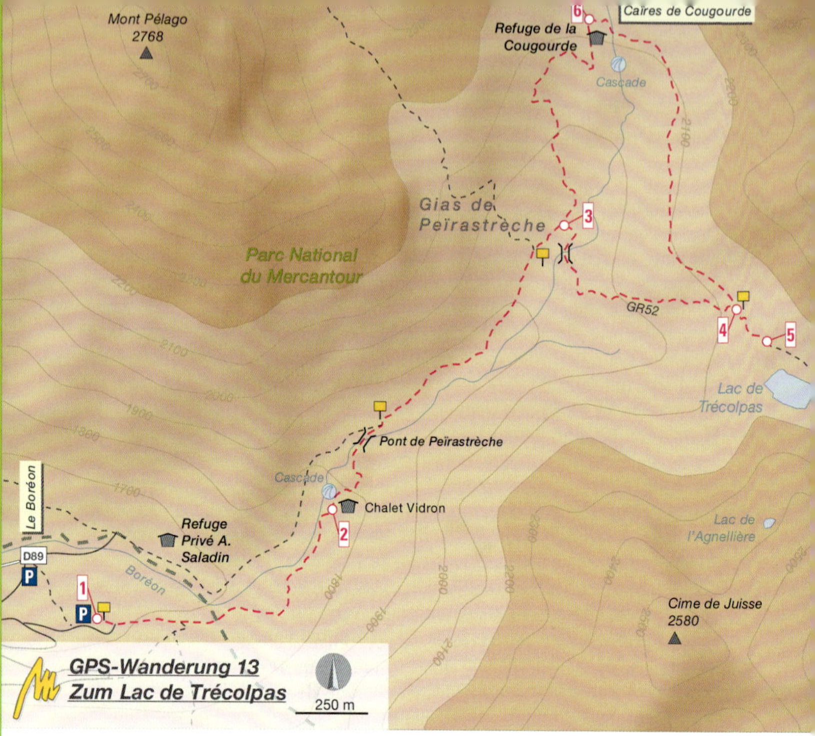

schmalerem Weg geradeaus weiter. Ab hier läuft man auf dem weiß-rot markierten Fernwanderweg GR 52, steigt weiter auf, überschreitet dabei die Grenze zur besonders geschützten Kernzone des Nationalparks und erreicht so das an einem malerischen Weiler gelegene **Chalet Vidron** **2** (Wegweiser 422).

In sehr angenehmer, meist gleichbleibender Steigung und durch die vielen Lärchen recht schattig, gelangt man über den **Pont de Peïrastrèche** hinweg und an den Wegweisern 423 und 424 vorbei zu einer weiten Hochebene, der **Gias de Peïrastrèche** **3** (Wegweiser 425). Hier zweigt links der Pfad zum Refuge de la Cougourde ab, über den später der Rückweg erfolgen wird. Wir folgen der weiß-roten Markierung über die **Holzbrücke** und steigen in vielen Serpentinen mit toller Aussicht auf die gegenüberliegenden Felshänge bis zum Wegweiser 427 **4** auf. Hier kurz unterhalb des Sees lässt man zunächst noch die Abzweigung zum Refuge unberücksichtigt und erreicht so innerhalb weniger Minuten mit einem kurzen Anstieg den **Sattel** oberhalb des idyllisch auf einer Hochebene vor steilen Berghängen gelegenen **Lac de Trécolpas** **5**.

Zurück an der **Gabelung** **4**, geht es nun nach rechts in Richtung Refuge. Der gelb markierte Balkonweg verläuft, von mehreren Geröllfeldern durchsetzt, am Hang entlang. Vorbei an einem Wasserfall, der sich aus dem höherliegenden Lac des Sagnes speist, leiten danach mehrere Wegweiser direkt zum **Refuge de la Cougourde** **6**.

Der Rückweg nach Le Boréon erfolgt über einen breiten, gepflasterten Pfad mit vielen Treppen, der im Sommer 2011 neu angelegt wurde. Bei der **Gias de Peïrastrèche** **3** geht es nun rechts. Der letzte Abschnitt der Wanderung, die hinunter zum Parkplatz **1** führt, ist identisch mit dem Aufstieg.

GPS-Wanderung 14

Auf dem Circuit de la Lauvette

Charakteristik: Diese mittelschwere Rundwanderung um den 868 m hohen Gebirgskamm Crête de la Chabasse bietet die Möglichkeit, einmal über die das Var-Tal nach Norden begrenzenden ockerfarbenen Kalkfelsen hinwegzuschauen. Beim Aufstieg bieten sich dabei spektakuläre Tiefblicke hinunter ins Tal und auf Touët-sur-Var, das wie ein tibetanisches Dorf über- und ineinander verschachtelt direkt an den Hang gebaut ist. Trittsicher sollte man sein, denn der Weg weist einige ausgesetzte Passagen auf. **Länge/Dauer:** 7,5 km, ca. 3:30 Std. **Auf-/Abstieg:** 650 m. **Markierung:** gelb. **Einkehr:** keine Einkehrmöglichkeit unterwegs, bitte ausreichend Wasser mitführen. Lange Hosen sind wegen der vielen Dornenbüsche ratsam. **Ausgangspunkt:** Touët-sur-Var. **Anfahrt:** Von Süden erreicht man den 55 km von Nizza entfernten Ausgangsort direkt auf der durch das Var-Tal verlaufenden D 6202. Ein Parkplatz befindet sich gegenüber der Kirche **1**.

Wegbeschreibung: An der Durchgangsstraße, die auch die Hauptstraße von **Touët-sur-Var** ist, steht an der Ecke zur Rue des Moulins der **Wegweiser 36** **1**. Hier beginnt der Aufstieg in die an den Kalkhang gebaute Altstadt. Die gelbe Markierung leitet durch das Labyrinth der engen Treppengässchen zur Avenue Désiré Niel und den Wegweiser 37 **2**, von dem aus man über die Rue du

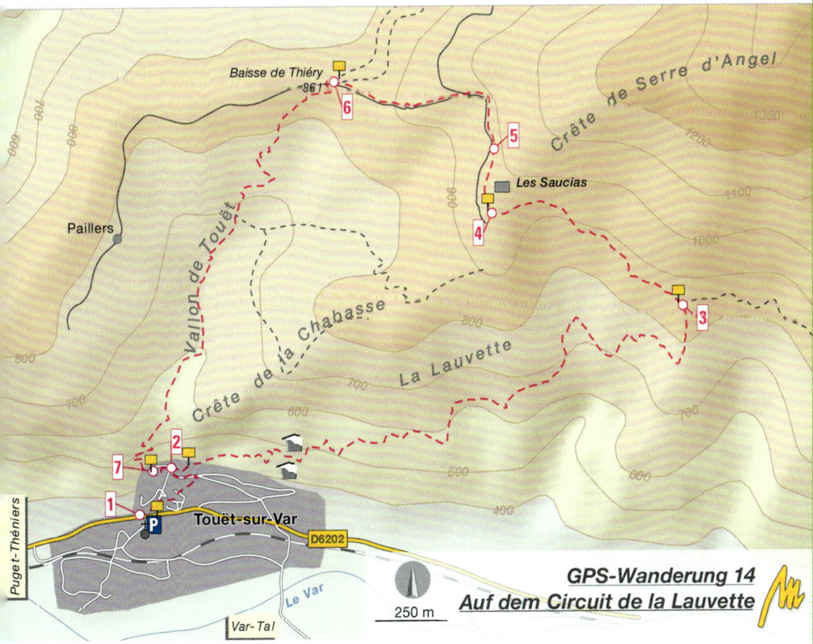

Verschachtelt: Touët-sur-Var

Chateau auf einen von Brombeerbüschen gesäumten Trampelpfad gelangt.

An den Ruinen einer kleinen **Befestigungsanlage** vorbei, führt der steinige Weg nah an der mit vielen Steinschlagnetzen versehenen Felswand **La Lauvette** entlang und ist gleich zu Beginn stellenweise ausgesetzt. **Trittsicherheit** ist hier notwendig. Stets in leicht nordöstlicher Richtung aufsteigend, mal in der prallen Sonne, mal schön schattig unter Laub- und Nadelbäumen, bieten sich dabei prächtige Ausblicke auf das **Var-Tal.** Nach einem Schwenk in nördlicher Richtung geht es am **Wegweiser 44** **3** links weiter, bis man – auf stellenweise etwas zugewachsenem Weg – etwas unterhalb des Hofes **Les Saucias** eine **Hochfläche** **4** erreicht.

Geradeaus zieht sich der Pfad in Richtung Thiéry, nun mit Aussicht auch in nördliche Richtung, und trifft auf eine von Norden heraufführende **Schotterpiste** **5**. Auf dieser Piste geht es nun in einem nach Westen ziehenden Bogen leicht abwärts bis zum **Wegweiser 40** **6** an der **Baisse de Thiéry.**

Hier beginnt links ein Pfad, auf dem durch dichten Nadelwald der Abstieg durch das **Vallon de Touët** erfolgt. Auf diesem **Sentier du facteur** (Briefträgerweg) genannten, teilweise sehr schönen mit Steintreppen versehenen Weg wird wieder **Touët-sur-Var** am Wegweiser 38 **7** erreicht. Hier folgt man entweder wieder der gelben Markierung oder nutzt eines der anderen Gässchen für den Rückweg zum Ausgangspunkt an der D 6202 **1**.

Auf steilen Pfaden den Berg hinauf

Etwas Französisch

Guter Wille wird honoriert. Wer sich mit auch nur wenigen französischen Wörtern durchzuschlagen versucht, zeigt damit, dass er als Gast gekommen ist, und kann sich der Freundlichkeit des Gastgebers gewiss sein.

Gespräche

guten Tag	*bonjour*
guten Abend	*bonsoir*
gute Nacht	*bonne nuit*
auf Wiedersehen	*au revoir*
bis bald	*à bientôt*
bis gleich	*à tout à l'heure*
Wie geht es dir?	*Comment vas-tu?*
Wie geht es Ihnen?	*Comment allez-vous?*
danke	*merci*
Mir geht es gut, und dir (Ihnen)?	*Je vais bien, et toi (vous)?*
Wie heißen Sie?	*Quel est votre nom?*
Wie heißt das auf Französisch?	*Comment cela se dit en français?*
Ich bin ...	*Je suis ...*
Deutsche/r	*Allemand/Allemande*
Österreicher/in	*Autrichien/Autrichienne*
Schweizer	*Suisse/Suissesse*
Entschuldigung	*pardon*
Deutschland/ deutsch	*l'Allemagne/ allemand/e*
Sprechen Sie Deutsch?	*Parlez-vous allemand?*
(Englisch, Italienisch)?	*(anglais, italien)?*
Kennen Sie ...?	*Connaissez-vous ...?*
Ich habe nicht verstanden	*Je n'ai pas compris*
Ich weiß (es) nicht	*Je ne (le) sais pas*
Ich suche	*Je cherche*
Geben Sie mir ..., bitte!	*Donnez-moi ..., s'il vous plaît!*
einverstanden! o.k.!	*d'accord!*

Minimalwortschatz

ja	*oui*
nein	*non*
vielleicht	*peut-être*
und	*et*
oder	*ou*
schön	*beau (bel, belle)*
groß/klein	*grand (grande)/petit (petite)*
viel	*beaucoup (de)*
wenig	*peu (de)*
es gibt/es gibt nicht	*il y a/il n'y a pas*
wo/wohin	*où*
wann	*quand*
wie viel/wie viele	*combien*
warum	*pourquoi*
..., bitte! (Aufforderung)	*..., s'il vous plaît!*

Unterwegs

Ich suche ...	*Je cherche ...*
Wo ist ...?	*Où est ...?*
Ich möchte ...	*Je voudrais ...*
Ich möchte nach ... gehen	*Je voudrais aller à ...*
Wann kommt ... an?	*A quelle heure arrive ...?*
Wann fährt/ fliegt ...?	*Quand part/décolle ...?*
Um wie viel Uhr?	*A quelle heure?*
um (4) Uhr	*à (quatre) heures*
Weg	*le chemin*
Straße	*la rue*
Überlandstraße	*la route*
Autobahn	*l'autoroute*
Kreuzung	*le carrefour*
Kreisel	*le rond-point*
Ampel	*les feux, le feu rouge*
abbiegen	*tourner*
links	*à gauche*
rechts	*à droite*
geradeaus	*tout droit*

Abfahrt, Abflug	*le départ*
Ankunft	*l'arrivée*
Information	*l'information*
Fahrkarte	*le billet*
einfach	*aller simple*
hin und zurück	*aller-retour*
Flughafen	*l'aéroport*
Flugzeug	*l'avion*
Hafen	*le port*
Schiff	*le bateau*
Fährschiff	*le ferry*
Bahnhof	*la gare*
Zug	*le train*
Bus	*le bus*
Busbahnhof	*la gare routière*

Rund ums Auto

Ich möchte mieten (für einen Tag)	*Je voudrais louer (pour un jour)*
Wie viel kostet das (pro Tag)?	*Combien ça coûte? (par jour)?*
Voll, bitte!	*Le plein, s'il vous plaît!*
Ich habe eine Panne	*Je suis tombé(e) en panne*
(Der Anlasser) geht nicht mehr.	*(Le démarreur) ne marche plus.*
Auto	*la voiture*
Führerschein	*le permis de conduire*
Tankstelle	*la station essence*
Benzin	*l'essence*
Diesel	*le gasoil/le gazole*
Öl	*l'huile*
Ölwechsel	*la vidange (d'huile)*
Unfall	*l'accident*
Abschleppdienst	*le dépannage*
Autowerkstatt	*le garage*
Anlasser	*le démarreur*
Auspuff	*le pot d'échappement*
Batterie	*la batterie*
Blinker	*le clignotant*
Bremsen	*les freins*
Bremslichter	*les feux de stop*
Felge	*la jante*
Gang	*la vitesse*
Gebläse	*le ventilateur*
Handbremse	*le frein à main*
Kupplung	*l'embrayage*
Kühler	*le radiateur*
Lichtmaschine	*l'alternateur*
Motor	*le moteur*
Motorhaube	*le capot*
Reifen	*le pneu*
Rückwärtsgang	*la marche arrière*
Scheibenwischer	*l'essuie-glace*
Scheinwerfer	*le phare*
Schlauch	*le tuyau*
Stoßdämpfer	*l'amortisseur*
Wasser (destilliert)	*l'eau distillée*
Vergaser	*le carburateur*
Zündkerzen	*les bougies*

Unterkunft

Haben Sie ...?	*Avez-vous ...?*
ein Zimmer reservieren	*réserver une chambre*
Doppelzimmer	*la chambre double*
Einzelzimmer	*la chambre simple*
Wie viel kostet das?	*Combien ça coûte?*
Das ist zu teuer.	*C'est trop cher.*
ein billigeres Zimmer	*une chambre moins chère*
mit Dusche/ mit Badewanne	*avec douche/ avec baignoire*
für eine Nacht	*pour une nuit*
für (3) Tage	*pour (trois) jours*
voll (alle Zimmer belegt)	*complet*
Vollpension	*pension complète*
Halbpension	*demi-pension*
Frühstück	*le petit déjeuner*
Ich nehme es (das Zimmer).	*Je la prends.*
Zeltplatz	*le camping*
Zelt	*la tente*
im Schatten	*à l'ombre*
elektrischer Anschluss	*le branchement électrique*
Dusche	*la douche*
Waschmaschine	*le lave-linge*

Bank/Post

offen	*ouvert*
geschlossen	*fermé*
Ich möchte	*Je voudrais*
SFr. wechseln.	*changer des francs suisses.*
... ein Fax aufgeben	*... envoyer un fax*
Wechselstube	*le bureau de change*
Bank	*la banque*
Geldwechsel	*le change*
Wechselkurs	*le cours du change*
Briefkasten	*la boîte aux lettres*
Briefmarke	*le timbre*
Brief	*la lettre*
Ansichtskarte	*la carte postale*
Luftpost	*par avion*
Eilpost	*prioritaire*
Einschreiben	*lettre recommandée*
Ferngespräch	*la communication interurbaine*

Einkaufen

Haben Sie ...?	*Avez-vous ...?*
Ich hätte gern ...	*Je voudrais ..., s'il vous plaît.*
Wie viel kostet das?	*Combien ça coûte?*
Das ist zu teuer/	*C'est trop cher/*
billiger.	*moins cher.*
Das gefällt mir nicht.	*Ça ne me plaît pas.*
1 Pfund/Kilo	*une livre/un kilo*
100 Gramm	*cent grammes*
groß/klein	*grand/petit*
Lebensmittelgeschäft	*le magasin d'alimentation*
Bäckerei	*la boulangerie*
Metzgerei	*la boucherie*
Wurstwarenhandlung	*la charcuterie*
Apotheke	*la pharmacie*
Buchhandlung	*la librairie*
Schreibwarenhandlung	*la papeterie*
Briefumschlag	*l'enveloppe*
Brot	*le pain*
Buch	*le livre*
Butter	*le beurre*
Ei	*l'œuf*
Essig	*le vinaigre*
Honig	*le miel*
Käse	*le fromage*
Klopapier	*le papier toilette*
Marmelade	*la confiture*
Milch	*le lait*
Öl	*l'huile*
Orange	*l'orange*
Pfeffer	*le poivre*
Salz	*le sel*
Seife	*le savon*
Shampoo	*le shampooing*
Sonnenöl	*l'huile solaire*
Streichhölzer	*les allumettes*
Tomaten	*les tomates*
Wurst	*la charcuterie*
Zeitung	*le journal*
Zucker	*le sucre*

Sehenswertes/ geographische Begriffe

Wo ist der/die/das ...?	*Où est le/la ...?*
Wo ist der Weg/ die Straße zum ...?	*Pourriez-vous m'indiquer le chemin pour ...?*
rechts/links	*à droite/à gauche*
hier/dort	*ici/là*
Gebirge	*la montagne*
Burg	*le château*
Brücke	*le pont*
Bucht	*la baie*
Dorf	*le village*
Fluss	*la rivière*
Gipfel	*le sommet*
Hafen	*le port*
Höhle	*la grotte*
Insel	*l'île*
Kapelle	*la chapelle*
Kirche	*l'église*
Kloster	*le couvent/le monastère*

Die Schokoladenseite von Sospel

Leuchtturm	*le phare*
Meer	*la mer*
Museum	*le musée*
Pass	*le col*
Platz	*la place*
Schlucht	*les gorges*
See	*le lac*
Stadt	*la ville*
Staudamm	*le barrage*
Strand	*la plage*
Turm	*la tour*
Wald	*la forêt*
Wasserfall	*la cascade*

Allgemeine Zeitbegriffe

vorgestern	*avant-hier*
gestern	*hier*
heute	*aujourd'hui*
morgen	*demain*
übermorgen	*après-demain*
Stunde	*l'heure*
Tag	*le jour*
Woche	*la semaine*
Monat	*le mois*
Jahr	*l'an/l'année*
danach	*après*
Wie viel Uhr ist es?	*Quelle heure est-il?*
Um wie viel Uhr?	*A quelle heure?*
Wann?	*Quand?*
Morgen	*le matin*
Nachmittag	*l'après-midi*
Abend	*le soir*
Nacht	*la nuit*

Tage, Monate, Jahreszeiten

Montag	*lundi*
Dienstag	*mardi*
Mittwoch	*mercredi*
Donnerstag	*jeudi*
Freitag	*vendredi*
Samstag	*samedi*
Sonntag	*dimanche*
Januar	*janvier*
Februar	*février*
März	*mars*
April	*avril*
Mai	*mai*
Juni	*juin*

Juli	*juillet*
August	*août*
September	*septembre*
Oktober	*octobre*
November	*novembre*
Dezember	*décembre*
Frühjahr	*le printemps*
Sommer	*l'été*
Herbst	*l'automne*
Winter	*l'hiver*

Hilfe/Krankheit

Können Sie mir bitte helfen?	*Pourriez-vous m'aider, s'il vous plaît?*
Wo ist ein Arzt/ eine Apotheke?	*Où pourrais-je trouver un docteur/ une pharmacie?*
Wann hat der Arzt Sprechstunde?	*A quelle heure le cabinet est-il ouvert?*
Ich habe (hier) Schmerzen.	*J'ai des douleurs (ici).*
Ich bin allergisch gegen ...	*J'ai une allergie à (aux) ...*
Konsulat	*le consulat*
Arzt	*le docteur*
Krankenhaus	*l'hôpital*
Polizei	*la police*
Unfall	*l'accident*
Zahnarzt	*le dentiste*
Ich brauche ...	*J'ai besoin de ...*
Pflaster	*le pansement*
Mullbinde	*la bande de gaze*
Schmerzen	*des douleurs*
krank	*malade*
erkältet	*enrhumé*
Grippe	*la grippe*
Husten	*la toux*
Durchfall	*la diarrhée, la colique*
Verstopfung	*la constipation*
Entzündung	*l'inflammation*
Ohrenentzündung	*l'otite*
Insektenstich	*la piqûre d'insecte*
Ich habe ...	*J'ai ...*
... Kopfschmerzen	*... mal à la tête*
... Halsschmerzen	*... mal à la gorge*
... Zahnschmerzen	*... mal aux dents*
Auge/die Augen	*l'œil/les yeux*
Ohr	*l'oreille*
Magen	*l'estomac*
Rücken	*le dos*

Zahlen

1	*un*
2	*deux*
3	*trois*
4	*quatre*
5	*cinq*
6	*six*
7	*sept*
8	*huit*
9	*neuf*
10	*dix*
11	*onze*
12	*douze*
13	*treize*
14	*quatorze*
15	*quinze*
16	*seize*
17	*dix-sept*
18	*dix-huit*
19	*dix-neuf*
20	*vingt*
21	*vingt-et-un*
22	*vingt-deux*
30	*trente*
40	*quarante*
50	*cinquante*
60	*soixante*
70	*soixante-dix*
80	*quatre-vingts*
90	*quatre-vingt-dix*
100	*cent*
200	*deux cents*
1000	*mille*
2019	*deux mille dix-neuf*
einmal	*une fois*
zweimal	*deux fois*
der erste	*le premier (la première)*
der zweite	*le deuxième*
die Hälfte von ...	*la moitié de ...*
ein Drittel	*un tiers*
ein Viertel	*un quart*
ein Paar ...	*une paire de ...*

Speiselexikon

Allgemeines

S'il vous plaît, Madame/Monsieur!	Bedienung!
La carte, s'il vous plaît!	Die Speisekarte, bitte!
Je voudrais ...	Ich hätte gerne ...
Est-ce que vous avez ...?	Haben Sie ...?
L'addition, s'il vous plaît!	Die Rechnung bitte!
L'assiette	Teller
l'auberge	Landgasthof
bien cuit	gut durchgebraten
bleu	bei großer Hitze nur wenige Sekunden angebraten
boire	trinken
braisé	geschmort
la brasserie	eigentlich Brauhaus; heute v. a. Bezeichnung für Cafés mit Mittags- und Abendtisch
la carte	Speisekarte
... des vins	Weinkarte
... du jour	Tageskarte
le cendrier	Aschenbecher
chaud(e)	heiß
la commande	Bestellung
compris(e)	inbegriffen
le couteau	Messer
la cuillère	Löffel
cuit(e)	gekocht
le déjeuner	Mittagessen
demi-anglais	fast durchgebraten (rosafarbener Kern)
dur(e)	hart, zäh
l'entrée	Vorspeise
l'épice	Gewürz
fondant(e)	schmelzend
la fourchette	Gabel
froid(e)	kalt
fumé(e)	geräuchert
le garçon	Kellner, Ober
en gelée	gesülzt
la glace	Eis
le glaçon	Eiswürfel
la goutte	Tropfen
le gratin	Auflauf, Überbackenes
les grillades	Gegrilltes
grillé(e)	gegrillt
les herbes de Provence	Kräuter der Provence
l'entrée	Vorspeise
l'huile	Öl
libre-service	Selbstbedienung
maigre	mager
manger	essen
mijoté(e)	geschmort
le moulin à poivre	Pfeffermühle
la note	Rechnung
l'ouvre-bouteilles	Flaschenöffner
la peau	Haut, Schale
le petit déjeuner	Frühstück
le pichet de vin/ d'eau	Wein-/ Wasserkaraffe
la pincée	Prise
le plat	Gericht, Platte
... du jour	Tagesgericht
poêlé(e)	in der Pfanne gebraten
à point	auf den Punkt gebraten (außen knusprig, innen gerade noch rosa)
le pot	Topf
le pourboire	Trinkgeld
prêt(e)	bereit, angerichtet
un quart	ein Viertel
quelle cuisson?	Wie gebraten?
les quenelles	Klößchen, Röllchen
râpé(e)	geraspelt, gerieben
réchauffer	aufwärmen
recommandé(e)	empfohlen empfehlenswert
la rouille	scharfe rote Soße

saignant	nur kurz angebraten (blutig)
salé(e)	gesalzen
le salon de thé	Teesalon
service (non) compris	Bedienung (nicht) inbegriffen
le sel	Salz
la soupe	Suppe
tendre	zart
la terrine maison	Pastete nach Art des Hauses
le thym	Thymian
tiède	lauwarm
la tranche	Schnitte, Scheibe

Fleisch, Wild und Geflügel

l'agneau	Lamm
les aiguillettes de canard	Fleischstreifen von der Ente
l'andouille de Vire	geräucherte Wurst aus Innereien
l'andouillette	Kuttelwurst
l'assiette anglaise	kalte Platte
l'assiette de charcuterie	kalte Platte mit Schinken und Wurstwaren
la bavette	Lendenstück
le bifteck	Beefsteak
la blanquette de veau	weißes Kalbsfrikassee
le bœuf	Ochse oder Rind
le boudin blanc	eine Art Weißwurst aus Geflügelfleisch
le boudin noir	Blutwurst
la brochette	Spießchen
la caille	Wachtel
le canard	Ente
le carré d'agneau	Lammrückenstück
le cerf	Hirsch
la charcuterie	Wurstaufschnitt
le cheval	Pferd
la chèvre	Ziege
le chevreuil	Reh
le civet	Wildragout
le cochon	Schwein
le confit de canard	in Entenschmalz eingelegtes Entenfleisch
le coq	Hahn
le coq au vin	Hähnchen in Weinsoße
le coquelet	Hähnchen
la côte	Rippenstück
... d'agneau	Lammkotelett
... de veau	Kalbskotelett
la cuisse de canard	Entenschlegel
la dinde	Pute
le dindon	Truthahn
l'entrecôte	Zwischenrippenstück
l'épaule d'agneau	Lammschulter
l'escalope	Schnitzel
les escargots	Weinbergschnecken
le faisan	Fasan
le filet	Lendenstück
le filet mignon	kleines Steak aus dem schmalen Teil des Rinderfilets
le foie	Leber
le gibier	Wild
le gigot	Keule
la goulache	Gulasch
la grenouille	Frosch
le jambon	Schinken
le jambonneau	Schweinshaxe
le jarret	Haxe
la joue de bœuf	Ochsenwange
la langue de bœuf	Ochsenzunge
le lièvre	Hase
le lapin	Kaninchen
le magret de canard	Entenbrust
le mouton	Hammel, Schaf
la noisette d'agneau	Lammnüsschen
l'oie	Gans
l'onglet de bœuf	Rindssteak (Zwerchfellstütze, bei der Wirbelsäule)
l'os	Knochen
le paleron braisé	Bugschauffelstück (Rindsschulter)
la paupiette	Roulade
le perdreau	junges Rebhuhn
la perdrix	Rebhuhn
les pieds de porc	Schweinsfüße
le pigeon	Taube
le pintadeau	Perlhuhn
la poitrine	Brust

le porc	Schwein
le porcelet	Spanferkel
la poularde	Masthuhn
le poulet	Brathähnchen
la queue	Schwanz
le râble de lapin	Kaninchenrücken
les rognons	Nieren
le rôti	Braten
le sanglier	Wildschwein
le saucisson	Schnitt- oder Brühwurst
la selle d'agneau	Lammrücken
le steak au poivre	Pfeffersteak
le tournedos	Lendenschnitte
les tripes	Kutteln
le veau	Kalb, Kalbfleisch
la viande	Fleisch
la volaille	Geflügel

Meeresfrüchte/Fische

l'anchois	Sardelle (Anchovis)
l'anguille	Aal
le bar	Seebarsch
le barbeau (barbillon)	Barbe
la barbue	Meerbutt, Glattbutt
la baudroie	Seeteufel
la bisquebouille	Fischsuppe
la bouillabaisse	kräftige Fischsuppe mit mehreren Fischarten
la brandade de morue	püriertes Stockfischmus
le brochet	Hecht
le cabillaud	Kabeljau
la carpe	Karpfen
le carrelet	Scholle
le congre	Meer- bzw. Seeaal
les coquillages	Muscheln
les crevettes	Garnelen
le denté	Zahnbrasse
les écrevisses	Flusskrebse
le flétan	Heilbutt
les fruits de mer	Meeresfrüchte
les gambas	Garnelen, Krabben
le grondin	Knurrhahn
le hareng	Hering
le homard	Hummer
les huîtres	Austern
les langoustines	Kaisergranat
le lieu	Seelachs, Polack
la lotte	Seeteufel
le loup de mer	Wolfsbarsch
le maquereau	Makrele
la marmite dieppoise	Fischeintopf mit Edelfischen und Miesmuscheln
la matelote	Fischgericht in einer Soße aus Crème fraîche und Weißwein
la morue	Stockfisch
les moules	Muscheln
les coquilles Saint-Jacques	Jabobsmuscheln
la perche de mer	Seebarsch
la plie	Scholle
le poisson	Fisch
... de rivière	Flussfisch
le poulpe	Tintenfisch
la praire	Venusmuschel
les quenelles de brochet	Hechtklößchen
la raie	Rochen
la rascasse	Drachenkopf
le rouget	Rotbarbe
le sandre	Zander
les sardines à l'huile	Ölsardinen
le saumon	Lachs
la seiche	Tintenfisch
les seiches farcies	mit Gemüse und Hackfleisch gefüllte Tintenfische
la sole	Seezunge
le st-pierre	St.-Petersfisch
la tanche	Schleie
la timbale tiède	lauwarme Pastete
le thon	Thunfisch
le tourteau	Taschenkrebs
la truite	Forelle
le turbot	Steinbutt

Gemüse/Beilagen

les artichauts	Artischocken
les asperges	Spargel
l'assiette de crudités	Rohkostteller mit Salat

la béchamel	weiße Sahnesoße
la betterave rouge	Rote Bete
le blé	Weizen, Korn
la blette	Mangold
les cèpes	Steinpilze
les chanterelles	Pfifferlinge
les pois chiches	Kichererbsen
le chou	Kohl
le chou-fleur	Blumenkohl
le chou vert	Grünkohl
la choucroute	Sauerkraut
le concombre	Gurke
les courgettes	Zucchini
les crudités	Rohkost
l'échalote	Schalotte
les épinards	Spinat
le fenouil	Fenchel
les fleurs de courge	Zucchini-Blüten
la garniture	Beilage
le gingembre	Ingwer
les girolles	Pfifferlinge
les haricots verts	grüne Bohnen
la laitue	Kopfsalat
les légumes	Gemüse
les lentilles	Linsen
la mâche	Feldsalat
le mesclun	Salatmix (Chicorree, Rucola, Kerbel, Portulak)

Frankreich ist ein Paradies für Käseliebhaber

le millet	Hirse
les nouilles	Nudeln
les oignons	Zwiebeln
la pâte	Teig
les pâtes	Nudeln
le pain	Brot
les petits pois	Erbsen
le poireau	Lauch, Porree
la poirée	Mangold
les pommes de terre	Kartoffeln
le radis	Rettich
la ratatouille	geschmortes Gemüseallerlei zumeist aus Auberginen, Zucchini, Paprika und Tomaten
la salade	Salat
la semoule	Grieß

Obst, Dessert, Gebäck und Käse

l'abricot	Aprikose
les amandes	Mandeln
le beignet	Krapfen
la brioche	Hefegebäck
la confiserie	Süßwaren
la crème brûlée	Vanillecreme mit flambierter Karamellkruste
le dauphin	würziger Weichkäse
sucrée, sucrée	süß
le flan	Pudding
la figue	Feige
le fromage	Käse
la framboise	Himbeere
les fruits	Früchte, Obst
le gâteau	Kuchen
l'île flottante	Eischnee in einer crème anglaise schwimmend
la macédoine de fruits	Obstsalat
les myrtilles	Heidelbeeren
la noisette	Haselnuss
la noix	Walnuss
la pâtisserie	Konditorei, Gebäck
la pêche	Pfirsich
le pélardon	Weichkäse aus Ziegenmilch
le petit gâteau	Teegebäck
le pignon	Pinienkern
la poire	Birne

la pomme	Apfel
les primeurs	Obst und Gemüse
le pruneau	Back- oder Dörrpflaume
la pulpe	Mark, Fruchtfleisch
les raisins	Weintrauben
le ramequin	Auflaufform mit einem Soufflé oder crème brûlée
le plateau de fromage	Käseplatte
le sablé	Sandgebäck
le sorbet aux fruits	Früchtesorbet
le soufflé	Eierauflauf
le sucre	Zucker (sucré: gesüßt)
le sirop	Sirup
la tarte	Kuchen
la tartelette	Törtchen
la teurgoule	mit Zimt gewürzter Milchreis

Diverses

l'aïoli	Knoblauch-Mayonnaise
le beurre	Butter
la ficelle	sehr dünnes, langes Weißbrot
la graisse d'oie	Gänseschmalz
le jaune d'œuf	Eigelb
le miel	Honig
la moutarde	Senf
l'œuf brouillé	Rührei
l'œuf dur	hart gekochtes Ei
la poivrade	Pfeffersoße
la pissaladière	mit schwarzen Oliven, Zwiebelscheiben und Sardellen bedeckter Brotteig
le potage	Suppe
la potée	Suppe/Eintopf
les rillettes d'oie	Gänsepastete
la soupe au pistou	mit Basilikum, Knoblauch u. Olivenöl verfeinerte Gemüsesuppe
la tapenade	ein mit Anchovis und Kapern verfeinertes Olivenpüree (Brotaufstrich)
les truffes	Trüffel
le velouté	Crèmesuppe
le vinaigre	Essig
le yaourt	Joghurt

Getränke

l'alcool	Alkohol
la bière (brune) blonde	helles (dunkles) Bier
(la biere à) la pression	Bier vom Fass
la boisson	Getränk
la bouteille	Flasche
le café	Kaffee
... le grand crème	Milchkaffee
... décaféiné	koffeinfrei
le calvados	Apfelschnaps
le cidre	Apfelwein
le digestif	Verdauungsschnaps
demi	halb
demi-sec	halbtrocken
l'eau	Wasser
... gazeuse	mit Kohlensäure
... minérale naturelle	natürliches Mineralwasser
... plate	stilles Wasser
... de vie	Branntwein
le génépi/génépy	Kräuterlikör
l'infusion/la tisane	Kräutertee
le jus	Saft
le lait	Milch
... entier	Vollmilch
le pastis	Anisschnaps, der mit Wasser zu einer gelblichen Flüssigkeit verdünnt wird
le pommeau	Aperitif aus frisch gepresstem Apfelsaft und jungem Calvados
les rafraîchissements	Sammelbegriff für Erfrischungsgetränke
le thé	Tee
le thé nature	Schwarzer Tee
le verre	(Trink-)Glas
le vermouth	Wermut
le vin	Wein
... blanc	Weißwein
... de pays	Landwein
... de table	Tischwein
... du pays	einheimischer Wein
... rouge	Rotwein

Kartenverzeichnis

Zeichenerklärung für die Karten und Pläne

Autobahn
Hauptverkehrsstraße
Landstraße
Nebenstraße
Piste
Wanderung mit GPS-Punkt
Eisenbahn
Bebaute Fläche
Grünanlage
Gewässerfläche

allgemeine Sehenswürdigkeit
Kirche
Berggipfel
Höhle
Aussichtspunkt
Burg/Schloss
Turm
Ruine
Leuchtturm

Museum
Information
Parkplatz
Bushaltestelle
Flughafen
Fährhafen
Badestrand
Campingplatz

Fotonachweis

Alle Fotos von **Ralf Nestmeyer** außer: S. 239, 287, 295, 296, 302, 304, 306, 308, 310, 311 **(Sabine Bade** und **Wolfram Mikuteit)**

Alles im Kasten

Malerisch thront Èze über der Küste

Was haben Sie entdeckt?

Haben Sie ein besonderes Restaurant, ein neues Museum oder ein nettes Hotel entdeckt? Wenn Sie Ergänzungen, Verbesserungen oder Tipps zum Buch haben, lassen Sie es uns bitte wissen!

Schreiben Sie an: Ralf Nestmeyer, Stichwort „Côte d'Azur"

c/o Michael Müller Verlag GmbH | Gerberei 19 | D – 91054 Erlangen

ralf.nestmeyer@michael-mueller-verlag.de

Vielen Dank!

Ich möchte mich bei allen Lesern bedanken, die die Arbeit an diesem Reiseführer durch ihre Zuschriften mit wertvollen Tipps und Hinweisen unterstützt haben.

Impressum

Text und Recherche: Ralf Nestmeyer | **Lektorat:** Ute Fuchs | **Redaktion:** Nathalie Kaufmann | **Layout:** Julia Lüssow, Heike Wurthmann | **Karten:** Hans-Joachim Bode, Theresa Flenger, Judit Ladik, Benedikt Neuwirth | **Herausnehmbare Karte:** Susanne Handtmann | **GIS-Consulting:** Rolf Kastner | **Fotos:** s. Fotonachweis S. 328 | **Innentitel:** Strand bei Villefranche-sur-Mer | **Covergestaltung:** Karl Serwotka | **Covermotiv:** Blick auf Menton © mauritius images / Paolo Gallo Modena / imageBROKER

ISBN 978-3-96685-393-4

Haftungsausschluss

Abruzzen ■ Ägypten ■ Albanien ■ Algarve ■ Algarve ■ Allgäu ■ Altmühltal & Fränk. Seenland ■ Amsterdam ■ Andalusien ■ Apulien ■ Australien – Der Osten ■ Auvergne & Limousin ■ Azoren ■ Bali & Lombok ■ Barcelona ■ Berlin ■ Bodensee ■ Bornholm ■ Bremen mit Bremerhaven ■ Bretagne ■ Brüssel ■ Budapest ■ Chalkidiki ■ Chiemgau & Berchtesgadener Land ■ Chios ■ Cilento ■ Comer See ■ Cornwall & Devon ■ Costa Brava ■ Costa de la Luz ■ Costa Rica ■ Côte d'Azur ■ Cuba ■ Dänemark Nordseeküste ■ Dolomiten ■ Dolomiten ■ Dominikanische Republik ■ Dresden ■ Dublin ■ Düsseldorf ■ Ecuador ■ Eifel ■ Elba ■ Elsass ■ Fehmarn ■ Florenz & Chianti ■ Föhr & Amrum ■ Franken ■ Fränkische Schweiz ■ Fränkische Schweiz ■ Friaul-Julisch Venetien ■ Fuerteventura ■ Gardasee ■ Gardasee ■ Golf von Neapel ■ Gomera ■ Gran Canaria ■ Hamburg ■ Harz ■ Haute-Provence ■ Ibiza & Formentera ■ Irland ■ Island ■ Istanbul ■ Istrien ■ Jerusalem ■ Kalabrien & Basilikata ■ Kanada – der Westen ■ Karpathos ■ Kärnten ■ Katalonien ■ Kefalonia & Ithaka ■ Köln ■ Kopenhagen ■ Korfu ■ Korsika ■ Korsika ■ Kos ■ Krakau ■ Kreta ■ Kreta ■ Kroatische Inseln & Küstenstädte ■ Kykladen ■ Lago Maggiore ■ Lago Maggiore ■ La Palma ■ La Palma ■ Languedoc-Roussillon ■ Lanzarote ■ Latium mit Rom ■ Lesbos ■ Ligurien ■ Ligurien ■ Limnos ■ Liparische Inseln ■ Lissabon & Costa de Lisboa ■ Lissabon ■ London ■ Lübeck ■ Lüneburg & Lüneburger Heide ■ Madeira ■ Madeira ■ Madrid ■ Mailand ■ Mainfranken ■ Mainz ■ Mallorca ■ Malta, Gozo, Comino ■ Marken ■ Marseille ■ Mecklenburgische Seenplatte ■ Mecklenburg-Vorpommern ■ Menorca ■ Midi-Pyrénées ■ Mittel- und Süddalmatien ■ Montenegro ■ Moskau ■ München ■ Münster & Münsterland ■ Naxos ■ Neuseeland ■ New York ■ Niederlande ■ Nord- u. Mittelengland ■ Nord- u. Mittelgriechenland ■ Norddalmatien ■ Norderney ■ Nordkroatien ■ Nördliche Sporaden ■ Nordportugal ■ Nordseeküste – Schleswig Holstein ■ Nordspanien ■ Normandie ■ Norwegen ■ Nürnberg, Fürth, Erlangen ■ Oberbayerische Seen ■ Oberitalien ■ Oberitalienische Seen ■ Odenwald ■ Oslo ■ Ostfriesland – Ostfriesische Inseln ■ Ostseeküste – Mecklenburg-Vorpommern ■ Ostseeküste – von Lübeck bis Kiel ■ Paris ■ Peloponnes ■ Pfalz ■ Piemont & Aostatal ■ Piemont ■ Polnische Ostseeküste ■ Porto ■ Portugal ■ Potsdam ■ Prag ■ Provence & Côte d'Azur ■ Provence ■ Regensburg ■ Rhodos ■ Rom ■ Rügen, Stralsund, Hiddensee ■ Rumänien ■ Rund um Meran ■ Salzburg & Salzkammergut ■ Samos ■ Santorini ■ Sardinien ■ Schottland ■ Schwarzwald Mitte/Nord ■ Shanghai ■ Sizilien ■ Sizilien ■ Slowakei ■ Slowenien ■ Spreewald ■ Sri Lanka ■ St. Petersburg ■ Steiermark ■ Stockholm ■ Straßburg ■ Südböhmen – Böhmerwald ■ Südengland ■ Südfrankreich ■ Südnorwegen ■ Südschwarzwald ■ Südschweden ■ Südtirol ■ Südtoskana ■ Südwestfrankreich ■ Sylt ■ Tallinn ■ Teneriffa ■ Teneriffa ■ Tessin ■ Thailand – der Norden ■ Thassos & Samothraki ■ Thüringen ■ Toskana ■ Toskana ■ Tschechien ■ Türkei ■ Türkei – Lykische Küste ■ Türkei – Mittelmeerküste ■ Türkei – Südägäis ■ Türkische Riviera – Kappadokien ■ Umbrien ■ USA – Südwesten ■ Usedom ■ Valdarno, Casentino & Florenz ■ Vancouver & Seattle ■ Varadero & Havanna ■ Venedig ■ Venetien ■ Wachau, Wald- u. Weinviertel ■ Wales ■ Warschau ■ Westböhmen & Bäderdreieck ■ Wien ■ Zakynthos ■ Zypern

MM-Travel **MM-City** **MM-Wandern**

Tourrettes-sur-Loup

Register

Die in Klammern gesetzten Koordinaten verweisen auf die herausnehmbare Karte.

Peillon – mittelalterliches Village Perché

Bunte Fassade in Valbonne